SHENJIXUE YUANLI

MIANXIANG RENXING QUEXIAN DE ZHILI JISHU

审计学原理

——面向人性缺陷的治理技术

李寿喜/编著

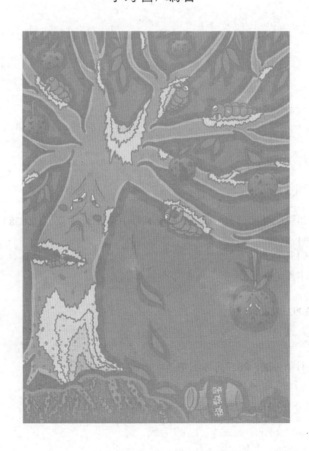

经济管理出版社

ECONOMY & MANAGEMENT PUBLISHING HOUSE

图书在版编目（CIP）数据

审计学原理：面向人性缺陷的治理技术/李寿喜编著．—北京：经济管理出版社，2012.8
ISBN 978 - 7 - 5096 - 1984 - 1

Ⅰ.①审… Ⅱ.①李… Ⅲ.①审计学—高等学校—教材 Ⅳ.①F239.0

中国版本图书馆 CIP 数据核字（2012）第 124474 号

组稿编辑：张　艳
责任编辑：孙　宇
责任印制：黄　铄
责任校对：曹　平

出版发行：经济管理出版社（北京市海淀区北蜂窝 8 号中雅大厦 11 层　100038）
网　　　址：www. E - mp. com. cn
电　　　话：(010) 51915602
印　　　刷：北京交通印务实业公司
经　　　销：新华书店
开　　　本：787mm×1092mm/16
印　　　张：23.75
字　　　数：534 千字
版　　　次：2012 年 8 月第 1 版　2012 年 8 月第 1 次印刷
书　　　号：ISBN 978 - 7 - 5096 - 1984 - 1
定　　　价：49.00 元

谨以此书献给我的学生和所有本书的读者，愿你们知道如何保护中国资本市场的"白雪公主"！

前　言

　　本书是在上海大学《审计学》课程多年教学讲义的基础上编写的，从构思到写作历经五年时间。目前，有很多学过本课程的上海大学学生已经进入国际名牌大学、国际四大审计事务所、国内名牌大所和世界 500 强的企业，正是他们的反馈使得本书诸多内容更加切合学生的需要和社会的需求。本书主要侧重于审计学原理的介绍和讨论，读者若要深入了解审计理论与实务，请参阅本书的姊妹篇——《高级审计理论与实务》。

　　本书在写作过程中参考了国内外诸多主流权威教材。与其他审计学教材相比，本书的特色是：基于国内外审计行业的发展和需求来构思教材体系，具体体现在第三章的"审计职业道德与法律责任"和第八章的"审计抽样"较其他教材阐述得更为详细和深入。其原因在于，随着经济全球化的深入和市场竞争的日益残酷，由于人性缺陷所导致的资本市场的"逆向选择"和"道德风险"日益突出，由此触发的金融危机的"蝴蝶效应"日益巨大，其带来的破坏性也日益扩大。因此，各国政府越来越重视发展审计行业，如各国政府在财务报表审计的基础上又相继推出内部控制审计。但审计师作为市场中追求自我效用最大化的经济主体，也会存在"逆向选择"和"道德风险"。因此，要保证审计质量，就必须通过加强"审计职业道德与法律责任"机制建设，建立一种压力机制，从外部环境层面来保证审计质量的提高。而对于会计师事务所，面对强大的社会压力和审计责任，越来越需要借助现代信息技术和数据分析技术的发展，广泛应用统计抽样和非统计抽样技术从内部技术层面保证审计质量的提高。也就是说，未来国内外审计行业的发展将会把"审计职业道德与法律责任"和"审计抽样"作为提高审计质量的两大重点。这也是本书将这两章内容设计为重点的初衷。当然，这两章内容历来在各种审计教学和考试中也是难点所在。

　　此外，本书还具有如下特色：

　　（1）引入"皇后"与"白雪公主"进行"比美竞争"的故事，增加了教材的趣味性。

　　（2）为了符合经济全球化和国际会计审计趋同发展的趋势，对于一些专业名词同时标出其英文名称。便于本书的读者和学生以后进入跨国公司阅读和审计英文报表，或者从事英文环境的会计审计工作或者作为跨国公司的职业经理人，更易于了解会计审计行业的国际商业语言，便于与国际背景的会计审计专家沟通与交流。

（3）从国内外审计行业的发展来看，社会除了需要大量的注册会计师审计人才外，还需要大量的政府审计人才和各类组织的内部审计人才。因此，本书对政府审计和内部审计的行业发展和审计标准也作了适当介绍。

（4）增加鲜活案例，引导读者思考。本书不仅在具体内容写作中尽量多举鲜活案例，以便于读者理解枯燥的概念，而且每章后均附有相应的复习思考题和案例分析供大家进行审计方法操练。

（5）鉴于中国上市公司自 2011 年开始分批实施内部控制审计，本书还增加了注册会计师如何实施内部控制审计的内容。

本书可作为高等学校会计、审计及相关财经专业的教材，也可作为各类审计人员、企业财会人员、职业经理人培训和自学的教材、参考书，或作为各类审计考试的参考资料。

今天，我们的衣、食、住、行、医、用都离不开市场，为了让我们明天的生活会更好，我们还需要利用资本市场进行投资，以便使我们的积蓄获得最大的回报，但所有市场的健康运行都需要有高质量的信息，如果这些信息有大量的"泡沫"或"毒素"，那么市场就会"瘫痪"或"失灵"。从资本市场到地产市场，从食品市场到药品市场，乃至足球市场，这样的案例比比皆是。因此，需要政府审计、民间审计和内部审计在市场经济的各个层面和角落进行"清理"和"消毒"。但愿本书所提供的信息能为您有效识别各类市场当中的"泡沫"或"毒素"提供一定的帮助；让我们携起手来，为促进中国审计事业的发展添砖加瓦！

限于作者的水平，错误在所难免，尚祈广大读者与同仁不吝指教。

作　者
2012 年 5 月

目　录

第一章　审计职业与人性缺陷的关系

第一节　谁来拯救中国资本市场的"白雪公主"

在德国格林兄弟于 19 世纪创作的《白雪公主与七个小矮人》的童话中，有两个女人在比较"谁是世界上最美丽的女人"的故事，在这一国际市场竞争中，她们是一对竞争对手。其中一个女人是白雪公主，她的"皮肤像雪一样白，双颊像苹果一样红"，但她是一个弱者。尽管她心地善良，却因为她既没有钱，也没有权，所以只能自食其力，并且随时面临生命危险——路上的坏人可能谋害她，林中的野兽可能吞食她。另一个女人则是皇后，她既有权，有仆人可以使唤，有卫队可以调遣；她又有钱，可以享受各种珍宝和美味。因此她在这一"比谁更美"的市场竞争中是一位强者。皇后可以随时剥夺弱者的一切权利，乃至生命。因为市场竞争的规则是"优胜劣汰，适者生存"，在使用种种方法都无法在"比美"的市场竞争中取胜时，她选择用毒苹果杀死白雪公主就成为这场残酷市场竞争的必然结果。从此，"丑陋"的"皇后"就可以独霸市场，而作为"真善美"化身的"白雪公主"则被市场所淘汰，这就是经济理论所讲的"劣币驱逐良币"现象。即在自然竞争的法则下，强者可以借助自己的优势地位垄断市场，将弱者挤出市场。也就是说，强者消灭了市场的竞争，这表明市场竞争的自然结果是"市场的崩溃"。因此，要保证市场能持续运行，则必须构建一个对弱者的保护救济机制。在该童话中，王子的吻消除了白雪公主因为吃了毒苹果所中的剧毒，最终活了过来。

同样，对于股票交易的资本市场来说，强者就是"皇后"，弱者就是"白雪公主"，资本市场的"比美"竞争就是"比谁赚的钱多"。对于二级交易市场来说，投资者之间的市场竞争就像是"皇后"与"白雪公主"的竞争。资本市场的"皇后"是拥有信息优势的一方，资本市场的"白雪公主"则是处于信息劣势的一方。大股东和机构投资者（如基金公司）因为"财大气粗"，可以重金聘请强大的律师团队、会计师团队、市场调研团队，甚至各种媒体为自己服务，甚至操纵上市公司的信息和股价；上市公司还可以聘请世界顶级的投资银行为自己的路演造势，而面广量大、生活在社会底层、难以及时获得真实信息的中小投资者则只能被动地任人宰割，饱受"毒苹果"之害。资本市场的崩溃，就表明有大批善良的资本市场的"白雪公主"中毒死亡。

表 1-1 列示了近年来国内外资本市场重大财务舞弊公司名单，在 22 家财务舞弊公

司中，美国公司有3家，意大利和日本、印度各1家，中国台湾地区有1家，其他大多为在中国大陆沪深两市证券交易所上市的公司。这表明，不论是发达国家或地区的成熟市场，还是发展中国家的新兴市场，都存在严重的"皇后"侵害"白雪公主"的行为。正如《圣经》中的《罗马书》第3章第10节所言："没有义人，连一个也没有！"

表1-1　近年来国内外资本市场重大财务舞弊公司名单

序号	财务舞弊公司所在国家或地区	公司名单	舞弊发现时间
1	美国	美国安然公司：在纽约证券交易所上市	2001
2	美国	美国南方保健公司：在纽约证券交易所上市	2003
3	美国	美国WorldCom公司：在纽约证券交易所上市	2002
4	日本	日本奥林巴斯：在东京和其他国家证券交易所上市	2011
5	中国台湾地区	台湾上市公司博达科技：在台湾证券交易所上市	2004
6	意大利	意大利帕玛拉特（Parmalat）公司：在意大利证券交易所上市	2003
7	印度	印度最大IT企业萨蒂扬软件技术有限公司：在印度和美国等证券交易所上市	2009
8	中国	东方纪元有限公司：在新加坡证券交易所上市	2009
9	中国	银河科技（000806）：在深圳证券交易所上市	2005
10	中国	紫鑫药业（002118）：在深圳证券交易所上市	2011
11	中国	北海国发（600538）：在上海证券交易所上市	2004
12	中国	大唐电信（600198）：在上海证券交易所上市	2008
13	中国	东方电子（000682）：在深圳证券交易所上市	2001
14	中国	九发股份（600180）：在上海证券交易所上市	2007
15	中国	科龙电器（000921）：在深圳证券交易所上市	2005
16	中国	鲁北化工（600727）：在上海证券交易所上市	2009
17	中国	沈阳蓝田股份有限公司（后改名生态农业）（600709）：在上海证券交易所上市	2001
18	中国	银广夏公司（000557）：在深圳证券交易所上市	2001
19	中国	锦州港（600190，900952）：在上海证券交易所上市	2003
20	中国	上海华源股份有限公司（600094）：在上海证券交易所上市	2006
21	中国	云南绿大地（002200）：在深圳证券交易所上市	2011
22	中国	郑州百文股份有限公司：2003年8月27日正式更名为三联商社（600898）：在上海证券交易所上市	1999

从北美到欧洲，再到亚洲，没有哪一个资本市场不存在财务舞弊现象，但从比例和密度来看，资本市场的丑闻和公司财务舞弊则主要集中在亚洲地区。尤其是中国大陆地区最严重，尽管中华民族拥有五千年的悠久文明，但一直未能解决人性的贪婪和

自私，资本市场的财务舞弊只不过是整个社会经济运行的一个缩影而已。当然，这并不是市场经济的错，正如同中国在计划经济时代同样也存在"假、大、空"一样，这都是人性的自私缺陷使然，不论实行哪一种经济制度，都面临人性的贪婪和自私这一世界难题。中华民族悠久历史的最大贡献，就是进行"社会试验"，也就是说，不停地用"计划经济"和"市场经济"进行试验，正如古书所言"天下大势，分久必合，合久必分"。所谓"分"，就是分权，实行市场经济；所谓"合"，就是集权，实行计划经济。这就是中国社会的轮回机制。

中国在几千年轮回机制的痛苦磨难中，到了21世纪，开始看到欧美社会通过"制度创新"来解决人性中"恶"的问题所取得的市场进步和社会繁荣。于是，中国自2006年开始，不仅《公司法》和《合伙企业法》全面与国际主流社会接轨，而且会计准则和审计准则更是提出与国际主流社会"全面趋同"的观点。那么，这一系列中国资本市场的制度建设是否能拯救中国资本市场的"白雪公主"呢？

这要看这种制度建设是简单地停留在所谓"法律面前人人平等"，从而为所有投资者提供平等保护的基础上，还是着眼于保护市场和社会中的"弱者"。由于有限的地球资源相对于人类社会无穷的社会需求来说，永远是稀缺的。因此，追求自我利益最大化的人类天然本性在残酷市场竞争的激励下，市场和社会中的"强者"——童话中的"皇后"，必然会去侵害市场和社会中的"弱者"——童话中的"白雪公主"。因此，对于资本市场来说，当各种法律、法规为所有投资者提供平等保护时，就等于站在"皇后"和"白雪公主"中间，任其自然竞争，最终的结局必然是"皇后"毒杀"白雪公主"，市场从此"消亡"。因为市场中的"强者"始终在市场交易中占据优势地位，如他可以请最精明的会计师帮助自己理财，请最能言善辩的律师维护自己的权益，请各种媒体和公关公司及投资银行来包装自己的形象，甚至还可以通过歪曲信息和利用资金来操纵股票价格。因此，资本市场的制度建设应该着眼于保护投资者中的"弱势群体"，即"白雪公主"，而不是对所有投资主体的平等保护。

我们来看世界最早的民间审计是如何产生的：

注册会计师审计产生的"催产剂"是1721年英国的"南海公司事件"（the South-Sea Company Event）。当时的"南海公司"以虚假的会计信息诱骗投资者上当，其股票价格一时扶摇直上。但好景不长，"南海公司"最终未能逃脱破产倒闭的厄运，使"股东"或"投资者"和债权人损失惨重。英国议会聘请会计师查尔斯·斯耐尔（Charles Snell）对"南海公司"进行审计。斯耐尔以"会计师"的名义出具了"查账报告书"，从而宣告了独立会计师——注册会计师的诞生。①

在上述注册会计师诞生的案例中，亏损的投资者就是资本市场的弱者——"白雪公主"，而"皇后"则是拥有内幕信息或信息优势的大股东及机构投资者，审计师则是拯救市场"白雪公主"的"白马王子"。尽管今天很多专家认为，资本市场的审计师的责任就是对公司的财务报表的真实性和合法性发表审计意见，并不保证投资者进行投资决策所依赖的公司报表没有错报，但真正的审计功能则是审计报表背后的"人心

---

① 中国注册会计师协会. 审计［M］. 北京：经济科学出版社，2011.

是否存在诡诈",即"查错防弊"。真正的审计就是"挤泡沫",把报表中的"水分"挤掉,把中小投资者所吃的"苹果"中的"毒素"清除掉。也就是说,资本市场引入民间审计机制,并不是为所有投资者提供平等保护的,而主要是为了拯救资本市场的弱者——"白雪公主"所设立的救助机制。

但由于注册会计师也是人,他也会追求自我利益最大化,存在严重的"道德风险",甚至还会和公司的管理当局"合谋",共同损害中小投资者的利益。因此,在美国资本市场的中小投资者保护机制中,还引入了"深口袋"理论、"集体诉讼"和"举证倒置"机制。因为中小投资者既无钱,也无权,也不懂专业知识,即使对拥有强大经济实力和社会地位的上市公司和审计师事务所提起诉讼,也打不赢官司。因此,在美国的司法实践中,引入了"深口袋"理论,即认为审计师"口袋深、钱多",就应该对蒙受投资损失的中小投资者予以适当补偿,而不看投资者的投资损失是否与审计师的审计失败存在因果关系。如1983年,New Jersey州最高法院在审理Rosenblum公司起诉Adler会计师事务所案[①]的过程中,提出审计师对可预见而又无法确定的为了正当商业目的而依赖财务报表的第三人承担责任。法官认为:"为什么一个无辜的信赖者要被迫承受由审计师的执业不当行为所导致的沉重负担?损失风险是不是能够通过将其施加给会计行业而更容易地消化掉和更公平地分散开?因为会计行业可以将此种风险的保险费用转嫁给它的客户,反过来,客户又可以将这项费用转移给最后的消费公众。最后一点,难道可预见性原则不会促进会计师行业谨慎性的技术水平的提高吗?"[②]

而"集体诉讼"和"举证倒置"机制则更是保护中小投资者利益的强大"武器",即中小投资者可以联合起来对上市公司和审计师提起诉讼,并且一旦提起诉讼,上市公司和审计师作为"信息优势"一方,必须自己举证,证明自己没有过错和责任。

由此我们可以看到,西方国家资本市场的保护机制更注重对市场中的"弱者"——"白雪公主"提供保护和救助,即通过各种机制设计使审计师能成为救助资本市场"白雪公主"的"白马王子"。

为了说明资本市场如何构建保护"白雪公主"的多层次治理机制,下面以图1-1来进行说明。如果将资本市场各个公司的股票当作投资者所吃的"苹果",那么审计师对财务报表的审计就相当于消费者吃苹果之前对苹果进行清洗和消毒,如果苹果肉里有毒,那么简单的外表清洗和消毒仍然无济于事,因此需要对所生长的树枝消毒,这也就是为什么自21世纪开始,随着公司财务舞弊日益复杂化和智能化,各国政府先后开始强调对公司的内部控制进行审计,这表明原先审计师对报表的审计并不能将其中的"水分"挤掉,将其中的"毒素"排掉。

但如果树干有毒,仅对树枝消毒也是不彻底的,即如果不建立公司董事会和监事会等有效治理机制,则报表审计和内控审计都必将流于形式,起不到根本的"消毒"作用,这也就是中国政府自2006年开始按西方主流社会和市场的做法全面更新《公司法》和《合伙企业法》的重要原因。改进公司治理结构就相当于对公司股票所在的

---

① H. Rosenblum, Inc. V. Adler, 93 N. J. 324 (1983).
② Rusch Factor, Inc. V. Levin, 284 F. Supp. 85 (D. R. I. 1968).

"树干"消毒。

常言道，"根深才能叶茂"，如果苹果树的树根有毒，苹果和苹果树再怎么消毒也无济于事，因此，要想保证苹果没有毒素，还必须对树根消毒，这就相当于实施"政府治理"。

美国的资本市场之所以成为世界上效率最高的资本市场，培育了诸多引领世界科技潮流、改变人类生活方式的公司，就在于其有一整套高效政府治理机制。即政府对市场中的主体实施双重监管标准，对大企业即市场竞争中的强者——"皇后"，通过反垄断法，挥舞的是"大棒"，通过各种法律、法规和政策措施，在要素资源和产品市场上约束其特权；对于中小企业即市场竞争中的弱者——"白雪公主"，考虑其势单力薄，自我生存能力差，则挥舞的是"胡萝卜"，通过各种法律、法规和政策措施，建立市场救济手段，在土地、资金、技术或人才等方面予以种种政策优惠，促进其不断发展壮大，如今天的 IBM、Intel、Microsoft、Cisco、Apple 、Google 等公司都是由中小企业不断成长起来的。

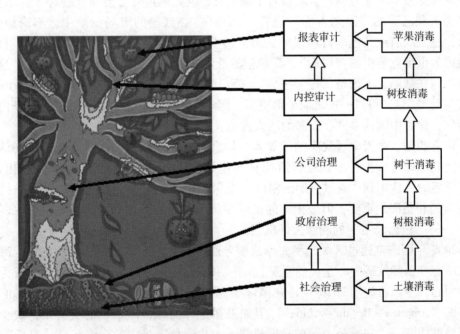

图 1-1 资本市场保护"白雪公主"的传导治理机制

麻省理工学院的黄亚生教授指出，20 世纪 90 年代中国政府的不当干预中断了中国经济 20 世纪 80 年代发展的良好势头，这些不当的干预包括引进外商直接投资、扶持国有大型企业、实施轻农村重城市的战略等。而在这几个方面，上海正是典型。黄亚生将此称为"上海模式"，其核心是政府主导经济活动，且 GDP 导向的增长战略引发一系列的政府干预措施。黄亚生及其他学者的研究发现：就衡量企业家精神和企业发展的几乎所有指标而言，上海本地民营企业不仅落后于浙江、广东等企业家数量最多的省份，而且落后于全国平均水平。上海本地民营企业往往成长更为缓慢，营收更低，拥有的专利数量更少。黄亚生认为问题的根源在于上海搞错了创新的源头，基于一个"大企业是技术与创新之源"的错误假设，对跨国公司大献殷勤，却刻意冷落本地的中小企业。①

值得说明的是，上海市政府已经注意到这一制度设计的缺陷，并开始实施矫正策略。据报道，上海正在各委办间协调酝酿一个联席会议机制，以此推进上海的中小企业上市。联席会议机制的目标之一是，力争到 2012 年，使上海中小企业在各类资本市场上市的总数达到 100 家左右。②

同时，中国的中央政府也越来越强调为中小企业服务，并在要素资源配备和产品市场竞争方面提供一系列的扶持政策，如反垄断法的实施、创业板的推出以及积极落实"新三板"③的推进，都表明中国政府越来越关注为市场竞争中处于"弱势群体"的"白雪公主"建立一整套救济机制。

但是，政府官员也是人，他们也不是生活在真空中。要保证政府治理有效，必须建立强有力的社会治理。也就是说，如果土壤有毒，再好的苹果种子和树根也会被毒化，从而导致苹果带有剧毒。所谓对土壤消毒，就是通过社会治理推进对"自私自利"和"损人利己"的"险恶人心"进行"消毒"。在残酷的市场竞争中，不论是企业、个人，还是政府或其他非营利组织，为了追求自我利益最大化，都会自觉或不自觉地希望成为市场竞争中的"皇后"，都希望战胜竞争中的对手——"白雪公主"，这就是人性的内在缺陷。不论是《证券法》、《公司法》、《合伙企业法》，还是《会计准则》和《审计准则》，可以一夜之间全部更新，但对人心的社会治理是无法在短时期内全部更新的，这是中国社会发展面临的巨大挑战。

可喜的是，今天中国政府的领导人、社会有识之士以及众多学者已经深切认识到这一问题，即通过推进中国社会道德和文化体系建设，来推进社会治理，净化人心。越来越多的人认识到，通过有形的制度建设保障市场竞争中"弱势群体"——"白雪公主"的利益固然重要，但最根本的是要在每个人内心中建立对市场竞争中"弱势群体"——"白雪公主"的利益关怀机制。

2009 年国务院通过《关于率先形成服务经济为主的产业结构，加快推进上海国际金融中心和国际航运中心建设的意见》，并明确提出要在 2020 年将上海建设成为国际金融中心。中国希望到 2020 年，在国际金融中心的排名上，能成为英文"ABC"组合，即"America - Britain - China"。但如果在这种国际金融市场的交易中，缺少对市场弱势群体——"白雪公主"的救助机制，无法避免市场中的强者——"皇后"侵害市场竞争中的弱者——"白雪公主"的利益，则这种市场最终的结局必然是"皇后"毒死"白雪公主"，市场陷于崩溃。因此，如何清除资本市场的"毒苹果"，保证处于信息劣势的"白雪公主"不会被毒死，成为国际金融中心建设的关键。

表 1-1 所列的财务舞弊案例中，美国的安然公司和世界通信公司都彻底破产了，

---

① 李华芳．"上海模式"的终结［DB/OL］．金融时报中文网，2011 - 12 - 14.
② 张飒．上海市政府推"23 条"助中小企业发展［N］．东方早报，2010 - 05 - 13.
③ "新三板"市场特指中关村等科技园区非上市股份有限公司进入代办股份系统进行转让试点，因为挂牌企业均为高科技企业而不同于原转让系统内的退市企业及原 STAQ、NET 系统挂牌公司，故形象地称为"新三板"。

财务舞弊的高管不仅承担严重的刑事责任，还被判处巨额经济赔偿责任，担任审计师的安达信事务所也被迫破产，其审计责任人也承担巨额的经济赔偿责任。如2002年11月1日安然舞弊行为的策划者，前CFO Andrew Fastow被联邦大陪审团以78项罪名起诉，罪名包括诈骗、洗钱等。Andrew被法院判处10年监禁外加2380万美元罚金；美国法院于2006年1月对安然公司创始人、前董事长肯尼斯·莱和前首席执行官杰弗里·斯基林进行审判，一同受审的还有安然公司前首席副总裁和会计总监Richard Causey。起诉书长达65页，涉及53项指控，包括骗贷、财务造假、证券欺诈、电邮诈骗、策划并参与洗钱、内部违规交易等。美国证券交易委员会（SEC）准备对肯尼斯·莱处以9000万美元以上的罚金，这笔罚金还不包括股民提出的赔偿要求。同时，SEC还将取消肯尼斯·莱今后在任何上市公司担任管理职务的资格。

相比而言，中国财务舞弊的公司大多还留在资本市场，或者通过资产重组或置换，财务舞弊公司竟然被当作有价值的"壳"进行买卖。对舞弊公司的高管处罚也很轻。如2010年被发现财务舞弊的云南绿大地公司，实际连续3年亏损，靠造假虚增2.96亿元营业收入成功上市，一次就募集到了3.46亿元。事情败露后，当地法院判处绿大地董事长3年有期徒刑，缓期4年执行。[①]

由此我们看到，在美国资本市场是将"有毒的苹果"彻底扔掉，以防止其污染资本市场；对制造"毒苹果"的"皇后"则是通过刑事打击、民事赔偿诉讼和社会舆论谴责等方式令其身败名裂、倾家荡产，尽最大力度铲除"毒苹果"产生的土壤。而中国社会不仅继续将财务舞弊的企业留在资本市场，任由"毒苹果"继续污染资本市场的"生态环境"，而且对制造"毒苹果"的"皇后"采取的也是一种宽容和忍耐的态度，由此导致中国资本市场的"毒苹果"可能会越来越多。

因此，中国资本市场就需要有更多的审计师对不同的"毒苹果"进行消毒。这也是为什么中国政府近年来不断加大对中国审计行业扶持力度的原因。如2009年10月3日，经国务院批准，《国务院办公厅转发财政部关于加快发展我国注册会计师行业的若干意见》（国办发［2009］56号）。这是新时期、新阶段指导注册会计师行业中长期发展的纲领性文件，体现了党和国家重视注册会计师行业的新高度，为注册会计师行业新时期的跨越式发展提供了重大机遇。同时，这也说明，由于人性缺陷带来的市场经济运行中的逆向选择和道德风险，越来越威胁着市场运行的秩序，因此，需要有更多的审计师来对公司的财务信息和经济活动进行监督和"消毒"。如果说美国只有3亿人口仍然无法避免由于人性的贪婪和自私带来的市场泡沫和金融危机，那么作为拥有13亿人口的中国，如何抑制由于人性的贪婪和自私带来的市场泡沫和金融危机就更是一项长期的任务了，这也是为什么培养高素质的审计师成为一项国家战略的原因。

正因为如此，本书将书名定为"审计学原理——面向人性缺陷的治理技术"。目的是希望引导读者思考：如果没有人性的缺陷，就不会需要审计；如果你希望成为一名合格的审计师，那么本书将为你提供较为系统的理论和方法基础；如果你想成为一名职业经理人，本书也可以为你在决策中如何评断信息质量提供一定的帮助，正如你不

---

① 邓大洪．处罚蜻蜓点水 谁在"纵容"绿大地［N］．中国商报，2011－12－20．

一定要成为医生，但需要具备一定的健康和保健知识。同样，今天的企业会"生病"，所以需要内部审计进行"自我保健"；需要外部审计进行"专家治疗"。同样，政府和各种非营利组织也会"生病"，所以需要各种各样的审计进行"诊断"和"消毒"以及"保健"。

如果你正在从事或即将从事与审计无关的行业，但只要你关注社会公平与正义，关注家庭理财，那么本书关于保护社会和市场中的弱者——"白雪公主"在市场竞争中不会被边缘化或"吞没"的观点也可以给你带来一定的启发！

第二节　审计职业与人性缺陷的关系

对于一个上市公司来说，其股东通常分散在各地，如中国石油天然气股份公司，既在国内 A 股市场上市，也在中国香港和美国股票市场上市，因此，它的股东分散在世界各地。上市公司的股东不可能直接参与经营活动，而是由其董事会聘请职业经理人担任公司的高管，这样，在公司的股东和公司的高管之间就形成了一种委托代理关系，这种委托代理关系由于受到股东与经理人之间的信息不对称的影响，可能存在逆向选择①和道德风险②。因此，就需要引入第三方监督机制，即由注册会计师对公司定期进行独立审计，并向股东报告审计结果。

同样，在中国石油天然气股份公司内部，从高管到中层经理，再到具体业务人员，也存在多层次的委托代理关系，这种委托代理关系同样也会存在逆向选择和道德风险，因此，就需要引入内部审计，即要定期和不定期地对这种委托代理关系进行评价，并提出改进建议。因此，内部审计有时也被称为增值型的审计。

同时，中国石油天然气股份公司是由国资委控股的大型国有企业，还要接受国家审计署的审计。国家审计署作为中央政府审计机关，要按照《审计法》和《政府审计准则》的要求对其展开审计。

以上民间审计、内部审计和政府审计的职业，其作用何在？为什么经济越发展，科技越发达，审计职业越重要？这与人性的内在缺陷有本质的关系。

古人云："人不为己，天诛地灭。"西方经济学的基本假设是：作为一个理性的经济人，都追求自我效用最大化。在现实环境下，当委托人与代理人签订一项合同，委托其代为理财或代为完成一项任务，代理人很可能为了自身利益最大化，利用信息不对称的缺陷，损害委托人的利益。因此，就需要引入审计机构作为第三方的监督和评价部门，来维护委托人的利益。

---

① "逆向选择"为信息不对称所造成市场资源配置扭曲的现象。经常存在于二手市场、保险市场，即制度安排不合理所造成市场资源配置效率扭曲——"劣币驱逐良币"，而不是任何一个市场参与方的事前选择。

② 从事经济活动的人在最大限度地增进自身效用的同时做出不利于他人的行动，或者当签约一方不完全承担风险后果时所采取的自身效用最大化的自私行为。道德风险亦称道德危机。

第三节 当前我国社会对审计人才的需求

一、对民间审计人才的需求

2010 年 4 月 26 日，财政部会同证监会、审计署、国资委、银监会、保监会等部门在北京召开联合发布会，隆重发布了《企业内部控制配套指引》（以下简称《配套指引》）。该《配套指引》连同 2008 年 5 月发布的《企业内部控制基本规范》共同构建了中国企业内部控制规范体系，自 2011 年 1 月 1 日起首先在境内外同时上市的公司施行，自 2012 年 1 月 1 日起扩大到在上海证券交易所、深圳证券交易所主板上市的公司施行；在此基础上，择机在中小板和创业板上市的公司施行。同时，鼓励非上市大中型企业提前执行。执行企业内部控制规范体系的企业，必须对本企业内部控制的有效性进行自我评价，披露年度自我评价报告，同时聘请会计师事务所对其财务报告内部控制的有效性进行审计，出具审计报告。政府监管部门将对相关企业执行内部控制规范体系的情况进行监督检查。这是全面提升上市公司和非上市大中型企业经营管理水平的重要举措，也是我国应对国际金融危机的重要制度安排（刘玉廷，2010）[1]。由此标志中国市场监管部门和外部审计对上市公司的监督将由会计报表扩大到会计报表产生的"内核"——企业内部控制机制。这标志着中国政府正在借鉴美国政府 2002 年通过颁布《萨班斯—奥克斯利法案》要求对上市公司实施内部控制审计的做法，以减少资本市场的泡沫。这一法律规定，不仅进一步扩大了注册会计师审计的执业范围，大大拓展了中国民间审计市场空间，同时也进一步提高了社会对注册会计师这一专门化审计人才的需求。

财政部颁布的《会计行业中长期人才发展规划（2010～2020 年）》指出，截至 2009 年底，全国注册会计师行业 30 多万从业人员中有 9.2 万执业注册会计师；到 2020 年，拟培养 2600 名具有国际认可度的注册会计师。所谓具有国际认可度的注册会计师，是指职业道德良好、专业素质优秀、执业经验丰富、谙熟国际规则，能够在国际会计审计市场执业的会计师事务所合伙人和业务骨干。上述《规划》还指出，要全面贯彻《国务院办公厅转发财政部关于加快发展我国注册会计师行业的若干意见》（国办发〔2009〕56 号，以下简称国办 56 号文件）精神，加快完善我国注册会计师行业人才选拔、培养、使用机制，为我国注册会计师行业走向国际提供强大的人才资源保障。到 2015 年，培养造就 600 名具有国际认可度的中国注册会计师；到 2020 年，在 2015 年的基础上再新增 2000 人，推荐其中 50 名左右的高端人才到国际性或区域性会计审计

---

① 刘玉廷. 全面提升企业经营管理水平的重要举措——《企业内部控制配套指引》解读 [J]. 会计研究，2010（5）.

组织任职或服务。着眼于加快我国注册会计师行业发展，形成国际竞争比较优势，培养造就700名高素质、复合型、国际化注册会计师类会计领军人才；目前，财政部正在全面落实国办56号文件，重点扶持10家左右大型会计师事务所加快发展，以排名前200家会计师事务所为基础，前10家左右大型会计师事务所为重点，大力实施注册会计师行业做大做强人才培养工程。通过学历教育与继续教育相结合、岗位练兵与脱产集训相结合、理论研究与实战锤炼相结合、境内学习与境外深造相结合、自主培育与合理引进相结合等方式，全面提升我国注册会计师，尤其是大型会计师事务所执业人员的职业道德水平和专业胜任能力。2011年4月，中国注册会计师协会发布《中国注册会计师行业发展规划（2011～2015年）（征求意见稿）》指出，"十二五"期间，注册会计师行业总收入年均增长15%，五年翻一番；着力培养350名领军人才、2000名具有境外资质的注册会计师、5000名复合型业务骨干；着力培育10家具有国际水准的大型事务所，至少有3家本土事务所年收入迈入世界前20强之列，实现行业跨越发展，更好地服务国家建设。

上市公司外部审计压力的加大，还大大促进了企业对内部审计人才的需求和中国内部审计行业的发展。

二、对内部审计人才的需求

2003年颁布的《审计署关于内部审计工作的规定》指出，国家机关、金融机构、企业事业组织、社会团体以及其他单位，应当按照国家有关规定建立健全内部审计制度。

2008年6月由财政部、证监会、审计署、银监会、保监会联合制定并发布的《企业内部控制基本规范》第二章"内部环境"第十五条指出，"企业应当加强内部审计工作，保证内部审计机构设置、人员配备和工作的独立性。内部审计机构应当结合内部审计监督，对内部控制的有效性进行监督检查。内部审计机构对监督检查中发现的内部控制缺陷，应当按照企业内部审计工作程序进行报告；对监督检查中发现的内部控制重大缺陷，有权直接向董事会及其审计委员会、监事会报告"。

2006年9月颁布的《深圳证券交易所上市公司内部控制指引》第二章"基本要求"第十三条规定，"公司应明确各部门、岗位的目标、职责和权限，建立相关部门之间、岗位之间的制衡和监督机制，并设立专门负责监督检查的内部审计部门"。第三章"重点关注的控制活动"第四十一条规定，"公司应由内部审计部门跟踪监督募集资金使用情况，并每季度向董事会报告"。第四章"内部控制的检查和披露"第五十九条规定，"公司应按照本指引第十三条的规定设立内部审计部门，直接对董事会负责，定期检查公司内部控制缺陷，评估其执行的效果和效率，并及时提出改进建议"。

2006年6月颁布的《上海证券交易所上市公司内部控制指引》第二十三条规定："公司应确定专门职能部门负责内部控制的日常监督检查工作，并根据相关规定以及公司的实际情况配备专门的内部控制检查监督人员。公司可根据自身组织架构和行业特点安排该职能部门的设置。"

以上规定，大大促进了社会对内部审计人才的需求。

三、对政府审计人才的需求

随着中国政治民主化的推进，政府审计所起的作用也愈来愈重要。

2006年修订的《中华人民共和国审计法》第一章"总则"第二条规定，"国家实行审计监督制度。国务院和县级以上地方人民政府设立审计机关。国务院各部门和地方各级人民政府及其各部门的财政收支，国有的金融机构和企业事业组织的财务收支，以及其他依照本法规定应当接受审计的财政收支、财务收支，依照本法规定接受审计监督。审计机关对前款所列财政收支或者财务收支的真实、合法和效益，依法进行审计监督"。第三条规定，"审计机关依照法律规定的职权和程序，进行审计监督。审计机关依据有关财政收支、财务收支的法律、法规和国家其他有关规定进行审计评价，在法定职权范围内做出审计决定"。以上规定，大大促进了中国政府审计的发展，政府审计人才的需求也日益扩大。

复习思考题

1. 什么是人性的缺陷？人类文明到了21世纪，各国的法律和道德文化建设不仅理论体系庞大，而且人才多如牛毛，但为什么同时公司财务舞弊的强度和密度也越来越高？

2. 为什么无论是北美和西欧等发达国家的成熟资本市场，还是中国等国家的新兴资本市场，都会出现上市公司财务舞弊？为什么亚洲国家或地区尤其是中国大陆资本市场的公司财务舞弊频率和密度较其他社会更高？

3. 通常说市场存在的信息不对称性会导致市场交易的结果出现"逆向选择"和"道德风险"，请你说明"逆向选择"和"道德风险"的含义，并联系你的生活现实说明存在哪些"逆向选择"和"道德风险"的情况，你认为应该如何避免这些"逆向选择"和"道德风险"，以保证你的生活质量不会太差。

4. 从"皇后"和"白雪公主""比美"竞争的童话故事中，你获得哪些启示？你认为在中国资本市场投资者中，谁是"皇后"，谁是"白雪公主"？如何保证"皇后"和"白雪公主"在中国资本市场的相互竞争能持续有效，不会导致恶性竞争和市场崩溃？

5. 你认为什么是审计？你认为审计的功能是什么？

6. 请简述政府审计、民间审计和内部审计的定义。

7. 政府审计、民间审计和内部审计的功能各有什么联系与区别？试举例说明。

8. 请上网搜集中国和国外政府审计的新闻，并评价其审计存在哪些差异？

9. 请上网搜集中国公司和国外公司内部审计的新闻，并评价其审计存在哪些差异？

10. 为什么说注册会计师不能保证发现会计报表中的所有错误与舞弊行为？

案例分析

请上网搜集表1-1中所有上市公司财务舞弊的资料，重点分析这些公司财务舞弊的动机和财务舞弊的后果，尤其是比较分析这些财务舞弊公司所在的国家或地区对待财务舞弊的公司高管和审计师的惩罚机制是什么，不同社会的惩罚机制有什么不同，探讨为什么会存在这样的差异，最终分析这些差异对资本市场的运行带来怎样的影响。

第二章　审计组织与审计标准

第一节　审计组织

一、政府审计组织

从 1949 年中华人民共和国成立直到 20 世纪 80 年代，中国并没有独立的审计机构。1982 年 12 月 4 日颁布的《中华人民共和国宪法》才明确规定要建立独立的审计监督制度，并以多达七条的篇幅对审计机关的性质、地位、设置以及人事任免等问题作了规定。

宪法的基本规定是：审计机关设立在政府中，在政府首长领导下，依法对政府各部门、国有企事业单位、金融机构、下级政府等审计对象的财政财务活动和事项实施独立审计监督。这宣告了中国国家审计行政型体制的确定，也决定了我国《审计法》属于行政法范畴，是一种行政监督法。

我国选择行政型审计体制源于我国深厚的历史文化传统，中国自古以来就强调集权体制和集权管理，再加上新中国成立时全面学习苏联的政治经济体制，因此形成党政合一、高度集中的政治体制，这种体制的特征是政府集规则制定、实施、监督和仲裁、处罚于一身，而且这种权力通过种种措施予以不断维持与强化（杨肃昌，2004）①。因此，宪法选择行政型审计体制，正是为了强化政府监管职能，维护集中统一的管理体制。

1983 年 9 月，中国审计机关正式成立。但在很长一段时间里，中国没有《审计法》，直到第八届人大才把制定《审计法》列入立法规划。1994 年 8 月 31 日，第八届全国人大常委会九次会议通过了《审计法》，自 1995 年 1 月 1 日起施行。该法由总则、审计机关和审计人员、审计机关职责、审计机关权限、审计程序、法律责任及附则七部分构成。主要内容是针对国家审计机关的产生、职权、运行、法律责任等，对国家审计机关的审计行为进行规范。《审计法》的颁布对于规范政府和国有企事业单位财政收支、财务收支行为，加强国有资产管理起到了积极作用。但政府各部门权力划分的

---

① 杨肃昌. 中国国家审计：问题与改革［M］. 北京：中国财政经济出版社，2004.

不对等，各级政府的党政领导权力缺乏制衡机制，也导致审计部门易被边缘化。

2003 年 8 月《中华人民共和国行政许可法》颁布施行，标志着中国依法行政的开始。2004 年 3 月国务院发布《全面推进依法行政实施纲要》，提出建设法治政府的目标，即实行政企分开、政事分开，政府与市场、政府与社会的关系基本理顺，政府的经济调节、市场监管、社会管理和公共服务职能基本到位。《纲要》还强调，各级行政机关要积极配合监察、审计等专门监督机关的工作，自觉接受监察、审计等专门监督机关的监督决定。拒不履行监督决定的，要依法追究有关机关和责任人员的法律责任。监察、审计等专门监督机关要与检察机关密切配合，及时通报情况，形成监督合力。上述《行政许可法》及国务院有关法规的出台为重新构建审计监督体系和《审计法》的修订提供了较好的法律铺垫。

2004 年 5 月初，审计署将《审计法》修订草案提交到了国务院法制办，并于同年 5 月 20 日与国务院法制办联合下发通知，就《草案》征求相关各部门的意见。

修订后的《中华人民共和国审计法》（以下简称《审计法》）于 2006 年 2 月 28 日经第十届全国人民代表大会常务委员会第二十次会议审议通过，自 2006 年 6 月 1 日施行，这是我国审计发展进程中的一件大事。

此次修订，本着与宪法和其他法律的规定相统一，与坚持依法行政、建设法治政府的要求相一致，与社会经济和审计工作的发展相适应，与国际审计的通行做法相衔接，与时俱进与保持稳定相结合的指导思想，在保持原《审计法》框架结构和基本内容不变的基础上，主要作了四个方面的修改：

一是为健全审计监督机制所做的修改。主要包括：为明确审计机关审计执法的法律依据，规定审计机关依据有关财政收支、财务收支的法律、法规和其他国家有关规定做出审计评价，在法定职权范围内做出审计决定。为改进和完善审计工作报告制度，规定审计工作报告应重点反映预算执行的审计情况；人大常委会可以对审计工作报告做出决议；政府应当向本级人大常委会报告审计查出问题的纠正情况和处理结果。为适应审计派出机构形式变化，将"审计特派员"改为"派出机构"。为完善地方审计机关双重领导体制，保障审计独立性，保证其负责人免遭打击报复，并具有专业胜任能力，规定地方各级审计机关负责人的任免，应当事先征求上一级审计机关的意见。

二是为完善审计监督职责所作的修改。主要包括：为适应国有金融机构、企事业单位体制改革和投融资体制改革，将审计监督范围中"国家的事业组织"调整为"国家的事业组织和使用财政资金的其他事业组织"；将"国家建设项目"调整为"政府投资和以政府投资为主的建设项目"；考虑到国有企业和金融机构改制的复杂性，规定对国有资本占控股地位或者主导地位的企业、金融机构的审计监督，由国务院规定。为加强对领导干部的监督，根据中央文件精神，规定审计机关对国家机关和依法属于审计监督对象的其他单位的主要负责人任期经济责任进行审计监督。为适应社会审计机构管理体制的变化和审计机关职能调整的实际，明确审计机关有权对社会审计机构为属于审计监督对象的单位出具的审计报告进行核查。

三是为加强审计监督手段所作的修改。主要包括：为适应我国财会电算化的发展，规定审计机关有权要求被审计单位提供电子财会数据和计算机技术文档；有权检查被审计单位电子财会数据系统。为更好地查处公款私存背后的违法犯罪行为，规定审计机关有证据时经批准有权查询被审计单位以个人名义在金融机构的存款。为防止被审计单位转移、隐匿有关资料和资产，明确了审计机关封存有关财会资料和违反规定取得资产的强制措施。为克服审计执法手段和范围的局限性，促进全面履行审计职责，进一步加强与其他机关的配合，形成监督合力，赋予审计机关提请公安、监察、财政、税务、海关、价格、工商行政管理等机关予以协助的权力。为保证审计结论得到有效落实，规定被审计单位应当执行审计决定，拒不执行应上缴款项的被审计单位，审计机关可通报有关部门依法扣缴。

四是为规范审计行为所作的修改。主要包括：为适应审计结果公告的需要，将审计报告确立为审计机关对外出具的法律文书。为建立健全层级监督机制，规定上级审计机关可以责成下级审计机关变更或者撤销其不符合国家有关规定的审计决定，必要时也可直接变更或者撤销。为纠正审计机关的违法或不当行为，保护被审计单位的合法权益，规定被审计单位对有关财务收支的审计决定不服的，可以依法申请行政复议或提起行政诉讼；对有关财政收支的审计决定不服的，可以提请审计机关的本级人民政府裁决，本级人民政府的裁决为最终决定。①

目前，国家审计署设有 25 个派出审计局，如外交外事审计局、发展计划审计局、经济审计一局、经济审计二局、贸易审计局、国防工业审计局、教育审计局等，同时还设有 18 个审计特派员办事处，如京津冀、太原、沈阳、哈尔滨、上海、南京、武汉、广州、郑州、济南、兰州、昆明、成都、长沙、深圳、长春、重庆等特派员办事处。此外，各级地方政府还设有下属审计机关。

二、民间审计组织

新中国民间审计行业的发展始于 20 世纪 80 年代。1978 年，党的十一届三中全会以后，我国实行改革开放的方针，把工作重点转移到社会主义现代化建设上来，商品经济得到迅速发展，为注册会计师制度的恢复重建创造了客观条件。随着外商来华投资的日益增多，1980 年 12 月 14 日财政部颁布了《中华人民共和国中外合资经营企业所得税法实施细则》，规定外资企业财务报表要由注册会计师进行审计，这为恢复我国注册会计师制度提供了法律依据。1980 年 12 月 23 日，财政部发布《关于成立会计顾问处的暂行规定》，标志着我国注册会计师职业开始复苏。1981 年 1 月 1 日，"上海会计师事务所"宣告成立，成为新中国第一家由财政部批准独立承办注册会计师业务的会计师事务所。我国注册会计师制度恢复后，注册会计师的服务对象主要是"三资"企业。这一时期的涉外经济法规对注册会计师业务做了明确规定。1984 年 9 月 25 日，财政部印发《关于成立会计咨询机构问题的通知》，明确了注册会计师应当办理的业务。1985 年 1 月实施的《中华人民共和国会计法》规定："经国务院财政部门批准组成会计师事务所，可以按照国家有关规定承办查账业务。"1986 年 7 月 3 日，国务院颁

---

① 李金华．新审计法为审计监督提供更完备法律手段［DB/OL］．内审网，2006 – 03 – 01．

布《中华人民共和国注册会计师条例》，同年 10 月 1 日起实施。随着会计师事务所数量的增加、业务范围的拓宽，如何对注册会计师和会计师事务所实施必要的管理，有效组织开展职业道德和专业技能教育，加强行业管理，保证注册会计师独立、客观、公正执业，成为行业恢复重建面临的重大问题。1988 年 11 月 15 日，财政部借鉴国际惯例成立了中国注册会计师协会，随后各地方相继组建省级注册会计师协会。1993 年 10 月 31 日，第八届全国人大常委会第四次会议审议通过了《中华人民共和国注册会计师法》（以下简称《注册会计师法》），自 1994 年 1 月 1 日起实施。

在国家法律、法规的规范下，我国注册会计师行业得到了快速发展。一是不断拓展服务领域。注册会计师行业从最初的主要为"三资"企业提供查账、资本验证等服务，发展到为所有企业提供财务报表审计业务，执业范围得到进一步扩展和延伸。二是不断加强人才培养。行业建立了继续教育制度，制定发布行业人才培养"三十条"，明确提出了加强行业人才培养的指导思想和总体思路，大力推行行业人才培养战略。三是不断深化执业标准建设。根据国际审计准则的发展趋势和审计环境的巨大变化，大力推行审计准则国际趋同战略。2006 年初，中国审计准则实现与国际审计准则的趋同，建立起了一套既适应社会主义市场经济建设要求，又与国际准则相接轨的审计准则体系。2010 年 11 月，又对 38 项审计准则进行了修订，保持了与国际准则持续全面的国际趋同。四是不断完善监管制度建设。2004 年创立了事务所执业质量检查制度，从以往的以专案、专项检查为主要方式向五年一个周期的制度性、全面性检查转变，并开展了全国性的事务所执业质量检查工作。五是不断推动事务所健康发展。在中介行业中率先开展了事务所脱钩改制工作，推动有条件的事务所做大做强，推动中小事务所做精、做专、做优，事务所整体竞争力大大增强。六是不断密切国际合作。先后加入亚太会计师联合会（CAPA）和国际会计师联合会（IFAC），并多年担任其理事；向国际审计与鉴证准则理事会（IAASB）等有关国际组织选派代表，与 30 多个国家和地区的 50 多个会计师职业组织建立了交往和合作关系，国际影响力和国际地位日益提高。①

近几年中国注册会计师协会每年都会发布民间审计组织排名百强信息（参见附录）。下面主要针对 2006～2010 年前 10 强审计事务所进行分析。

（一）2006 年民间审计组织排名前 10 家情况分析

2006 年民间审计组织排名前 10 家如表 2-1 所示。从排名情况可以发现：

（1）四大国际合作所排在前 4 位，其中年营业收入最高的普华永道中天达 18 亿元，最低的毕马威华振年收入为 9 亿多元。

（2）在国内所排名中，上海立信长江名列第一，年收入为 1.8 亿元，只有普华永道中天的 1/10，比第 4 位的毕马威华振也少 7 亿多元，表明中国国内所与四大国际合作所在审计市场竞争中存在较大的差距。

（3）国内大所之间差距相对较小，如上海立信长江较第 10 位的中瑞华恒信年收入

---

① 中国注册会计师协会编. 2011 年度注册会计师全国统一考试辅导教材——审计［M］. 北京：经济科学出版社，2011.

只多 5000 多万元。

（4）从注册会计师人数来看，国内所的人数规模平均起来并不少于四大国际所，尤其是岳华会计师事务所 CPA 人数达到 479 名，甚至超过四大国际合作所，但其年收入却只有 1.64 亿元，表明四大审计师事务所的营业收入更高。

表 2 - 1　2006 年度会计师事务所综合评价前 10 家信息

会计师事务所名称	2005 年度总收入（百万元）	注册会计师人数	领军人才后备人选数	处罚、惩戒应减分值	综合得分名次
普华永道中天	1803	461	4	4	1
安永华明	972	240	3		2
德勤华永	909	415	1	4	3
毕马威华振	915	234	1	8	4
上海立信长江	183	308	1		5
岳华	164	479	4	4	6
信永中和	150	282	1	4	7
万隆	138	256	2		8
中审	134	317			9
中瑞华恒信	131	250	4		10

注：①总收入：指会计师事务所 2005 年度会计报表所反映的总收入。②注册会计师人数：指 2005 年 12 月 31 日会计师事务所拥有的注册会计师人数。③领军人才后备人选数：指截至 2006 年 11 月 16 日会计师事务所已通过中注协测试选拔的领军人才后备人选人数。④处罚、惩戒应减分值：指按照《会计师事务所综合评价办法（试行）》，根据会计师事务所及其注册会计师在 2003～2005 年度执业中受到行政处罚和行业惩戒的情况计算的应减分值。

（二）2007 年会计师事务所排名前 10 名情况分析

2007 年会计师事务所排名前 10 名情况如表 2 - 2 所示。由表 2 - 2 可知：

（1）四大国际合作所排在前 4 位，并且年收入较上年有显著增长，如第 1 名的普华永道中天较上年增长 2 亿多元。

（2）国内大所的收入也有显著增长，如排在国内所第一的立信会计师事务所年收入较上年增长 4000 多万元。

（3）万隆所尽管年收入较上年增长 1400 万元，但在排名上由上年的第 8 名跌到第 10 名。

（4）从四大国际合作所来看，其拥有注册会计师人数不到其从业人员的 1/10，大大低于国内所中 CPA 所占比例。这表明，四大国际所人才储备战略与国内所存在显著不同。

表2-2 2007年度会计师事务所综合评价前10家信息

会计师事务所名称	2006年度总收入（百万元）	注册会计师人数	领军人才后备人选数	处罚、惩戒应减分值	分所数量	从业人员人数	综合得分名次
普华永道中天	2038	499	3	4	9	3516	1
安永华明	1598	382	6		6	4231	2
德勤华永	1386	482	2	4	6	3322	3
毕马威华振	1237	308	1		2	3192	4
立信	220	361	1		3	847	5
岳华	210	440	4	4	13	1115	6
信永中和	203	356	1	4	3	940	7
中审	186	324			9	777	8
中瑞华恒信	169	338	4		7	827	9
万隆	152	303	2		7	911	10

注：①总收入：指会计师事务所2006年度会计报表所反映的总收入。②注册会计师人数：指2006年12月31日会计师事务所拥有的注册会计师人数。③领军人才后备人选数：指截至2007年4月20日会计师事务所已通过中注协测试选拔的领军人才后备人选人数。④处罚、惩戒应减分值：指根据会计师事务所及其注册会计师在2004～2006年受到行政处罚和行业惩戒的情况（包括2004年前因执业原因而在2004～2006年受到的处罚）计算的应减分值。⑤分所数量和从业人员人数，作为综合评价的辅助信息披露，不纳入综合评价指标体系。⑥立信会计师事务所原名为上海立信长江会计师事务所。

（三）关于2008年中国审计市场前10强情况分析

2008年中国审计市场排名前10强如表2-3所示。

（1）四大国际合作所的年收入普遍实现高增长，平均都在20亿元以上，尤其是第1名的普华永道中天达到26亿多元。这可能与2007年中国资本市场的空前火暴有关，2007年上证综指连破3000、4000、5000、6000点四道大关，一度创下6124点的历史高点。由此大批公司通过IPO（首次公开发行股票）上市，四大审计所因此也获得大丰收。

（2）国内所年收入也有显著增加，如在国内所排名第一的立信会计师事务所尽管因为中瑞和岳华两所合并，而屈居第二，但其年收入也较上年增长1.51亿元，其增加额几乎接近排名第16位的天健华证中洲事务所的收入1.6亿元（见附表3）。

表2-3 2008年度会计师事务所综合评价前10家信息

会计师事务所名称	2007年度总收入（百万元）	注册会计师人数	领军人才后备人选数	处罚、惩戒应减分值	分所数量	从业人员人数	合伙人（股东）人数	综合得分名次
普华永道中天	2626	460	3	4	9	3971	2	1
安永华明	2316	564	5		7	5490	4	2
德勤华永	2124	549	2	4	6	4191	2	3

续表

会计师事务所名称	2007年度总收入（百万元）	注册会计师人数	领军人才后备人选数	处罚、惩戒应减分值	分所数量	从业人员人数	合伙人（股东）人数	综合得分名次
毕马威华振	1945	351	1		3	4367	2	4
中瑞岳华	505	1000	10	8	22	2280	28	5
立信	371	417	1		5	1149	40	6
信永中和	254	482	1	4	6	1258	29	7
大信	229	328	1		8	1050	20	8
万隆	194	371	2		10	764	30	9
利安达信隆	188	368			10	932	37	10

注：①总收入：指会计师事务所2007年度会计报表所反映的总收入。②注册会计师人数：指2007年12月31日会计师事务所拥有的注册会计师人数。③领军人才后备人选数：指截至2008年3月15日会计师事务所已通过中注协测试选拔的领军人才后备人选人数。④处罚、惩戒应减分值：指按照《会计师事务所综合评价办法（试行）》，根据会计师事务所及其注册会计师在2005～2007年因以往执业中（含本期间）受到行政处罚和行业惩戒的情况计算的应减分值。⑤分所数量、从业人员人数、合伙人（股东）人数、注册会计师年龄结构和注册会计师学历结构作为综合评价的辅助信息披露，不纳入综合评价指标体系。

（四）关于2009年中国审计市场前10强的分析

（1）四大国际合作所年收入继续高增长，尤其是排在第4位的毕马威华振年收入增长了4.9亿元，接近于通过两所合并而成为国内第一大所的中瑞岳华事务所2007年收入的5.05亿元，从而呈现出在中国审计市场四大国际所处于寡头垄断地位的格局。

（2）在四大国际所合作阵营中，也明显呈现两类不同的经营理念，如普华永道中天、安永华明、德勤华永、毕马威华振各自年度审计收入占其总收入的比例分别为95%、84%、68%、63%。这表明普华永道中天和安永华明事务所基本以从事专业审计为主，而德勤华永和毕马威华振的年收入几乎有1/3来自非审计收入。

（3）由于国内所合并的影响，上年排名在第7位的信永中和尽管年收入增长800万元，排名却跌到第10位。

表2-4　2009年会计师事务所综合评价前10家信息

会计师事务所名称	2008年度总收入（百万元）	审计收入（百万元）	注册会计师人数	领军人才数量	处罚、惩戒应减分值	分所数量	从业人员人数	合伙人（股东）人数	综合得分名次
普华永道中天	2755	2610	587	6		9	4583	2	1
安永华明	2700	2263	750	10		7	4094	2	2
德勤华永	2499	1704	668	2		6	4371	2	3

续表

会计师事务所名称	2008年度总收入（百万元）	审计收入（百万元）	注册会计师人数	领军人才数量	处罚、惩戒应减分值	分所数量	从业人员人数	合伙人（股东）人数	综合得分名次
毕马威华振	2435	1540	550	1		3	4890	2	4
中瑞岳华	652	554	1013	13	4	18	1825	38	5
立信	666	518	679	3		9	1315	37	6
万隆亚洲	398	300	556	3	6.5	18	1183	34	7
浙江天健东方	315	244	339	9		2	930	27	8
大信	314	276	360	2	2	9	946	20	9
信永中和	262	223	590	3		6	803	25	10

注：①总收入：指会计师事务所2008年度会计报表所反映的总收入。②注册会计师人数：指2008年12月31日会计事务所拥有的注册会计师人数。③领军人才数量：指截至2008年12月31日会计事务所内注册会计师行业领军人才数量。④处罚、惩戒应减分值：指按照《会计师事务所综合评价办法（试行）》，根据会计师事务所及其注册会计师在2006~2008年因以往执业中（含本期间）受到行政处罚和行业惩戒的情况计算的应减分值。⑤审计收入、分所数量、从业人员人数、合伙人（股东）人数、注册会计师年龄结构和注册会计师学历结构作为综合评价的辅助信息披露，不纳入综合评价指标体系。⑥本信息中，安永华明会计师事务所、万隆亚洲会计师事务所、浙江天健东方会计师事务所等涉及合并事项，其相关指标已进行了相应的合并。⑦本信息中，普华永道中天会计师事务所、安永华明会计师事务所、德勤华永会计师事务所和毕马威华振会计师事务所为中外事务所合作体制，无个人合伙人（股东）。

（五）关于2010年会计师事务所排名前10强的分析

（1）四大国际合作所2009年度的年收入较上年有显著下降，尤其是安永华明事务所由上年的27亿元下降到19.61亿元，下降了7.39亿元，下降幅度达27%。这可能是由于美国2007年爆发次贷危机后，2009年度开始传导到国内资本市场，导致了四大国际合作所的年收入出现显著下降。

（2）有意思的是，国内所除了排名第2位的立信事务所年收入较上年度略有下降，减少300万元外，其他所年收入均有显著增长，如国内所排名第一的中瑞岳华年收入由上年的6.52亿元增长到8.72亿元。

（3）上年排在第9位的大信会计师事务所尽管本年度跌到第10位，但其年收入却由原来的3.14亿元增加到5.17亿元。

四大国际合作所年收入下降，国内所年收入上升，这可能是由于受金融危机的冲击，很多企业业务萎缩，盈利减少或亏损，为了降低成本，许多企业会更倾向选择审计收费较低的国内所进行审计。

表 2 - 5   2010 年会计师事务所综合评价前 10 家信息

会计师事务所名称	2009 年度总收入(百万元)	审计收入(百万元)	注册会计师人数	领军人才数量	处罚、惩戒应减分值	分所数量	从业人员人数	合伙人(股东)人数	综合得分名次
普华永道中天	2578	2439	678	6		9	4300	2	1
德勤华永	2370	1656	715	3		6	4116	2	2
毕马威华振	2221	1507	648	1		3	3706	2	3
安永华明	1961	1861	866	10		7	3569	2	4
中瑞岳华	872	725	1228	14	4	21	1806	42	5
立信	663	491	674	4		10	1393	37	6
信永中和	519	439	1016	8		13	1419	30	7
天健	503	385	705	12		12	994	39	8
国富浩华	532	434	864	6	18.5	27	1176	33	9
大信	517	394	527	3	2	14	1311	23	10

注：①总收入：指会计师事务所 2009 年度会计报表所反映的总收入。②注册会计师人数：指 2009 年 12 月 31 日会计师事务所拥有的注册会计师人数。③领军人才数量：指截至 2009 年 12 月 31 日会计师事务所内注册会计师行业领军人才数量。④处罚、惩戒应减分值：指按照《会计师事务所综合评价办法(试行)》，根据会计师事务所及其注册会计师在 2007～2009 年因以往执业中(含本期间)受到行政处罚和行业惩戒的情况计算的应减分值。会计师事务所实施合并的，合并各方的应减分值合并计算。⑤审计收入、分所数量、从业人员人数、人均业务收入、合伙人(股东)人数、境外设立分支机构数量、注册会计师年龄结构和注册会计师学历结构作为综合评价的辅助信息披露，不纳入综合评价指标体系。⑥信永中和会计师事务所、天健会计师事务所、国富浩华会计师事务所、大信会计师事务所等涉及合并事项，其相关指标已进行了相应的合并。⑦天健会计师事务所原名为浙江天健东方会计师事务所、国富浩华会计师事务所原名为北京五联方圆会计师事务所、立信大华会计师事务所原名为北京立信会计师事务所。⑧普华永道中天会计师事务所、安永华明会计师事务所、德勤华永会计师事务所和毕马威华振会计师事务所为中外事务所合作体制，无个人合伙人(股东)。

(六) 关于 2011 年会计师事务所综合排名前 10 强的分析

(1) 在四大国际合作所中，除了毕马威华振年收入由 2009 年的 2.22 亿元下降到 2010 年的 1.86 亿元外，其他三大国际合作所年收入均出现显著增长，尤其是第 1 名的普华永道中天年收入由 2009 年的 25.78 亿元上升到 2010 年的 29.61 亿元，上升幅度达到 15%。

(2) 国内所的年收入 2010 年较 2009 年也出现显著增长，如在国内所排名第一的中瑞岳华会计师事务所年收入由 8.72 亿元上升到 10.39 亿元，上升幅度达到 19%。在综合排名第 10 位的大信年收入由 5.17 亿元上升到 6.40 亿元，上升幅度达到 24%。

四大国际合作所年收入在 2009 年出现显著下降之后，到了 2010 年其中三大所又出现飙升，并且国内所年收入也出现显著增加，可能是因为中国政府为了应对国际金融危机对国内市场的冲击，于 2008 年 11 月宣布了 4 万亿元人民币的投资计划以拉动内需。由此导致市场对审计的需求又出现大幅增长。

表 2 – 6　2011 年会计师事务所综合评价前 10 家情况

事务所名称	2010 年业务收入金额（百万元）	注册会计师人数	处罚和惩戒指标应减分值	综合评价得分	综合评价排名
普华永道中天	2961	845		54.67	1
德勤华永	2600	801		52.4	2
安永华明	2094	926		48.92	3
毕马威华振	1862	768		53.15	4
中瑞岳华	1039	1311	– 2.5	49.05	5
立信	817	832		56.65	6
国富浩华	702	993		50.04	7
天健	650	884		49.71	8
信永中和	564	1040		54.64	9
大信	640	727		49.39	10

注：①业务收入指标：指会计师事务所上报注协的、经过审计的 2010 年度会计报表数据。②注册会计师人数指标：指截至 2010 年 12 月 31 日会计师事务所在中注协认定的管理系统中登记的数据。③综合评价质量指标：指创先争优综合评价指标体系大型会计师事务所评价表中除了业务收入指标、注册会计师人数指标、处罚和惩戒指标以外的指标。④处罚和惩戒指标：指 2010 年度会计师事务所及其注册会计师在执业中受到刑事处罚、行政处罚和行业惩戒的情况。

三、内部审计组织

新中国内部审计工作的开展分为以下阶段：

1. 1983 ~ 1993 年，内部审计初步建立阶段

1983 年，国务院批准了审计署《关于开展审计工作几个问题的请示》，首次提到了内部审计监督问题；1985 年，国务院颁布《关于审计工作的暂行规定》，其中第 10 条明确规定："县以上政府部门应当设立内部审计机构或审计人员。"

1987 年 7 月，国务院转发了审计署《关于加强内部审计工作的报告》；1988 年国务院颁布了审计条例，其中第 6 章对内部审计作了较全面的规定；1989 年审计署发布了《关于内部审计工作的规定》，这是我国第一部关于内部审计的部门规章。这一阶段，通过行政法规确立了内部审计的基本制度，促使我国内部审计走上了依法审计的轨道。

2. 1994 ~ 2002 年，内部审计立法进一步完善阶段

1994 年 8 月颁布了《审计法》，其中第 29 条明确规定："国务院各部门和地方人民政府各部门，国有的金融机构和企业、事业组织，应当按照国家有关规定建立健全内部审计制度。"从而在法律上确立了内部审计制度，同时也为进一步完善内部审计工作提供了法律依据。1995 年 7 月审计署发布了《关于内部审计工作的规定》，促进了内部

审计的发展。

　　为了适应我国加入世界贸易组织的新形势和内部审计发展的需要，1998 年经审计署批准，中国内部审计学会更名为中国内部审计协会，使其成为对行政机关、企业、事业单位和其他组织的内部机构进行行业自律管理的全国性社会团体组织。2001 年中国内部审计协会开始实行国际上通行的行业自律管理，推动我国内部审计逐步走向职业化。中国内部审计协会还加入了国际内部审计师协会，积极参与其工作，努力推动内部审计事业发展，扩大了我国内部审计的国际影响力。现已与国际内部审计师协会建立了良好的关系。

　　国际内部审计师协会作为内部审计的自律组织，已有近 70 年的历史，其战略任务是"在全球范围内完善内部审计的形象"，口号是"经验分享，共同进步"，这些在全球都享有美誉；同时，作为内部审计职业的信息库、数据库、知识库、思想库，致力于推介先进的内部审计理念与方法，引领内部审计实务的创新与变革，这些方面也卓有成效。

　　3. 2003 年至今，内部审计规范体系全面建立健全阶段

　　2003 年 3 月审计署颁布了《关于内部审计工作的规定》，标志着我国内部审计走上法制化、规范化的轨道。[①]

　　中国内部审计协会按照章程，在制定内部审计准则、开展培训、组织交流、理论研讨、宣传等方面做了大量的工作，特别是引进 CIA 考试、翻译内部审计资料与著作、提供有益的资料与信息，得到了内部审计机构和人员的好评。

第二节　政府审计标准

一、政府审计国际标准

　　最高审计机关国际组织（the International Organization of Supreme Audit Institutions, INTOSAI），是由世界各国最高一级国家审计机关所组成的国际性组织。创立于 1953 年，1968 年在东京召开的第六次会议上，该组织的章程获得通过，最高审计机关国际组织正式宣布成立，受联合国经社理事会领导。最高审计机关国际组织总部设在维也纳，由奥地利审计法院负责日常工作，该组织的会费由各成员国按联合国缴纳会费的比例分摊。目前该组织有成员 186 个，我国于 1982 年加入该组织。其主要职责是统一规范审计标准，加强业务合作，促进审计事业发展以及各会员国之间的信息交流与沟通。该组织的宗旨是互相交流情况，交流经验，推动和促进各国审计机关更好地完成本国的审计工作。

---

①　孙合珍. 国内外内部审计发展历程及其启示［J］. 经济视角（下），2008（1）.

该组织于 1977 年 10 月在秘鲁的利马发布了《关于审计规范指南的利玛宣言》（Lima Declaration of Guidelines on Auditing Precepts）。

表 2 - 7   宣言主要内容

中文名称	英文名称	主要内容
总则	General	1. 审计的目标是揭示对公认准则的偏离，或对法律、效率、效果以及财务管理经济性等原则的违反，以便针对具体情况采取纠错行动，使受托者承担责任，获得补偿，预防腐败。 2. 各国最高审计机关是否实施事先审计取决于其法律现状、条件和要求，而无论是否实施事先审计，各国最高审计机关都要实施事后审计。 3. 政府各部门内部审计必然服从于各部门领导，最高审计机关作为政府部门的外部审计师，有责任考察其内部审计的有效性。如果其内部审计有效，不影响最高审计机关实施总体审计的权利，最高审计机关在与各单位内部审计之间进行适当的任务划分和合作。 4. 最高审计机关的传统任务是审计财政管理和会计业务的合法性（Legality）和合规性（Regularity）。最高审计机关实施的效益审计（Performance Audit）是考察公共管理活动的绩效（Performance）、经济性（Economy）、效率性（Efficiency）和效果性（Effectiveness）。效益审计不仅涵盖财务运营，还包括组织和行政系统等政府活动的全过程。最高审计机关在对财务管理的合法性、合规性、经济性、效率性和效果性进行审计时，其重要程度可因具体环境而异。
独立性	Independence	5. 最高审计机关必须由宪法来保障其独立于被审计对象，并且不受任何外部影响。 6. 最高审计机关的领导和成员必须由宪法来保障其独立于被审计对象，并且不受任何外部影响。 7. 最高审计机关的财政资金必须独立。
与议会、政府和管理部门的关系	Relationship to Parliament, Government and the Administration	8. 最高审计机关与议会的关系必须由每个国家根据自己的条件和要求在宪法中明确规定。 9. 最高审计机关要对政府、其管理当局及其下级部门的活动进行审计。
最高审计机关的权力	Powers of Supreme Audit Institutions	10. 最高审计机关应能获得与财务管理有关的所有记录和文档，并要求提供任何必需的口头或书面的信息。 11. 被审计单位应在法定期限内针对最高审计机关的审计结果做出说明，并说明整改的措施。最高审计机关应有权要求被审计单位承担责任，并采取相应的措施。 12. 最高审计机关可在必要时，为议会和政府行政管理部门在立法草案、财政或金融监管等方面以专家意见的形式提供专业知识。政府部门独立承担接受或拒绝这些专家意见的责任。

中文名称	英文名称	主要内容
审计方法、审计人员、经验国际交流	Audit Methods, Audit Staff, International Exchange of Experiences	13. 最高审计机关在进行审计抽样时，应保证样本数量充分大，以便更好地判断财务管理的质量和合理性。审计方法要能适应于财务管理科技发展的趋势。 14. 最高审计机关的人员应具有专业资格和道德操守，并通过财政和组织等措施提高审计人员在法律、经济、会计和电子数据处理等方面的理论与实践水平，在必要时还要聘请外部的专家。 15. 最高审计机关参与国际组织交流审计经验与思想，基于法律比较的角度发展统一的政府审计概念也是很重要的。
报告	Reporting	16. 最高审计机关应由宪法授权并要求每年向议会或任何其他公共机构独立报告审计结果。 17. 最高审计机关的报告应提供客观和确定的事实及评估意见。
最高审计机关的审计权力	Audit Powers of Supreme Audit Institutions	18. 最高审计机关的基本审计权力应由宪法授权，具体说明可通过其他法规来规定。所有公共资金运营，无论是否反映在国家预算中，都应由最高审计机关审计。最高审计机关应通过审计促进预算分类和会计制度尽可能简单明了。 19. 国外的公共管理部门和其他机构一般也应接受最高审计机关的审计，在审计这些机构时，应适当考虑国际法规定的约束条款。 20. 最高审计机关应被授权尽可能广泛地审计征税。税务审计是基本的法定审计和常规审计，最高审计机关应考察税收征管的制度和效率，并向立法机构提供改进建议。 21. 公共管理部门在公共合同和公共建设上花费的大量资金必须进行特别详细的审计，最高审计机关应促进关于此类项目的公共招标，以获得合理的价格和质量。最高审计机关应促进关于此类公用工程管理的监管，在审计时，不仅要关注其资金收支，还要关注其建设管理的效率，及其建设工程的质量。 22. 最高审计机关还要对电子数据处理过程进行审计，这类审计应以系统为基础，包括要求的计划、数据处理设备的有效利用、聘任有专业技能的人员、防止误用和产生信息的利用等。 23. 政府经济活动的扩张会导致按照民法设立企业。这些企业也必须接受最高审计机关的审计。对这些企业进行事后审计时，必须考察其经济性、效率性和效果性。 24. 最高审计机关必须被授权审计所有来自公共资金资助的使用。当资助金额很高，或者占受资助机构的收入或资本比例很大时，审计范围应扩大到受资助机构的整个财务管理过程。对资助使用不当者应要求返还。 25. 国际性和超国家的组织也必须接受来自外部独立的审计，外部审计机构的人员应由最高审计机关来委派。

2007 年最高审计机关国际组织在墨西哥召开了第 19 届会员大会，通过了《关于政府审计独立性的墨西哥宣言》，该宣言指出，最高审计机关的独立性要遵守八大原则（见表 2 - 8）。

表 2 - 8 基本原则

序号	基本原则
1	存在有效和合理的法律框架保证审计的独立性，并在法律条款中具体说明独立的程度
2	最高审计机关的领导和人员的任命、连任或免职的过程应独立于政府行政首长，并给予他们足够长的和固定的任期，以免他们受到打击报复
3	最高审计机关应被授权审计： （1）对公共资金、公共资源、公共财产的使用，对接受方和受益对象的审计不考虑其法律性质； （2）由政府或公共机构负责的收入征管； （3）政府或公共实体账户的合法性或规律性； （4）财务管理和报告的质量； （5）政府或公共实体运营的经济性、效率性和效果性
4	最高审计机关为了有效履行法定责任，应有充分的权限及时地、直接地、无限制地、自由地获取所有必要的文档和信息
5	最高审计机关应按法律规定每年至少报告一次其审计工作
6	最高审计机关可自由地决定审计报告的时间和内容，并发布和传播
7	最高审计机关要对其审计建议建立有效的跟踪审计机制
8	立法机关或其专门委员会应负责保证最高审计机关有充分适当的人力资源、物质资源和货币资源去履行法定责任

最高审计机关国际组织于 2007 年构建了政府审计国际准则框架，其完整体系包含在 2010 年发布的《关于最高审计机关国际准则的南非宣言》中。

2007 年在南非的约翰内斯堡召开的第 20 次最高审计机关国际组织代表大会上，通过了以下协议：

（1）鉴于最高审计机关国际组织制订和实施最高审计机关国际准则框架（an ISSAI Framework），该框架包括最高审计机关国际准则的一整套内容和最高审计机关国际组织关于良好治理的指南。

（2）鉴于最高审计机关国际准则（ISSAIs）要阐明最高机关运行的基础性原理和先决条件，基础性审计原则和审计指南。

（3）鉴于最高审计机关的良好治理指南（INTOSAI GOVs）的目标，是鼓励公共部门的良好治理。

（4）鉴于最高审计机关国际组织（INTOSAI）为其成员和其他外部合作伙伴提供阐明公共部门审计本质的最高审计机关国际准则。

（5）鉴于帮助各国最高审计机关尽可能成功实施《最高审计机关国际准则框架》

是 INTOSAI 的一项关键的战略重心（a Key Strategic Priority）。

（6）鉴于保持最高审计机关国际准则和最高审计机关的良好治理指南，不断更新，使其与最高审计机关国际组织各方和相关团体持续相关是至关重要的。

根据最高审计机关国际组织《利玛宣言》和《墨西哥宣言》，每个最高审计机关国际组织成员根据所在国的立法架构确定最高审计机关的独立性，最高审计机关第 20 次国际会员大会决定呼吁其成员和其他相关团体：

（1）使用《最高审计机关国际准则框架》作为公共部门审计的普遍参考框架。

（2）根据《最高审计机关国际准则》来衡量审计绩效和审计指南。

（3）根据一国立法、监管和其他要求来实施《最高审计机关国际准则》。

（4）从全球、区域和国家层面提高对最高审计机关国际准则和最高审计机关的良好治理指南的关注。

（5）与承担开发和修订最高审计机关国际准则和最高审计机关的良好治理指南的机构共享实施 the ISSAIs 和 INTOSAI GOVs 的经验、良好实务和挑战。

《最高审计机关国际准则框架》分为如下四个层次：

第一个层次——基本原则（Founding Principles），为《利玛宣言》（The Lima Declaration），1977 年实施。

第二个层次——最高审计机关运行的先决条件（Prerequisites for the Functioning of Supreme Audit Institutions）。

表 2 – 9　准则具体内容

准则编号	英文名称	中文名称	通过时间
ISSAI 10	Mexico Declaration on SAI Independence	关于最高审计机关独立性的墨西哥宣言	2007
ISSAI 11	INTOSAI Guidelines and Good Practices Related to SAI Independence	与最高审计机关独立性相关的指南和良好实务	2007
ISSAI 20	Principles of Transparency and Accountability	透明度和受托责任原则	2010
ISSAI 21	Principles of Transparency – Good Practices	透明度原则的良好实务	2010
ISSAI 30	Code of Ethics	道德守则	1998
ISSAI 40	Quality Control for SAIs	最高审计机关的良好控制	2010

第三个层次——基础性审计原则（Fundamental Auditing Principles）。

表 2 – 10　基础性审计原则

准则编号	英文名称	中文名称	通过时间
ISSAI 100	Basic Principles	基本原则	2001
ISSAI 200	General Standards	一般准则	2001
ISSAI 300	Field Standards	现场准则	2001
ISSAI 400	Reporting Standards	报告准则	2001

第四个层次——审计指南（Auditing Guidelines）。包括一般审计指南（General Auditing Guidelines）和具体审计指南（Specific Auditing Guidelines）。

（1）一般审计指南。在一般审计指南中又分为财务审计（Financial Audit）、绩效审计（Performance Audit）和合规性审计（Compliance Audit）三类。

1）财务审计一般指南。

表2-11　财务审计一般指南

准则编号	英文名称	中文名称	通过时间
ISSAI 1000	General Introduction to the INTOSAI Financial Audit Guidelines	INTOSAI 财务审计指南总体介绍	2010
ISSAI 1003	Glossary to Financial Audit Guidelines	财务审计指南术语	2010
ISSAI 1200	Overall Objectives of the Independent Auditor and the Conduct of an Audit in Accordance with International Standards of Auditing	遵守国际审计准则的独立审计师的总体目标和审计操守	2010
ISSAI 1210	Terms of an Engagement	审计约定书条款	2010
ISSAI 1220	Quality Control for Audits of Historical Financial Information	审计历史财务信息的质量控制	2007
ISSAI 1230	Audit Documentation	审计档案	2007
ISSAI 1240	The Auditor's Responsibilities Relating to Fraud in an Audit of Financial Statements	在财务报表审计中审计师承担的与舞弊相关的责任	2010
ISSAI 1250	Consideration of Laws and Regulations in an Audit of Financial Statements	在财务报表审计中对法律和监管的考虑	2010
ISSAI 1260	Communication with those Charged with Governance	与被审计单位治理层的沟通	2007
ISSAI 1265	Communicating Deficiences in Internal Control to Those Charged with Governance	与被审计单位治理层沟通内部控制缺陷	2010
ISSAI 1300	Planning an Audit of Financial Statements	计划财务报表审计	2007
ISSAI 1315	Identifying and Assessing the Risks of Material Misstatement Through Understanding the Entity and its Environment	通过了解被审计单位和其环境识别和评估其重大错报风险	2007
ISSAI 1320	Materiality in Planning and Performing an Audit	计划和实施审计中的重要性	2010
ISSAI 1330	The Auditor's Responses to Assessed Risks	审计师对已评风险的应对	2007
ISSAI 1402	Audit Considerations Relating to Entities Using Service Organisations	对被审计单位利用服务组织的审计考虑	2010

续表

准则编号	英文名称	中文名称	通过时间
ISSAI 1450	Evaluation of Misstatements Identified during the Audit	对审计发现的错报进行评估	2007
ISSAI 1500	Audit Evidence	审计证据	2010
ISSAI 1501	Audit Evidence – Specific Considerations for Selected Items	审计证据—对特定项目的具体考虑	2010
ISSAI 1505	External Confirmations	外部函证	2010
ISSAI 1510	Initial Audit Engagements – Opening Balances	首次审计协议—期初余额	2010
ISSAI 1520	Analytical Procedures	分析性程序	2010
ISSAI 1530	Audit Sampling	审计抽样	2010
ISSAI 1540	Auditing Accounting Estimates, including Fair Value Accounting Estimates and Related Disclosures	审计会计估计，包括公允价值会计估计和相关揭示	2010
ISSAI 1550	Related Parties	关联方	2010
ISSAI 1560	Subsequent Events	期后事项	2010
ISSAI 1570	Going Concern	持续经营	2010
ISSAI 1580	Written Representations	书面声明	2010
ISSAI 1600	Special Considerations – Audits of Group Financial Statements (incl. the Work of Component Auditors)	集团财务报表审计中的特殊考虑（含成员会计师事务所的工作）	2010
ISSAI 1610	Using the Work of Internal Auditors	利用内部审计师的工作	2010
ISSAI 1620	Using the Work of an Auditor's Expert and Management	利用外部专家和管理层的工作	2010
ISSAI 1700	Forming an Opinion and Reporting on Financial Statements	对财务报表形成审计意见和出具报告	2010
ISSAI 1705	Modifications to the Opinion in the Independent Auditor's Report	在独立审计师报告中出具修正意见	2010
ISSAI 1706	Emphasis of Matter Paragraphs and other Matter (s) Paragraphs in the Independent Auditor's Report	在独立师报告中出具强调事项段和其他事项段	2010
ISSAI 1710	Comparative Information – Corresponding Figures and Comparative Financial Statements	比较信息—相应的数字和比较财务报表	2010
ISSAI 1720	The Auditor's Responsibilities Relating to Other Information in Documents Containing Audited Financial Statements	审计师对含有已审报表的文档中其他信息的责任	2010

续表

准则编号	英文名称	中文名称	通过时间
ISSAI 1800	Special Considerations – Audits of Special Purpose Financial Statements	审计特殊目的报表的特殊考虑	2007
ISSAI 1805	Special Considerations – Audits of Single Financial Statements and Specific Elements，Accounts or Items of a Financial Statement	审计单一报表、报表具体要素、账户或项目时的特殊考虑	2007
ISSAI 1810	Engagements to Report on Summary Financial Statements	约定对财务报表摘要出具报告	2007

2）绩效审计一般指南（General Auditing Guidelines on Performance Audit）。

表 2 - 12　绩效审计一般指南

准则编号	英文名称	中文名称	通过时间
ISSAI 3000	Implementation Guidelines for Performance Auditing	绩效审计实施指南	2004
ISSAI 3100	Performance Audit Guidelines：Key Principles	绩效审计指南：关键原则	2010

3）合规性审计一般指南（General Auditing Guidelines on Compliance Audit）。

表 2 - 13　合规性审计一般指南

准则编号	英文名称	中文名称	通过时间
ISSAI 4000	General Introduction to Guidelines on Compliance Audit	关于合规性审计指南的总体介绍	2010
ISSAI 4100	Compliance Audit Guidelines for Audits Performed Separately from the Audit of Financial Statements	与财务报表审计分开的合规性审计指南	2010
ISSAI 4200	Compliance Audit Guidelines Related to Audit of Financial Statements	与财务报表审计相关的合规性审计指南	2010

（2）具体审计指南。
1）对国际机构的审计指南（Guidelines on International Institutions）。

表 2 - 14　对国际机构的审计指南

准则编号	英文名称	中文名称	通过时间
ISSAI 5000	Principles for Best Audit Arrangements for International Institutions	对国际机构最佳审计安排的原则	2004
ISSAI 5010	Audit of International Institutions – Guidance for Supreme Audit Institutions（SAIs）	最高审计机关对国际机构审计的指南	2004

2）环境审计指南（Guidelines on Environmental Audit）。

表 2 - 15　环境审计指南

准则编号	英文名称	中文名称	通过时间
ISSAI 5110	Guidance on Conducting Audits of Activities with an Environmental Perspective	指导审计环境导向活动的指引	?
ISSAI 5120	Environmental Audit and Regularity Auditing	环境审计和常规性审计	?
ISSAI 5130	Sustainable Development: The Role of Supreme Audit Institutions	可持续发展：最高审计机关的作用	?
ISSAI 5140	How SAIs may co - operate on the audit of international environmental accords	最高审计机关如何在国际环境协议的审计中进行合作	1998

3）私有化审计指引（Guidelines on Privatisation）。

表 2 - 16　私有化审计指引

准则编号	英文名称	中文名称	通过时间
ISSAI 5210	Guidelines on Best Practice for the Audit of Privatizations	对私有化审计的最佳实务指引	1998
ISSAI 5220	Guidelines on Best Practice for the Audit of Public/Private Finance and Concessions	对公共财政、民间金融、特许权审计的最佳实务指引	2007
ISSAI 5230	Guidelines on Best Practice for the Audit of Economic Regulation	对经济监管审计的最佳实务指引	2001
ISSAI 5240	Guidelines on Best Practice for the Audit of Risk in Public/Private Partnerships (PPP)	对公共合伙、民间合伙风险审计的最佳实务指引	2004

4）对公共负债审计指引（Guidelines on Audit of Public Debt）。

表 2 - 17　对公共负债审计指引

准则编号	英文名称	中文名称	通过时间
ISSAI 5410	Guidance for Planning and Conducting an Audit of Internal controls of Public Debt	计划和实施公共负债内部控制审计的指引	?
ISSAI 5411	Debt Indicators	债务指标	2010
ISSAI 5420	Public Debt: Management and Fiscal Vulnerability: Potential Roles for SAIs	公共负债：管理与财政脆弱度：最高审计机关的潜在作用	?
ISSAI 5421	Guidance on Definition and Disclosure of Public Debt	公共债务的定义和揭示指引	?

续表

准则编号	英文名称	中文名称	通过时间
ISSAI 5422	An Exercise of Reference Terms to Carry Out Performance Audit of Public Debt	对公共债务进行绩效审计时行使职权范围	2007
ISSAI 5430	Fiscal Exposures：Implications for Debt Management and the Role for SAIs	财政风险暴露：对债务管理的启示和最高审计机关的作用	？
ISSAI 5440	Guidance for Conducting a Public Debt Audit – The Use of Substantive Tests in Financial Audits	实施公共债务审计的指引—在财务审计中利用实质性测试	2007

5）对与灾害相关补助进行审计的指引（Guidelines on Audit of Disaster – related Aid）。

表 2 – 18　对与灾害相关补助进行审计的指引

准则编号	英文名称	中文名称	通过时间
ISSAI 5500	Guidelines on Audit of Disaster – related Aid	对与灾害相关补助进行审计的指引	拟在 2013 年通过

6）关于同行评价的指引（Guidelines on Peer Reviews）。

表 2 – 19　关于同行评价的指引

准则编号	英文名称	中文名称	通过时间
ISSAI 5600	Peer Review Guideline	同行评价指引	2010

最高审计机关国际组织关于良好治理的指引包括内部控制指引和会计准则指引。
（1）内部控制指引。

表 2 – 20　内部控制指引

准则编号	英文名称	中文名称	通过时间
INTOSAI GOV 9100	Guidelines for Internal Control Standards for the Public Sector	公共部门内部控制准则指引	？
INTOSAI GOV 9110	Guidance for Reporting on the Effectiveness of Internal Controls：SAI Experiences in Implementing and Evaluating Internal Controls	关于内部控制有效性报告的指引：最高审计机关在实施和评估内部控制中的经验	？
INTOSAI GOV 9120	Internal Control：Providing a Foundation for Accountability in Government	内部控制：为政府的受托责任提供基础	

准则编号	英文名称	中文名称	通过时间
INTOSAI GOV 9130	Further Information on Entity Risk Management	关于被审单位风险管理的补充信息	2007
INTOSAI GOV 9140	Internal Audit Independence in the Public Sector	公共部门内部审计的独立性	2010
INTOSAI GOV 9150	Coordination and Cooperation between SAIs and Internal Auditors in the Public Sector	最高审计机关与公共部门内部审计师的协调和合作	2010

（2）会计准则指引。

表 2 - 21　会计准则指引

准则编号	英文名称	中文名称	通过时间
INTOSAI GOV	The Importance of an Independent Standard Setting Process	独立的准则制订过程的重要性	2010
INTOSAI GOV 9200	Accounting Standards Framework	会计准则框架	1995
INTOSAI GOV 9210	Accounting Standards Framework Implementation Guide: Departmental and Government - wide Reporting	会计准则框架实施指南：部门报告和政府全面报告	1998
INTOSAI GOV 9220	Accounting Standards Framework Implementation Guide for SAIs: Management Discussion and Analysis of Financial Performance and Other Information	最高审计机关会计准则框架实施指南——管理部门讨论和对财务绩效和其他信息的分析	?
INTOSAI GOV 9230	Guidance on Definition and Disclosure of Public Debt	公共债务的定义和揭示的指引	1995

二、中国政府审计标准

（一）中国政府审计准则概述

我国国家审计署一直致力于国家审计准则的建设，早在 1996 年，审计署首次发布了《国家审计基本准则》和 7 个国家审计具体准则，开始了国家审计准则的建设。根据实践的发展，审计署在广泛征求意见的基础上，于 2010 年 9 月 1 日发布了《审计准则》，这一准则的发布对保证审计质量、防范审计风险具有重要的意义，是审计规范化建设的重要举措。

1. 国家审计准则的初步建立阶段

1996 年，国家审计署制定并颁布了 38 条审计规范，其中包括《国家审计基本准则》、《审计机关审计方案编制准则》、《审计证据准则》、《审计机关审计工作底稿准则》、《审计机关审计事项评价准则》、《审计机关审计报告编审准则》以及一系列的办法和规定，标志着我国国家审计准则体系的初步建立。

2. 国家审计准则的逐步完善阶段

2000 年 1 月，审计署发布了《中国国家审计准则序言》，修订、颁布了《中华人民共和国国家审计基本准则》；同年 8 月，审计署发布了《审计机关审计方案准则》、《审计机关审计证据准则》、《审计机关审计工作底稿准则》和《审计机关审计复核准则》四项准则；2001 年 8 月，审计署发布了《审计机关专项审计准则》、《审计机关公布审计结果准则》、《审计机关审计人员职业道德准则》、《审计机关审计档案工作准则》和《审计机关国家建设项目审计准则》五项准则。

2003 年 12 月，审计署发布了《审计机关审计重要性与审计风险评价准则》、《审计机关分析性复核准则》、《审计机关内部控制测评准则》、《审计机关审计抽样准则》和《审计机关审计事项评价准则》五项准则。这个阶段的审计准则体系继承了 1996 年颁布实施的国家审计准则的基本框架，并加以完善，是原有审计准则框架的深化和发展，但是并没有突破原来的基本框架。

3. 国家审计准则日臻完善阶段

2010 年 9 月审计署颁布了《中华人民共和国国家审计准则》，并于 2011 年 1 月 1 日起实施。新国家审计准则充分借鉴了国际政府审计准则的内容和外国审计机关的有益做法，参考《审计机关审计项目质量控制办法（试行）》的体系结构，将原有国家审计基本准则和通用审计准则规范的内容统一纳入新国家审计准则，形成一个完整、单一的国家审计准则。改变了修订前的国家审计准则体系结构比较零散、相关准则间的内容存在交叉、不便于审计人员系统学习和掌握的缺陷，标志着我国国家审计准则的建设日臻完善。

（二）新国家审计准则的主要特征

新国家审计准则共七章二百条，在适用范围、审计人员独立性和职业道德要求、审计计划、审计实施、审计报告、审计质量控制和责任以及关于信息技术下审计的特别规定上都有所变化。主要特征表现在：

1. 明确了新国家审计准则的适用范围

新国家审计准则规定，审计准则是审计机关和审计人员履行法定审计职责的行为规范，是执行审计业务的职业标准，是评价审计质量的基本尺度。审计机关和审计人员执行的各项审计业务和专项审计调查业务，应当适用新国家审计准则。其他组织或者人员接受审计机关的委托、聘用，承办或者参加审计业务，也应当适用新国家审计准则。

同时，新国家审计准则也明确指出，审计机关和审计人员在配合有关部门查处案件、与有关部门共同办理检查事项、接受交办或者接受委托办理不属于法定审计职责范围的事项不适用新国家审计准则的规定。

2. 强调了审计人员的独立性和职业道德要求

宪法、审计法和审计法实施条例从审计机关组织和领导体制、审计职责和权限、审计经费和审计人员履行职务的保护等方面，对审计机关和审计人员依法独立行使审计监督权做出了规定。

新国家审计准则对独立性做出了更为具体和详细的要求，包括哪些情况有损独立性和损害独立性时应采取的措施，并对审计机关聘请外部人员的相关要求做了规定。新国家审计准则明确要求审计人员应该恪守严格依法、正直坦诚、客观公正、勤勉尽责、保守秘密的基本审计职业道德，并对严格执法、正直坦诚、客观公正、勤勉尽责、保守秘密做了进一步的定义。

3. 对审计计划的规定更加具有可操作性

新国家审计准则第三章从调查审计需求、对初选审计项目进行可行性研究和评估、配置审计项目资源以及年度审计项目计划审定、调整和执行情况检查等方面，明确了年度审计项目计划编制和执行的要求。

同时，为更好地指导审计机关确定专项审计调查项目计划，新国家审计准则第三十六条对开展专项审计调查的项目提出了指导性原则，即对于预算管理或者国有资产管理使用中涉及宏观性、普遍性、政策性或者体制、机制问题的事项，跨行业、跨地区、跨单位的事项，涉及大量非财务数据的事项等，可以作为专项审计调查项目予以安排。

在审计计划的编制方面，新国家审计准则规定，年度审计项目计划确定审计机关统一组织多个审计组共同实施一个审计项目或者分别实施同一类审计项目的，审计机关业务部门应该编制审计工作方案。在编制审计工作方案时，应当依据年度审计项目计划形成过程中调查审计需求、进行可行性研究的情况开展进一步调查，对审计目标、范围、重点和项目组织实施等进行确立。

4. 对审计实施的规定更加系统科学

新国家审计准则第四章审计实施包括审计实施方案、审计证据、审计记录和重大违法行为检查四小节，从不同的方面规范了在审计实施方面应该遵循的要求，同时考虑了如何增强审计实施方案的科学性和可操作性。

第一节审计实施方案，共二十八条，主要的变化以及强调的有以下三点：

（1）明确了编制审计实施方案的实质性要求。根据风险导向和重要性原则，在了解被审计单位及其情况、可能存在的风险领域、依据职业判断所制定的重要性水平和评估被审计单位存在重要问题可能性的基础上，确定审计事项和审计应对措施，包括对各审计事项的审计步骤和方法、审计时间、执行审计的人员等，形成审计实施方案。

（2）及时调整审计方案。在对业务繁杂的被审计单位和项目进行审计时，审计方案应该是随着对被审计单位调查了解的不断深化而变化的，在整个审计过程中审计人员应该将所获得的有效审计证据与之前确定的审计重大风险领域及其重要性进行比较，运用职业判断不断修正所确定的重大风险领域和重要性，从而调整审计事项、审计应对措施和整体审计方案。对被审计单位和项目的调查了解贯穿整个审计的始终。

（3）审计实施方案审批权限的调整。新国家审计准则规定，一般审计项目的审计实施方案应当经审计组组长审定，并及时报审计机关业务部门备案；重要审计项目的审计实施方案应当报经审计机关负责人审定。审计组调整审计实施方案中的审计目标、审计组组长、审计重点和现场审计结束时间，应当报经审计机关主要负责人批准。以上修改，旨在提高审计效率、确保审计质量。

第二节审计证据，共十九条，主要的变化有以下三点：

（1）明确了审计证据所应具备的基本特征。新国家审计准则从质量和数量两个方面明确了审计证据应有的充分性和适当性。其中充分性是对审计证据数量上的衡量；适当性是对审计证据质量上的衡量，它包括相关性和可靠性。

（2）对采取不同审查方法获取审计证据提出了指导意见。新国家审计准则规定，审计人员可以在审计事项中选取全部项目进行审查（详查）或者选取部分特定项目进行审查（抽查），也可以进行审计抽样，以获取审计证据。同时，明确了各种审查方法适用的情形以及审查结果是否可用于推断审计事项总体特征。

（3）对审计人员获取审计证据的具体方法和要求做出了适当的修改。新国家审计准则规定审计人员可以采用检查、观察、询问、外部调查、重新计算、重新操作和分析等方法向有关单位和个人获取审计证据。

第三节审计记录，共十一条，调整了审计记录类型和内容的相关要求，为了支持审计项目组和审计人员编制审计实施方案和审计报告，证明审计项目组及其人员遵循新国家审计准则和相关法律规章制度，便于对审计项目组及其人员的工作实施指导、监督和检查，新国家审计准则在审计记录方面做出了相关调整，主要有：①取消了原审计日记的做法，调整了审计记录的类型，新国家审计准则规定，审计人员应当真实、完整地记录实施审计的过程、得出的结论和与审计项目有关的重要管理事项。同时将审计记录的类型划分为三种，即调查了解记录、审计工作底稿和重要管理事项记录。②规范了各类记录的内容和要求，新国家审计准则规定调查了解的主要内容包括对被审计单位及其相关情况的调查了解情况、对被审计单位存在的重要问题可能性的评估情况和据此确定的审计事项及其应对措施，是编制审计实施方案的重要基础。审计工作底稿主要记录实施审计的步骤和方法、取得的审计证据的名称和来源、审计认定的主要事实和得出的审计结论及其相关标准，并经审计组组长审核，以支持审计人员编制审计报告；审计人员对审计实施方案确定的每一审计事项均应当编制审计工作底稿，而不是仅对审计发现的问题编制审计工作底稿。重要管理事项记录用于记载与审计项目相关并对审计结论有重要影响的管理。

第四节重大违法行为检查。在总结我国审计机关多年来查处重大违法行为和经济犯罪案件线索实践经验的基础上，新国家审计准则第四章第四节对检查重大违法行为做出了特别规定，包括检查重大违法行为过程中应当评估的因素、调查了解的重点内容、需关注的异常情况以及采取的应对措施等。审计机关和审计人员在检查重大违法行为时，除遵守新国家审计准则第四章第一节至第三节的规定外，还应当遵守上述这些特别规定，以便有效检查重大违法行为，打击经济犯罪，维护国家财政经济秩序和经济安全，促进廉政建设。

5. 规范了审计报告体系

新国家审计准则从审计报告的形式和内容、审计报告的编审、专题报告与综合报告、审计结果公布和审计整改检查五个方面规范了审计报告的分类、格式、内容、作用与后续整改检查机制等相关内容，其中关于审理机构对审计报告及其审计项目的审理是为了贯彻审计法及其实施条例的新规定，新国家审计准则将原来的审计机关法制工作机构对审计结论性文书的复核更改为对审计报告及其审计项目的审理，审理机构将以审计实施方案为基础，重点关注审计实施的过程及其结果。主要审理内容包括：审计目标是否实现；审计实施方案确定的审计事项是否完成；审计发现的重要问题是否在审计报告中反映出来；事实是否清楚、数据是否正确；审计证据是否充分、适当；审计评价、定性、处理处罚和移送处理意见是否恰当，适用法律、法规和标准是否适当；被审计单位、被调查单位、被审计人员或者有关责任人员提出的意见是否采纳；需要复核的其他事项。在审理过程中审理机构应当与审计组、相关业务部门进行沟通，必要时可以通过会议或者向被审计单位和有关人员了解情况。

审理机构在审理后出具审理意见书，并根据情况，可以要求审计组补充审计证据、修改审计报告和审计决定书。新国家审计准则对专题报告与综合报告也进行了规范，规定了可以采用专题报告、审计信息等方式向本级政府、上一级审计机关报告的范围。对其专题报告和审计信息也提出了要求，其中专题报告应当主题突出、事实清楚、定性准确、建议适当 。

审计信息应当事实清楚、定性准确、内容精练、格式规范、反应及时。同时新国家审计准则对于在何种情形下编制审计综合报告以及审计综合报告、经济责任审计结果的报送对象，审计机关在起草、报送审计结果报告和审计工作报告等方面的要求也做出了明确的规定，从而更好地指导了审计实际工作的开展，规范了操作流程。

6. 更加强调审计质量控制和责任

新国家审计准则第六章为审计质量控制和责任，其宗旨就为了提高审计质量，明确审计责任，它要求审计机关应当针对审计质量责任、审计职业道德、审计人力资源、审计业务执行、审计质量监控五个方面建立审计质量控制制度。并通过审计业务质量检查等方式对审计质量控制制度的建立和执行情况进行检查和评估。同时，从审计项目质量控制的角度，规定审计机关实行审计组成员、审计组主审、审计组组长、审计机关业务部门、审理机构、总审计师和审计机关负责人对审计业务的分级质量控制，并分别明确了审计组成员、审计组主审、审计组组长、审计机关业务部门、审理机构和审计机关负责人的工作职责和应承担的责任。

7. 关注信息技术下审计的实施

为了更好地指导信息技术环境下审计工作的实施，新国家审计准则做出了一些特别规定。如对审计组及其成员对信息技术的专业胜任能力的要求，准则规定，被审计单位的信息技术对实现审计目标有重大影响的，审计组的整体胜任能力应当包括信息技术方面的胜任能力；在调查了解被审计单位相关信息中对信息系统的了解方面，准则规定审计人员可以从被审计单位信息系统的一般控制、应用控制两个方面来了解被审计单位的信息系统控制情况，并对相关信息系统的安全性和有效性进行检查等。

三、结语

综上所述，新国家审计准则既依照审计法和审计法实施条例的规定，与原有准则保持一定连续性，又总结多年来的审计实践经验，体现我国国家审计特色；既借鉴外国政府审计准则的有益内容，努力与国际通行做法相衔接，又坚持约束与指导相结合，增强准则的指导作用。随着我国国家审计工作的深入开展，新国家审计准则在规范和指导审计机关和审计人员执行审计业务的行为、保证审计质量、防范审计风险、发挥审计保障国家经济和社会健康运行的"免疫系统"功能等方面必将显现积极的效应。

第三节　民间审计标准

一、国际民间审计准则

国际审计准则的制订机构是国际审计和鉴证准则委员会（the International Auditing and Assurance Standards Board，IAASB）。

该组织是一个独立的准则制订机构，通过制订高质量的审计、优质控制、评阅、其他鉴证和相关服务的高质量国际准则来服务公众利益，并促进国家和国际准则的协调。IAASB 致力于强化全世界审计实务的质量和统一性，并增强公众对全球审计和鉴证职业界的信心。

2009～2011 年，IAASB 确定了其战略方向和工作规划的重点如下：

（1）制订审计、良好控制、评阅、其他鉴证和相关服务约定的准则。

（2）监督和推进上述准则的采纳和实施。

（3）回应关于准则实施的关注，即通过指导活动以改进准则应用于实务的一致性，IAASB 在发布公告时遵循严格的既定程序，准则制订来自利益相关者的参与，如 IAASB 的咨询顾问集团国家审计准则制定者、国际会计师联合会的成员机构和其成员、监管和监督机构、企业、政府机构、投资者、编制者和一般公众。

公众利益监督委员会（The Public Interest Oversight Board）监督 IAASB 的工作，IAASB 的咨询顾问集团（Consultative Advisory Group）保证 IAASB 遵循既定的程序，并关注公众利益。

国际审计和鉴证准则委员会成立于 1978 年 3 月，原名国际审计实务委员会（the International Auditing Practices Committee），其初期工作主要关注三个方面：①财务报表审计的目标和范围；②审计业务约定书；③一般审计指南。1991 年国际审计实务委员会的审计指南（General Auditing Guidelines）被称为国际审计准则（International Standards on Auditing）。2001 年国际审计实务委员会经历了全面审查，并在 2002 年被改组为国际审计和鉴证准则委员会。

2003 年国际会计师联合会实施了一系列的改革，强化了审计准则的制定过程，以促进关注公众利益。

2004 年国际审计和鉴证准则委员会发起"明晰准则项目"（the Clarity Project），以提高国际审计准则的明晰性。该项目按新的惯例对所有国际审计准则进行了修订。

2010 年国际审计和鉴证准则委员会出版了《国际良好控制、审计、评阅、其他鉴证和相关服务公告的手册》（Handbook of International Quality Control, Auditing, Review, Other Assurance, and Related Services Pronouncements），在该手册中，国际审计和鉴证准则委员会制订的"明晰审计准则体系"（The Clarified Standards）由 36 项国际审计准则和一项良好控制国际准则（International Standard on Quality Control）组成。

这一套国际审计准则体系具有全新的结构，即每项准则均包括引言、目标、定义、要求和应用及其他解释材料五个部分。具体参见表 2 - 22。

表 2 - 22　国际审计准则

序号	准则编号	英文名称	中文名称
1	ISA 200	Overall Objectives of the Independent Auditor and the Conduct of an Audit in Accordance with International Standards on Auditing	独立审计师的总体目标和按国际审计准则进行审计的规范
2	ISA 210	Agreeing the Terms of Audit Engagements	关于审计协议条款达成一致意见
3	ISA 220	Quality Control for an Audit of Financial Statements	关于财务报表审计的良好控制
4	ISA 230	Audit Documentation	审计文档
5	ISA 240	The Auditor's Responsibilities Relating to Fraud in an Audit of Financial Statements	在财务报表审计中审计师对舞弊承担的责任
6	ISA 250	Consideration of Laws and Regulations in an Audit of Financial Statements	在财务报表审计中对法律和法规的考虑
7	ISA 260	Communication with Those Charged with Governance	与公司治理层的沟通
8	ISA 265	Communicating Deficiencies in Internal Control to Those Charged with Governance and Management	与公司治理层和管理层沟通内部控制缺陷
9	ISA 300	Planning an Audit of Financial Statements	制订财务报表审计计划
10	ISA 315	Identifying and Assessing the Risks of Material Misstatement through Understanding the Entity and Its Environment	通过了解被审计实体及其所在的环境识别和评估重大错报风险
11	ISA 320	Materiality in Planning and Performing an Audit	计划和实施审计中的重要性水平
12	ISA 330	The Auditor's Responses to Assessed Risks	审计师对已评估风险的应对
13	ISA 402	Audit Considerations Relating to an Entity Using a Service Organization	对审计实体利用服务组织时的审计关注
14	ISA 450	Evaluation of Misstatements Identified during the Audit	评估在审计中发现的重大错报
15	ISA 500	Audit Evidence	审计证据

序号	准则编号	英文名称	中文名称
16	ISA 501	Audit Evidence – Specific Considerations for Selected Items	审计证据—对特定项目进行特殊考虑
17	ISA 505	External Confirmations	外部函证
18	ISA 510	Initial Audit Engagements – Opening Balances	首次审计约定—期初余额
19	ISA 520	Analytical Procedures	分析性程序
20	ISA 530	Audit Sampling	审计抽样
21	ISA 540	Auditing Accounting Estimates, Including Fair Value Accounting Estimates, and Related Disclosures	审计会计估计，包括公允价值会计估计和相关揭示
22	ISA 550	Related Parties	关联方
23	ISA 560	Subsequent Events	期后事项
24	ISA 570	Going Concern	持续经营
25	ISA 580	Written Representations	书面声明
26	ISA 600	Special Considerations – Audits of Group Financial Statements（Including the Work of Component Auditors）	集团财务报表审计中的特殊考虑（包括成员所的工作）
27	ISA 610	Using the Work of Internal Auditors	利用内部审计师的工作
28	ISA 620	Using the Work of an Auditor's Expert	审计师利用外部专家的工作
29	ISA 700	Forming an Opinion and Reporting on Financial Statements	对财务报表形成审计意见并报告
30	ISA 705	Modifications to the Opinion in the Independent Auditor's Report	在独立审计报告中修正的审计意见
31	ISA 706	Emphasis of Matter Paragraphs and Other Matter Paragraphs in the Independent Auditor's Report	在独立审计报告中强调事项段和其他事项段
32	ISA 710	Comparative Information – Corresponding Figures and Comparative Financial Statements	比较信息—相关的数字和比较财务报表
33	ISA 720	The Auditor's Responsibilities Relating to Other Information in Documents Containing Audited Financial Statements	审计师对含有已审财务报表文档中其他信息承担的责任
34	ISA 800	Special Considerations – Audits of Financial Statements Prepared in Accordance with Special Purpose Frameworks	审计按照特殊目标框架编制的财务报表所需要的特殊考虑
35	ISA 805	Special Considerations – Audits of Single Financial Statements and Specific Elements, Accounts or Items of a Financial Statement	审计单独财务报表、具体要素、财务报表项目和账户的特殊考虑

续表

序号	准则编号	英文名称	中文名称
36	ISA 810	Engagements to Report on Summary Financial Statements	关于财务报表摘要报告的约定
37	ISQC1	Quality Controls for Firms that Perform Audits and Reviews of Financial Statements, and Other Assurance and Related Services Engagements	事务所实施财务报表审计和评阅以及其他鉴证和相关服务时的质量控制

　　国际会计师联合会（International Federation of Accountants，IFAC）于 1977 年 10 月 14 日在德国慕尼黑成立，其前身是于 1972 年在澳大利亚的悉尼召开的第 10 届国际会计师大会上成立的国际会计职业协调委员会。最高领导机构是代表大会和理事会。代表大会由其成员——各国会计师职业团体各出一人组成，代表大会与 5 年一次的会计师大会同时召开。理事会由来自 15 个不同国家的职业会计师团体的代表组成。

　　理事会下设 7 个常设委员会：教育委员会、职业道德委员会、国际审计实务委员会、国际大会委员会、管理会计委员会、计划委员会和地区组织委员会。每个委员会都规定有其工作范围和期限。在这 7 个常设委员会中，权限最大的是国际审计实务委员会，它可代表国际会计师联合会理事会制定和公开发布有关审计的标准，并在发布国际审计标准时无须国际会计师联合会理事会的事前批准，它是国际会计师联合会中一个有一定独立性的组织。联合会的宗旨是以统一的标准发展和提高世界范围的会计专业，促进国际范围内的会计协调。其任务是决定国际会计师大会的主办国；保持与参加国际会计师大会的各国的联系；促进国际的地区机构的发展和信息的交流；参考和吸收各国提出的意见，扩大国际会计职业协调委员会的业务，并为改进业务提供咨询。中国注册会计师协会于 1997 年 5 月 8 日正式成为国际会计师联合会成员。

二、中国民间审计准则

　　中国注册会计师审计准则建设始于 20 世纪 90 年代，2006 年初实现与国际审计准则的趋同。2006 年 2 月 15 日财政部在"中国会计审计准则体系发布会"上对外宣告 39 项《企业会计准则》和 48 项《注册会计师审计准则》正式发布，这标志着适应我国市场经济发展要求、与国际惯例趋同的企业会计准则体系和注册会计师审计准则体系正式建立。

表 2-23　中国《注册会计师审计准则》

序号	审计准则编号
1	中国注册会计师鉴证业务基本准则
2	中国注册会计师审计准则第 1101 号——财务报表审计的目标和一般原则
3	中国注册会计师审计准则第 1111 号——审计业务约定书

序号	审计准则编号
4	中国注册会计师审计准则第 1121 号——历史财务信息审计的质量控制
5	中国注册会计师审计准则第 1131 号——审计工作底稿
6	中国注册会计师审计准则第 1141 号——财务报表审计中对舞弊的考虑
7	中国注册会计师审计准则第 1142 号——财务报表审计中对法律、法规的考虑
8	中国注册会计师审计准则第 1151 号——与治理层的沟通
9	中国注册会计师审计准则第 1152 号——前后任注册会计师的沟通
10	中国注册会计师审计准则第 1201 号——计划审计工作
11	中国注册会计师审计准则第 1211 号——了解被审计单位及其环境并评估重大错报风险
12	中国注册会计师审计准则第 1212 号——对被审计单位使用服务机构的考虑
13	中国注册会计师审计准则第 1221 号——重要性
14	中国注册会计师审计准则第 1231 号——针对评估的重大错报风险实施的程序
15	中国注册会计师审计准则第 1301 号——审计证据
16	中国注册会计师审计准则第 1311 号——存货监盘
17	中国注册会计师审计准则第 1312 号——函证
18	中国注册会计师审计准则第 1313 号——分析程序
19	中国注册会计师审计准则第 1314 号——审计抽样和其他选取测试项目的方法
20	中国注册会计师审计准则第 1321 号——会计估计的审计
21	中国注册会计师审计准则第 1322 号——公允价值计量和披露的审计
22	中国注册会计师审计准则第 1323 号——关联方
23	中国注册会计师审计准则第 1324 号——持续经营
24	中国注册会计师审计准则第 1331 号——首次接受委托时对期初余额的审计
25	中国注册会计师审计准则第 1332 号——期后事项
26	中国注册会计师审计准则第 1341 号——管理层声明
27	中国注册会计师审计准则第 1401 号——利用其他注册会计师的工作
28	中国注册会计师审计准则第 1411 号——考虑内部审计工作
29	中国注册会计师审计准则第 1421 号——利用专家的工作
30	中国注册会计师审计准则第 1501 号——审计报告
31	中国注册会计师审计准则第 1502 号——非标准审计报告
32	中国注册会计师审计准则第 1511 号——比较数据
33	中国注册会计师审计准则第 1521 号——含有已审计财务报表的文件中的其他信息
34	中国注册会计师审计准则第 1601 号——对特殊目的审计业务出具审计报告
35	中国注册会计师审计准则第 1602 号——验资
36	中国注册会计师审计准则第 1611 号——商业银行财务报表审计
37	中国注册会计师审计准则第 1612 号——银行间函证程序
38	中国注册会计师审计准则第 1613 号——与银行监管机构的关系

序号	审计准则编号
39	中国注册会计师审计准则第 1621 号——对小型被审计单位审计的特殊考虑
40	中国注册会计师审计准则第 1631 号——财务报表审计中对环境事项的考虑
41	中国注册会计师审计准则第 1632 号——衍生金融工具的审计
42	中国注册会计师审计准则第 1633 号——电子商务对财务报表审计的影响
43	中国注册会计师审阅准则第 2101 号——财务报表审阅
44	中国注册会计师其他鉴证业务准则第 3101 号——历史财务信息审计或审阅以外的鉴证业务
45	中国注册会计师其他鉴证业务准则第 3111 号——预测性财务信息的审核
46	中国注册会计师相关服务准则第 4101 号——对财务信息执行商定程序
47	中国注册会计师相关服务准则第 4111 号——代编财务信息
48	会计师事务所质量控制准则第 5101 号——业务质量控制

2010 年 11 月，又对 38 项审计准则进行了修订，保持了与国际准则持续全面的国际趋同。财政部发布的通知指出，中国注册会计师协会修订了《中国注册会计师审计准则第 1101 号——注册会计师的总体目标和审计工作的基本要求》等 38 项准则，现予批准，自 2012 年 1 月 1 日起施行。财会〔2006〕4 号文中《中国注册会计师审计准则第 1101 号——财务报表审计的目标和一般原则》等 35 项准则同时废止。

表 2-24　修订的准则

序号	准则编号	准则内容
1	CSA 1101	注册会计师的总体目标和审计工作的基本要求
2	CSA 1111	就审计业务约定条款达成一致意见
3	CSA 1121	对财务报表审计实施的质量控制
4	CSA 1131	审计工作底稿
5	CSA 1141	财务报表审计中与舞弊相关的责任
6	CSA 1142	财务报表审计中对法律、法规的考虑
7	CSA 1151	与治理层的沟通
8	CSA 1152	向治理层和管理层通报内部控制缺陷
9	CSA 1153	前任注册会计师和后任注册会计师的沟通
10	CSA 1201	计划审计工作
11	CSA 1211	通过了解被审计单位及其环境识别和评估重大错报风险
12	CSA 1221	计划和执行审计工作时的重要性
13	CSA 1231	针对评估的重大错报风险采取的应对措施
14	CSA 1241	对被审计单位使用服务机构的考虑
15	CSA 1251	评价审计过程中识别出的错报
16	CSA 1301	审计证据

序号	准则编号	准则内容
17	CSA 1311	对存货等特定项目获取审计证据的具体考虑
18	CSA 1312	函证
19	CSA 1313	分析程序
20	CSA 1314	审计抽样
21	CSA 1321	审计会计估计（包括公允价值会计估计）和相关披露
22	CSA 1323	关联方
23	CSA 1324	持续经营
24	CSA 1331	首次审计业务涉及的期初余额
25	CSA 1332	期后事项
26	CSA 1341	书面声明
27	CSA 1401	对集团财务报表审计的特殊考虑
28	CSA 1411	利用内部审计人员的工作
29	CSA 1421	利用专家的工作
30	CSA 1501	对财务报表形成审计意见和出具审计报告
31	CSA 1502	在审计报告中发表非无保留意见
32	CSA 1503	在审计报告中增加强调事项段和其他事项段
33	CSA 1511	比较信息：对应数据和比较财务报表
34	CSA 1521	注册会计师对含有已审计财务报表的文件中的其他信息的责任
35	CSA 1601	对按照特殊目的编制基础编制的财务报表审计的特殊考虑
36	CSA 1603	对单一财务报表和财务报表的特定要素、账户或项目审计的特殊考虑
37	CSA 1604	对简要财务报表出具报告的业务
38	CSQC 5101	质量控制准则

第四节　内部审计标准

一、国际内部审计准则

国际内部审计准则的制定机构是内部审计师学会（the Institute of Internal Auditors，IIA），该组织建立于 1941 年，是一个国际性专业协会，全球总部位于美国的佛罗里达州的 Altamonte Springs，该组织是内部审计职业界的全球喉舌、公认的权威和领导者、首席倡导者和教育者。其会员分布在内部审计、风险管理、治理、内部控制、信息技术审计、教育和安全等领域。该组织的使命是为全球的内部审计职业界提供有活力的领导。

IIA 不仅通过国际准则指导全球的内部审计职业界，还通过诸多补充的资源帮助全球的内部审计师在不断变化和增长的领域实施最佳实务。这些资源包括研究报告、指南、论文和各种应用工具等。

在 IIA 制定的《国际专业实务框架》（International Professional Practices Framework，IPPF）中，IPPF 被分为强制性指引（Mandatory Guidance）和强烈推荐指引（Strongly Recommended Guidance）两类。

表 2 - 25　IIA 制订的内部审计《国际专业实务框架》

指引类型	指引名称	用　途
强制性指引	内部审计的定义	说明内部审计的基本目标、性质和范围
	道德守则	阐明原则和期望，以治理个人和组织在实施内部审计中的行为，它仅表明对内审操守和行为预期的最低要求，而不是具体说明
	内部审计专业实务国际准则	内审准则以原则为重心，为实施和促进内部审计提供框架。准则对内部审计的专业实务和评价其实施的有效性提出强制性的基本要求，这些要求在组织和个人层次上国际通用。准则中的解释也具有同样的效力
强烈推荐指引	定位文件	帮助内部审计职业以外的相关利益团体理解重要的治理、风险和控制问题，阐明内部审计的相关作用和责任
	实务咨询报告	帮助内部审计师应用内部审计的定义、道德守则和准则，促进良好实务。实务咨询报告提供内部审计的途径、方法和考虑因素，但不提供详细的流程和程序，其内容包括与国际、国家或某一行业问题相关的实务，审计参与的类型，或法律和监管等问题
	实务指南	为实施内审计活动提供详细指南，其中包括详细的流程和程序，如工具和技术、项目程序、循序渐进的方法以及可推广的实例

IIA 的《内部审计专业实务国际准则》（International Standards for the Professional Practice of Internal Auditing）将准则分为属性准则（Attribute Standards）和绩效准则（The Performance Standards）两类。属性准则说明实施内部审计的组织和个人的属性，绩效准则说明内部审计的本质、提供度量内部审计服务绩效的优质标准。

表2-26 属性准则体系

准则编号	英文名称	中文名称
1000	Purpose, Authority, and Responsibility	目标、权威与责任
1010	Recognition of the Definition of Internal Auditing, the Code of Ethics, and the Standards in the Internal Audit Charter	在内部审计章程中确认内部审计的定义、道德守则和准则
1100	Independence and Objectivity	独立性和客观性
1110	Organizational Independence	组织独立性
1111	Direct Interaction with the Board	与治理层直接沟通
1120	Individual Objectivity	个人客观性
1130	Impairment to Independence or Objectivity	对独立性或客观性的损害
1200	Proficiency and Due Professional Care	专业性和应有职业谨慎
1210	Proficiency	专业胜任能力
1220	Due Professional Care	应有的职业谨慎
1230	Continuing Professional Development	持续的职业发展
1300	Quality Assurance and Improvement Program	优质鉴证和提高项目
1310	Requirements of the Quality Assurance and Improvement Program	对优质鉴证和提高项目的要求
1311	Internal Assessments	内部评估
1312	External Assessments	外部评估
1320	Reporting on the Quality Assurance and Improvement Program	关于优质鉴证和改进项目的报告
1321	Use of "Conforms with the International Standards for the Professional Practice of Internal Auditing"	使用"符合内部审计专业实务国际准则"
1322	Disclosure of Nonconformance	揭示不符合国际审计准则

表2-27 绩效准则体系

准则编号	英文名称	中文名称
2000	Managing the Internal Audit Activity	管理内部审计活动
2010	Planning	计划
2020	Communication and Approval	沟通与批准
2030	Resource Management	资源管理
2040	Policies and Procedures	政策与程序
2050	Coordination	协调
2060	Reporting to Senior Management and the Board	向高管和委员会报告
2070	External Service Provider and Organizational Responsibility for Internal Auditing	外部服务提供者和组织对内部审计承担的责任

续表

准则编号	英文名称	中文名称
2100	Nature of Work	工作的性质
2110	Governance	治理
2120	Risk Management	风险管理
2130	Control	控制
2200	Engagement Planning	制定内审计划
2201	Planning Considerations	审计计划考虑因素
2210	Engagement Objectives	审计目标
2220	Engagement Scope	审计范围
2230	Engagement Resource Allocation	审计资源配置
2240	Engagement Work Program	审计工作方案
2300	Performing the Engagement	实施审计工作
2310	Identifying Information	确认信息
2320	Analysis and Evaluation	分析与评价
2330	Documenting Information	记录信息
2340	Engagement Supervision	审计监督
2400	Communicating Results	沟通审计结果
2410	Criteria for Communicating	沟通的标准
2420	Quality of Communications	沟通的质量控制
2421	Errors and Omissions	错误与遗漏
2430	Use of "Conducted in Conformance with the International Standards for the Professional Practice of Internal Auditing"	使用"按照内部审计专业实务国际标准进行审计"
2431	Engagement Disclosure of Nonconformance	对未按照内部审计国际准则进行审计予以披露
2440	Disseminating Results	公开审计结果
2450	Overall Opinions	总体的审计意见
2500	Monitoring Progress	监督审计过程
2600	Resolution of Senior Management's Acceptance of Risks	对高管风险接受程度的判断

二、中国内部审计准则

（一）中国内部审计准则的发展

2005 年 6 月，中国内部审计协会召开了第五次会员代表大会，选举产生了第五届理事会、常务理事会和领导成员，并由秘书长提名，经会长审定，成立了四个专门委员会，即准则委员会、学术委员会、培训委员会和考试委员会。

2009 年 9 月，根据工作需要，增设了质量委员会。六年来，各专门委员会紧紧围绕《中国内部审计协会 2006 年至 2010 年工作规划》的总体目标和要求，努力工作，建言献策，发挥了积极的作用。

2005 年 11 月，准则委员会依据《中国内部审计协会 2006 年至 2010 年工作规划》，草拟了《中国内部审计协会准则委员会 2006 年至 2010 年工作规划的建议（征求意见稿）》，确立了准则工作的五年总体目标和主要任务，先后召开了 7 次内部审计准则、指南研讨和定稿会，对经济性审计等 9 个具体准则的初稿进行了深入的研讨、论证和修改，并经协会理事会批准后正式发布；同时，先后立项草拟了 5 个实务指南，其中审计报告指南、信息系统审计指南和高校内部审计指南已经正式发布。表 2-28 为中国内部审计准则体系的主要内容。

表 2-28　中国内部审计准则体系

序号	准则名称
1	内部审计基本准则
2	内部审计具体准则第 1 号——审计计划
3	内部审计具体准则第 2 号——审计通知书
4	内部审计具体准则第 3 号——审计证据
5	内部审计具体准则第 4 号——审计工作底稿
6	内部审计具体准则第 5 号——内部控制审计
7	内部审计具体准则第 6 号——舞弊的预防、检查与报告
8	内部审计具体准则第 7 号——审计报告
9	内部审计具体准则第 8 号——后续审计
10	内部审计具体准则第 9 号——内部审计督导
11	内部审计具体准则第 10 号——内部审计与外部审计的协调
12	内部审计具体准则第 11 号——结果沟通
13	内部审计具体准则第 12 号——遵循性审计
14	内部审计具体准则第 13 号——评价外部审计工作质量
15	内部审计具体准则第 14 号——利用外部专家服务
16	内部审计具体准则第 15 号——分析性复核
17	内部审计具体准则第 16 号——风险管理审计
18	内部审计具体准则第 17 号——重要性与审计风险
19	内部审计具体准则第 18 号——审计抽样
20	内部审计具体准则第 19 号——内部审计质量控制
21	内部审计具体准则第 20 号——人际关系
22	内部审计具体准则第 21 号——内部审计控制自我评估

续表

序号	准则名称
23	内部审计具体准则第 22 号——内部审计独立性与客观性
24	内部审计具体准则第 23 号——内部审计机构与董事会或最高管理层的关系
25	内部审计具体准则第 24 号——内部审计机构的管理
26	内部审计具体准则第 25 号——经济性审计
27	内部审计具体准则第 26 号——效果性审计
28	内部审计具体准则第 27 号——效益性审计
29	内部审计实务指南第 1 号——建设项目内部审计
30	内部审计实务指南第 2 号——物资采购审计

为了适应内部审计发展和转型的需要，2009 年 8 月，组建了内部审计准则修订小组，启动了对内部审计基本准则、内部审计人员职业道德规范和 29 个具体准则的梳理和修订工作，经多次组织研讨，于 2010 年 11 月完成了修订稿。

协会确定 2005 年为"准则宣传推广年"。准则委员会委员组织参加了三次"中国内部审计准则宣传推广应用座谈会"，通过总结准则推广应用的先进经验，宣传推广应用过程中的典型，有力地推动内部审计准则的贯彻实施。

（二）中外内部审计准则框架结构差异

我国的内部审计准则体系包括三个层次：基本准则、具体准则和实务指南。基本准则是内部审计准则的总纲，是制定具体准则和实务指南的依据，其中包括内部审计定义、对内部审计人员基本素质的要求、内部审计活动执行、内部审计报告方面的基本要求以及内部审计机构管理的要求。具体准则是内部审计机构和人员在进行内部审计时应当遵循的具体规范，目前已颁布 29 项具体准则，内容涉及内部审计活动从准备阶段到后续审计的各个方面以及一些特殊的审计实务。实务指南是在基本准则、具体准则之外的具有可操作性的指导性意见，目前已颁布 3 项指南，针对具体准则无法涉及的审计操作给予指导。就执行要求而言，基本准则及具体准则属于"应当遵照执行"，实务指南属于"应当参照执行"。

在结构上，中国内部审计准则体系和《内部审计国际实务准则框架》存在如下差别：

第一，我国的内部审计准则体系遵循从"基本准则—具体准则—实务指南"这一由抽象到具体的逻辑规则，这与《内部审计国际实务准则框架》形成的以定义贯穿整体"框架"有一定的区别。《内部审计国际实务准则框架》的框架结构更能够突出其前后的统一性以及逻辑的一贯性，特别是将内部审计定义贯穿在整个框架中，形成从基本概念到原则再到具体规则和操作指南的统一体。

在《内部审计实务准则框架》向《内部审计国际实务准则框架》转化的过程中，IIA 更加注重框架的逻辑性，删除了与整体框架权威性不相匹配的"发展与实务支持"部分。建立一个前后一致的框架有助于准则体系的发展，不论未来实务如何变动，该框架结构都能保持稳定，基本原则保持不变，而在此基础上增添、删除或修改立场公告、实务公告或实务指南的具体内容，这是符合准则体系长远发展的考虑。我国内部审计准则的体系结构沿用会计准则、注册会计师鉴证业务准则、国家审计准则等一系列专业标准规范的常用结构，这种结构符合中国国情，符合国人的理解习惯，这种简单的逻辑关系有助于我国内部审计实务界对准则体系的理解与遵循。

但我们也应当看到，随着内部审计理论及实务的发展，以基本概念为出发点构建内部审计准则框架结构是符合职业发展规律的选择，也是未来内部审计准则进一步发展的必然要求。

第二，在《内部审计国际实务准则框架》的国际准则层面，保留了《内部审计实务准则框架》原有的分类方式：属性准则、工作准则以及实施准则。前二者适用于所有内部审计服务，实施准则是前二者的延伸，针对特定类型的内部审计业务。

我国的基本准则没有这样的分类，取而代之的是根据我国法规的普遍做法，采用了"总则——一般原则—具体原则—附则"的结构，由一般原则依据所规范的内部审计活动内容和方法展开为"作业准则"、"报告准则"以及"内部审计管理准则"。因此，针对内部审计人员胜任能力、知识技能、素质要求的《内部审计国际实务准则框架》属性准则在我国准则中是体现在"一般原则"里的，而《内部审计国际实务准则框架》工作准则则体现在我国基本准则除了"一般原则"之外的剩余部分中。由于对内部审计职能定位的不同，所以我国基本准则中并没有像《内部审计国际实务准则框架》那样在属性准则与工作准则下，根据实施的业务区分应用于确认服务的实施准则与应用于咨询服务的实施准则。应当说，我国基本准则的结构符合国情，与总则部分所作出的内部审计定义在逻辑上是一致的。同时，基本准则的这种结构还在总体上引领了具体准则与实务指南，我国的具体准则以及实务指南都采用"总则——一般原则—具体原则（根据具体情况分条款或分章叙述）—附则"的结构，通过这种结构安排准则规范的内容能使准则从框架上保持首尾一贯、逻辑一致，便于学习、理解与操作。从单项具体准则或实务指南的内容上看，总则部分首先对本准则或指南的重要概念作出定义，一般原则对于本准则或指南的目的、内部审计人员的责任、专业素质要求等基本问题进行规范，具体原则部分一般按照内部审计活动的程序展开，体现不同阶段所需要规范的方法和内容，附则部分为发布时间与生效日。因此，这样的结构安排使内部审计人员很容易根据需要对照准则或指南的相应章节和条款解决问题。

第三，《内部审计国际实务准则框架》中的"立场公告"是一项新的设计，我国内部审计准则并不具备此项内容。立场公告能清晰地表达 IIA 的观点，帮助内部审计人员以及组织管理层、股东、外部利益相关者以及注册会计师等理解内部审计在特定问题上扮演的角色与承担的职责。已颁布的立场公告包括两项：一是内部审计在企业风险管理中的作用；二是内部审计在内审服务资源安排中的作用。安然事件爆发后，美国的《萨班斯—奥克斯利法案》对于公司信息披露及审计、财务报告、内部控制方面提出许多要求，内部审计的作用由此得以凸显，许多证券交易所要求上市公司必须设立内部审计部门，内部审计成为推进良好的公司治理、风险管理以及控制的主要力量之一。随着内部审计职业界在资本市场上的影响逐步壮大，如何让相关人士正确理解内部审计的职责与角色成为内部审计职业机构必须考虑的问题。立场公告就是为此而设立的，这部分内容的存在能够使内部审计准则不仅成为内部审计职业界从事业务活动的规范，也能成为对外宣传内部审计、让外界更加了解内部审计的手段。可以预见的是，随着中国内部审计职业的壮大，我国的内部审计准则体系中也需要这样一个特别的部分，成为内部审计准则与职业界以外的相关人士沟通的切入点与桥梁。

第四，《内部审计国际实务准则框架》的"实务公告"属于"强烈推荐遵循"，而对应的中国内部审计具体准则则属于"强制要求遵循"。《内部审计国际实务准则框架》是以原则为导向的规范体系，需要"强制执行"的部分都体现为定义、准则之类的较高层面的抽象原则。而对于相对具体与详细的实务公告、立场公告以及实务指南，则定位为"强烈推荐遵循"。这一点主要是考虑到准则的灵活性，由于实务的迅速发展，可能存在某些实务公告的规范内容并不符合实务现状的情况，当内部审计人员判断遵循实务公告反而会导致不恰当的结果时，可能会根据实际情况而选取背离规范的方法。因此，《内部审计国际实务准则框架》充分考虑了此因素来确定实务公告的执行要求，前提是内部审计人员具有较高的专业素养，能准确判断现实的状况作出正确决策。而我国内部审计人员整体水平普遍无法达到这样的层次，对于具体准则采取"必须遵循"的要求是符合现实条件的，这样有助于通过准则的强制性要求促进内部审计实务的规范化及良性发展。

（三）　中外内部审计准则的具体内容的比较

具体内容是准则的核心，是依附于准则结构的实质内涵。对比国际内部审计准则与中国内部审计准则的内容，能帮助我们了解二者约束或规范的范围差别。下面以《内部审计国际实务准则框架》为出发点，与中国内部审计准则体系的相应部分展开比较。

1. 内部审计职业道德规范的比较

IIA虽然对准则体系进行了改革，但《内部审计国际实务准则框架》中的职业道德规范与《内部审计实务准则框架》原有的职业道德规范相比，内容上没有变动。IIA持有的理念是：职业道德规范不应当针对具体的行为活动进行约束，而应当通过提供概括性的原则以及行为规则来对内部审计人员进行约束，因此虽然内部审计实务不断发展变化，而职业道德规范的内容却保持了相对稳定。《内部审计国际实务准则框架》的职业道德规范采用了"原则—规则"两个层次的结构，这种结构在西方的注册会计师职业道德体系中广泛应用，"原则"表明了该职业在道德方面的"最高标准"或是"道德的理想状态"，而"规则"则提出了从业人员执业行为方面的"最低要求"，是必须要做到的行为规范。我国的内部审计人员职业道德规范采用的是"行为规则"的方式，规定的11条内容是内部审计人员必须遵循的最低要求，并没有在规范中涉及"最高标准"的原则部分。

在职业道德规范中包含原则是为了鼓励内部审计人员不仅要达到最低标准，而且应当不懈地追求更高的行为标准，这是职业道德要求的终极目标。因此，从发展的眼光看，职业道德规范中应当包含作为"最高标准"的原则部分。当然，基于我国目前的内部审计人员素质，近期目标是要求内部审计人员能够遵循"最低要求"的行为规则，因此目前我国职业道德规范的结构是符合国情的。

随着内部审计人员素质的提高，未来的职业道德规范的发展可以借鉴《内部审计国际实务准则框架》职业道德的结构。

《内部审计国际实务准则框架》职业道德的原则部分提出了公正、客观、保密和胜任四大基本内容，行为规则部分则针对这四大基本内容分别对内部审计人员行为必须达到的标准进行了规范。这四大内容在我国的职业道德规范中都有所涉及，因此基本内容和《内部审计国际实务准则框架》的内容是一致的，只是某些细节稍有差别。《内部审计国际实务准则框架》在"客观性"这项行为规则下强调内部审计人员不应当参与会导致利益冲突的活动，这是保证客观性属性的重要要求。我国职业道德规范中没有将此项要求列入，但在具体准则中却有涉及"客观性管理"的内容。将此项内容列入职业道德规范，有助于内部审计人员更好理解如何客观地履行职责，因此建议我国职业道德规范后续的修订中考虑该项内容。另外，我国职业道德规范中强调内部审计人员保持应有的职业谨慎，合理使用职业判断，而《内部审计国际实务准则框架》是在国际准则中涉及。其实该项内容在我国的基本准则中也有涉及，把它列入职业道德规范是为了强调其重要性。应有的职业谨慎性是要求内部审计人员在执行业务过程中应当保持人们所期望的合格胜任的内审人员所能具备的谨慎态度和技能，这是审计学科非常重要的基本概念之一。基于我国内部审计人员专业胜任能力的实际情况，此项要求不仅作为执业准则，更列入行为规范，这能够提醒内部审计人员在执行业务时以应有的执业谨慎态度要求自己，确保内部审计质量。

对于人际交往能力的强调也是我国职业道德规范乃至整个准则体系内容的一大特点。内部审计的服务理念、与组织内外相关机构和人员的互信、和谐、协调的关系是内部审计活动顺利开展的前提，内部审计审查的对象不论是治理程序、风险管理、控制或是组织的经营活动，其中都涉及非常多的人为问题。

在过去的 20 多年里，我国内部审计经历了以查错防弊的监督为核心理念向增加组织价值的服务理念转变的过程，转型时期许多内部审计人员尚无法适应这一新的服务理念，因此在职业道德规范以及准则中强调人际关系是非常切合中国现实的。同样的，在职业道德规范中强调"聘请有关专家协助"也是符合我国内部审计人员素质技能现状的务实做法。

2. 《内部审计国际实务准则框架》的国际准则与中国《内部审计基本准则》的比较

2009 年 IIA 内部审计准则体系改革中涉及国际准则的部分有：第一，为某些条款增加了"解释"项，解释能够促进对准则中述及概念的正确理解。IIA 明确指出，解释是准则不可分割的一部分，与准则具有相同的效力，也是强制要求遵循的。第二，在语义与词汇部分作了修改和更新。新增信息技术控制、信息技术治理、风险偏好、重要性、技术基础审计等词汇的释义。同时，在《内部审计国际实务准则框架》的国际准则中用"必须"取代了原先《内部审计实务准则框架》标准中普遍采用的"应当"，这是为了更加强调准则的强制性。在准则中采用"必须"这一用语，说明要无条件强制遵循，而"应当"则表示一般条件下应当遵照准则执行，但除非内部审计人员判定该条件下执行准则反而不恰当。第三，国际准则中新增了六项内容，分别是 1010——

在内部审计章程中确认内部审计定义、职业道德规范以及国际准则；1111——与董事会的直接互动；2110. A2——评估信息系统治理；2120. A2——评估舞弊风险；2120. C3——内部审计人员在风险管理中所扮角色的限制；2430——"根据内部审计职业实务准则之国际准则开展工作"的使用。第四，国际准则原有部分内容进行了修订。为使准则更易于理解，对部分内容的表述作了修改。同时，为了体现内在的逻辑关联，按照"治理—风险管理—控制"对相关条款（2110~2130）的顺序进行了调整。

《内部审计国际实务准则框架》的国际准则从篇幅上来说比我国基本准则大，涉及内容也更多，有些内容在我国内部审计基本准则中没有体现，但在具体准则中有较详细的规范。其实从"强制要求遵循"的范围来看，《内部审计国际实务准则框架》比我国的范围要小，因为我国的具体准则也属于"强制要求遵循"，而从规范的层次上和我国具体准则对应的《内部审计国际实务准则框架》实务公告却不属于此范围。因此，国际准则作为《内部审计国际实务准则框架》准则体系中"强制要求遵循"的主体部分，在范围上比我国《内部审计基本准则》要宽是可以理解的。

另外，《内部审计国际实务准则框架》在国际准则中特别加入了"解释"项，作为国际准则不可分割的一部分，亦具有强制性的要求。

我国内部审计准则委员会在发布准则之后，会以"释义"的方式出版对此准则（包括基本准则与具体准则）的解释，在这个具体解释中针对该项准则的非常详细的例子与做法，很具有操作性，这个"释义"除了具备《内部审计国际实务准则框架》的"解释"功能之外，还承担了一部分的"指南"作用，因此没有任何强制性，仅仅是对实务的一种参考。

我国在内部审计准则序言中也明确说明了基本准则的作用："内部审计基本准则是内部审计准则的总纲，是内部审计机构和人员进行内部审计时应当遵循的基本规范，是制定内部审计具体准则、内部审计实务指南的基本依据。"

如果考虑到基本准则的总纲作用，所有具体准则涵盖的内容应当都能在基本准则中找到依据。我国的基本准则与前10项具体准则同为第一批颁布的内部审计准则，如何能在准则体系初建伊始就高瞻远瞩地在基本准则中列入应当考虑的所有概括性原则的确是一个难题。经过职业界的不懈努力，基本准则能够为迄今已颁布的29个具体准则中的绝大部分发挥提纲挈领的作用，但有部分具体准则的内容与基本准则之间关联性较弱，这是未来修订基本准则时必须考虑的问题。

我国基本准则中有一部分条款在《内部审计国际实务准则框架》中并没有涉及，这部分主要内容有：

第一，我国基本准则要求内部审计人员必须遵循职业道德规范，《内部审计国际实务准则框架》的国际准则中没有涉及这一点。正如职业道德规范中有条款要求内部审计人员必须遵循内部审计准则一样，在规范中互相呼应能够增强规范的强制性，同时也阐明一个基本观点：遵循职业道德规范与准则不仅是对内部审计人员行为方面的要求，也是其执业过程中必须做到的技术要求。因此在基本准则中提及职业道德规范是非常有必要的。

第二，我国基本准则提出了审计过程的两个重要概念：重要性与审计风险，而这是《内部审计国际实务准则框架》回避的，《内部审计国际实务准则框架》不仅在国际准则中未提及，在实务公告及实务指南中也没有涉及。

第三，我国基本准则提及的"审计通知书"以及"审计报告的分级复核"是具有中国特色的做法。借鉴政府审计提出"审计通知书"有两个目的：一是为了提高审计效率，让被审计单位提前做好相应准备；二是与被审计单位协调关系，促进合作的手段。"审计报告的分级复核"则是借鉴了社会审计的做法，由级别较高的人员对级别较低的人员完成的工作进行检查，确保审计报告的质量。在审计人员素质和专业判断水平参差不齐的情况下，分级复核尤为重要。

第四，我国基本准则将内部审计机构管理单列一章，集中于此章规范了有关内部审计机构年度计划、人力资源计划、财务预算、审计工作手册的制订以及内部激励约束机制、质量评价机制等问题。《内部审计国际实务准则框架》并没有单独强调内部审计机构管理，而是分散在具体的准则中。

我国内部审计人员的素质整体不高与内部审计机构的管理水平较低有密切关系，因此不仅内部审计人员需要规范自身的执业行为，内部审计机构的管理也应当走上系统化和规范化的轨道。因此单列内部审计机构管理的相关问题，并辅以具体准则（第24号）详细说明是符合我国现状的选择。

3.《内部审计国际实务准则框架》的实务公告及实务指南与我国的具体准则、实务指南的比较

《内部审计国际实务准则框架》的实务公告及实务指南是2009年IIA准则改革中变动幅度较大的部分。实务公告经过重新审视由原先的84条减少到42条，部分内容暂时取消，部分内容归并到实务指南中。IIA认为，以前的实务公告存在许多未能很好支持属性准则、工作准则及实施准则的内容，又使用了"应当"这一用语来说明执行要求，容易使人误解其强制性。之所以做如此大的修订，目的是为了让实务公告更加简洁，且通过对审计方法、程序的描述来帮助内部审计人员更好地运用定义、职业道德规范以及国际准则。实务指南是《内部审计国际实务准则框架》不同于《内部审计实务准则框架》的又一个重要方面，目的是为执行内部审计活动提供具体的指导。实务指南的内容一般涉及具体的审计方法、技术以及工具，原先《内部审计实务准则框架》的实务公告中与此有关的部分在本次修订中全部从实务公告中分离出来，有的已列入颁布的实务指南之中，有的正在进行补充和完善，列入未来两年将颁布的实务指南之中。

截至2009年1月，已颁布的实务指南包括两大部分：《全球技术审计指南》与《信息系统风险评估指南》。《全球技术审计指南》主要涉及与信息系统管理、控制及安全性有关的审计问题，目前已颁布11项指南。《信息系统风险评估指南》描述了财务报表风险、经营过程的关键控制、自动控制及其他信息系统关键功能、信息系统总体控制等问题，目前已颁布3项指南。从IIA提供的2009年至2011年的准则项目规划可以看到，未来实务指南的内容将不断得到充实。

《内部审计国际实务准则框架》的实务公告、实务指南与我国具体准则、实务指南有如下差别：

第一，有几项准则的内容是《内部审计国际实务准则框架》已涉及的，但我国的

准则完全没有涉及。一是关于内部审计人员承担非审计职责时是否会对客观性造成损害；二是评估组织的隐私制度；三是持续审计对确认、监督以及风险评估的影响；四是管理以及审计隐私风险。这些内容在我国内部审计实务中比较少见，因此我国内部审计准则尚未将此纳入规范的范围。

第二，《内部审计国际实务准则框架》非常强调"专业胜任能力与应有的职业谨慎"，用三个实务公告对此进行了规范。内部审计人员的专业素质和知识技能以及谨慎态度是影响审计质量的重要因素，因此《内部审计国际实务准则框架》针对内部审计人员应当具备的能力、知识结构、交流沟通技能、表达能力等进行了详细规范，可以看出《内部审计国际实务准则框架》对此问题的重视。我国相应内容的规范则显得有些分散，仅仅是基本准则提及这个基本概念，部分细节内容在第 20 号准则《人际关系》中稍有涉及。

第三，《内部审计国际实务准则框架》在实务公告 2010.1 中充分体现了风险导向内部审计的理念。要求将审计计划与组织的风险相联系，特别强调关注组织的战略与计划，关注管理战略、方向、目标等的变动，这就是风险导向内部审计的核心所在。我国的第 1 号准则《审计计划》要求在制订年度审计计划时应当考虑组织风险与管理需要，这是完全符合《内部审计国际实务准则框架》的理念的。然而《内部审计国际实务准则框架》提出的将计划与组织战略、管理相关联却是我们具体准则中没有强调的。

第四，《内部审计国际实务准则框架》在实务指南中用非常大的篇幅详细叙述了信息系统审计的相关问题，我国具体准则第 28 号虽然也涉及这些问题，但内容和范围相差颇大。随着信息技术的迅速发展，绝大部分现代企业内部审计所面临的并非传统的手工系统，而是技术含量很高的信息环境。信息系统与手工系统在控制、风险、管理等领域有着截然不同的特点，因此对审计方法和技术提出了很高要求。我国企业信息技术发展虽然落后于国外先进企业，但可以预见信息系统技术审计必将是内部审计发展的主流，也将是内部审计关注的重点和难点。

第五，我国第 5 号准则《内部控制审计》与《内部审计国际实务准则框架》对应部分在内容上有一定差异。在中国内部审计具体准则体系中，已发布的与内部控制审计有关的准则包括第 5 号《内部控制审计准则》、第 12 号《遵循性审计准则》以及第 16 号《风险管理审计准则》以及第 21 号《内部审计的控制自我评估准则》。《内部控制审计准则》是内部审计人员对内部控制进行审计方面规范的总纲，涉及内部控制的内容、要素以及内部控制审计的基本方法。而《遵循性审计准则》是将内部控制的目标之一——对组织各方面是否遵守国家有关法律、法规和组织内部章程、计划、预算及其他标准等加以展开，针对各种遵循性标准的遵循情况进行审查和评价。《风险管理审计准则》对内部控制中风险管理要素的具体审查和评价加以规范。《内部审计的控制自我评估准则》是对控制自我评估这种独特的方法以及内部审计人员如何运用这种方法协助管理层评估内部控制进行规范，这为整体内部控制审计奠定了扎实的基础。由此，我国针对内部控制审计已建立了较为具体的配套准则体系。

《内部审计国际实务准则框架》虽然提出了先进的控制概念，但后续并无相关的配套准则，遵循性审计以及控制自我评估都没有专门的实务公告或者实务指南加以具体指导。

第六，我国的第 25 号准则《经济性审计》、第 26 号准则《效果性审计》以及第 27 号准则《效率性审计》（简称三性准则）是中国特色，《内部审计国际实务准则框架》没有涉及这几方面的内容。

第七，我国第 17 号准则《重要性与审计风险》从内部审计角度对这两个重要概念进行了界定与规范，而《内部审计国际实务准则框架》回避了这个审计技术领域的难题。重要性是指被审计单位经营活动及内部控制中存在偏离特定目标的差异或缺陷的严重程度，这一程度的差异或缺陷在特定环境下可能会影响管理层的判断或决策以及组织目标的实现。审计风险是指内部审计人员未能发现被审计单位经营活动及内部控制中存在的重大差异或缺陷而做出不恰当审计结论的可能性。对重要性、审计风险及其运用进行较为详细的规范，有助于内部审计人员将这两个概念贯穿到整个内部审计活动中，做出合理的判断，从而获取充分、相关、可靠的审计证据，确保审计结论的可靠性。

第八，我国内部审计第 11 号准则《结果沟通》在《内部审计国际实务准则框架》中没有对应准则或内容，同时第 20 号准则《人际关系》以及第 23 号准则《内部审计机构与董事会或最高管理层的关系》在《内部审计国际实务准则框架》中也没有单列准则进行详细规范。《结果沟通》是《审计报告》的配套准则。结果沟通是指内部审计机构与被审计单位组织适当的管理层就审计概况、依据、结论、决定或建议进行讨论和交流的过程。在提交报告前进行结果沟通，能保证审计结果的客观和公正，并取得被审计单位的理解，建立良好的人际关系。这一系列准则从全方位、多角度对内部审计人员与被审计单位以及组织管理层之间的沟通协调以及良好的人际关系的建立进行了规范，提供了全面的指导。人际关系以及良好的沟通技巧是《内部审计国际实务准则框架》专业胜任能力方面的重点，我国这几项具体准则很好地吸收了 IIA 的先进理念，同时又形成了一定的体系，便于全方位、多角度提供沟通和交流方面的指导。沟通技能是我国广大内部审计人员长期以来缺乏系统训练以及重视的技能，然而该技能却是提高内部审计专业胜任能力的重要内容。在准则中以较大篇幅阐述沟通技能以及人际关系，既体现了国际内部审计的先进理念，也符合我国内部审计实务的现状。

第九，我国《建设项目审计指南》、《物资采购审计指南》所涉及的内容在《内部审计国际实务准则框架》中都没有涉及。随着我国经济的快速增长，基本建设规模不断扩大，大中型企业在生产经营中经常遇到固定资产投资建设的需要，建设项目的特点使经营活动以及相关内部控制较常规项目更为复杂。内部审计应当采用特定的审计方法和程序，对建设项目实施全过程的跟踪审计，提高建设项目的质量和效益，促进组织价值的增加及目标的实现。因此需要《建设项目审计指南》对建设项目审计各阶段的程序、方法作出详细的规定，向内部审计人员提供直接的操作指导，从而实现建设项目内部审计的目的：促进"质量、速度、效益"三项目标的实现。另外，任何组织在经营活动中都要涉及采购业务，以保证组织的正常运转。

采购活动关系到物资的成本及质量，对于生产、建设等过程也有重大影响。《物资采购审计指南》的制定就是为了规范物资采购审计的内容、程序与方法，为内部审计机构与人员提供具有可操作性的物资采购审计实务指导。这两个指南是我国内部审计准则国家化的充分体现，能够密切结合我国经济的现实对特殊行业、特殊实务的内部审计活动进行规范。两个指南都充分体现了"防弊、兴利以及增值共存的理念"以及"财务审计与管理审计相融合"的基本原则。

（以上内容参考了王光远和严晖（2010）关于中国内部审计准则与国际内部审计准则比较研究的成果）

复习思考题

1. 当前中国的民间审计市场呈现怎样的结构？审计市场的竞争呈现怎样的特点？为什么四大国际合作所在中国审计市场的综合排名始终占据前四位？

2. 什么是审计质量？中国审计市场应建立怎样的竞争机制，才能保证会计师事务所实施高质量的审计？

3. 为什么政府审计、民间审计和内部审计要制定不同的审计执业准则？这些不同的执行准则各自的侧重点是什么？

4. 政府审计国际准则的体系包括哪几个层次？各自的内容是什么？

5. 中国政府审计准则的体系有什么特点？如何进一步完善？

6. 注册会计师审计国际准则体系如何构成？各自包括哪些内容？

7. 中国注册会计师审计准则体系存在什么特征？如何进一步完善？

8. 内部审计国际准则体系如何构成？各自包括哪些内容？

9. 中国内部审计准则体系存在什么特征？如何进一步完善？

10. 会计师事务所的组织形式有哪些？它们的设立应具备哪些条件？

案例分析

扫罗是一家名叫示剑的小公司的股东，他聘用注册会计师押尼耳对公司会计报表进行审计。扫罗要求押尼耳尽快出具审计报告，以便将经审计的财务报表作为贷款申请表的一部分送交大卫股份制银行。押尼耳立即接受了这项审计业务，并同意在3周内出具审计报告。扫罗同意支付给押尼耳60万元的审计费用，并表示如果能获得大卫银行的贷款，押尼耳还将获得额外的奖金20万元。

注册会计师押尼耳考虑目前正值2011年3月份——上市公司出年报的高峰季节，事务所人手紧张，为了尽快完成扫罗交代的审计任务，他特地去事务所邻近的全国重点大学——约帕大学招聘了两个刚刚修完《审计学》课程学分的学生作为审计助理人员，并花费了三个小时告诉他们日常针对小公司会计报表的审计流程。押尼耳告诉学生不必把时间花费在评审内部控制上，而应该集中精力验证总分类账户余额与明细分类账户余额是否一致，并且与记账凭证和原始凭证相核对，对于重要的资产，如现金、存货和固定资产等还要进行一定的现场观察。这两名学生遵照押尼耳的指示，很快完成了审计工作，并在两个星期后向押尼耳提交了没有附注的财务报表（由于公司没有任何非正常的交易事项）。押尼耳复核了这些报表明细项目及相应的审计工作底稿，发现对其认为重要的账户，如应收账款与存货等，基本都作了账户之间、账户与凭证之间和账户与实物之间的核对，显示数字基本一致，于是对示剑公司 2010 年的会计报表签发了无保留意见的审计报告。但是，在这份审计报告里并没有提及示剑公司是否恰当地应用了公认会计原则，也没有指出该公司在各年度是否一致地运用了这些原则。

要求：简要描述民间审计准则的主要内容，并说明注册会计师押尼耳的哪些行为违反了审计准则的规定。

第三章 审计职业道德与法律责任

第一节 审计职业道德

一、什么是道德

道德（Ethics）普遍被定义为一套精神原则或价值（Moral Principles or Values）。[①] 每个人都有一套价值，尽管我们可能没有将它公开说出来。哲学家、宗教组织和其他团体已经按照不同的方式对理想的精神原则或价值进行了定义。在社会中施行的精神原则或价值包括法律和监管规章、教会教义（Church Doctrine）、注册会计师等专业团体的商业道德准则（Codes of Business Ethics）和其他各类组织的行为准则（Codes of Conduct）。

国际著名的 Josephson 道德学会（Josephson Institute of Ethics），其目标是致力于改进社会的道德质量。该学会认为有 6 个核心道德价值与道德行为相关。

表 3-1　与道德行为相关的六大核心道德价值

序号	道德价值	内　　容
1	值得信赖 （Trustworthiness）	包括诚实、正直、可靠、忠诚。诚实要求具有传递真相的良好信心；正直要求不论在任何形势下都应按照良心行事；可靠要求尽可能地实现承诺；忠诚要求尽力维护和促进特定人士和组织的利益
2	尊重 （Respect）	包括文明、礼貌、庄重、忍耐、宽容。尊重人要求体贴别人，不带偏见地接受别人的差异和信仰
3	有责任心 （Responsibility）	指为自己的行为和实施约束承担责任。责任心代表追求卓越、做出表率，包括持之以恒和不懈提高

---

① Randal J. Elder, Mark S. Beasley and Alvin A. Arens, Auditing and assurance services: An integrated approach (Tenth Edition), published by Pearson Education Asia LTD and Tsinghua University Press, 2006.

续表

序号	道德价值	内　　容
4	公平 （Fairness）	公平与正义包括平等、公平、均衡、开放和遵守程序。公平对待要求对同类情况的处理保持一致性
5	爱心 （Caring）	切实关心别人的福利，并能无私奉献、乐于助人
6	公民意识 （Citizenship）	包括守法和积极参加社会公益活动，如投票、法律援助、保护资源等

一个社会要有序运行，道德行为是必不可少的。正是道德将一个社会分散的个人有效地"黏合"在一起，正是社会对道德的需要使众多被大家认同的道德价值（Ethical Values）被吸收进法律，然而，表3－1中也有一些道德价值存在较多的主观判断，不可能吸收进法律，但这些精神价值对一个秩序社会并非不重要。

大多数人都将不道德行为（Unethical Behavior）定义为一项偏离适当程度的行为。有两个基本原因导致人们做事不道德。一是该人的道德水准与社会整体的道德水准不同；二是该人只为自己考虑，通常两种原因都有①。

二、道德困境

道德困境（Ethical Dilemma）是指一个人在是否采取某一适当行为时所面临的两难抉择。如一个人捡到一枚金戒指后所面临的道德困境是努力找到失主还是自己拥有它。

审计师、会计师以及其他商界人士在其事业中都面临很多道德困境。如当审计师在准备出具非标准审计报告，而客户威胁要解聘审计师时就面临严重的道德困境。又如在部门领导高估收入以便获得更多的奖金时，也会出现道德困境。一个人是否应该继续留在压榨员工或欺骗客户的公司工作，也是一种道德困境，尤其当该人需要工作收入供养家庭且重新找其他工作很难时，其面临的道德困境更严重。

有多种方法可以解决道德困境，但要小心的是将不道德行为合理化。

下列情况通常很容易导致不道德行为：

（1）大家都这样做。很多人在提供纳税申报表时造假、在考试时作弊、销售有缺陷的产品，是因为他们认为，大家都这样做，所以它是被允许的。

（2）如果它是合法的，它就是道德的。持这种观点的人是法律完美论者。他们认为，所有的合法行为都是合乎道德的，基于这种思想，一个人捡到东西，如果失主不能证明这是他的或她的，则该人就不必返还。

（3）基于发现概率和后果的权衡。存在这种思想的人通常会权衡其实施不道德行为被发现的概率及因此承担后果（如罚金或赔偿）的严重性。如销售人员无意中多报

① Randal J. Elder, Mark S. Beasley and Alvin A. Arens , Auditing and assurance services: An integrated approach (Tenth Edition), published by Pearson Education Asia LTD and Tsinghua University Press, 2006.

了销售价格，并导致客户多支付了货款。如果销售人员预期该客户很快会发现这一问题，并导致未来不再购买其货物，他会马上告知客户；否则，该销售人员可能会等到客户投诉时才处理。

如何解决道德困境？

近几年来，有很多正式框架被开发出来帮助人们解决道德困境。这种道德框架的目的是识别道德问题，并利用某人自己的价值来确定一个适当的行动路线。

下面6步是一种解决道德困境的简单方法：

(1) 获得相关的事实。

(2) 识别由该事实产生的问题。

(3) 确定该困境的结果对谁产生影响，并且每个人或团队如何受到影响。

(4) 确定必须解决这一困境的人有哪些备选方案。

(5) 识别每一备选方案的可能后果。

(6) 确定最佳行动方案。

三、审计职业界的道德行为

审计职业界保持高水平道德行为的潜在原因在于，需要公众相信审计职业界的服务质量。如果公众对这个行业的服务能力失去信心，这个行业就会消亡①。

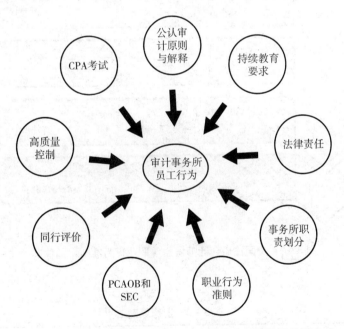

图3-1 美国社会保持注册会计师具有高水平道德行为的方式

---

① Randal J. Elder, Mark S. Beasley and Alvin A. Arens , Auditing and assurance services: An integrated approach (Tenth Edition), published by Pearson Education Asia LTD and Tsinghua University Press, 2006.

近年来，由于市场竞争的加剧，会计师事务所更关注留住客户，获得合理的利润，而不是为用户提供高质量的审计服务。会计师事务所与财务报表用户的关系，与其他职业界与用户的关系有所不同。如律师直接与客户签约，直接为客户服务，而会计师事务所则是直接与非上市公司的管理层签约，或与上市公司的审计委员会签约，并由公司支付审计费用，但最终的服务对象则是报表用户。通常审计师不认识报表用户，或者与报表用户没有联系，但却频繁地与公司员工接触，并保持持续的联系。

因此，对于报表用户来说，会计师事务所具有专业胜任能力，并且公正就非常重要。如果公众认为会计师事务所不能提供有价值的服务（降低其信息不对称风险），则其审计和其他鉴证报告的价值就会降低，对其需求也会减少，这就是会计师事务所保持高水平道德行为的重要原因。

四、审计职业道德准则

美国注册会计师协会《职业行为准则》同时提供通用的理想行为标准和具体的强制行为规则。该准则包括四个部分：原则、行为规则、行为规则说明和道德细则。其具体关系如图3-2所示。

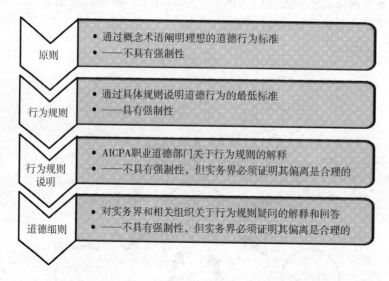

图 3-2 美国注册会计师协会《职业行为准则》的体系

表 3-2 道德原则

序号	原则	说明
1	责任	会员应在所有活动中保持职业敏感性和道德判断来履行职业责任
2	公众利益	会员有义务服务公众利益、不辜负公众信任，并遵守职业精神

续表

序号	原则	说　明
3	正直	会员在履行所有职业责任时，应保持最高程度的正直以维护和扩大公众的信心
4	客观性和独立性	会员在执业时应保持客观性，并避免利益冲突。从事公众业务的会员在提供审计和其他鉴证服务时应保持实质上和形式上的独立性
5	职业谨慎	会员应遵守职业技术和道德标准，不断提高专业水平和服务质量，尽最大能力履行专业职责
6	服务范围和性质	从事公众业务的会员应根据《职业行为准则》原则确定其服务范围和性质

　　行为规则完善了职业道德原则，它们为注册会计师在公共领域所承担的责任提供了详尽的指导。根据美国注册会计师协会的规定，这些规则必须强制执行。大多数的规则适用于所有注册会计师，即使是在非公共领域执业的注册会计师也同样适用。但下面的规则只适用于那些在公共领域执业的注册会计师：独立性、为客户信息保密、或有收费、广告或其他招揽业务的方式、佣金以及组织形式。行为规则制定得非常详尽，以便于指导审计人员处理可能遇到的各种情况。

　　注册会计师行业增加了行为规则的具体解释，用来提供额外的指导。行为规则解释覆盖了有关独立性、正直、遵守职业声明、对公众和同行的责任等领域。

五、审计的独立性

　　在美国，审计独立性被作为审计职业行为规则的第一项规则。

　　美国注册会计师协会《101 行为规则》有关独立性的表述如下：

　　"在公共领域从业的会员，在提供专业服务时，应当遵守职业团体发布的准则要求，保持独立性。"

　　上述规则要求审计人员在提供鉴证服务时保持独立性，但在提供咨询、税务或簿记服务时不要求保持独立性。

　　对于《101 行为规则》有若干种解释，并且有 100 多项条款提供了更为详尽的指导，其中涉及与客户的经济利益、家庭关系、贷款、提供非审计业务等领域。

　　1. 经济利益

　　在《101 - 1 行为规则解释》中 A 部分提到了"作业成员"概念，作业成员定义为：①鉴证业务小组的个体成员；②所在职位能够影响鉴证业务的个人；③事务所的合伙人，该合伙人在事务所中主要从事鉴证业务。

　　作业成员的直系亲属也要遵守《101 行为规则》及其解释，但有些情况例外。如果你是审计工作组的新职员、经理或者合伙人，你和你的直系亲属不得与客户有任何直接或重要的非直接的经济利益。非直接的经济利益，例如会员投资于某一共同基金，该共同基金又投资于审计客户，会员不对证券买卖做决策。为了确定其重要程度，作业成员及其直系亲属的经济利益必须加总。

会计师事务所的合伙人或员工，无论是否属于作业成员，都不能为鉴证客户所雇用，不能持有5%以上鉴证客户发行在外的权益股票或者其他所有权。

2. 家庭关系

如果客户雇用审计人员的直系亲属，而且其所处职位足够重要，以致能够影响财务报表的内容，那么可以认为这个作业成员的独立性遭到了削弱。所说的重要职位包括首席执行官（CEO）、首席财务官（CFO）、总会计师、董事会成员、首席内部审计官或者财务长。如果作业成员的直系亲属在审计客户内部担任重要职位，或者与客户有着重大的经济利益关系，作业成员的独立性就会遭到损害。

3. 贷款

如果作业成员从审计客户那里取得贷款，该审计客户是金融机构，那么对于所取得的贷款应该在贷款的种类和数量上都要有所限制。审计人员不得从客户那里取得数额巨大的贷款或者以投资为目的的贷款。然而，正常条款的贷款是允许的，诸如汽车贷款、租赁贷款等。

4. 提供非审计服务

尽管职业道德原则没有明确禁止审计人员从事其他非审计业务，如为客户记账等，但审计人员必须保证，与客户工作关系的紧密程度不会影响到形式上的独立性。例如，如果审计人员为客户提供簿记、编制所得税申报表、管理咨询等业务，或经常与客户的管理层打高尔夫球，与客户的员工一起度假等，即使实质上的独立性没有受到影响，形式上的独立性也已经消失。因此，会计师事务所成员需要评估他们与每一位客户的关系，以确保独立性不会受到影响。

《规则解释101-3》"提供其他服务"就这些服务的性质是否会削弱独立性提供了指导。例如，对于非上市公司的审计人员来说，在客户做出所有管理决策的前提下，允许审计人员为客户设计、安装、整合信息系统，但是不允许审计人员在信息系统日常运行时督导客户的员工。应当注意，证券交易委员会禁止审计人员为上市公司提供簿记、财务信息系统设计与运行等服务。

六、职业道德规范的其他重要内容

（一）正直和客观

《102规则》要求美国注册会计师协会的会员在从事所有服务时应当保持正直与客观。这条规定也适用于身为美国注册会计师协会会员但不在公共领域从业的注册会计师。例如，如果一家公司的首席财务官（CFO）蓄意在财务报表或相关记录中做出或允许别人做出具有重大错误或误导性的分录，或者没有纠正财务报表或记录中错误的分录，或者签署或指使他人签署包含有重大错误和误导性的文件，这些都可以说明这个首席财务官违背了美国注册会计师协会的道德守则。注册会计师证书是对持有者拥有高水平道德行为的特殊证明，不管持有者在哪个领域从业。

如果会员同时给客户提供审计和法律咨询服务，这将会产生利益冲突。审计人员必须保持客观，而法律顾问是为客户提供建议，一个人不可能在同一事件上既保持客观性又违背客观性。

（二）保密性

在审计的过程中，审计人员逐步对客户形成全方位的了解，获取了机密性的信息，诸如营运实力、缺陷、融资计划或是新市场的扩张计划。为了确保客户与审计人员之间信息的自由流动与共享，客户必须确定审计人员不会把这些机密性的信息透露给外部团体。

只有在下列情况时，审计人员可以违背通用准则，将信息向外部披露：①为确保充分披露公认会计原则和公认审计准则所要求的会计信息。②合法提交并强制执行的法庭传票或召唤，符合适用的法律和政府管制。③向外部质量审查机构，如上市公司会计监管委员会、美国注册会计师协会、州会计委员会提供相关信息。④向美国注册会计师协会职业道德部门或审查组、州注册会计师协会或州会计委员会的纪律调查小组提起申诉，或回答他们的质询。

对于会计师来说，一个令人困扰的潜在问题是在一项审计业务中获得的机密信息可能用于另一项审计业务。在 Fund of Funds 公司与安达信会计师事务所的案件中，联邦法庭判决安达信败诉，原因是陪审团预计审计人员会用从一个客户那里取得的信息来保护其他审计客户不受该客户侵害。

据《华尔街杂志》报道：John M. King（King 资源公司的所有者）——丹佛石油与天然气基金的发起人，说服 Fund of Funds 公司从他控制的两个关联公司买入自然资源资产。Fund of Funds 公司支付了大约 1.2 亿美元购买了超过 400 种自然资源的资产。Fund of Funds 公司声称卖方的许多资产以带有欺诈性的高价出售，而作为 King 资源公司关联公司审计师的安达信会计师事务所，了解并不计后果地忽略了这些欺诈行为。

安达信会计师事务所同时为 Fund of Funds 公司和 King 资源公司审计，King 资源公司又向 Fund of Funds 公司出售资产。根据法庭裁决结果，原告声称相同的关键审计人员同时参与了这两项审计，知道或本应知道存在问题的资产以高价出售，产生了比 King 资源公司卖给其他客户同类资产多得多的利润。安达信承认知道这些要价过高的交易，但申辩道，根据《职业行为守则》有责任保守机密。但陪审团认为应该把 King 资源公司审计过程中所获得的信息运用于 Fund of Funds 公司审计过程。

然而，在另一起 Consolidata 服务公司与 Alexander Grant 事务所的案件中，法庭却判决会计师事务所把机密信息提供给另一客户是有罪的。Alexander Grant 事务所（现为 Grant Thornton）向 Consolidata 服务公司提供税务服务，Consolidata 服务公司是一家向其他公司提供薪酬电算化服务的公司。Alexander Grant 事务所在得知 Consolidata 服务公司陷入财务困境之后，向其客户发出警示，这些客户同时也是 Consolidata 服务公司的顾客。Consolidata 服务公司起诉 Alexander Grant 事务所，指控由于 Alexander Grant 事务所的披露直接导致了公司的倒闭。这次陪审团站在了 Consolidata 服务公司这一方，法庭也认为 Alexander Grant 事务所选择性地向客户提供信息是有罪的。这就是说，他们只想为自己的客户提供这一信息，而不是向 Consolidata 服务公司的所有客户提供信息。

这些不同的情境使审计人员在职业道德问题上进退维谷。审计人员是应该将审计某一客户获得信息应用于其他客户审计过程中，正如判决 Fund of Funds 公司所提示的那样，还是应该遵守《职业行为守则》，保守机密信息？

遗憾的是，准则并没有正面回答这个问题。

从这些案例中似乎可以得出两条原则：第一，在 Fund of Funds 公司案例中，会计师事务所同时处理两项审计业务，因此事务所可以取得信息并加以利用。第二，在 Consolidata 服务公司案例中，陪审团认为审计人员选择性地使用机密信息，因此有悖于公众的信任。另外，尽管法院普遍支持保密性这一准则，当他们发现在保密性与公众信任之间存在冲突时，他们更偏向于公众信任这一更高的准则。审计人员期待在保密领域能有新的进展，当审计人员面临潜在的冲突时，建议首先应当考虑公众的预期，然后向法律顾问进行咨询。

（三）或有收费

或有收费的定义是建立在服务绩效基础上的费用，只有获得特定的结果才能得到这笔费用，或者所得的数额取决于服务的结果。例如，咨询公司同意实施信息系统项目，所得到的报酬为接下来三年内项目所节约成本的 50%。对于客户来说，或有收费很具吸引力，因为他们可以根据咨询人员所带来的真正价值给付报酬。《302 规则》帮助会计师事务所的咨询部门解决如何与其他咨询公司竞争的问题。咨询公司通常以或有收费作为竞价基础。

任何客户禁止向提供鉴证服务的事务所给付或有收费，但是审计人员的费用可根据所提供服务的复杂程度与完成服务所需的时间有所变化。对于向非审计客户提供服务，或有收费是允许的。因而，在过去十年间，许多事务所通过向非审计客户提供税务筹划，赚取了大量的或有收费。

（四）广告和其他招揽客户的方式

会员不得通过威胁、夸大其词、骚扰等行为来招揽客户，因为这不符合公众的利益。

《502-2 规则》的解释将上述类似行为表述如下：①虚假或不正当地向客户暗示有利的结果。②暗示其有能力影响法院、审判员、监管部门或其他类似团体、官方组织。③标明在现在或未来一段时期内以某一特定报价或估计费用、或有收费来提供某种专业服务，在标明的当时，这些费用已经有了大幅度的提升，而潜在的客户没有被告知有提价的可能性。④包含有让理性人产生误解或上当受骗的表述。

（五）佣金与介绍费

503A 与 503B 规则禁止注册会计师通过向鉴证客户推荐其他产品或服务而从个人或企业那里收受佣金。但是注册会计师在向非审计客户推荐产品或服务时可以收取佣金。如果注册会计师向客户推荐软件包，并从供应商那里收取佣金，此时便会产生佣金是否会影响产品推荐的疑问。因此，即使在允许收受佣金的情况下，道德守则也要求披露佣金的实质，客户从而可以估计佣金的潜在影响。许多审计人员选择不收取佣金，甚至不接受允许收取的佣金，以保证他们向客户推荐最佳产品的正直性。

规则 503C 允许注册会计师在介绍专业服务（审计、咨询、税务等）时支付或收取费用，前提是客户被告知这一费用。

（六）守则的实施

遵守守则首先取决于美国注册会计师协会会员的主动合作，其次有赖于公众的态度、同行的支持，最后依赖于严格的纪律程序。这一纪律程序包含在联合道德实施计划之中，这一计划是由美国注册会计师协会和各州注册会计师协会发起的。当美国注册会计师协会职业道德部门收到有关投诉，便进入严格的纪律程序。会员的注册会计师资格可能会被州会计委员会吊销或撤销。对于没有这个资格或证书的个人，法律禁止其就财务报表发表审计意见或出具审计报告。州会计委员会也可以要求进行额外的继续教育，以保持或恢复其注册会计师资格。

第二节　国外注册会计师的法律责任

一、不断变化的法律环境

即使大多数审计都是适当执行的，会计师事务所总收入的相当一部分还是用在职业责任保险和法律诉讼上。2001 年，诉讼成本和赔偿金额让曾是世界上最大的会计师事务所的安达信破产。在如今的法律环境下，对审计人员而言，为了使此类的费用降到最低，保持应有的职业谨慎是极其重要的。

在习惯法（Common Law）① 下，审计职业界有责任履行与客户之间显性的或隐含的合同。如果他们未能提供高质量的服务或在执业中未保持应有的职业谨慎，就要对客户承担责任。根据习惯法，审计师有时对利益相关方而不是客户承担责任。尽管美国各州关于第三方针对审计师的法律行动标准不同，但最普遍的观点是，审计师有责任关注第三方利益，他们作为有限的信任审计师的人群，是审计师可以"预见的"。

除了习惯法以外，在成文法（Statutory Law）下，审计师也可能对第三方承担责任。美国 1933 年颁布的《证券法》和 1934 年颁布的《证券交易法》都包括针对审计师法律责任的内容。此外，在个别情况下，审计师还必须承担刑事责任。如当有证据表明审计师企图欺诈或损害别人利益时，审计师就会面临刑事指控。

尽管审计职业界一直强调审计法律责任，但近年来针对审计师的法律诉讼和审计师对原告的赔偿一直保持很高。其主要原因有：

（1）财务报表用户日益关注公共会计界的责任。

（2）美国社会要求美国证券交易委员会在保护投资者利益方面承担更大责任。

（3）由于营业规模的扩大、经济的全球化和商业运营的复杂性导致会计与审计日

---

① 所谓习惯法，是指该法律由法庭的判决（Court Decisions）来通过，而不是由政府颁布的法规（Government Statutes）来规定。参见 Randal J. Elder, Mark S. Beasley and Alvin A. Arens , Auditing and assurance services：An integrated approach（Tenth Edition），published by Pearson Education Asia LTD and Tsinghua University Press，2006.

益复杂。

（4）社会日益认同受害者向任何能够提供补偿的当事人提起法律诉讼，而不管对方是否有错，或存在连带责任，还是其他责任，这就是所谓的"深口袋责任理论"（the Deep - pocket Concept of Liability）。

（5）要求会计师事务所做出赔偿的大型案件的判决，鼓励律师以或有收费方式提供法律服务，使得受害者可以很低的成本提起法律诉讼。

（6）众多事务所愿意以庭外和解形式来避免高昂的诉讼成本和负面的诉讼形象。

二、导致注册会计师承担法律责任的原因

按照诉讼人分类，诉讼事件可分为小规模投资者的集体诉讼和美国司法部门的诉讼。对审计人员来说，无论胜诉还是败诉，法律责任案件的代价都是非常昂贵的。据估计，每年有4000起起诉注册会计师玩忽职守的案件。随着投资者越来越多，公司管理人员和股东之间的关系越来越冷淡，政府对会计信息的依赖性越来越强，注册会计师保护公众利益的责任也越来越大。当审计人员同意开展审计时，他们就成为公众所依赖的评估财务报表公允性的专家。在接下来的大部分审计工作中，审计人员要保持高度谨慎，专业地开展工作，发表适当的意见来为公众的利益服务。但是，即使合理地执行了审计工作，会计师事务所还是可能会面临诉讼，并支付相应的诉讼成本以保护自己。另外，即使会计师事务所赢得了诉讼，它的名誉和其他相关方面也将遭受不公平的损害。

有时，审计人员没有保持应有的职业谨慎，并对财务报表的公允性发表了错误的审计意见——通常是没有公允地表述而发表无保留意见。客户或第三方就可能将遭受损失的原因归咎于或至少是部分归咎于这些财务报表的可信赖程度。

审计人员应该也正在对那些依赖他们已审财务报表做出重要决策并遭受损失的客户和第三方承担责任。

起诉审计人员的各方总是宣称审计人员在执行审计业务或提供客户要求的其他专业服务时没有达到"应有谨慎"（Due Care）的标准。《Cooley 论民事侵权》一书关于"应有谨慎"定义如下：

"给他人提供服务的和受雇于他人的每个人在受雇的过程中都有保持合理谨慎和勤勉工作等品质的义务。在所有的以专业能力为先决条件的雇佣关系中，如果一方提供了服务，他就被认为在相同雇佣关系条件下具备其他人通常应具备的能力，并且能独立地服务公众；如果他没有达到相应要求，他就对所有因其公众职业而雇用他的人构成了欺诈。但是无论他具备专业能力还是不具备专业能力，没有人可以保证他承担的任务将成功完成，并且没有任何的缺点和错误。他可以保证忠诚和正直，但是不能保证绝对成功，在纯粹的差错审判中，他对其雇主应负的责任是过失、不忠诚或者不诚实，但不能保证不发生损失。"[①]

---

① D. Haggard, Cooley on Torts, 472 (4th ed. , 1932) .

公认审计准则第三条（应有的职业谨慎）体现了同样的思想。审计人员对应有的谨慎负责，但是这并不意味着审计人员是没有错误的。特定案例中特定的责任取决于是否有违约、过失、重大过失或欺诈的存在。

1. 违约（Breach of Contract）

违约是指合同一方没有履行合同约定的义务。如会计师事务所在商定日期未能提交纳税申报表。又如，审计人员受雇用，其任务是检查是否存在重大的欺诈。如果执行合理的程序能够查出欺诈，而审计人员未能发现欺诈，那么审计人员就构成违约。

2. 普通过失（Ordinary Negligence）

普通过失是指合同一方没有保持合理的谨慎而导致其他方或他人财产受到伤害。例如，如果审计人员因没有搜集到相应证据而未查出侵占资产的阴谋，而这又是一个谨慎的审计人员应该做的，那么审计人员就是有过失的。职业准则要求审计人员按照公认审计准则进行审计。因此，从审计人员角度讲，没有满足公认审计准则的要求就会被视为过失。

3. 重大过失（Gross Negligence）

重大过失是指没有保持一个普通人可以预期的最起码的谨慎（Slight Care），几乎不考虑后果的行为（Tantamount to Reckless Behavior）。

4. 推定欺诈（Constructive Fraud）

审计师尽管不想欺骗或伤害，但存在极端或异常过失，推定欺诈等于完全不顾后果（Recklessness）。如审计师尽管主观上不想欺骗报表用户，但未实施有效的审计就发表审计意见，以致法官和陪审团可以推断其为推定欺诈，尽管可能不存在欺骗动机的直接证据。

5. 欺诈（Fraud）

欺诈是指造成受骗人损失的蓄意隐瞒或对重要事实进行的虚假陈述。即明知客户报表有错，仍然有意隐瞒，导致产生重大错报。

在欺诈的诉讼中，一定要证明故意的存在。而要推定为故意必须证明：从陈述人的角度看陈述的内容是错误的。比如说，如果审计人员对一个他知道没有公允表述的财务报表发表了无保留审计意见，那么审计人员就对投资者构成了欺诈。欺诈的目的是为了欺骗。

习惯法和成文法的发展很好地平衡了保护报表使用者和避免产生认为审计人员应用了不合理谨慎标准两者之间的关系。因此，要证明审计人员在发表审计意见时有欺诈行为比证明审计人员在执业过程中存在过失困难得多。

三、审计师对客户承担的责任

审计人员应该按照与客户签订的合同（通常是审计业务约定书）履行对客户的义务。

审计师向客户承担责任是基于他们之间被称为"共同关系"的直接合同关系，以及基于侵权行为法的有关规定。根据普通法的规定，职业人士违反合同约定时要向客户承担责任（例如，审计师因为没有按照合同的要求依据《公认审计准则》执行审计业务而发表了不适当的意见）。而根据《侵权行为法》的规定，专业人士因为一般过失要对客户承担责任。

在《合同法》下，审计人员可能因违反合同对客户承担责任，也可能因为过失、重大过失和欺诈而被起诉。

在大多数约定书中，客户都要和审计人员就具体的服务签订合同，这些服务通常都要求按照《公认审计准则》进行审计并在一定时间范围内完成审计等。客户对会计师事务所最常发生的诉讼起因是税务服务。

1. 违约

违约发生在没有履行合同约定的义务时。审计人员因违约而被起诉可能有如下原因：

（1）泄露客户机密。

（2）没有及时提供审计报告。

（3）没有发现重大的错误或雇员舞弊。

（4）无理由地撤销审计业务约定书。

（5）没有按照《公认审计准则》开展审计。

违约的预防措施有：

（1）严格执行合约约定的条款。

（2）发布禁止审计人员做某些事情（比如泄露机密信息）的禁令。

（3）准备违约导致的损失赔偿金。

当严格执行和禁令没有得到适当履行的时候，客户就有了收取赔偿金的权利。为了确定赔偿金的数额，法庭总是试图把客户放在合约得到执行时的情形进行考虑。

审计人员对违约诉讼的辩护理由有：

（1）按照合约的要求保持了应有的职业谨慎。

（2）客户是有共同过失的。

（3）客户遭受的损失并不是违约导致的。

2. 过失

想通过起诉审计人员存在过失而获取损失赔偿的客户必须证明：

（1）义务的存在。

（2）义务没有履行。

（3）因果关系。

（4）实质性的损害。

客户必须说明审计人员有必须履行的义务。为了确定这项义务，法庭要以职业准则和原则（包括《公认审计准则》和《公认会计准则》）作为标准。审计人员只有在审计或提供财务信息时缺乏应有的谨慎才要承担责任。审计人员必须是没有保持应有的职业谨慎而使义务没有得到履行。之后客户必须说明过失和损害之间存在因果关系。客户还要证明存在实质性的损害：损失的金额必须建立在合理确定的基础上；客户还得论证审计人员的行为或疏忽是导致损失的原因。

大多数客户提起的法律诉讼是基于一般过失，它也被定义为没有履行应有的职业审慎。对审计师而言，所谓应有的职业审慎主要是指遵循《公认审计准则》。重大过失是指没有尽到最起码的职业审慎。如果财务报表中存在对重大事实的错误陈述，而这个重大错误或欺诈又是由于审计师未尽到应有的职业审慎而导致的，并由此使客户蒙受损失，那么，客户就有理由对审计师提起诉讼。

引起客户提起诉讼的案情多种多样，但某些类型较为突出。比如，许多起诉审计师的案件都涉及了这样一种情形，即审计师没有发现客户雇员正在挪用公款的行为，而且审计工作结束后有更多的钱款被挪用了。客户坚持认为，如果审计师发现了挪用公款的行为，那么审计工作结束以后所发生的损失就可以避免。客户还可能坚持认为，即使是由于内部控制缺陷的原因而使得损失未被发现的话，那么，审计师没有将这些缺陷向管理层报告以引起他们的注意，也是不应该的。

客户经常通过购买尽职保险来防止这些损失的发生。很多情况下，尽职保险的保险人在赔偿这些损失后，代位取得了客户针对审计师的诉讼权利，也就是说，保险人"穿上了客户的鞋子"，并可以主张属于客户的权利。①

客户也会在其他各种不同情形下对审计师提起诉讼。例如，因商业购并而由客户提起的诉讼。如果审计师在企业购并前曾提供过审阅服务，而购并价是基于财务报表中所反映的被收购企业的资产状况来确定的，如果客户在购并之后发现这些资产被高估了，那么就会引起对审计师的诉讼。另外，当客户发现他们基于财务报表认为可以盈利的一些分支机构实际上处于亏损状态时，他们也可能要提起诉讼。客户坚持认为，如果早知道这些分支机构是亏损的，他们就会提早关闭这些分支机构，以避免额外损失的发生。

客户通常是基于过失原则而将审计人员未发现的挪用公款行为，或者高估企业资产或收入的行为向法庭提起诉讼，指控会计师没有遵循专业标准，因为，如果审计师遵循了专业标准，那么损失就不会发生。由于这种诉讼是由客户提起的，所以构成了共同关系。在大多数案件中，挪用公款或私卖资产的人都会被作为这些诉讼的一方当事人。然而，到损失被发现时，挪用公款的人通常因已经花掉了非法取得的财产而成为"判决证据"（Judgment - proof），也就是说，他们因缺乏保证金或财产而无法向法院支付判决其承担的赔偿。

审计师除了要为他们的审计质量进行辩护以外，也可以通过指控客户的管理层和雇员在选用或监督挪用公款者方面，或在购并评估方面存在过失来为自己辩护。这种情形被称为"共同过失"。

另外，审计师可以提出应由客户管理层对财务报表和内部控制问题承担主要责任。在那些还承认"共同过失原则"的州，能够证明共同过失的证据将彻底阻碍客户的索偿要求。

---

① 1945 年，美国注册会计师协会的先驱们与代表担保合约公司的企业贸易集团达成了一个协议。该协议规定审计师要劝说客户通过参加尽职保险来使他们免于遭受挪用公款带来的损失。作为交换，许多尽职责任保险的承保人同意不再因审计师没有发现这些损失而对其提起诉讼，除非承保人能够首先向独立陪审员证明审计师有重大过失。许多法院都执行了这个协议。

然而，如今大多数州采纳的是相对过失原则，客户的过失并不会阻碍索偿请求的实现。

相反，客户的过失将与审计师的过失以及其他所有被告的责任在比例分配的基础上进行比较，而后，所有当事人将根据各自过失程度按比例承担责任。然而，直到最近，大多数采纳"相对过失原则"的州也同时适用某种形式的"连带责任原则"。根据这个原则，请求权人可以从任何有责任的被告那里主张全部或者部分损失赔偿，而不必考虑该被告过失比例的大小。在很多案件中，其他被告都只是"判决证据"，因为他们没有多少财产，也没有参加保险，最后只剩下审计师，通常都因其"深口袋"而对判决中所确定的全部损失赔偿承担责任。然而，越来越多的州已经认识到"连带责任"是不公平的，纷纷采用比例责任原则或者对该原则采取某种形式的变通以替代"连带责任"，这样，被告就不会被要求对请求权人的损失承担超过其应该承担的赔偿责任。

在某种程度上，客户公司的欺诈可能会变得非常严重，以至于妨碍了公司向审计师提出的任何索偿要求。在 Cenco Inc. 诉 Seidman & Seidman 会计师事务所案件①中，客户聘用的经理过分夸大了存货金额，从而构成一个严重的欺诈行为。虚增的资产价值抬高了公司股票的价格，并使其能够很容易地收购其他公司，为损失的资产获取过高的保险赔偿，并且能够以较低的利率贷进资金。客户公司的董事长和总经理都知道这个欺诈行为，但董事会9个成员中的其他7个不知道。最后该公司以未发现欺诈情形为理由起诉会计师存在执业过失。法院认为，"如果欺诈行为经过了公司的最高管理层，而且，管理层虽然没有从公司那里，也就是现有的股东那里窃取财产，但是取而代之将公司变成窃取债权人、未来股东、保险人等公司外部主体财产的工具"。在这种情况下，公司就不能从审计师那里获得赔偿。

即使一个会计师事务所仅提供了审阅或编制报表的服务而并未提供审计业务，该事务所也有可能要对客户公司中因挪用公款而导致的损失承担责任。在 Robert Wooler Co. 诉 Fidelity 银行案②中，该公司指控 Fidelity 银行未遵守商业规范，保持应有职业谨慎，导致未发现该公司簿记员伪造支票将公司账户资金转入个人账户，Fidelity 银行则将为该公司提供咨询服务的 Touche Ross & Co. 事务所列为追加被告。法院审理后认为，会计师事务所尽管没有提供审计服务，但是仍有义务"提醒客户了解其在内部管理制度方面存在的会增加雇员挪用公款机会的缺陷"。在 Tenants' Corp. 起诉 Max Rothenberg & Co. 案③中，会计师事务所虽然向客户提供的是非审计的会计服务，但由于没有向客户通告发票丢失的情况，致使一个雇员挪用公款的行为未被发现，最后，会计师事务所还是对此承担了法律责任。

审计师应竭力避免在承担发现错误、欺诈以及非法行为的责任方面与客户产生分歧。因为这是个敏感的问题，大多数审计师和企业的管理人员要对这些问题进行商议，

---

① 686 F. 2d 449 (7th Cir.), cert. denied, 459 U. S. 880 (1982).

② 479 A. 2d 1027 (Pa. App. 1984).

③ A. D. 2d 804 (App. Div. 1971), affd, 281 N. E. 2d 846 (N. Y. 1972).

并形成一个书面文件（通常被称为"业务约定书"），以阐明双方关于审计工作的职责、目的和责任方面的共同理解。然而，这些文件并不能够免除审计师因未履行应有的职业审慎而应承担的法律责任。

审计师和客户之间的密切关系也会导致潜在的责任。审计师有在审计过程中对所获知的机密信息进行保密的职业责任，除非是为公正地提供企业财务信息并根据《公认会计原则》的要求，审计师才可以披露这些信息。在 Fund of Funds Ltd. 诉 Arthur Andersen & Co. 案①中，审计师除了其他事情外，因没有使用他们从另一个客户那里得到的信息，来确定两个客户的财务报表究竟哪一个更准确地反映了同一笔交易的事实，结果被判决承担法律责任。因此，可能有司法判例认为，审计师因没有披露和利用在其向客户提供服务的工作中所获取的与另一客户审计有关的信息，就应该承担责任。

四、习惯法下审计师对第三人的责任

习惯法是以法院判例为基础的。根据习惯法（我国通常称为普通法），大多数第三人起诉审计师的民事诉讼都主张其受到的损失是基于对财务报表的信赖而导致的。当贷款人或投资人由于向一个公司提供贷款或者进行投资而遭到损失时，就会产生这样的诉讼。第三人在诉讼中会根据事后才知道的信息，提出经审计的财务报表实质上虚假陈述了公司的财务状况。20 世纪 60 年代开始，一些司法判决扩大了审计师应承担注意义务的对象群体，并且提升了审计师向第三人须承担的注意义务的高度，这导致了第三人针对审计师提起的诉讼案件逐渐增加。在审计师是否应对可合理预见的依赖审计意见的第三人承担一般过失责任的问题上，美国各州之间的法律并不相同。但对重大过失和欺诈行为承担责任的对象范围已明确扩展到所有第三人。

（一）合同关系原则

不同于审计师与客户的关系，在审计师和第三人之间不存在直接合同关系。传统上，第三人根据普通法对审计师提起的诉讼是基于侵权行为法的有关规定，审计师只在因欺诈而非因未履行应有的审慎而导致的一般过失的情况下，才被认定为非法行为。

在美国，第一个试用有关审计师合同关系原则的案件是 1931 年的 Ultramares Corp. 诉 Touche 会计师事务所案件②。一个不为被告所知的原告，依赖被告所提供的经审计的财务报表向一家公司提供了贷款，后来，这家公司破产了。原告主张，被告因其未发现应收账款和应付账款中的虚假数字，并进行欺诈性陈述的行为而构成了犯罪。法院坚持采用"合同关系原则"，限制将审计师的一般过失责任适用于不可预见的第三人，这是基于至少部分是基于 Cardozo, C. J. 法官的推理，即审计师的过失责任不应该扩展到第三人，因为这样做将会对人们加入这个行业产生潜移默化的负面影响，而这显然对社会是有害的。Cardozo，C. J. 法官对将审计师的责任扩展到第三人的后果做了如下描述：

---

① 545 F. Supp. 1314（S. D. N. Y. 1982）.

② 255 N. Y. 170（1931）.

"如果这种过失责任是存在的，那么，一个无意间的疏忽或错误，比如在有欺骗性的账目掩盖下没有发现偷窃行为或伪造行为，就可能会导致会计师对不确定的群体在不确定的时间承担不确定金额的责任。在这种条件下产生的商业风险是如此的巨大，必然会引起人们对产生这些后果的责任适用是否有缺陷产生疑问。"

法院认为审计人员可因欺诈和重大过失对第三方承担责任，但是不因普通过失对第三方承担责任，除非原告和审计人员签订了这样的合约（客户或第三方受益人）。第三方受益人是在约定书内被明确指定为审计结果的使用者。比如，银行要求将审计作为贷款申请程序的一部分，并且在约定书里提及了该银行的名称，那么审计人员就可能因普通过失而对银行承担责任。但是，如果在约定书中没有提及银行，那么这些责任就不存在。

Cardozo 法官写了这一无争议的判决书，其中他如此表述外部审计人员对第三方的责任：

"如果过失责任存在，那么一个欠考虑的差错或失误，比如说没有检查出盗窃或通过虚假记账伪造等，都可能使会计人员在某一不确定的时间承担一项不知数额、不知道哪种类型的责任……我们的裁定并没有将会计人员从欺诈的后果中解脱出来。如果他们的审计疏忽到没有一点充分性的观念，这同样不能解救他们，因为这也是欺诈。但这只是为了说明如果有证据表明错误没有达到上述地步，如果审计意见既不存在草率的错报也没有虚假的陈述，仅仅是诚实的失误，那么因过失承担的责任仅限于合同所确定的责任，仅在签订合同的各方之间强制执行。"

这个判例主导了美国司法思想很多年，直到现在它仍然被许多司法判决所采用。例如，1992 年卷入 Osborne 电脑公司破产的比利公司起诉安永一案中，加利福尼亚最高法院沿用了 Ultramares 判例。它总结说，外部审计人员对其他第三方的责任"导致了审计人员对数十亿美元职业责任的恐惧，因为它明显和审计人员的错误（相对于管理层来说它肯定是第二位的，而且它可能是由职业复杂性引起的）及审计人员行为导致的第三方损失（明显被投资和信贷决策组合的不相关因素削弱）不匹配"。[①]

（二）直接受益原则

直至 20 世纪 60 年代中期以前，大多数第三人原告根据"直接受益原则"对审计师提起的诉讼都没有成功。即使案件中的审计师知道特定的人可能要依赖他们出具的意见，原告的起诉也没有成功。例如，在 State St. Trust Co. 诉 Ernst 案[②]中，即使审计师知道特定的贷款人要依赖这些经过审计的财务报表，也没有判决审计师对贷款人承担过失责任。

直到 1963 年，也就是 Ultramares 案件之后的第 32 年，合同关系原则在职业责任案件中才开始得到削弱。这种削弱始于一系列开始采用直接受益原则的案件。Hedley Byrne 起诉 Heller & Partners Ltd. 银行的案件是由英国最高法院，即英国上议院在 1963

---

① 比利公司起诉安永会计师事务所一案.834P. 2d 745（加利福尼亚，1992）.

② State Street Trust Co. v. Ernst（1938）278 N. Y. 104.

年判决的①。本案件没有涉及审计师，但是涉及第三人由于依赖银行因过失出具的贷款信用报告而遭受损失。按照法官们的意见，在判决中提出了"哪里有相当于合同的法律关系存在，哪里就应该有审慎义务"的原则。但是，法院做出的这个判决只是有限制地适用"直接受益原则"，仅把审慎义务扩展到受限定的第三人范围，就像在 Ultramares 案中所确定的那样。

（三）审计师对已预见的第三人承担的责任

1965 年，美国法学会（American Law Institute）颁布了《侵权法重述》（第二版）（以下简称《重述》）——一个侵权行为法理论概要。美国法学会部分依据 Hedley Byrne 判例的主张认为，关于专业人士因过失向第三人提供虚假陈述的法律规定范围比以前更宽了。

《侵权法重述》规定，当会计师在获取或交流信息方面没有履行合理审慎的时候，应当对有理由依赖错误信息的第三人承担法律责任，如果：①遭受损失的第三人是为了（从审计师的报告中）受益和获取指导的某个人或者是某个团体中的成员……（审计师）知道谁将是报告信息要被递送的接受人；②损失是由于在某项交易中"依赖了信息"而产生的，而这项交易是会计师知道报告接受人会利用该信息来做决策的交易或者在实质上类似的一种交易。

因此，《侵权法重述》将责任范围扩展到一个限定性群体的成员。会计师知道这个群体将接受与某项交易活动有关的信息，而这项交易活动也是会计师所了解的或在实质上类似的交易活动。这个群体可以被描述为"已预见的"接受人群体，与"可预见的"群体正相反，"可预见的"群体被解释为审计师所不能确定的但可以预见将要依赖信息的没有限定的群体。

1965 年的《侵权法重述》（第二版）把审计人员因过失而承担的责任扩展到"确定的使用者"和"已预见的使用者"。"确定的使用者"是审计人员知道会因某一特定目的使用已审财务报表的明确的第三方，虽然他可能并没有在约定书中提及。"已预见的使用者"指的是审计人员不确切知道、但已经知道或可以预期将使用报表的集体第三方或个体第三方。客户必须通知审计人员有个体第三方或集体第三方因特定的交易打算使用财务报表。审计人员不必确切知道第三方是谁。比如，客户告诉审计人员他们要把已审财务报表纳入向某个金融机构贷款的申请表。即使审计人员审计时并不知道确切的第三方，审计人员仍要对最终做出信贷决策的银行承担责任。在 Rusch Factors 公司起诉 Levin 会计师事务所一案中，Rhode Island 地区法院就使用了已预见的使用者标准。②

《侵权法重述》关于确定审计师承担对"已预见的"第三人和"可预见的"第三人的明显不同的职业责任所做的解释，对于理解 1965 年以后依据普通法所做的司法判决而言是至关重要的。在一些典型的案件中，法院接受了《重述》中关于"已预见群

---

① Hedley Byrne & Co. Ltd. V. Heller & Partners, Ltd. , 1964 A. C. 465 [1963] 2 All E. R. 575（H. L. 1963）.

② 在拉什代理（Rusch Factors）公司起诉莱文（Levin）会计师事务所一案 . 284 F. Supp. 85（D. C. R. I. 1968）.

体"的概念。在 Rusch Factors, Inc. 诉 Levin 案①中，法院裁定，审计师应该对第三人原告——审计客户的一个贷款人承担过失责任。在这个案件中，审计是应原告——审计客户的贷款人的明确要求才执行的。在另一个案件，即 Rhode Island Hospital Trust National Bank 诉 Swartz, Bresenoff, Yavner & Jacobs 案②中，法院判决审计师对一个已预见的第三人承担过失责任，因为审计师知道原告——银行需要经审计的客户财务报表，即使他们并不知道原告的具体身份。

（四）审计师对可预见的第三人承担的责任

直到 1983 年，审计师根据普通法承担的过失责任才充分扩展到可预见的第三人。那一年，New Jersey 州最高法院在审理 Rosenblum 公司诉 Adler 会计师事务所案③的过程中，在对一个部分适用简易审理程序的申请进行裁决时，提出审计师对可预见而又无法确定的为了正当商业目的而依赖财务报表的第三人承担责任。在财务报表被认定是虚假陈述后，原告提出，他们依赖经被告审计过的财务报表进行了一项后来被证明是没有价值的投资。原告不是可以确定的作为财务报表预期提交对象的使用者群体中的成员。在宣布这些观点时，法院引用了 Rusch Factors 案件中法院的意见，该意见对 Ultramares 案的判决提出了如下质疑：

"为什么一个无辜的信赖者要被迫承受由审计师的执业不当行为所导致的沉重负担？损失风险是不是能够通过将其施加给会计师行业而更容易地消化掉和更公平地分散开？因为会计师行业可以将此种风险的保险费用转嫁给它的客户，反过来，客户又可以将这项费用转移给最后的消费公众。最后一点，难道可预见性原则不会促进会计师行业谨慎性的技术水平的提高吗？"④

案件审理中法院还补充了自己的看法："当独立审计师对公司出具意见而同时又未限定该意见的使用范围，因而该公司可以对外发布这些经审计的财务报表时，他将对所有那些他应当合理预见到的、为了正当商业目的而接受财务报表并依赖财务报表的人承担责任。"

《侵权法重述》中规定的原则和 Rosenblum 案中认可的"放宽限制原则"之间的重要区别在于，审计师在执行审计时是否知道财务报表将要提供给谁以及为了什么目的而提供。依据《侵权法重述》所规定的原则，审计师必须了解到一个一定范围的第三人群体，以及第三人准备依赖财务报表来决定的一项特定的或实质上类似的交易活动。例如，如果某个投资人正在考虑收购一家公司，审计师就必须认识到投资人将要依赖与拟收购事项有关的财务报表来做出决策。

按照"放宽限制原则"，如果此类事件是可以预见的话，审计师要对与未预见到的投资人的交易活动有关的过失承担责任。

在 New Jersey 州最高法院对 Rosenblum 案做出判决后不久，Wisconsin 州最高法院

---

① 284 F. Supp. 85（D. C. R. I. 1968）.
② 482 F. 2nd 1000（4th Cir. 1973）.
③ H. Rosenblum, Inc. V. Adler, 93 N. J. 324（1983）.
④ Rusch Factors, Inc. V. Levin, 284 F. Supp. 85（D. C. R. I. 1968）.

在 Citizens State 银行诉 Timm, Schmidt & Co. 会计师事务所一案①中，做出了同样的判决。在 Timm 案件中，法院提出："Wisconsin 州关于过失责任法律的基本原则是，侵权人应该对所有可预见的行为后果承担完全责任。"法院否定了任何关于对审计师责任作更多的限制可能会更合理的理由。

然而，在 1985 年，纽约最高法院在 Credit Alliance Corp. 诉 Arthur Andersen & Co. 事务所的案件②中严格地坚持 Ultramares 案所确立的原则。在 Credit Alliance 案中，法院提出，在裁定审计师对因依赖不实的财务报告而遭受损失的第三人承担过失责任之前，必须满足三个先决条件：①审计师必须事先知道财务报表将要为了一个或几个特定的目的而被使用；②审计师知道某个第三人或某几个第三人将要依赖财务报表；③对审计师来讲，还必须具备一些将他们与那个第三人或者那几个第三人联系起来的情形，这种情形表明会计师对第三人的依赖行为是知道的。

自从 Credit Alliance 案判决以来，美国其他州法院各自坚持不同的意见。1986 年，在 International Mortgage 公司诉 John P. Butler 会计公司案件③中，一个中级上诉法院拒绝适用纽约州的有关原则，而是接受了 New Jersey 州和 Wisconsin 州法院的观点，认为会计师没有发现房地产公司的财务报表中未反映事先已存在的一项抵押，因此应向贷款人承担责任，即使贷款人与房地产公司的第一次接触是在报告出具以后发生的。

在 1988 年，纽约州的最高法院重申了在 Credit Alliance 案中提出的原则，并将它适用于一个对财务报表进行审阅的案件中④。一年后，在 Law Offices of Lawrence J. Stocker, P. C. 诉 Rose 案件⑤中，Michigan 州上诉法院采纳了《侵权法重述》中的原则，认为会计师应该对依据财务报表而收购另一家公司的收购人承担过失责任。在这个案件中，会计师在报告签发的时候知道，收购人将依据财务报表而去收购公司。法院否定了 California 州、New Jersey 州和 Wisconsin 州法院坚持的可预见的原则，其理由如下：

"坚持在第三人针对会计师的诉讼中采取这种较多限制的原则是因为，应该承认财务报表本身是对客户有关情况的说明（审计师的责任是产生于其所提供的关于客户的会计记录是否准确的意见），以及会计师无法控制财务报表的披露范围或者他所评估的报表中的某些内容。"

1989 年，Idaho 州和 Nebraska 州的最高法院和 Florida 州的中级上诉法院采纳了 Ultramares 案所确立的原则。⑥

1992 年，International Mortgage 案被加利福亚州最高法院驳回，该法院在 Bily 诉 Arthur Young 案⑦中主张，在职业过失责任案件中，会计师事务所仅对他的客户承担责

---

① 113 Wis. 2d 376 (1983).

② 65 N. Y. 2d 536 (1985).

③ 117 Cal. App. 3d 806 (1986).

④ William Iselin & Co. V. Mann Judd Landau, 71 N. Y. 2d 420 (1988).

⑤ 174 Mich. App. 14 (1989).

⑥ Idaho Bank & Trust Co. V. First Bancorp, 115 Idaho 1082 (1989); Citizens National Bank V. Kennedy & Coe, 232 Neb. 447 (1989); First Florida Bank V. Max Michiell & Co., 541 So. 2d 155 Fla. App. (1989).

⑦ 834 P. 2d 745 (Cal. 1992).

任，而不对诸如投资人、贷款人等第三人承担责任，除非第三人能够证明会计公司具有欺诈行为或者过失性错误陈述。法院创立一 新判例的基本原理是防止与过错程度不相称的责任。依据这个体现了会计行业重大胜利的判决，加利福尼亚州放弃了仅有少数几个州采纳的可预见性原则，该原则导致会计师在职业过失诉讼中可能要对无限范围的潜在原告承担责任。

1987 年，伊利诺伊州的立法机关颁布了一项将 Ultramares 案中确立的原则成文化的法律①。后来阿肯色州、堪萨斯州和犹他州也颁布了相似的法律②。这些法律规定，审计师不对客户以外的其他任何人承担过失责任，除非能够证明审计师知道而且同意第三人依赖审计师出具的报告。另外，伊利诺伊州和阿肯色州的法律规定了一项制度。根据该项制度，审计师可以通过向第三人或者他的客户书面确认他们知道将要依赖报告的第三人来限制他们的责任。这个书面确认函被称为"相互关系证书"（Privity Letter）。

最后，在 1995 年，新泽西州通过了一项法律，否决了早先在 Rosenblum 案中提出的原则③。该项法律规定，会计师为能与第三人形成这种相互关系必须进行特别确认。在第三人为银行的情况下，这种确认必须是书面形式的。威斯康星州和密歇根州也提出了不同形式的确认要求。因此，密西西比州成了唯一坚持可预见性相互关系原则的州。

关于相互关系判例法原则的立法变化在很大程度上要归功于州注册会计师协会的努力，是他们向立法机关提出了这些问题。这些立法机关，与考虑这些问题的法院相比，更习惯于处理广泛的公共政策问题。法院受到呈现在它们面前仅有的一系列范围非常狭窄的案件事实的限制，然而立法机关则可以在广泛的范围充分考虑专家的意见和建议。

一些第三人，比如 Credit Alliance，试图通过书面形式通知审计师他们在审计报告签发后正在依赖这些报告的方式，以满足普通法或者以上成文法律对构成相互关系所规定的条件。通常，审计师会根据建议采取这样一种方法来答复这种信函，即书面告知第三人自己在签发报告时并不知道他们将要依赖该报告。

（五）审计师在欺诈或推定欺诈下对第三人承担的责任

除了基于过失的诉讼外，第三人可能还基于从重大过失的证据中推断出的欺诈或推定欺诈对审计师提出诉讼。推定欺诈与实际的欺诈不同，前者是指审计师缺乏合理依据来相信陈述是真实的，而后者是指审计师事实上知道陈述是错误的。基于欺诈（不论是实际的还是推定的）的起诉要求原告举证审计师明知陈述是虚假的（或等同于虚假）。这种明知一般被称为"故意"，而能够证明它的要件则被称为构成"故意"的要件。实质上，它是一个能够证明有意伤害的要件。在美国一些司法管辖区，能够证明以下三个要素之一的就构成故意：①事实上知道陈述是虚假的；②不能确知陈述是真

---

① Ill. Rev. Stat. ch. 111 II 5535. 1 (1987) .

② Ark. Stat. Ann. § 16 – 114 – 302（Supp. 1987）；Kan. Stat. Ann. § 1 – 402（Supp. 1988）；Utah Code Ann. § 58 – 26 – 12（Supp. 1990）.

③ NJ Stat. Ann. Section 2A：53A – 25.

实的；③粗心大意不顾陈述是真实的还是虚假的。

根据普通法，过失和欺诈的区别主要在于是否满足构成故意的要件。如果一个陪审团认定被告审计师在不确知事实真相的情况下对财务报表发表了不适当意见，而且如果这种事实可以在其他方面①支持对欺诈的指控，那么，欺骗（欺诈）侵权责任可能扩展到所有受损失的第三人。

目前在美国审计师责任承担情况由具体的州以及法院和法庭选择使用判例决定。"确定的使用者标准"在 15 个州使用，"已预见的使用者标准"有 24 个州使用，"可预见的使用者标准"仅有 3 个州使用②。剩下的其他州则没有设定判例。但无论怎样，审计师对责任的最好防范措施就是在任何一项审计过程中都要保持应有的谨慎③。

五、成文法下审计师对第三方的责任

在美国，成文法（Statutory Law）是指由美国国会和其他政府部门通过的法律，其中《1933 年证券法》和《1934 年证券交易法》是影响审计人员责任的最主要的两部联邦法律④。这两部法律的颁布是用来保证上市公司向投资者全面而充分地披露相关信息。这些法令随着时间而不断修改，最近也是最大的修改来自 2002 年《萨班斯—奥克斯利法案》⑤。它要求将已审会计报表纳入向当前和预期投资者提供的信息当中。审计人员若被发现不具备资质、缺乏职业道德或者蓄意违背联邦证券法律，将受到证券交易委员会的惩罚。《萨班斯—奥克斯利法案》规定证券交易委员会的处罚权有：①暂时或永久撤销审计师在上市公司会计监管委员会的登记记录，这意味着证券交易委员会将不接受它的审计报告；②对每一次违规给予最高不超过 75 万美元的民事罚款；③要求对公司职员进行专门的后续教育。

上市公司投资者可能根据习惯法、成文法或这两者起诉审计人员。

当 1966 年关于集团诉讼程序规定中的限制性内容得到放宽以后，根据联邦证券法律对审计师进行集团诉讼的做法开始变得普遍起来⑥。集团诉讼是一个或相对较少数量的原告代表数量众多的声称自己受损失的第三人进行的诉讼。一个集团诉讼的前提条件之一是，潜在的原告人数非常多，以至于他们每个人单独提起诉讼是不切实际的。在集团诉讼中潜在责任的赔偿数额可能高达数亿美元，这会使集团诉讼技术成为一个令人生畏的武器。

---

① 这里"其他方面"包括被原告依赖并导致其损害发生的虚假陈述的证据。

② Garrison & Hansen, "Using the Engagement Letter to Limit Auditors' Professional Liability Exposure", The Ohio CPA Journal July – September 1999, pp. 59 – 62.

③⑤ Larry E. Rittenberg, Bradley J. Schwieger, Auditing: Concepts for a Changing Environment, 5/e, Thomson/South – Western, 2005.

④ Randal J. Elder, Mark S. Beasley and Alvin A. Arens , Auditing and assurance services: An integrated approach (Tenth Edition), published by Pearson education Asia LTD and tsinghua university press, 2006.

⑥ Vincent O' Reilly, Barry N. Winograd, James S. Gerson, Henry R. Jaenicke, Montgomery's Auditing, 12th Ed, New York: John Wiley & Sons, Inc. 1999.

（一）《1933 年证券法》关于审计师法律责任的规定

《1933 年证券法》涉及审计责任的最重要一条是第 11 条，它规定了对申请上市登记表中含有错误表述的处罚。根据第 11 条的规定，申请上市登记表应说明生效日期，这个日期就是公司首次发售新证券的日期。由于生效日期可能比正常的审计外勤工作的日期晚几个月，所以审计人员必须对外勤工作完成日到生效日期之间发生的事情追加特定的审计程序。

按照《1933 年证券法》规定，审计人员可能因过失、欺诈和重大过失对证券的购买者承担责任。购买者只需要证明他们遭受了损失，并且财务报表有严重的误导作用或没有公允地表述。他们不需要证明他们对只是阅读过或看过的财务报表的依赖，也不需要证明审计人员有过失。举证责任转移给了审计人员，他们必须证明：①保持了应有的职业谨慎；②这些报表没有重大的误导作用；③购买者并没有因起误导作用的财务报表而遭受损失。

《1933 年证券法》对公开出售证券做了规定，其中包括一些有意识地保护证券购买者利益的条款。第 11 节（a）款的部分内容如下：

"当注册报告书中任何部分……含有对重大事实的不真实陈述或漏报了按规定应报的或漏报了为使该报告书不致被误解所必需的重大事实时，任何获取这种证券的人……都可以起诉……与在这个注册报告书中的陈述有关的……对注册报告书中的任何部分进行增信的……经其本人同意在报告上签署名字……并且该报告声称经他增信的……每一名审计师。"

因此，《1933 年证券法》第 11 节规定，对财务报表中和注册报告书里根据审计师报告所做出的任何其他部分内容的不实陈述或者漏报的重大事实，审计师都应该承担民事责任。根据《1933 年证券法》关于民事责任的规定，损失赔偿额的计算是基于原告获取证券时所支付的金额与提起诉讼时的市场价格或者是证券出售时的出售价格之间的差额。

《1933 年证券法》第 11 节将构成审计师对第三人承担责任的要件，扩展至超出了普通法规定的范围，主要表现在以下几个重要方面：

（1）与原告的相互关系不是一个必备的要件——在公开证券买卖中购买证券的不知姓名的第三人，可以对审计师提起诉讼。

（2）对第三人承担责任不要求被证明是欺诈或重大过失，一般过失即构成该责任的依据。

（3）关于过失的举证责任从原告转移到了被告。原告仅需证明存在对事实的重大错报。

（4）审计师被认为应该尽到一种被称为"勤勉尽责"的审慎标准——合理调查，以确信财务既不是虚假的，也不具有误导性内容。

（5）原告不必证明其依赖了财务报表，或者依赖了审计师针对该财务报表所出具的意见，但是，如果有证据表明原告（在购买证券时）已经获知报告是不真实的或者有漏报的，则被告——审计师将获胜。

第一次关于第 11 节的司法解释，而且至今仍是最重要的司法解释，是出现在 1968

年的 Escott 诉 Bar Chris Construction Corp 案①中。Bar Chris 案件是一个针对已经发行债券，并紧接着宣告破产的保龄球馆建筑公司及其审计师所提起的集团诉讼。这起诉讼是由债券的购买者提起的，该购买者因公司注册报告中的招股说明书存在虚假陈述和重大遗漏而遭受损失。法院裁定审计师负有责任，理由是审计师在对注册报告书生效日期后的事项进行复核〔根据《1933 年证券法》要求而进行的，被称为"保持现状"（Keep Current）的复核〕的过程中未能尽到"勤勉尽责"的最低标准，因为执行复核的审计师没对公司管理人员对他询问所做的答复进行跟踪调查。

要针对根据第 11 节规定向审计师提起的诉讼提出抗辩，就需要能够证明审计师已做出了合理的调查〔根据第 11 节（c）款的定义〕，因而有正当理由相信而且实际上也确实相信财务报表是真实的和没有误导性内容的。在 Bar Chris 案中，法院提出"不应该要求会计师必须达到比会计师行业所认可的标准更高的勤勉标准"，但是法院也认为，没有多少实际审计经验的审计人员个人在复核过程中甚至连那个会计师行业所认可的标准也没有达到，因此应该承担法律责任。本案的直接结果是，在随后的一段时期里，关于审计程序方面的行业标准变得更加严格了，审计事务所开始更加重视其雇员对客户商业活动的了解。

《1933 年证券法》中一个有争议的问题是，依赖和因果关系问题。审计师要对可能没有依赖财务报表或者审计师的意见，甚至连财务报表或者审计师的意见是否存在都可能不知道的证券购买者承担责任。但是，如果审计师能够证明是财务报表以外的其他因素导致原告遭受损失的，那么，与那些其他因素有关联的损失额将不会得到赔偿。因此，第 11 节规定了一个在因果关系上的抗辩理由。但是它明显地将举证责任施加给了被告——审计师，这就要求被告证明是由有误导内容的报告以外的因素导致损失（部分的或者全部的）发生的。实际上法院已经很少在根据第 11 节的规定对审计师提起诉讼的案件中考虑关于因果关系的抗辩，因为此类案件中的损害赔偿额通常在庭外和解中就被确定下来，比如在 Bar Chris 案中所发生的那样。

在 1988 年以前，会计师经常被指控违反了《1933 年证券法》第 12 节（2）款。根据该条法律规定，任何"通过招股说明书或口头通知等方式"，"发行或者出售"证券的人，凡是在其招股说明书或口头通知中含有对重大事实的虚假陈述，或者漏报了为使报告不致被误解所必需的重大事实（应根据出具报告时的具体情况来对其进行判断）的，都应该承担责任。一些法院认为，任何人，包括会计师，如果在证券销售方面提供了实质性帮助，就可能被指控违反了这一节的规定。在 1988 年，美国最高法院在 Pinter 诉 Dahl 案②中裁定，根据第 12 节的规定承担责任的人，必须是在一项证券销售活动中扮演了实质性的角色或者是重要的参与者。在 Pinter 案中，法院认为，根据第 12 节有关规定所产生的责任仅仅扩展到实际已经购买证券的人。

（二）《1934 年证券交易法》关于审计师法律责任的规定

根据《1934 年证券交易法》对审计师提起的民事责任诉讼，比根据《1933 年证券

---

① 283 F. Supp. 643（S. D. N. Y. 1968）.

② 108 S. Ct. 2063（1988）.

法》提起的要多。《1934 年证券交易法》要求所有证券上市公司，提交经过审计的年度财务报表和季度财务报表以及其他财务信息，同时该法也对证券交易活动进行了规范，因此，其适用范围非常广泛。

按照《1934 年证券交易法》规定，审计人员要对买卖证券中的欺诈承担责任。它的责任条款类似于习惯法。这部法律明确说明了"对一个重要事项的不真实表述"或"遗漏有助于理解财务报表事项的必要表述"是非法的。

在 1974 年的 Herzfeld 公司起诉 Laventhol，Krekstein，Horwath&Horwath 会计师事务所一案中，根据《1934 年证券交易法》，尽管审计人员发表了保留意见，但他还是应对没有完全披露事实和情况负责任。

法官友好地表示审计人员不应仅满足于使财务报表符合公认会计准则的最低要求，还应告知公众仅遵守公认会计准则是否能够描述被审计公司的经济后果。具体地说，此案件的判决如此表述：

"证券法律相关规定认为只有当财务报表全面和公允地反映了公司真实财务状况的时候，才能保障投资者可以获得做出正确投资决策所需要的所有信息。在遵守公认会计准则就达到了全面和公允披露的情况下，会计人员不需要进一步深入。但是如果仅遵守公认会计准则不足以满足投资者、会计人员和内部管理者的信息要求，那么审计人员就必须尽力揭露对投资者准确理解财务报表所需要的全部事项。"[①]

然而，《1934 年证券交易法》规定的审计师责任范围却没有《1933 年证券法》规定的那么广泛，主要表现在以下几个方面：

（1）正如在 1976 年审理的 Hochfelder 案件中所确立的原则。根据第 10 节（b）款及其条例 10b-5 的规定，一般过失不能构成对第三人承担责任的要件。因而，根据《1934 年证券交易法》，审计师对未预见到的第三人承担责任的条件与 Ultramares 案和 Credit Alliance 案中所确立的普通法上的有关原则实际上基本相同。

（2）依赖财务报表和因果关系（损失是由于依赖报表而产生的，被称为"近因原则"）的举证责任由原告承担，与普通法规定相同。另外，《1934 年证券交易法》对证券的买方和卖方都是适用的，《1933 年证券法》的第 11 节仅适用于买方。

根据《1934 年证券交易法》的民事责任规定，损害赔偿额是指原告的实际损失，由证券买卖合同所规定的价格与在交易当天的实际价值之间的差额来确定。实际价值一般被认为是不真实陈述或漏报被发现并被确认当天的市场价格。

大多数针对审计师提起的民事诉讼依据的是第 10 节（b）款及其条例 10b-5。这些条款适用于任何证券的任何买卖活动，因而，原告可以在与登记公开发行（也是《1933 年证券法》的适用范围）以及大多数其他证券交易有关的活动中使用这些条款。条例 10b-5 的部分内容如下：

"任何个人具有以下情形之一者，都是非合法的……①以任何诡计、阴谋或骗术进行欺骗；②对重大事实的任何不实陈述，或者对那些为使报告不致在其出具时被误解

---

① Herzfeld 公司起诉 Laventhol，Krekstein，Horwath&Horwath 会计师事务所一案（1973～1974），来自 CCH FED. Sec. 法律报告 JHJ94574，在 S. D. N. Y. 1974 年 5 月 29 日。

所必要的重大事实的漏报；③从事任何与证券买卖有关的欺诈、欺骗或者意图欺诈、欺骗任何人的行为、活动或者交易。”

第 10 节（b）款及条例 10b－5 没有将诚实信用规定为抗辩理由，而且被告必须逐一反驳原告提出的具体指控。另外，在根据条例 10b－5 提起的诉讼中，审计师有欺诈行为的举证责任由原告承担，而根据《1933 年证券法》第 11 节的规定，审计师不应受惩罚的举证责任由被告——审计师来承担。

证券交易委员会在 1942 年颁布了条例 10b－5，作为其对有关证券买卖欺诈行为进行惩罚的根据。后来出现的一系列司法解释使这个规定对能够证明因依赖含有不实陈述和遗漏的财务报表而遭受损失的个人更加实用。遗憾的是，条例 10b－5 根本没能准确定义责任的标准，也没有规定“勤勉尽责”可以作为一个抗辩理由。从这个规定颁布至 1976 年 Hochfelder 案判决下达期间，不同法院以各自不同的方式来解释这个规定。因此，在有些司法管辖地区，审计师由于在发表意见时具有一般过失（没有尽到勤勉尽责）而被判决对第三人承担责任。而在另外一些司法管辖地区，法院则坚持知晓非法行为和有意地进行欺诈（故意）是必需的要件。最后，美国最高法院 1976 年在 Hochfelder 公司起诉 Ernst & Ernst 会计师事务所一案[①]中做出的判决，可以说解决了大部分的争议。

在 Hochfelder 案件中，原告指控审计师违反了条例 10b－5，原因是其未能恰当地执行审计，从而支持并教唆了一个证券公司总裁的欺诈行为。该案原告指控的只是审计师的过失行为，并没有提出审计师具有欺诈或者故意误导的行为。最高法院判决，根据第 10 节（b）款和条例 10b－5 的规定而提起的私人诉讼必须要对故意行为提出指控。法院的部分观点如下：

“当一项法律对操纵、欺骗和使用诡计、手段等术语（通常被理解为故意违法的术语）表述得如此具体，而且制定该法律的历史背景也没有显示出对以上术语意图进行扩展的情况下，我们非常不愿意将法律规定的范围扩展到过失行为。”

值得注意的是，这个判决并没有为根据联邦证券法而承担的责任确定一个通行标准。它具体地适用了第 10 节（b）款和条例 10b－5 的规定。根据联邦证券法，过失标准继续适用于国会明确强调应该适用的情况，或者法院已经确定根据有关责任的隐晦法律条款，在没有故意的情况下追究其法律责任，是与法律的总体结构以及逻辑体系相容的那些情况。例如，过失标准仍然适用于根据《1933 年证券法》第 11 节追究责任的情况。

在 Hochfelder 案件中，美国最高法院指出：“在某些法律领域，为了对某种行为追究法律责任，粗心大意（Recklessness）可以被视为是故意行为的一种形式。”因此，尽管美国最高法院在那个案件中不愿意提出粗心大意行为这个问题，但大多数法院自此认为，粗心大意对于适用故意原则来追究责任的要求是足够的。

在根据第 10 节（b）款提起的诉讼中，证券的买方或者卖方必须能够证明其对不实陈述进行了依赖。在原告不知道不实陈述的情况下，比如他根本就没有看过财务报

---

① 425 U. S. 185 (1976).

表，那么，这种抗辩在诉讼中就很重要。对于依赖要件的一个例外是，最高法院在 1988 年审理的 Basic, Inc. 诉 Levinson 案[①]中所采纳的"市场欺诈"责任理论。这个理论主张，对证券的市场价格产生了普遍影响的不实陈述或者漏报将导致法律责任，即使原告没有实际依赖的情形。这种主张是基于这样一种理论——买方或卖方依赖的是市场价格的整体性，这种整体性应该反映所有能够影响市场的有关信息。然而，至少到目前来说，这个理论只限于适用在美国国内公开上市交易的证券，如在纽约证券交易所或美国证券交易所交易的证券。

1994 年以前，审计师还有可能因为帮助和教唆违反第 10 节（b）的行为而被判决承担责任。例如，在 Robert 诉 Peat, Marwick, Mitchell & Co. 案[②]中，美国上诉法院第九巡回审判区裁定，一个会计师事务所因为帮助和教唆违反第 10 节（b）的行为而承担法律责任。在这个案件中，发行文件表明，会计师事务所同意为合伙企业提供会计服务，原告指控会计师事务所知道文件是虚假的，并且以同意在发行材料中注明其名字的办法，而帮助实施了欺诈行为。根据法院的观点，"投资者决定投资是因为依赖了毕马威（Peat Marwick）的信誉，如果毕马威披露了被指控的欺诈行为，他们就不会投资"。1994 年，最高法院裁定，对帮助和教唆违反条例 10b - 5 的行为进行指控没有诉因。[③]

（三）《1995 年私人证券诉讼改革法案》关于审计师法律责任的规定

《1995 年私人证券诉讼改革法案》（以下简称《改革法案》）包含了一些对于审计师法律责任有着重要意义的规定。为了否定在证券欺诈诉讼中被告提出的驳回指控的申请，原告必须提出能够从中推断出被告具有欺诈故意的事实，而仅有一些诸如财务报表重要内容被不实陈述，以及审计师知道不实陈述的主张是不够的。另外，如果被告提交驳回诉讼的申请，那么，直到法院对这个申请做出裁定以后，原告才可以要求法院告知被告或证人所了解的事实。因此，原告将不能为提出使驳回起诉无效的事实而获取审计师的工作底稿。

《改革法案》还采用"比例责任原则"替代了前面所述的"连带责任原则"。根据比例责任原则，除非被告是属于故意违反证券法律，否则被告仅需赔偿他们在比例责任中应分担的份额。而根据以前的法律，被告则可能被要求赔偿全部损失金额，即使他们被裁定仅对损失中的一小部分负有责任。

（四）其他法律关于审计师法律责任的规定

自 20 世纪 80 年代早期开始，大量针对会计师提起的指控是依据 1970 年发布的《有组织犯罪控制法》（the Organized Crime Control Act）中关于"有影响的诈骗者和贪污组织"（Racketeer Influenced and Corrupt Organizations, RICO）的规定。一般而言，根据该规定，任何由于企业"采用诈骗方式"进行经营而遭受损失的个人，都可以获取一项包括三倍于实际损失的赔偿再加上律师代理费的补偿。这项法律将一种诈骗方

---

① 485 U. S. 224 (1988).

② 857 F. 2d 646 (9th Cir. 1988).

③ Central Denver Bank V. First Interstate Bank of Denver, 511 U. S. 164 (1994).

式解释为对一系列有关法律构成的双重触犯，包括邮件欺诈、电信欺诈和证券欺诈。

1989 年，美国最高法院认为，这样一种"模式"的诈骗活动可以被作为某项欺诈阴谋的一部分而受到一连串的起诉，因此，促使这项法律被广泛地适用。①

尽管这项对因普通法上的欺诈行为而遭受损失的任何人，规定了补偿办法的法律的立法目的是打击有组织犯罪，但是，法院通常情况下只是按照该项法律的字面意思来适用。而且，最高法院提出，没有关于国会要求该项法律仅限适用于有组织犯罪活动的记录。第一个适用关于 RICO 的规定来审理指控审计师的案件发生在 1988 年，该案中法院做出了一个不利于审计师的判决②。然而，1993 年最高法院③限定了外部专业人士（比如会计师）的责任，根据关于 RICO 的规定，最高法院裁定，一个人必须亲自参与到违法企业的经营和管理之中才可以被判定承担责任，仅仅通过提供会计或审计服务而与违法企业进行合作是不够的，不应该承担这种责任。

六、审计师所承担的刑事责任

根据《1933 年证券法》第 24 节以及《1934 年证券交易法》第 32 节的规定，如果能够证明审计师是有意或故意地违反证券法律，那么因提供有误导的财务报表而被判承担民事责任的证券违法行为，也可能会同时致使审计师受到刑事处罚（单处或者并处 10000 美元以下的罚金或 5 年以下的监禁）。根据联邦禁止邮件欺诈和共同犯罪法律的规定，审计师也可能会受到刑事处罚。可能是由于其他法律救济的适用（包括禁止令、行政处罚和第三人提起民事诉讼）以及个人获取利益要素的缺乏等原因，实际上很少发生针对审计师提起刑事诉讼的案件。

曾担任美国证券交易委员会的首席会计师 John C. Burton 认为："实际上当犯罪案件是民事案件的时候，只有少数情况应该考虑这个案件是否严重到应该把它呈交给司法部门，并对其提出刑事诉讼的地步。当调查团和陪审团相信证据能证明一个职业会计人员在财务报告报出时知道有错误，但仍对其做出保证时，才能涉及相关的刑事诉讼。当调查团相信仅是职业判断的问题时，尽管有时判决可能会很严重，但不会提出刑事诉讼。"④

最引人关注的审计人员刑事诉讼案件有 United States 诉 Simon 案或 Continental 自动售货机公司案、美国 Equity Funding 案和美国政府诉安达信事务所案。这些案件最终判决了几个审计人员承担刑事责任（Criminal Liability）。

（一）大陆自动售货机公司案

1969 年的大陆自动售货机公司案中，陪审团发现，Lybrand，ROSS Bros. & Montgomery 会计师事务所（普华永道会计师事务所的前身，LLP）的两个合伙人

①　H. J. Inc. V. Northwestern Bell Telephone Co., 109S. Ct. 2893 (1989).

②　The Wall Street Journal, May 9, 1988, P. 43. 在被告说本案可能以 6000 万美元的总额请求陪审团仲裁后，此案被裁决 1500 万美元的补偿总额。

③　Reves V. Ernst&Young. 113 S. Ct. 1163.

④　John C. Burton, "SEC Enforcement and Professional Accountants: Philosophy, Objectives and Approach", Vanderbilt Law Review, January 1975, p. 28.

和公司一个高层主管犯了合谋罪，他们编制了大陆自动售货机公司起误导作用的财务报表，并对之发表了无保留审计意见。

这个案件是第一起审计人员有罪，但是并没有从共谋中获取个人好处的刑事案件。另外，法官也让陪审团决定财务报表是否公允地被表述；他还声称遵从公认会计准则并不能自动地保证公允。

（二）美国权益基金公司案

1973 年的美国权益基金公司案中，Wolfson Weiner 会计师事务所的高级合伙人、审计人员和主任会计师因触犯了联邦证券法律被指控犯刑事罪，他们在证券交易委员会执业的权利也被自动中止。证券交易委员会发现审计人员公然违反会计职业的独立性规章制度。在报出报表当中，大约 2/3 的人身保险以及一部分投资都是伪造的，但是审计人员没有发现任何不实的交易。

（三）美国政府诉安达信会计师事务所案

安达信自 1985 年开始就为安然公司做审计，做了整整 16 年。除了单纯的审计外，安达信还提供内部审计和咨询服务。20 世纪 90 年代中期，安达信与安然签署了一项补充协议，安达信包揽安然的外部审计工作。不仅如此，安然公司的咨询业务也全部由安达信负责。2001 年，安然公司付给它的 5200 万美元的报酬中一半以上的收入（2700 万美元）是用来支付咨询服务的。

安然从 1997 年到 2001 年间虚构利润 5.86 亿美元，并隐藏了数亿美元的债务。美国监管部门调查发现，安然公司的雇员中居然有 100 多位来自安达信，包括首席会计师和财务总监等高级职员，而在董事会中，有一半的董事与安达信有着直接或间接的联系。

2001 年 10 月安然财务丑闻爆发，美国证监会（SEC）宣布对安然进行调查。可就在同时，安达信的休斯敦事务所从 10 月 23 日开始的两个星期中销毁了数千页安然公司的文件。而安达信在 10 月 17 日就已得知美国证券交易委员会在对安然公司的财务状况进行调查，直到 11 月 8 日收到证券交易委员会的传票后才停止销毁文件。2001 年 12 月安然宣布破产。2002 年 1 月安达信承认销毁文件，Arthur Andersen 芝加哥总部提出：这是休斯敦事务所所为。2002 年初 Arthur Andersen 将负责安然审计的资深合伙人大卫·邓肯除名。而大卫·邓肯则申辩：这是总部的授意。在初步调查的基础上，司法部于 3 月 14 日对 Arthur Andersen 提起刑事诉讼，罪名是妨碍司法公正，理由是该公司在安然丑闻事发后毁掉了相关文件和电脑记录，从而开创了美国历史上第一起大型会计行受到刑事调查的案例。

2002 年 3 月 26 日安达信的 CEO 约瑟夫·贝拉迪诺辞职。

2002 年 4 月 3 日，安达信国际任命安达信（法国）负责人阿尔多·帕多索为新的 CEO，安达信的税收咨询业务也在 4 月底正式并入德勤事务所，安达信宣布裁员 7000 多人，占美国人员的 1/4；前后不过 4 个多月的时间，安达信（美国）从呼风唤雨的业界"巨无霸"变成众叛亲离甚至自身难保的"泥菩萨"。

2002 年 6 月 15 日，安达信被法院认定犯有阻碍政府调查安然破产案的罪行。安达信在陪审团作出决定后宣布，从 2002 年 8 月 31 日起停止从事上市公司的审计业务，此后，2000 多家上市公司客户陆续离开安达信，安达信在全球的分支机构相继被撤销和收购。而它 2001 年财政年度全球营业额为 93.4 亿美元，代理着美国 2300 家上市公司的审计业务，占美国上市公司总数的 17%；在全球 84 个国家设有 390 个分公司，拥有 4700 名合伙人、2000 个合作伙伴，专业人员达 8.5 万人。

8 月 27 日，安达信环球与安然股东和雇员达成协议，同意支付 6000 万美元以解决由安然破产案所引发的法律诉讼。但安达信美国就没有那么幸运了，作为安然的外部审计师，它仍然是这起集体诉讼的被告之一。

2002 年 8 月 31 日，安达信环球（Andersen World Wide）集团的美国分部——安达信会计师事务所（Arthur Andersen LLP）宣布，从即日起放弃在美国的全部审计业务，正式退出其从事了 89 年的审计行业。

2002 年 10 月 16 日，美国休斯敦联邦地区法院对安达信妨碍司法调查做出判决，罚款 50 万美元，并禁止它在 5 年内从事业务，此次裁决使安达信成为美国历史上第一家被判"有罪"的大型会计行。

七、已审计财务信息的网络传播对审计师责任带来的影响

一个亟待解决的关于责任的问题是在网上传播已审计的财务信息。[①] 每一个拥有网络接口电脑的人都可以获得这些信息。如果不仔细地描述，这些责任问题将是非常杂乱的。涉及这个问题的最著名的案件之一出现在电脑发明之前。1920 年的 Jaillet 诉 Cashman 案中，道·琼斯公司（Dow Jones & Co.）谎报了新研发的自动收报机服务系统的信息，但法院驳回了对它的起诉。法院裁决认为，允许过失起诉会开"被告对受错误报告误导的团体的每位成员都要承担责任"的先例。出于"施行的权宜"，驳回这样的诉讼是"非常必要的"。[②]

已审计财务报表正在通过运用可扩展商业报告语言（eXtensible Business Reporting Language，XBRL）[③] 提供给外界，这就是网络报告。可以预见的是，问题将越来越复杂。审计人员将必须明确指出哪些项目是审计过的，不得不保持警惕来保证他们报告的安全性。对于那些在网上提供信息的人来说，或许明智的做法是发表一些不承担责任的声明。

---

① Miller & Young, "Financial Reporting and Risk Management in 21st Century", Fordham Law Review, April 1997.

② 杰力特诉卡什曼一案（Jaillet V. Cashman），189 N. Y. S. 743（Sup. Ct. 1921）affd, 194 N. Y. S. 947（App. Div. 1922）affd, 139 N. E. 714（N. Y. 1923）.

③ XBRL 是专门用于财务报告编制、披露和使用的计算机语言，特点在于它根据财务信息披露规则，将财务报告内容分解成不同的数据元（Data Elements），再根据信息技术规则对数据元赋予唯一的数据标记，从而形成标准化规范。以这种语言为基础，通过对网络财务报告信息的标准化处理，可以编制出比现行网络财务报告更加先进的报告，可以将网络财务报告的不能自动读取的信息转换为一种可以自动读取的信息，大大地方便信息使用者对信息批量需要和批量利用。

八、资本市场监管部门对审计师的监管

根据联邦证券法，审计师也可能会受到除刑事处罚或支付赔偿之外的法律制裁。作为负责监督财务报表准则实施的主要政府管理机关——证券交易委员会，可以适用两项民事补救措施：根据证券交易委员会制定的《实务守则》（Rules of Practice）中条例2（e）的规定，进行民事禁止令处罚以及进行惩戒（行政的）制裁。这些措施既可以适用于审计人员个人，也可以适用于整个会计师事务所。

1990 年出台的《证券强制制裁和垃圾股票改革法案》（The Securities Enforcement Remedies and Penny Stock Reform Act），切实地强化了证券交易委员会的行政权力和执法力度。该法案授权证券交易委员会可以签发"停止—中止"命令，要求有关当事人遵循证券法律的有关规定，或者是要求一方当事人采取切实措施以防止将来的违法行为。在这个法案出台以前，证券交易委员会只能作为联邦法庭的一方当事人来请求法庭采取这种制裁措施。该法案还授权证券交易委员会在联邦法院的民事诉讼以及某些行政处罚中，针对每项违法行为处以 50 万美元以下的罚款。

（一）禁止令

根据《1933 年证券法》第 20 节以及《1934 年证券交易法》第 21 节的规定，证券交易委员会有权在法庭上提起使用禁止令的诉讼，以制止将来有可能发生的违反这两项规定的行为［包括违反《1934 年证券交易法》第 10 节（b）款的行为］。根据现行的标准，这种禁止令适用于证券交易委员会能够说服法院相信，如果不下达禁止令就很可能会发生违反联邦证券法律的情况。

在 1980 年的 Aaron 诉 SEC 案[1]中，最高法院认为，在根据《1934 年证券交易法》第 10 节（b）款［以及《1933 年证券法》第 17 节（a）款中的一项］之规定给予禁止令处罚时，须得有故意情形时才可适用。[2]

禁止令处罚所产生的后果可能远远超过警告当事人以后要遵守法律规定的后果。禁止令可能在紧接着的民事赔偿诉讼中对原告发挥作用，被给予禁止令处罚的当事人还可能要面临民事和刑事上的藐视法庭程序（Contempt Proceedings）的制裁。而且，根据当事人双方认可的裁决（在该裁决中当事人既没有承认也没有否认其有罪）所做出的禁止令处罚，可以要求审计人员或会计师事务所接受并执行某种程序，以防止未来发生违法行为。

请求给予永久禁止令处罚的案件，可以由一个法官进行公开审理，而不需要陪审团的参与。因此，这种禁止令处罚是被准许还是被拒绝在很大程度上依赖审理该案的法官的自由裁量。证券交易委员会必须证明不仅已经发生了违反证券法律的行为，而且如果不采取禁止令处罚的话很可能在未来将会再发生违法行为。例如，在证券交易

---

[1]　446 U.S. 680 (1980).

[2]　然而，最高法院裁定，根据第 17 节（a）款的其他两项规定做出的禁止令不要求有故意情形。

委员会诉 Ceotek 案①中，法院认为没有证据证明此前已经发生了违法行为，是否具备将来发生违法行为的可能性还没有确定。

另外，法院往往对证券交易委员会在是否立即给予禁止令处罚方面所做出的专业判断给予高度重视。然而，在证券交易委员会诉 Bausch & Lomb Inc. 案②中，法院裁决不给予审计师以禁止令处罚，理由是没有足够的证据证明他们有进一步实施违法行为的可能。

对于会计师行业而言，它们所取得的一个重大胜利是，在一个证券交易委员会指控会计师事务所违反证券法律中关于反欺诈的规定，并进而提起下达禁止令的诉讼案件中，联邦法院做出了有利于会计师事务所的判决。③ 法院确立了一个非常严格的责任原则：证券交易委员会要想获准给予会计师事务所禁止令处罚，就必须证明会计师事务所的审计程序非常不充分，以至于其所完成的审计工作近乎于没做，或者证明其做出的会计判断是如此不合理，以至于没有其他审计师会在同等情况下做出同样的判断。

（二）行政［条例 2 (e)］程序

根据证券交易委员会制定的《实务守则》中条例 2 (e) 的规定：

"（证券交易委员会）可以临时地或永久地拒绝给予被认定有下列情况的任何个人，在证券交易委员会面前以任何方式出现或者执业的特权：①不具有代表其他人的必要资格；②在品德方面或者信誉方面有缺陷或者有不道德或不正当的职业行为；③故意违反或故意帮助他人违反联邦证券法律……或者其条例和规章中的任何规定。"

在 1989 年前，依据条例 2 (e) 的处罚程序通常是在不公开的听证会上进行的。现在这种程序则是公开进行的，除非是被证券交易委员会认定为不宜公开的特定案件。另外，在由此产生的《会计与审计强制通告》（Accounting and Auditing Enforcement Releases，AAER）中，会阐明证券交易委员会所提出的指控以及最后的处理结果，因此《会计与审计强制通告》引起了公众的广泛关注。条例 2 (e) 明确规定了证券交易委员会有权对那些违反了证券法律、犯有重罪、犯有不道德行为这样轻罪的审计师处以禁止在证券交易委员会面前出现或执业的处罚。

在过去的一些年里，证券交易委员会依据条例 2 (e) 对会计师事务所做出了一些空泛的、通常是很笼统的处罚，包括要求事务所制定新的和完善的控制程序，并将这样的程序贯彻到独立实施的审核过程之中。在过去，这些处罚措施经常在《会计系列公告》（ASR）上发布，而现在则是在《会计与审计强制通告》上发布。以下是针对会计师事务所做出的部分处罚措施：

（1）要求会计师事务所对一种特定的会计方法进行研究，并制定出事务所对该问题的实务指南。

（2）要求一家会计师事务所聘请顾问，以便对该事务所关于上市公司的审计程序进行审查和评估。

---

① 426 F. Supp. 715（N. D. Cal. 1976），affd sub nom. SEC V. Arthur Young & Co.，590F. 2d 785（9th Cir. 1979）.

② 420 F. Supp. 1266（S. D. N. Y. 1976），affd，565 F. 2d 8（2d Cir. 1977）.

③ SEC V. Price Waterhouse 797 F. Supp. 1217（S. D. N. Y. 1992）.

（3）禁止一家会计师事务所与另一家会计师事务所合并或联合执业［第196号（1976年9月1日）］。

（4）禁止一家会计师事务所在60天内，承接新的其结果可导致向证券交易委员会进行申报的业务。

（5）要求一家会计师事务所开发或赞助开发一个有关如何信赖内部控制的研究项目，并在确信研究成果适当的情况下，将其应用到公司的审计实务中去。

（6）对一家会计师事务所给予批评，而不是处以永久禁止令处罚或判定其犯罪。

（7）要求一家会计师事务所重新指定一家办事处的管理合伙人。

（8）要求一家会计师事务所成立一个特别复核委员会，以便对事务所的审计业务进行复核，并且要接受和实施该委员会所提出的所有建议。

（9）要求一家会计师事务所在其培训课程中强调有关工作底稿的撰写，以及收入确认方面的培训内容。

（10）要求对上市公司客户的审计工作，必须由另一名作为美国注册会计师协会上市公司业务部成员的独立审计师复核，并且要经证券交易委员会首席会计师办公室的批准；另外，该审计业务的工作底稿还必须接受证券交易委员会的审查。

（11）要求一名注册会计师或其所在的会计师事务所，加入美国注册会计师协会上市公司业务部，并应具备无保留意见的同业复核报告，而且要求该名注册会计师每两年接受50小时的有关公认会计原则以及公认审计准则的课程培训。

证券交易委员会所做出的以上处罚通常都被公开披露，这显然会对会计师事务所的执业产生重大影响。近年来几乎所有依据条例2（e）做出的处罚决定都附有对该裁决的认可书，在这些认可书中，会计师事务所既没有否认也没有承认其有罪。

如同对审计人员所做出的其他处罚那样，以上处罚也产生了同样的问题，即审计人员必须遵循什么样的审慎标准才能避免依据条例2（e）所提起的指控。证券交易委员会所做出的处罚措施，包括暂时或永久停业以及上述更具创新特征的处罚，是基于以下三种理由做出的：

（1）认定审计人员缺乏某些必备的个人品质，例如正直、诚信或代表他人的资格。

（2）由法院、证券交易委员会或州的许可证发放机构，对超越一般过失的指控所做出的不利认定。

（3）由证券交易委员会做出的关于不道德或不当职业行为的认定。

依据条例2（e）做出永久禁止令处罚的理由应该是上述第2种，在这种情况下当事人的行为通常具有主观故意性，并且是因违犯证券法律而导致被刑事定罪或丧失执业许可的显然应受惩罚的行为。

然而，证券交易委员会认为，即便是一般过失，也足以使证券交易委员会请求和获准对当事人的民事禁止令。最高法院也至少在某种程度上对此予以了认可。在1992年8月，当证券交易委员会使用条例2（e）所赋予的权利，禁止两名被控在审计业务过程中存在过失的审计师在两年内执行与证券交易委员会有关的业务时[①]，证券交易委

---

① Accounting and Auditing Enforcement Release No. 412 (Aug. 26, 1992).

员会的上述观点得以进一步的强化。后来，美国上诉法院为了澄清处罚的依据，将此案发回证券交易委员会。1997年，证券交易委员会重申它有权对犯有过失的审计师进行处罚，而这两个被处罚人又向巡回法院提出了上诉。

证券交易委员会有能力创立特定的职业准则或是对其施加影响，这一点在其依据条例2（e）的规定所做出的富有创意的处罚决定中得到了证明。这种创立特定的职业准则行为或施加影响行为表现为以下两种基本形式。

（1）指出没有被行业所规定的审计职责。比如，在 ASR No. 153（1974）中阐述的观点，即继任审计师必须复核前任审计师的工作，如果客户拒不允许必要的沟通，继任审计师应该据此拒绝履行业务约定。当时的行业准则并没有强制要求前后任审计师之间进行沟通。然而，现在的准则要求必须进行这样的沟通，以便为将来客户不允许进行这种沟通时对所产生的影响进行专业判断留下空间。

（2）在一个认可书中，要求一家会计师事务所对行业准则中未做规定的审计程序进行改进。例如，在 ASR 第153号的认可书中，会计师事务所同意对证券交易委员会业务中有关关联方交易的审计程序进行改进，并将改进结果向证券交易委员会汇报。在 ASR 第153号公布的时候，审计准则公告中还没有相关的规定。

传统上证券交易委员会把对公认审计准则的具体实施和解释工作交给审计行业。至少，根据条例2（e）所做出的处罚决定以及随附的认可书提供了一个可改变这种状况的选择手段。

九、审计师如何应对法律和监管风险

（一）审计职业界如何应对法律和监管风险

为了提高公共会计职业的声誉和减少不良审计与诉讼的出现，美国注册会计师协会（AICPA）采取了一些措施。这些措施包括：个人会员的后续教育制度和建立质量控制程序。会计师事务所可以采用的措施有：实行有效的质量控制及参与内外部复核计划、执行防御审计和把会计师事务所由传统的合伙制改为有限责任合伙制。另外一个重要的因素就是联邦和各州对侵权行为进行了修正。

1. 及时改进审计执业标准

随着针对审计师提起的诉讼不断增多，美国注册会计师协会已经发布了许多权威性的审计公告，并且先后两次对《职业行为规范》进行了修订。协会对事务所质量控制同业复核的设计与实施也非常关注。为了提高执业质量，会计师事务所也在其内部的政策和程序方面投入了越来越多的精力。

许多审计程序说明书以及审计准则公告都是随着审计失败导致了诉讼而出现的。另外，其他源自会计公告的审计公告，也可以依次追溯到各种因被指控而导致诉讼的不当行为。例如，审计程序公告第47号《期后事项》（1971年颁布）以及第49号《承销函》（于1971年颁布，并在1993年被审计准则公告第72号取代，在1995年被审计准则公告第76号修正，在1998年被审计准则公告第86号再次修正），可以追溯到前面所讨论的 Bar Chris 案件。

而审计准则公告第 7 号《前后任审计师之间的沟通》（于 1975 年颁布，在 1998 年被审计准则公告第 84 号取代）则与美国金融案件①（the U. S. Financial Case）有关。1971 年颁布的审计程序说明书第 44 号《联营权益报告书》则起源于 1970 年的会计准则委员会意见第 16 号《企业合并》。其源头都可依次追溯到会计原则的不完备方面（这一点至少已部分地被诉讼所证实）。例如，Westec② 案件就提出了对特定合并核算中所选用的会计原则是否适当的问题。此外，有许多审计公告对以往发布的审计公告做了进一步的完善和阐释，而这些以往发布的审计公告都可在审计师诉讼案中找到出处。例如，几个后续发布的公告对审计程序说明书第 1 号《审计程序的扩展》（可以在麦克森·罗宾斯案件③中找到出处）中所提出的审计师的职责做了进一步的阐释。

其他那些不能单独地从招致诉讼的特定审计失败案例中找到出处的审计公告，也体现了审计行业为消除"期望差距"做出的部分努力。而这种"期望差距"则可以在一些审计失败以及随后产生的诉讼和调查中找到根源。1998 年发布的审计准则公告第 53 号到第 61 号，都是针对"期望差距"问题（揭露出经审计财务报表中存在重大不实陈述的一系列商业失败）所做出的回应。在 1995 年，审计准则公告第 55 号被审计准则公告第 78 号修正，审计准则公告第 58 号被审计准则公告第 79 号修正。审计准则公告第 58 号则被 1997 年发布的审计准则公告第 82 号《财务报表审计中对欺诈的考虑》所取代。审计准则公告第 82 号提出了审计师应该考虑由于欺诈行为而可能导致财务报表重大内容被错误陈述的具体风险因素。所有这些公告都加大了审计师在发现错误和欺诈方面的责任，同时，也加强了应对这种加大了的责任方面的指导，并设定了对现存的错误和欺诈以及促使错误和欺诈发生的情况进行通报的责任。

2. 改进审计质量控制程序

对审计事务所来说，减轻法律责任最重要的因素是实行有效的质量控制政策和程序。美国注册会计师协会已经建立一系列的质量控制准则来帮助事务所建立质量控制程序。这些准则也可以作为外部同业质量复核的标准。事务所在建立质量控制政策和程序时应该考虑以下质量控制准则：①独立、公正和客观；②职员的管理；③客户和约定的接受与保持；④审计约定的执行；⑤监控。

1996 年颁布的质量控制准则声明书第 2 号《会计师事务所的会计和审计业务质量控制制度》（QC Section 20），对会计师事务所必须建立的会计和审计业务质量控制制度提出了最新要求。

对于事务所来说，可通过三级质量复核来保证审计质量：外部同业复核、共同合伙人复核和部门间复核。

第一，外部同业复核。

《萨班斯—奥克斯利法案》要求上市公司会计监管委员会对会计师事务所进行质量复核。上市公司会计监管委员会已经建立制度，每年对审计超过 100 家上市公司的注

---

① U. S. Financial Securities Litigation, 609 F. 2d 411 (9th Cir. 1979), cert. denied, 446 U. S. 929 (1980).

② In re Westec Corp. , 434 F. 2d 195 (5th Cir. 1970) .

③ ASR. No. 19, "In the Matter of McKesson & Robbins, Inc" (1940) .

册会计师事务所进行复核，每三年对其他注册会计师事务所进行复核。

大多数的州会计委员会或美国注册会计师协会要求那些审计或复核非上市公司报表的事务所每三年进行一次外部同业复核。这些复核由其他会计师事务所的专业人员进行，并且复核要对事务所质量控制政策和程序的恰当性以及遵循的程度给出客观评价。比如，复核人员应该确认事务所是否有提倡职员向具有知识、能力、判断和权威的人士寻求帮助解决问题的政策和程序（约定的执行准则）。监控准则要求事务所有保证其他准则有效实施的政策和程序。提高质量应首先从教育及补救和改正行动开始。

美国注册会计师协会质量复核部负责监督那些不对上市公司提供审计服务的事务所的外部同业复核程序。同业复核报告发给会计师事务所，其中大多数都可以被未来的客户、职员和其他有兴趣的团体使用。

第二，共同合伙人复核。

一个没有参与审计的合伙人在审计快要结束的时候应进行共同合伙人复核，以保证书面证据支持审计意见。只有在对上市公司审计中才要求执行这样的复核，但是对事务所来说，对任何审计进行这样的复核都是非常值得的。共同合伙人应该熟悉正在被审计的业务的性质。这一审计阶段的分析性复核有助于确认未预期的关联和趋势及相应搜集的证据的充分性。不充分的证据意味着需要进一步审计。一些单一合伙人的会计师事务所在发布审计报告之前联系其他小的事务所一起开展共同合伙人复核程序。

第三，部门间复核。

部门间复核是指事务所其他部门的专业人员对这个部门的复核，其目的是保证审计业务正在遵循所建立的政策和程序。和外部同业复核类似，部门间复核也包括选取和抽样复核审计或其他工作来确保质量控制正在被执行。

3. 筛选客户

审计事务所应该建立严格的客户接受指南来过滤高风险的客户：

（1）处于财务困境或组织有漏洞的客户。比如，缺少内部会计控制和记录草率的客户。

（2）要事务所执行不相称工作的客户。他们可能试图影响事务所使之接受不能接受的会计处理或发表不恰当的意见。

（3）声名狼藉的客户。大多数会计师事务所都尽量避免审计声名狼藉的客户，以免影响自己的审计声誉。

（4）为审计服务支付不合理低费用的客户。审计人员可能试图轻率地减少审计程序，否则他们就会在这个业务上产生损失。反过来说，审计人员也可能以一个不合理低费用竞标审计业务。

（5）拒绝签订业务约定书和管理当局声明书的客户。允许客户不遵守这个规定会增加法律诉讼的几率。

4. 保管准确和完整的审计工作底稿

审计人员应该把审计过程的每一件事都记入工作底稿。要说服陪审团相信那些没有记录的事情是非常困难的。审计工作底稿应该清楚地留下监督复核的证据，特别是在那些最有可能出现不恰当的领域，比如存货、收入的确认和会计估计等。工作底稿还应该清楚反映对滥用关联方交易的确认和调查。将对不经常发生交易的调查仔细地归入工作底稿，如债务的交换或年末不寻常的日记账分录，这些通常使他们增加收入而避免损失的确认。

（二）审计师个人如何应对法律和监管风险

1. 保持独立性

会计师事务所质量控制程序的一个方面是建立合理的质量控制政策和程序，以保证审计人员在执业过程中保持形式与实质上的独立性。这样的程序可能包括：①强调可能影响独立性因素的事务所培训计划；②要求分派到各审计约定的专业人员签订独立性声明，以表明他们不认为自己存在任何影响独立性的因素。

为了帮助审计人员保持独立性，《萨班斯—奥克斯利法案》禁止注册会计师事务所为上市公司客户提供如下特定的服务：①记账或其他与审计客户的会计记录或财务报表相关的服务；②财务信息系统的设计和运行；③评估或估价服务；④保险精算服务；⑤内部审计外包服务；⑥管理职责或人力资源服务；⑦类似于代理人、经销商、投资顾问或投资银行业务的服务；⑧与审计不相关的法律服务和专家服务。

《美国注册会计师协会职业行为规范》禁止审计人员为任何的审计客户，包括上市公司和非上市公司，提供如下的非审计服务：①批准、执行或完成交易；②编制证明交易发生的原始凭证或原始数据；③保管客户的资产；④在客户职员的日常活动中监督他们；⑤提供类似客户的股票转让人、契约代理人、票证验证人、常任律师或其他相似职位的服务。

《萨班斯—奥克斯利法案》还要求负责上市公司审计的合伙人和负责复核的合伙人至少每五年轮换一次，以提高审计合伙人的独立性。

2. 提高专业胜任能力，并保持有效的监督

当上市公司的审计风险很高时，不仅应分派受过良好专业训练并且执业经验丰富的审计师从事外勤审计，而且还应安排经验丰富并且专业能力强的审计师负责监督与复核。

3. 获得法律顾问的帮助

当审计师在审计中遇到严重问题时，应向经验丰富的法律顾问咨询，以便采取恰当的对策，应对可能发生的风险。

4. 加强后续教育

为了提高执业质量，美国注册会计师协会要求在公共环境中执业的会员每三年至少取得累计120小时的后续教育学分。这些学分可以通过后续职业教育课程、大学课程、接受指导的自学课程和公司培训计划等获得。一些州会计委员会也规定了职业道德学习的最低学分数。

第三节　中国注册会计师的法律责任

随着社会主义市场经济体制在我国的建立和完善，注册会计师在社会经济生活中

的地位越来越重要，发挥的作用越来越大。如果注册会计师工作失误或犯有欺诈行为，将会给客户或依赖经审计财务报表的第三者造成重大损失，严重的甚至导致经济秩序的紊乱。因此，强化注册会计师的法律责任意识，严格注册会计师的法律责任，以保证职业道德和执业质量，就显得越来越重要。近年来我国颁布的不少经济法律法规中，都有专门规定会计师事务所、注册会计师法律责任的条款，其中比较重要的有《注册会计师法》、《违反注册会计师法处罚暂行办法》、《公司法》、《证券法》及《刑法》等。此外，为了正确审理涉及会计师事务所在审计业务活动中的民事侵权赔偿责任，维护社会公共利益和相关当事人的合法权益，根据《民法通则》、《注册会计师法》、《公司法》、《证券法》等法律，结合审判实践，最高人民法院相继出台了一系列相关司法解释。

一、相关法律法规规定

（一）民事责任

（1）《民法通则》的规定。1987 年 1 月 1 日施行的《民法通则》第一百零六条规定：公民、法人违反合同或者不履行其他义务的，应当承担民事责任。公民、法人由于过错侵害国家的、集体的财产，侵害他人财产、人身的，应当承担民事责任。没有过错，但法律规定应当承担民事责任的，应当承担民事责任。

（2）《注册会计师法》的规定。1994 年 1 月 1 日实施的《注册会计师法》在第六章"法律责任"中规定了注册会计师的行政、刑事和民事责任。其中，关于民事责任的条款是第四十二条："会计师事务所违反本法规定，给委托人、其他利害关系人造成损失的，应当依法承担赔偿责任。"

（3）《证券法》的规定。2005 年 10 月 27 日新修订的《证券法》第一百七十三条规定："证券服务机构为证券的发行、上市、交易等证券业务活动制作、出具审计报告、资产评估报告、财务顾问报告、资信评级报告或者法律意见书等文件，应当勤勉尽责，对所依据的文件资料内容的真实性、准确性、完整性进行核查和验证。其制作、出具的文件有虚假记载、误导性陈述或者重大遗漏，给他人造成损失的，应当与发行人、上市公司承担连带赔偿责任，但是能够证明自己没有过错的除外。"

（4）《公司法》的规定。2005 年 10 月 27 日新修订的《公司法》第二百零八条第三款规定："承担资产评估、验资或者验证的机构因出具的评估结果、验资或者验证证明不实，给公司债权人造成损失的，除能够证明自己没有过错的外，在其评估或者证明不实的金额范围内承担赔偿责任。"

（二）行政责任

（1）《注册会计师法》的规定。《注册会计师法》第三十九条第一款规定："会计师事务所违反本法第二十条、第二十一条规定的，由省级以上人民政府财政部门给予警告，没收违法所得，可以并处违法所得一倍以上五倍以下的罚款；情节严重的，并可以由省级以上人民政府财政部门暂停其经营业务或者予以撤销。"

《注册会计师法》第三十九条第二款规定："注册会计师违反本法第二十条、第二十一条规定的，由省级以上人民政府财政部门给予警告，情节严重的，可以由省级以上人民政府财政部门暂停其执行业务或者吊销注册会计师证书。"

（2）《证券法》的规定。《证券法》第二百零一条规定："为股票的发行、上市、交易出具审计报告、资产评估报告或者法律意见书等文件的证券服务机构和人员，违反本法第四十五条的规定买卖股票的，责令依法处理非法持有的股票，没收违法所得，并处以买卖股票等值以下的罚款。"

第二百零七条规定："违反本法第七十八条第二款的规定，在证券交易活动中做出虚假陈述或者信息误导的，责令改正，处以三万元以上二十万元以下的罚款；属于国家工作人员的，还应当依法给予行政处分。"

第二百二十三条规定："证券服务机构未勤勉尽责，所制作、出具的文件有虚假记载、误导性陈述或者重大遗漏的，责令改正，没收业务收入，暂停或者撤销证券服务业务许可，并处以业务收入一倍以上五倍以下的罚款。对直接负责的主管人员和其他直接责任人员给予警告，撤销证券从业资格，并处以三万元以上十万元以下的罚款。"

第二百二十五条规定："上市公司、证券公司、证券交易所、证券登记结算机构、证券服务机构，未按照有关规定保存有关文件和资料的，责令改正，给予警告，并处以三万元以上三十万元以下的罚款；隐匿、伪造、篡改或者毁损有关文件和资料的，给予警告，并处以三十万元以上六十万元以下的罚款。"

（3）《公司法》的规定。《公司法》第二百零八条第一款规定："承担资产评估、验资或者验证的机构提供虚假材料的，由公司登记机关没收违法所得，处以违法所得一倍以上五倍以下的罚款，并可以由有关主管部门依法责令该机构停业、吊销直接责任人员的资格证书、吊销营业执照。"

第二百零八条第一款规定："承担资产评估、验资或者验证的机构因过失提供有重大遗漏的报告的，由公司登记机关责令改正，情节较严重的，处以所得收入一倍以上五倍以下的罚款，并可以由有关主管部门依法责令该机构停业、吊销直接责任人员的资格证书、吊销营业执照。"

（4）《违反注册会计师法处罚暂行办法》的规定。为加强注册会计师行业的监督管理，促进注册会计师事业的健康发展，维护社会公共利益和当事人的合法权益，1998年财政部根据《注册会计师法》和《行政处罚法》，制定发布《违反注册会计师法处罚暂行办法》（以下简称《办法》）。《办法》第四条规定："对注册会计师的处罚种类包括：（一）警告；（二）没收违法所得；（三）罚款；（四）暂停执业部分或全部业务，暂停执业的最长期限为 12 个月；（五）吊销有关执业许可证；（六）吊销注册会计师证书。"

第五条规定："对事务所的处罚种类包括：（一）警告；（二）没收违法所得；（三）罚款；（四）暂停执行部分或全部业务，暂停执行的最长期限为 12 个月；（五）吊销有关执行许可证；（六）撤销事务所。"

《办法》除细化规定了注册会计师和事务所违反《注册会计师法》应当承担的行政责任的种类外，还具体规定了对违反《注册会计师法》的注册会计师和事务所实施行政处罚的主体、条件、程序，以及注册会计师和事务所减轻、免除行政责任的情形和救济途径等。

（三）刑事责任

（1）《注册会计师法》的规定。《注册会计师法》第三十九条第三款规定："会计师事务所、注册会计师违反本法第二十条、第二十一条的规定，故意出具虚假的审计报告、验资报告，构成犯罪的，依法追究刑事责任。"

（2）《证券法》的规定。《证券法》第二百三十一条规定："违反本法规定，构成犯罪的，依法追究刑事责任。"

（3）《公司法》的规定。《公司法》第二百一十六条规定："违反本法规定，构成犯罪的，依法追究刑事责任。"

（4）《刑法》的规定。《刑法》第二百二十九条第一款规定："承担资产评估、验资、验证、会计、审计、法律服务等职责的中介组织的人员故意提供虚假证明文件，情况严重的，处五年以下有期徒刑或者拘役，并处罚金。"

第二百二十九条第二款规定："前款规定的人员，索取他人财物或者非法收受他人财物，犯前款罪的，处五年以上十年以下有期徒刑，并处罚金。"

第二百二十九条第三款规定："第一款规定的人员，严重不负责任，出具的证明文件有重大失实，造成严重后果的，处三年以下有期徒刑或者拘役，并处或者单处罚金。"

第二百三十一条规定："单位犯有本节第二百二十一条至第二百三十条规定之罪的，对单位判处罚金，并对其直接负责的主管人员和其他直接责任人员，依照本节各该条的规定处罚。"

（5）《违反注册会计师法处罚暂行办法》的规定。《违反注册会计师法处罚暂行办法》第三十一条规定："注册会计师和事务所的违法行为构成犯罪的，应当移交司法机关，依法追究刑事责任。"

二、相关司法解释

随着我国社会主义市场经济的不断发展，会计师事务所的民事责任问题逐渐引起社会各界的关注。虽然《注册会计师法》、《公司法》和《证券法》对此已有规定，但这些规定原则性较强，操作性不够明确，以致各级法院在审理会计师事务所民事责任案件时，根据这些规定对同类案件做出的判决结果差异较大。为合理界定会计师事务所民事责任，最高人民法院近年来做出很多努力。1996 年 4 月 4 日，最高人民法院发布法函〔1996〕56 号《关于会计师事务所为企业出具虚假验资证明如何处理的函》，对出具验资证明的会计师事务所应对委托人、其他利害关系人承担民事责任做出规定，并引发了"验资诉讼风暴"。

其后，又陆续发布了五个关于会计师事务所民事责任的司法解释，为人民法院正确审理涉及会计师事务所民事责任案件提供了重要的法律依据。

特别是 2007 年 6 月 11 日发布的《关于审理涉及会计师事务所在审计活动中民事侵权赔偿案件的若干规定》（以下简称《司法解释》），是在梳理最高人民法院以往发布的五个司法解释的基础上，经过充分讨论和反复论证，将审判实践中出现的新情况、新问题做出符合法律精神并切合实际的规定，具有里程碑式的意义。

《司法解释》根据法律规定的精神，立足于妥当权衡社会公众利益与注册会计师行业利益，针对会计师事务所民事侵权赔偿责任做出若干重要规定。《司法解释》共13条，主要规定了事务所侵权责任产生的事由、利害关系人的范围、诉讼当事人的列置、执业准则的法律地位、归责原则及举证分配、事务所的连带责任和补充责任、认定事务所过失责任的情形和过失认定的标准、事务所免除和减轻赔偿责任的事由以及事务所侵权赔偿顺位和赔偿责任范围等内容。

（一）事务所侵权责任产生的事由

《司法解释》第一条规定："利害关系人以会计师事务所在从事《注册会计师法》第十四条规定的审计业务活动中出具不实报告并致其遭受损失为由，向人民法院提起民事侵权赔偿诉讼的，人民法院应当依法受理。"《注册会计师法》第十四条规定了四类审计业务：企业会计报表审计；企业验资；企业合并、分立、清算中的审计；法律、行政法规规定的其他审计业务，出具不实报告，就可能承担民事侵权赔偿责任。根据《司法解释》第一条的规定，会计师事务所无论是执行验资业务还是财务报表审计业务，无论是执行一般审计业务还是证券审计业务，无论是执行企业审计还是将来可能出现的公立医院、高校、基金会等非营利组织审计业务，其在承担民事侵权赔偿责任时都适用相同的法律规定，即《司法解释》的相关规定。事务所不再因为所执行审计业务种类的不同而承担不同的民事侵权赔偿责任。

另外，《司法解释》第二条第二款对"不实报告"作了界定，即"会计师事务所违反法律法规、中国注册会计师协会依法拟定并经国务院财政部门批准后施行的执业准则和规则以及诚信公允的原则，出具的具有虚假记载、误导性陈述或者重大遗漏的审计业务报告，应认定为不实报告"。根据这一规定，构成不实报告需满足两个方面的条件：一是违反法律法规、执业准则和规则以及诚信公允原则；二是具有虚假记载、误导性陈述或者重大遗漏。

（二）利害关系人的范围

利害关系人的范围，即第三人的范围，是会计师事务所民事责任的核心问题。利害关系人范围的宽窄，最能反映出法律规定所秉承在公众利益和行业利益之间的价值取向。《司法解释》第二条第一款规定："因合理信赖或者使用会计师事务所出具的不实报告，与被审计单位进行交易或者从事与被审计单位的股票、债券等有关的交易活动而遭受损失的自然人、法人或者其他组织，应认定为《注册会计师法》规定的利害关系人。"该条规定及《司法解释》其他相关规定，实际上是依侵权行为法的逻辑，贯彻了民法的公平原则，在被审计单位、事务所、第三人（财务信息提供人、财务信息鉴证人、财务信息使用人）之间公平分配因被审计单位经营失败或舞弊、事务所审计失败而导致的利害关系人损失。即事务所应当对一切合理依赖或使用其出具的不实审计报告而受到损失的利害关系人承担赔偿责任，与利害关系人发生交易的被审计单位应当承担第一位责任，事务所仅应对其过错及其过错程度承担相应的赔偿责任，在利害关系人存在过错时，应当减轻事务所的赔偿责任。

（三）诉讼当事人的列置

《司法解释》第三条规定："利害关系人未对被审计单位提起诉讼而直接对会计师事务所提起诉讼的，人民法院应当告知其对会计师事务所和被审计单位一并提起诉讼；利害关系人拒不起诉被审计单位的，人民法院应当通知被审计单位作为共同被告参加诉讼。利害关系人对会计师事务所的分支机构提起诉讼的，人民法院可以将该会计师事务所列为共同被告参加诉讼。利害关系人提出被审计单位的出资人虚假出资或出资不实、抽逃出资，且事后未补足的，人民法院可以将该出资人列为第三人参加诉讼。"该条规定涉及了三个民事主体、两类诉讼当事人，三个民事主体是指被审计单位、分支机构所属事务所以及被审计单位出资人，两类诉讼当事人是指前述三个民事主体在事务所侵权赔偿案件中应被分别列为共同被告或第三人。这样规定，一是体现了被审计单位、事务所、利害关系人三方之间公平分配损失的原则；二是方便在诉讼中查明事实，一次性解决纠纷。

（四）执业准则的法律地位

1996年最高人民法院针对四川德阳事务所验资案发布法函〔1996〕56号复函，随后，注册会计师行业掀起一场"验资诉讼浪潮"。在这场"验资诉讼浪潮"中，有些事务所以严格遵守了独立审计准则为由提出抗辩，但一些法官则认为独立审计准则只是注册会计师行业自己制定的执业手册，不能成为事务所抗辩的依据，也不能作为法官审判案件的依据。

由此，在会计界和法律界引发了关于审计报告真实性之争与执业准则法律地位之争。当时，会计界认为，审计报告是一种合理保证，而不是绝对保证。由于审计业务的固有风险以及审计成本等原因，审计报告的真实性应意味着只要事务所按照执业准则和规则的要求出具的审计报告，就是真实的审计报告，即程序上真实的审计报告。而法律界认为，审计报告作为事务所对财务信息做出的鉴证意见，应当确保鉴证对象信息与客观事实相符，审计报告的真实性就是客观上的真实，而不是遵循了执业准则要求的程序上的真实。

对此，《司法解释》以鲜明的立场结束了会计界与法律界的多年之争。《司法解释》第二条第二款、第四条第二款、第六条和第七条等规定，明确将执业准则纳入法律程序范畴，将事务所是否遵循了执业准则的要求作为判断其有无故意和过失的重要依据。

（五）归责原则及举证责任分配

归责原则是民事责任制度的核心。民事责任归责原则一般分为两种，即过错责任原则和无过错责任原则。过错责任原则是指有过错才有责任，过错原则又可分为一般过错责任原则和过错推定原则。无过错责任原则是指无过错也要承担责任，比如产品责任等。举证责任分配是证明制度的核心，一般分为谁主张谁举证原则和举证责任倒置原则。

对此，《司法解释》采取以过错责任归责原则为基础，统一适用过错推定原则和举证责任倒置原则的模式。《司法解释》第四条第一款明确规定："会计师事务所因在审计业务活动中对外出具不实报告给利害关系人造成损失的，应当承担侵权赔偿责任，但其能够证明自己没有过错的除外。"根据这一规定，事务所只有存在过错时才承担侵权赔偿责任，无过错不承担责任，但是事务所是否存在过错需要由事务所自己来提出证明。

根据《司法解释》第四条第二款规定，事务所可以通过提交相关执业准则以及审计工作底稿等证明自己没有过错。另外，根据《司法解释》的精神，在确定事务所侵权赔偿责任时，除非事务所能够证明原告利害关系人的损失是由于审计报告以外的其他因素引起，否则就可以推定不实报告与损失的因果关系存在。

（六）事务所的连带责任和补充责任

连带责任是指债务人为多数的情况下，债权人既有权请求所有的债务人清偿债务，也有权请求其中任何一个债务人单独清偿债务的一部分或者全部。清偿了全部债务的债务人，有权就其清偿超过自己应分担的部分，要求其他的债务人按各自应承担的部分给予补偿。

补充责任是指对主责任的补充清偿责任。所谓主责任，是指行为人本人首先承担的民事责任。当主责任人的财产不足以清偿债务时，不足部分由承担补充责任的人来清偿。

关于事务所在审计活动中，因其出具不实报告给利害关系人造成损失，应当承担何种性质的法律责任，目前我国现行法律存在着不同的规定。《公司法》第二百零八条第三款规定的是补充责任，而《证券法》第一百七十三条针对事务所证券审计业务规定的却是连带责任。一般而言，在法律适用上，如果就同一问题存在不同的法律规定，则采用后法优于前法、特别法优于普通法的原则进行处理。由于《公司法》和《证券法》都是2005年10月27日修订，可以说是同步修订，所以，无法采用后法优于前法的原则。而通常认为，《证券法》是《公司法》的特别法，所以，可以采用以特别法优于普通法的原则处理。

但从《司法解释》的规定来看，《司法解释》不但没有采用这个法律适用原则，而且，在否定证券审计和非证券审计业务划分的同时，创造性地依过错状态区分责任类型。这种做法应该说在我国民事法律体系中是极其少见的。在我国法律责任体系中，一般只在追究刑事责任和行政责任时才会考量故意和过失的不同，而在民事责任体系中，是不区分故意和过失的。

《司法解释》第五条规定了事务所在故意情况下，应当与被审计单位承担连带赔偿责任，第六条和第十条规定了事务所在过失情况下，根据过失大小承担补充责任。

《司法解释》第五条规定："注册会计师在审计业务活动中存在下列情形之一，出具不实报告给利害关系人造成损失的，应当认定会计师事务所与被审计单位承担连带责任：（一）与被审计单位恶意串通；（二）明知被审计单位对重要事项的财务会计处理与国家有关规定相抵触，而不予指明；（三）明知被审计单位的财务会计处理会直接损害利害关系人的利益，而予以隐瞒或作不实报告；（四）明知被审计单位的财务会计处理会导致利害关系人产生重大误解，而不予指明；（五）明知被审计单位的财务报表的重要事项有不实内容，而不予指明；（六）被审计单位示意作不实报告，而不予拒绝。对被审计单位有前款第（二）至（五）项所列行为，注册会计师按照执业准则、规则应当知道的，人民法院应认定其明知。"

从内容上看，该条不但规定了事务所故意出具不实报告的情形，而且根据《注册会计师法》第二十一条第三款，还规定了按照执业准则、规则应当知道的应推定为故意出具不实报告并承担连带责任。这一点可以说是《司法解释》的又一创造性规定。因为在传统的侵权法理论上，主观方面的应当知道一直被视为疏忽大意的过失。《司法解释》的这一创造性规定，其意义在于能够较好地实现关于公平分配利害关系人损失以及过错与责任相适的指导思想。

（七）事务所过失责任和过失认定标准

《司法解释》第六条第一款规定："会计师事务所在审计业务活动中因过失出具不实报告，并给利害关系人造成损失的，人民法院应当根据其过失大小确定其赔偿责任。"从内容上看，这一规定明确了两方面问题：一是事务所过失出具不实报告不承担连带责任；二是事务所承担的赔偿责任大小是与其过失程度相适应的。

结合《司法解释》第十条的有关规定，可以看出，事务所过失出具不实报告承担的是一种既不同于连带责任也不同于按份责任的补充责任。也就是，事务所过失赔偿责任，是在被审计单位、出资人的财产依法强制执行后仍不足以赔偿损失时，事务所才承担赔偿责任。

如果被审计单位、出资人的财产依法强制执行后利害关系人的损失全部得以赔偿，那么，事务所就可以不承担赔偿责任。

《司法解释》第六条第一款虽然规定了事务所承担的赔偿责任应当与其过失程度相适应，但没有对过失程度的划分做出明确规定。法学界对过失程度一般划分为普通过失和重大过失。

普通过失是指注册会计师在执业过程中没有保持应有的职业关注，没有严格按照执业准则的要求从事审计工作。这种过失所违反的义务对应于民法理论上的善良管理人的注意义务。在普通过失中，注册会计师在主观上尽管存在着对其行为结果负责及避免损害他人利益的注意，但由于这种注意并未达到审计准则所要求的程度，或者尽管没有审计准则的明确规定，但对于一般注册会计师根据职业判断都应注意的事项未能注意，或者注册会计师在执业活动中未能保持应有的职业谨慎，由此而导致报告不实并致利害关系人损失。

注册会计师的重大过失是指注册会计师在执业活动中缺乏最起码的关注，没有遵守审计准则的最低要求。这种过失所违反的义务相当于民法学说上的普通人的注意。至于其过失行为造成的损害后果是否重大，通常不是判断注册会计师过失程度的参考因素。以上对普通过失和重大过失的划分，只是一种理论上的抽象。在审判实践中，对注册会计师过失程度的判断，有赖于法官基于个案进行综合的公正的考虑。

对于应认定事务所存在过失的具体情形和认定标准，《司法解释》第六条第二款作出详细规定，即"注册会计师在审计过程中未保持必要的职业谨慎，存在下列情形之一，并导致报告不实的，人民法院应当认定会计师事务所存在过失：（一）违反《注册会计师法》第二十条第（二）、（三）项的规定；（二）负责审计的注册会计师以低于行业一般成员应具备的专业水准执业；（三）制定的审计计划存在明显疏漏；（四）未依据执业准则、规则执行必要的审计程序；（五）在发现可能存在错误和舞弊的迹象时，未能追加必要的审计程序予以证实或者排除；（六）未能合理地运用执业准则和规则所要求的重要性原则；（七）未根据审计的要求采用必要的调查方法获取充分的审计证据；（八）明知对总体结论有重大影响的特定审计对象缺少判断能力，未能寻求专家意见而直接形成审计结论；（九）错误判断和评价审计证据；（十）其他违反执业准则、规则确定的工作程序的行为"。这些情形和标准的规定，主要是对审计实践经验的总结，其中不乏主观性或专业性较强的条款，对于这些规定，在具体适用时，可能也要有赖于法官或有关专业人士的判断。

（八）事务所免除和减轻责任的事由

根据民法理论，民事侵权责任须满足一定的构成要件。一般的民事侵权责任须满足四个构成要件，即行为人主观过错、实际损失的发生、过错与损失之间的因果关系以及行为人违法。如果不能满足这四个构成要件，侵权责任主体就可以提出抗辩，要求免责或者减责。事务所民事侵权赔偿责任也是如此。

《司法解释》第一条至第六条，实际上都是根据审计执业的特点，对事务所侵权赔偿责任构成要件的细化规定。如果事务所能够证明自己在特定方面不符合这些构成要件的规定，那么，事务所就可以提出抗辩。

对此，基于司法实践和审计实务经验，《司法解释》第七条主要从是否存在过错和因果关系两个方面规定了五种事务所免责的情形。该条规定："会计师事务所能够证明存在下列情形之一的，不承担民事责任：（一）已经遵守执业准则、规则确定的工作程序并保持必要的职业谨慎，但仍未能发现被审计单位的会计资料错误；（二）审计业务所必须依赖的金融机构等单位提供虚假或者不实的证明文件，会计师事务所在保持必要的职业谨慎下仍未能发现虚假或者不实；（三）已对被审计单位的舞弊迹象提出警告并在审计报告中予以指明；（四）已经遵照验资程序进行审核并出具报告，但被审验单位在注册登记之后抽逃资金；（五）为登记时未出资或者未足额出资的出资人出具不实报告，但出资人在登记后已补足出资。"其中，前三项规定属于因没有过错而免责的情形，后两项规定属于因没有因果关系而免责的情形。

同时，《司法解释》第八条还规定了一种事务所减轻责任的情形。该条规定："利害关系人明知会计师事务所出具的报告为不实报告而仍然使用的，人民法院应当酌情减轻会计师事务所的赔偿责任。"此条规定，应当理解为是对公平分配损失原则的执行。实际上，利害关系人明知报告不实而仍然使用报告并受到损失的，其损失与不实报告之间可以说是不存在直接因果关系。但考虑到事务所因过错出具不实报告，如果完全不承担责任会有失偏颇，所以，《司法解释》依据公平分配损失的原则，规定在这种情况下应当减轻事务所责任而不是免除其责任。

除《司法解释》第七条、第八条规定的具体减责和免责情形外，事务所还可通过主张欠缺侵权责任构成要件等提出抗辩。比如，事务所可以提出自己无过错、没有出具不实报告、没有发生实际损失等。还可以提出其他事实或法律规定可以抗辩的事由，例如利害关系人的赔偿请求权已超过诉讼时效期限等。

另外，针对实际中部分事务所试图通过在审计报告中限制报告用途来减轻或免除责任的做法，《司法解释》第九条专门做了规定。该条规定："会计师事务所在报告中注明'本报告仅供年检使用'、'本报告仅供工商登记使用'等类似内容的，不能作为免责的事由。"这样规定，主要是因为事务所出具的一些审计报告，其用途已为法律法规所规定，事务所无权限定审计报告的用途。比如，法律规定的验资业务并不是单纯为了工商登记，验资业务的根本目的是保护债权人利益，确保交易安全，因此事务所在验资报告中注明"本报告仅供工商登记使用"等类似内容的，属于不合理免责条款，不能成为免责的事由。

（九）事务所侵权赔偿顺位和赔偿责任范围

1. 关于事务所侵权赔偿顺位

在事务所侵权赔偿诉讼案件中，一般涉及多个责任主体。如果多个责任主体之间承担的是连带责任，那么是不存在赔偿顺序问题的。但如果多个责任主体之间没有连带关系，且存在补充责任时，那么就需要确定这些责任主体之间的赔偿顺序。《司法解释》第十条针对事务所因其过失承担补充赔偿责任的案件中，事务所与被审计单位及其瑕疵出资的股东之间的赔偿顺序做出了规定。

（1）事务所与被审计单位之间的责任顺位。审计报告使用人由于信赖不实审计报告而从事相关交易导致损失的情况主要有以下三种：一是报告使用人与被审计单位之间发生买卖、借贷合同等交易关系，因被审计单位违约而导致损失；二是报告使用人在证券发行市场购买了被审计单位发行的证券而导致损失；三是报告使用人在证券交易市场使用了被审计单位的股票、债券、股票期权等金融工具进行交易而导致损失。在这三种情况下，从因果关系的角度看，被审计单位的违约或欺诈行为是导致报告使用人损失的直接原因，不实审计报告只是间接原因。基于这种直接原因与间接原因的区分，对于报告使用人的损失，应当由被审计单位承担第一顺位的责任，事务所承担在后顺位的责任。所以，《司法解释》第十条第（一）项规定，"应先由被审计单位赔偿利害关系人的损失"。

（2）被审计单位与其瑕疵出资股东之间的责任顺位。被审计单位的瑕疵出资股东因其未尽出资义务，应当在瑕疵出资数额范围内向公司债权人承担补充赔偿责任。故《司法解释》第十条第（一）项规定，"被审计单位的出资人虚假出资、不实出资或者抽逃出资，事后未补足，且依法强制执行被审计单位财产后仍不足以赔偿损失的，出资人应在虚假出资、不实出资或者抽逃出资数额范围内向利害关系人承担补充赔偿责任"。

（3）事务所与被审计单位瑕疵出资股东之间的责任顺位。就被审计单位的瑕疵出资股东对债权人的责任，最高人民法院相关的司法解释中多次明确，企业出资人未出资或出资不实，应当对企业的债权人承担相应的民事责任。但对于事务所与被审计单位的瑕疵出资股东之间的责任顺位，未做出明确规定。在司法实践中，出于被告清偿能力考虑，有些法院往往将事务所作为"深口袋"被告，判令事务所与被审计单位的出资人承担连带责任。为此，《司法解释》第十条第（二）项规定，对被审计单位、出资人的财产依法强制执行后仍不足以赔偿损失的，由事务所在其不实审计金额范围内承担相应的赔偿责任。

2. 关于事务所侵权赔偿责任范围

在确定事务所侵权赔偿责任范围方面，《司法解释》也区分了故意和过失两种情况。事务所因故意出具不实报告而承担连带责任时，没有最高赔偿额的限定，事务所应当承担的赔偿数额由具体案件中利害关系人的损失数额和其他责任主体赔偿能力决定。事务所因过失出具不实报告而承担补充赔偿责任时，根据《司法解释》第十条第（二）项和第（三）项的规定，无论利害关系人是一个还是多个，无论多个利害关系人是在一个诉讼案件中还是在多个诉讼案件中，事务所就其所出具的不实审计报告承担赔偿责任的最高限额为该审计报告中的不实审计金额。这里的不实审计金额，是指事务所审计报告中的不实证明金额部分，而不是审计报告的全部证明金额。不实的审计金额部分，通常被认为是某一个利害关系人的最大利益损失，事务所承担最高赔偿额不应超过该最大损失。所以，针对某一个利害关系人的损失，事务所是以不实审计金额为限承担赔偿责任。

另外，在存在多个利害关系人的情况下，为防止利害关系人过多导致损失与事务所的过失之间严重失衡，有必要将事务所对多个利害关系人承担的赔偿责任限定在一个合理的范围内，即以不实审计金额为限。

除以上九个主要内容外，《司法解释》还针对司法实践中出现的两个突出问题做出了明确规定：

（1）事务所与其分支机构关系问题。目前，事务所为做大做强，在异地设立分支机构的做法比较普遍。根据我国民事法律规定，分支机构在法律地位上属于事务所的组成部分，其民事责任由事务所承担。但依法领取营业执照后，分支机构就具有了以自己名义对外营业的资格。根据我国民事诉讼法律有关规定，分支机构可以作为独立的诉讼主体参加诉讼。所以，针对司法实践中出现的一些事务所与其分支机构法律责任与诉讼地位关系不清问题，《司法解释》第十一条明确规定："会计师事务所与其分支机构作为共同被告的，会计师事务所对其分支机构的责任承担连带赔偿责任。"

（2）事务所未经审判被擅自追加为被执行人的问题。根据我国民事法律有关规定，只有与民事赔偿责任主体具有特定的身份上或者财产上的关系，或者有法律特别规定，才可以在未经审判的情况下被追加为被执行人。在司法实践中，有的法院在事务所与被审计单位等其他民事赔偿责任主体不具有特定的法律关系的情况下，未经审判擅自追加事务所为被执行人，强制执行事务所财产，针对这一情况，为保护事务所的合法权益，《司法解释》第十二条明确规定："本司法解释所涉会计师事务所侵权赔偿纠纷未经审判，人民法院不得将会计师事务所追加为被执行人。"

第四节　注册会计师如何避免法律诉讼

注册会计师的职业性质决定了它是一个容易遭受法律诉讼的行业，那些蒙受损失的受害人总想通过起诉注册会计师尽可能使损失得以补偿。因此，法律诉讼一直是困扰西方国家会计师职业界的一大难题，注册会计师行业每年不得不为此付出大量的精力、支付巨额的赔偿金、购买高昂的保险费。

注册会计师制度在我国恢复重建已有20多年的历史，在20世纪80年代，人们对这一新生行业还很陌生，但进入90年代以来，随着注册会计师地位和作用的提高，注册会计师的知名度也越来越大。政府部门和社会公众在了解注册会计师作用的同时，对注册会计师责任的了解也在增加，因此注册会计师的诉讼案件便时有发生。近几年来，我国注册会计师行业发生了一系列震惊整个行业乃至全社会的案件。有关会计师事务所均因出具虚假报告造成严重后果而被撤销、没收财产或取消特许业务资格，有关注册会计师也被吊销资格，有的被追究刑事责任。除一些大案件之外，涉及注册会计师的中小型诉讼案更有日益上升的趋势。

如何避免法律诉讼，已成为我国注册会计师非常关注的问题。

一、注册会计师防止发生执业过错的措施

面对注册会计师法律责任的扩展和被控诉讼案件的急剧增加，整个注册会计师职业界都在积极研究如何避免法律诉讼。这对提高注册会计师的审计质量，增强发现重大错误与舞弊的能力都有较大的帮助。

注册会计师要避免法律诉讼，防范法律责任风险，就必须在执行审计业务时尽量减少发生过失行为，更不能故意违规执业出具不实审计报告。而要防止发生执业过错行为，注册会计师就应当达到以下基本要求：

1. 增强执业独立性

独立性是注册会计师审计的生命。注册会计师在执行审计业务时应当遵守职业道德守则规定的独立性要求，在形式上和实质上与审计客户保持独立。审计实践证明，与审计客户保持独立，可以有效保证注册会计师客观公正执业，使其在执业过程中能够做出合理的符合执业准则要求的职业判断。在实际工作中，绝大多数注册会计师能够始终如一地遵循独立性原则，但也有少数注册会计师忽视独立性，甚至接受可能是错误的陈述，并帮助被审计单位掩饰舞弊。

2. 保持应有的职业谨慎

在所有注册会计师的审计过失中，最主要的是由于缺乏应有的职业谨慎而引起的。在执行审计业务过程中，未严格遵守审计准则，不执行适当的审计程序，对有关被审计单位的问题未保持应有的职业谨慎，或为节省时间而缩小审计范围和简化审计程序，都会导致财务报表中的重大错报不被发现。

3. 强化执业质量控制

许多审计中的差错是由于注册会计师失察或未能对助理人员或其他人员进行切实的监督而发生的。对于业务复杂且重大的委托单位来说，其审计是由多个注册会计师及助理人员共同配合来完成的。如果他们的分工存在重叠或间隙，又缺乏严密的质量控制，就会发生过失。

二、注册会计师避免法律诉讼的具体措施

注册会计师避免法律诉讼的具体措施，可以概括为以下几点：

1. 严格遵循职业道德守则和执业准则的要求

正如前文所充分论述的，不能苛求注册会计师对于财务报表中的所有错报都要承担法律责任，注册会计师是否应承担法律责任关键在于注册会计师是否有过失或故意行为。而判断注册会计师是否具有过失的关键在于注册会计师是否按照执业准则的要求执业。因此，保持良好的职业道德行为，严格遵循执业准则的要求执行工作、出具报告，对于避免法律诉讼或在提起的诉讼中保护注册会计师具有非常重要的作用。

2. 建立健全会计师事务所质量控制制度

会计师事务所不同于一般的企业，质量控制是会计师事务所各项管理工作的核心和关键。如果一个会计师事务所质量控制不严，很有可能因某一个人或一个部门的原因导致整个会计师事务所遭受灭顶之灾。因此，会计师事务所必须建立健全一套严密、科学的质量控制制度，并把这套制度落实到整个审计过程和各个审计环节，促使注册会计师按照执业准则的要求执业，保证审计业务质量。

3. 与委托人签订业务约定书

《注册会计师法》第十六条规定，注册会计师承办业务，会计师事务所应与委托人签订委托合同（业务约定书）。业务约定书具有法律效力，它是确定注册会计师和委托人责任的一个重要文件。会计师事务所不论承办何种业务，都要按照业务约定书准则的要求与委托人签订约定书，这样才能在发生法律诉讼时将一切口舌争辩减少到最低限度。

4. 审慎选择客户

注册会计师如欲避免法律诉讼，必须慎重选择客户。一是要选择正直的客户。如果客户对其顾客、员工、政府部门或其他方面没有正直的品格，也必然会欺骗注册会计师。会计师事务所在接受业务前，一定要对客户的情况有所了解，评价管理层和关键股东的诚信和品质，弄清委托的真正目的，尤其是在执行特殊目的审计业务时更应如此。二是对陷入财务和法律困境的客户要尤为注意。中外历史上绝大部分涉及注册会计师的诉讼案，都集中在宣告破产的被审计单位。周转不灵或面临破产的公司，其股东或债权人总想为他们的损失寻找替罪羊，因此对那些已经陷入财务困境的被审计单位要特别注意。

5. 深入了解被审计单位的业务

在很多案件中，注册会计师之所以未能发现错误，一个重要的原因就是他们不了解被审计单位所在行业的情况及被审计单位的业务。会计是经济活动的综合反映，不熟悉被审计单位的经济业务和生产经营实务，仅局限于有关的会计资料，就可能发现不了某些错误。

6. 提取风险基金或购买责任保险

在西方国家，投保充分的责任保险是会计师事务所一项极为重要的保护措施。尽

管保险不能免除可能受到的法律诉讼，但能防止或减少诉讼失败时会计师事务所发生的财务损失。

我国《注册会计师法》规定会计师事务所应当按规定建立职业风险基金，办理职业保险。

7. 聘请熟悉注册会计师法律责任的律师

会计师事务所应聘请熟悉相关法规及注册会计师法律责任的律师。在执业过程中如遇重大法律问题，注册会计师应同律师详细讨论所有潜在的风险，并仔细考虑律师的建议。一旦发生法律诉讼，也应请有经验的律师参与诉讼。

8. 按规定妥善保管审计工作底稿

根据现行法律及相关司法解释的规定，会计师事务所侵权赔偿责任的归责原则为过错推定原则，根据这一原则，会计师事务所只要能够证明自己没有过错，就可以不承担赔偿责任，而事务所有无过错，主要是看事务所的执业行为是否遵循了执业准则和规则，这就要求会计师事务所在证明自己没有过错时须向法院提交审计工作底稿，通过审计工作底稿上记录的工作程序和反映的职业判断来证明自己的执业行为是否遵循了执业准则和规则，是否在主观上存在过错，所以，按规定妥善保管好审计工作底稿，在案件审理中能够及时将审计工作底稿提交法院，对于事务所有效应对法律诉讼、规避法律责任风险具有重要意义。

复习思考题

1. 解释概念"应有的职业谨慎"，说明在出现法律纠纷时如何运用这个概念来解释审计人员的行为，法庭如何判定审计人员的行为是否保持了应有的职业谨慎。

2. 会计师事务所为保证审计人员的行为符合应有的职业谨慎，需要执行哪些主要步骤？

3. 什么是独立性原则？为什么说会计信息使用者认为审计师的独立性是非常重要的？审计师可以表面上不独立，但实际上却是独立的吗？试解释其原因。

4. 为什么只能由持有证书的注册会计师从事审计？

5. 为什么独立性被认为是审计最重要的特征？

6. 威胁审计人员独立性的主要因素有哪些？解释每个因素对审计独立性造成威胁的原因。

7. 会计师事务所可以采取什么方法来控制影响审计独立性的因素？解释你所确定的方法为什么能有效地控制这些威胁因素，并解释如何运用这些方法。

8. 请说明习惯法和成文法存在哪些区别。

9. 在违约诉讼中，审计人员被起诉的潜在原因是什么？

10. 应有谨慎准则是什么？在法庭案件中使用应有的谨慎当作辩护理由时，审计人员应该证明哪些因素？

案例分析

艾伦于 2009 年 3 月在上海证券交易所二级市场上购买了 2 万股他玛公司的股票，股价为每股 15 元。随后，因为有媒体报道他玛公司在 2009 年年报中所提到正在研发的"新新人类"美容护肤产品，现已形成批量生产能力，并在上海世博会上获得游客的一致好评，预期该公司盈利将会实现高增长，年度每股收益将会达到 2 元/股，于是该公司股价连续多日上涨，并达到 30 元。据股评专家预测，未来该公司股价将会突破 50 元/股，于是在 2010 年 12 月 20 日他玛股价涨到 35 元时，艾伦又买了 10 万股。但从此该公司股价开始逐步下跌。到了 2011 年 3 月 20 日，该公司年报公布的前一天，其股价已经跌到 18 元/股，该公司披露的 2010 年财务报表显示其营业收入并未出现显著增长，每股收益只有 0.65 元/股，不到市场预测的一半，年报公布后，他玛公司的股价开始暴跌，在跌到每股 10 元时，艾伦再也忍不住，只有将手中的 12 万股股票全部卖掉，并蒙受了巨额损失。他玛公司是一家全国知名企业，"他玛"商标也是全国驰名商标，该公司多年来也一直由一家全国名牌会计师事务所——押沙龙事务所审计，并且一直出具的是无保留审计意见报告。

2011 年 5 月 12 日，艾伦向法院起诉，要求他玛公司和押沙龙事务所赔偿其全部投资损失。请讨论：对于以下原告可能使用的证据，审计人员应该如何为自己辩护？

（1）审计人员知道报表会起误导作用。

（2）审计人员有过失，并且应该知道报表是会起误导作用的。

（3）这些报表有重大错误和误导作用。

（4）原告遭受损失的原因是错误的和起误导作用的报表。

（5）原告是可预见的使用者，因此，审计人员对原告应该承担责任。

第四章　审计目标

审计目标是在一定历史环境下，人们通过审计活动所期望达到的目的或最终结果。审计目标是审计工作的出发点和归宿。一般认为，审计目的和审计目标的含义是相同的。

自审计产生以来，审计目标的确定一直受到宏观环境和需求的影响，并随环境和需求的发展而发展。所以，一个时代的审计目标可概括地反映该时代宏观环境对审计的要求，同时也可反映人们对审计作用的认识程度。审计按审计主体可分为政府审计、民间审计和内部审计，不同的审计有不同的审计目标。下面分别进行阐述。

第一节　政府审计目标

一、政府审计目标概述

政府审计是指由国家审计机关实施的审计。国家审计机关包括按我国宪法规定由国务院设置的审计署，由各省、自治区、直辖市、市、县等地方各级政府设置的审计局和政府在地方或中央各部委设置的派出审计机关。

最高审计机关国际组织（the International Organization of Supreme Audit Institutions, INTOSAI），于 1977 年 10 月在秘鲁的利马发布了《关于审计规范指南的利马宣言》（Lima Declaration of Guidelines on Auditing Precepts）。宣言指出：

（1）政府审计的目标是揭示对公认准则的偏离，或对法律、效率、效果以及财务管理经济性等原则的违反，以便针对具体情况采取纠错行动，使受托者承担责任，获得补偿，预防腐败。

（2）各国最高审计机关是否实施事先审计取决于其法律现状、条件和要求，而无论是否实施事先审计，各国最高审计机关都要实施事后审计。

（3）政府各部门内部审计必然服从于各部门领导，最高审计机关作为政府部门的外部审计师，有责任考察其内部审计的有效性。如果其内部审计有效，不影响最高审计机关实施总体审计的权利，最高审计机关在与各单位内部审计之间进行适当的任务划分和合作。

（4）最高审计机关的传统任务是审计财政管理和会计业务的合法性（Legality）与

合规性（Regularity）。最高审计机关实施的效益审计（Performance Audit）是考察公共管理活动的绩效（Performance）、经济性（Economy）、效率性（Efficiency）和效果性（Effectiveness）。效益审计不仅涵盖财务运营，还包括组织和行政系统等政府活动的全过程。最高审计机关在对财务管理的合法性、合规性、经济性、效率性和效果性进行审计时，其重要程度可因具体环境而异。

2006年2月28日，全国人大通过修订的《中华人民共和国审计法》第一条提出，政府审计的目标是"为了加强国家的审计监督，维护国家财政经济秩序，提高财政资金使用效益，促进廉政建设，保障国民经济和社会健康发展"，第二条说明政府审计机关对"国务院各部门和地方各级人民政府及其各部门的财政收支，国有的金融机构和企业事业组织的财务收支，以及其他依照本法规定应当接受审计的财政收支、财务收支"的"真实、合法和效益，依法进行审计监督"。这表明我国政府的目标包括真实性、合规性和效益性。

二、政府审计目标案例分析

根据《中华人民共和国审计法》的规定，审计署于2010年5月至7月对京沪高速铁路（以下简称京沪高铁）建设项目进行了阶段性跟踪审计。其跟踪审计结果公告如下：

1. 基本情况

京沪高铁是我国"四纵四横"铁路客运专线南北向主骨架，途经北京、天津、河北、山东、安徽、江苏、上海四省三市，正线全长1318公里，设计时速350公里，概算总投资2176.30亿元，2008年4月正式开工。铁道部所属京沪高速铁路股份有限公司（以下简称京沪公司）是项目建设单位，沿线各省市地方政府负责本省市境内征地拆迁工作，征地拆迁费用作价入股京沪公司。

截至2010年6月，全线累计提供永久用地63030亩，完成拆迁723.9万平方米，线下工程基本完工。累计完成投资1384亿元，占计划1633亿元的85%，其中工程投资1050亿元、征地拆迁投资334亿元。

2. 审计评价

2009年审计以来，铁道部、京沪公司及各参建单位认真落实国务院领导同志关于"京沪高铁建设一定要做到优质、安全、高效、廉洁，成为自主创新、精心施工和严格管理的模范"的要求，高度重视抓好制度建设、资金筹措、工程质量和科技创新等工作，阶段性建设任务完成情况总体较好。

一是铁道部、京沪公司及各参建单位积极整改审计查出的问题。截至2010年10月底，2009年审计发现的问题已基本整改。通过边审边改，施工安全、质量和投资控制均得到加强。

二是逐步健全管理制度，质量安全管理较好。京沪高铁参建各方建设管理制度总体执行较好，特别是施工现场安全、质量管理比较到位，施工安全和质量总体可控。审计抽查了9275孔预制箱梁和67436块预制轨道板的质量检验记录，分别占全线预制箱梁和轨道板的 33% 和 17%，未发现重大施工质量问题。

三是工程进展较快，投资控制基本到位。通过优化施工组织设计，京沪高铁工程计划工期由 60 个月调整为 41 个月。各地方政府积极筹措资金，组织征地拆迁工作并及时供地；各参建单位优化资源配置，有效加快了工程进度。京沪公司对各项费用控制比较严格，截至审计时，工程投资控制在批复概算内。

审计也发现，京沪高铁建设中仍存在招投标不合规、资金和财务管理不严格、执行制度不到位等问题，应切实引起重视并及时研究解决。

3. 审计发现的主要问题和整改情况

（1）南京大胜关长江大桥工程土建及监理 1 标、京沪高铁咨询业务、南京南站应急工程土建及监理 1 标的招标时间分别为 2006 年 7 月、2007 年 12 月、2008 年 12 月，但中铁大桥局、中铁十三局、铁科院（北京）工程咨询有限公司等中标单位在此前的 2006 年 3 月、2006 年 2 月、2008 年 3 月就已分别进场开始工作，涉及合同金额 44.46 亿元。

2009 年 6 月，铁道部工程设计鉴定中心发布准入铁路客站装修装饰和幕墙工程施工企业名录后，京沪公司在曲阜东、常州北等站房工程招标中与名录内中铁建工集团有限公司、中铁建设集团有限公司 2 家企业签订站房装修装饰工程合同 6 份，排斥了潜在投标人，涉及金额 4.9 亿元。

审计指出上述问题后，京沪公司表示将进一步完善相关管理制度，在今后的招投标工作中严格做到依法合规；同时，铁道部将进一步开放铁路建设市场，建立信用评价动态管理制度，鼓励更多企业参与铁路建设。

（2）个别施工单位及个人转移挪用公款和建设资金 1.87 亿元及其他相关问题，涉嫌违法违纪。审计署依据有关法律法规，已将上述问题移送纪检监察、司法机关，有关部门正在立案彻查。京沪公司正在采取更加有效的措施，加强对建设资金的监管。

（3）中铁一局、三局、四局、八局、十一局、十二局、十三局、十七局、十八局、十九局、二十四局和北京建工集团、中建股份有限公司、中交第四公路工程局有限公司、中交路桥北方工程有限公司和山东电力工程咨询院 16 家施工单位在砂石料采购、设备租赁等业务中，使用虚开、冒名或伪造的发票 1297 张入账，金额合计 3.24 亿元。如 2008 年 3 月至 2010 年 7 月，中铁十七局、十八局和十九局 3 家施工单位对采购招标和发票审核工作不严，导致 6 名个体供应商以伪造工商营业执照等方式获取砂石料供应业务，又以伪造、代开发票 386 张入账，金额合计 2.16 亿元。

上述单位中，中铁一局、三局、四局、十二局、二十四局和中交第四公路工程局有限公司、中交路桥北方工程有限公司 7 家单位在 2009 年审计时就发现类似问题，去年又查出虚假发票 365 张，金额合计 5312.95 万元。

审计指出上述问题后，京沪公司正在对上述虚假发票问题进行清查；各参建单位组织开展财务人员发票管理法规培训，增强严格贯彻执行《中华人民共和国发票管理办法》的意识和能力。

（4）京沪公司对尚未实施的工程办理工程款结算，涉及金额 5608.07 万元。其中，济南黄河大桥堤坝加固主体工程至审计时尚未实施，京沪公司与中铁一局及有关单位在 2009 年第四季度就按合同价款结算了全部工程款 1230.66 万元；上海封浜河河道改移工程 2008 年 10 月才开始施工，但京沪公司与中国交通建设股份有限公司及相关单位在当年第一、第二季度就按合同价结算了工程款 4377.41 万元。

审计指出上述问题后，京沪公司督促相关施工单位已完成了部分工程施工，并完善了相关工程结算管理制度，以杜绝类似问题再发生。

（5）京沪公司未按合同约定扣回物资供应合同履约保证金 5558.74 万元。2007 年 12 月至 2010 年 6 月，京沪公司组织签订的 363 份甲供物资采购合同中，有 13 份存在乙方未按合同履约的现象。这些合同的平均履约率为 22%，最低履约率仅 0.8%，京沪公司未按合同约定扣收其中 11 家中标商的履约保证金 5558.74 万元。

审计指出上述问题后，鉴于相关单位的履约保函已经失效或被京沪公司退回，上述资金已难以追回，京沪公司表示将进一步加强合同管理，严肃合同的法律效力，杜绝类似问题再发生。

（6）部分工程监理不到位。其中，上海虹桥站的监理单位上海天佑工程咨询有限公司和上海建科建设监理咨询有限公司，有 37 名监理人员职称或执业资格不符合投标承诺要求；北京赛瑞斯国际工程咨询有限公司在监理天津西站站房工程项目时，承诺派出监理人员中高级职称、中级职称、监理师（工程师）分别占 47.4%、52.6%、84.7%，实际仅分别占 15%、25%、40%；济南西站的监理单位山东济铁工程建设监理有限责任公司的 9 名监理人员，同时在两个标段承担监理工作；土建 2 标监理单位华铁工程咨询有限责任公司对部分施工单位进场设备未进行检验。

审计指出上述问题后，相关监理单位对不合格监理人员进行了调整和清退，对履职不到位的监理人员做出了处罚，并完善了相关制度，加强了对监理人员的培训和现场监管。

（7）南京枢纽工程未按初步设计要求，将 167 万立方米弃土交给南京市统一处理，其中 64 万立方米被用于填放水塘和低洼地，19 万立方米被填放于山间泥塘，其余被填放于山间洼地沟壑，影响了当地水土环境。此外，由于未按环境影响报告书批复要求及时完成穿越牛首祖堂风景区的景观设计，影响了韩府山隧道环保措施的实施。

4. 关于以上政府审计的案例分析

（1）审计目标：国家审计署及时跟进京沪高铁的修建情况，并审查高铁建设工程款项的使用情况，对京沪高铁建设中存在招投标不合规、资金和财务管理不严格、执行制度不到位等问题进行检查与监督，并要求整改。

（2）审计作用：

1）督促铁道部、京沪公司及各参建单位积极整改审计查出的问题，使高铁施工安全、质量和投资控制均得到加强。

2）逐步健全管理制度，提高质量安全管理水平。

3）控制资金使用，规范工程款收支。

（3）审计职能：

1）检查京沪公司的招投标工作是否合规。

2）监督工程资金落实到实处。

（4）审计标准：

1）《中华人民共和国发票管理办法》。

2）《中华人民共和国审计法》。

3）工程款项相关的使用规定。

（5）审计程序：

1）审计署编制审计项目计划；

2）组成审计组；

3）对京沪公司高铁建设的有关情况进行审前调查；

4）制定审计实施方案；

5）审计组进入实施审计；

6）审计组编制审计报告；

7）审计署对审计组提交的审计报告进行复核，审计署出具审计报告，将要处理处罚或应移交的出具决定书或移送处理书。

第二节 民间审计目标

民间审计与政府审计最大的不同是：审计事务所由上市公司的监事会或审计委员会主动聘请的，并且是有偿审计；而政府审计则是没有选择性，且是无偿的。

一、民间审计目标的演变

随着民间审计实务的发展，民间审计目标也经历了不断变化的过程。下面以财务报告审计目标的变化为例讲述民间审计目标的发展历程。

财务报告审计目标的发展历程可以分为三个阶段：查错防弊阶段、验证财务报表的真实性和公允性阶段、查错防弊和财务报表验证并重阶段。

1. 查错防弊阶段（1933 年以前）

此阶段的审计目标是查错防弊。审计方法主要是详细审计，即逐笔审查会计记录和账簿。

自 1850 年后，股份有限公司不断出现，所有权与管理权日益分离。在这一阶段，独立的审计职业应运而生。从此审计主要由训练有素的会计师来承担，并成为沿用至今的惯例。那时，审计的目标是替股东们查找管理人员的错误舞弊和欺诈行为。从 20 世纪开始，审计在美国得到了发展，直到 1933 年，审计的目标仍主要是查错防弊。

2. 验证财务报表的真实性和公允性阶段（1933 ~ 1988 年）

自 20 世纪 30 年代以后，企业的资金来源也已经从银行逐步转向股票和债券市场，投资者的范围越来越广，使得企业管理当局的受托责任范围由原来主要对少数股东与银行负责转向对其他众多利益相关者负责。

由于信息不对称的存在，报表使用人无法确认财务报表所反映财务信息的真伪，需要外部审计师对财务报表进行鉴证。

经济危机的出现使投资者要求审计人员不但要检查资产负债表，还要检查反映获利能力的损益表。

同时，股份公司的规模和业务量也不断增大，审计师在客观上也无法对全部经济业务进行逐笔审计。此外，20 世纪 30 年代内部控制理论产生后，审计职业界开始认为如能建立完善的内部控制，可以在很大程度上控制欺诈舞弊的发生。因此，注册会计师审计不再以"查错防弊"为主要目标，而是着重对财务报表的真实性与公允性发表意见，以帮助报表使用者做出相应决策。

这段时期的审计目标进入"验证财务报表真实公允性"阶段，即评价被审计单位的财务报表是否真实、公允地反映了企业的财务状况、经营成果和资金变动情况。

这一时期的审计技术也得到了质的飞跃，主要采取抽查的方式，并逐步使用"制度基础审计"。①

3. 查错防弊和财务报表验证并重阶段（1988 年至今）

20 世纪 60 年代以来，涉及企业管理人员欺诈舞弊的案件大量增加，由此给社会公众造成重大损失。社会公众出于保护自身利益的考虑，纷纷要求审计师将查错防弊作为审计的主要目标。社会公众的强烈要求加之法庭的判决和政府管理机构的压力，都迫使审计职业界重新考虑将查错防弊纳入审计目的。1974 年，美国审计师协会提出科恩（Cohen）报告，认为"绝大部分利用和依靠审计工作的人都将'揭露欺诈'列为审计的最重要的目标"。"一项审计应予以合理计划，以对财务报表没有受到重大欺诈舞弊的影响提供合理的保证。同时对企业管理层履行企业重要资产的管理责任提供合理的保证"。因而，这一时期中，审计职业界加重了审计师对舞弊所承担的责任，要求审计师对引起其怀疑的事项要持有合理的职业谨慎态度。如果发现舞弊事项，审计师有义务对其做进一步调查。

20 世纪 80 年代以来，为缩小公众对审计的期望差距，审计职业界开始对"舞弊责任"采取更加积极的态度。尽管"发现舞弊"作为审计目的尚不明显，但是各国审计界开始接受"揭露管理层舞弊"的责任，只是在接受的程度上有所区别。

1988 年美国审计师协会发布了第 53 号、第 54 号《审计准则说明书》，将揭露舞弊和非法行为作为审计的主要目标。例如第 53 号《审计准则说明书》中指出"审计师必须评价舞弊和差错可能引起财务报表严重失实的风险，并依据这种评价设计审计程序，以合理地保证揭露对财务报表有重大影响的舞弊和差错"。第 54 号《审计准则说明书》则对审计师揭露客户非法行为作了阐述。可见，审计师开始承担在常规审计程序中发现、揭露可能存在的对财务报表信息有重大影响的舞弊，包括揭露管理层舞弊的责任。

然而，进入 21 世纪后发生的一系列重大财务欺诈舞弊案件，又促使 AICPA 于 2002

---

① 所谓制度基础审计，是指在重点审查内部控制制度各个控制环节基础上，发现内部控制制度的薄弱之处，找出问题发生的根源，然后针对这些环节扩大检查范围；对内部控制制度有效之处，则可缩小其检查范围或简化其审计程序的一种审计方法。

年10月发布了第99号审计准则公告《财务报表审计中对舞弊的关注》，全面替代了第82号准则，以更有效地提高揭露财务舞弊欺诈的能力。第99号准则从一个更全面、更系统的角度对舞弊审计做了详细的阐述。它具体包括了以下10个部分：①舞弊的描述与特征；②实施职业怀疑的重要性；③审计小组成员间讨论因舞弊导致重大错报的风险；④获取识别因舞弊导致重大错报的风险所需要的信息；⑤识别因舞弊可能导致重大错报的风险；⑥在考虑对被审计单位有关计划及控制的评价情况后评估已识别的风险；⑦对风险评估结果作出反应；⑧评价审计证据；⑨与管理当局、审计委员会及其他方面沟通舞弊情况；⑩记录审计人员对舞弊的考虑。

继AICPA发布了SAS No.99后，国际会计师联合会（IFAC）下属国际审计与鉴证准则委员会（IAASB）也连续修改、发布了多项审计准则，同时在颁布一系列要求注册会计师进一步深入考虑舞弊风险的准则之后，于2004年2月发布了ISA240《审计师在财务报表审计中对舞弊的责任》，试图建立较为完善的反舞弊标准和体系。

从美国和IAASB相关审计准则的变迁、修订中可以看出，对揭弊查错的审计目标和审计责任的认识获得了不断的深化。

二、我国注册会计师财务报表审计总体目标

财务审计目标是指注册会计师通过对企业财务报表的审计，所期望达到的境地或最终结果，它包括财务报表审计目标以及与各类交易、账户余额和披露相关的审计目标两个层次。

（一）总体目标

审计的目的是提高财务报表预期使用者对财务报表的信赖程度。这一目的可以通过注册会计师对财务报表是否在所有重大方面按照适用的财务报告编制基础进行列报发表审计意见得以实现。就大多数通用目的财务报告编制基础而言，注册会计师针对财务报表是否在所有重大方面按照财务报告编制基础编制并实现公允反映发表审计意见。注册会计师按照审计准则和相关职业道德要求执行审计工作，能够形成这样的意见。因此，执行财务报表审计工作时，注册会计师的总体目标是：

一是对财务报表整体是否不存在由于舞弊或错误导致的重大错报获取合理保证，使得注册会计师能够对财务报表是否在所有重大方面按照适用的财务报告编制基础编制发表审计意见；

二是按照审计准则的规定，根据审计结果对财务报表出具审计报告，并与管理层和治理层沟通。

（二）评价财务报表的合法性

在评价财务报表是否按照适用的财务报告编制基础编制时，注册会计师应当考虑下列内容：

（1）选择和运用的会计政策是否符合适用的财务报告编制基础，并适合于被审计单位的具体情况；

（2）管理层作出的会计估计是否合理；

（3）财务报表反映的信息是否具有相关性、可靠性、可比性和可理解性；

（4）财务报表是否做出充分披露，使财务报表使用者能够理解重大交易和事项对被审计单位财务状况、经营成果和现金流量的影响。

（三）评价财务报表的公允性

在评价财务报表是否作出公允反映时，注册会计师应当考虑下列内容：

（1）经管理层调整后的财务报表是否与注册会计师对被审计单位及其环境的了解一致；

（2）财务报表的列报、结构和内容是否合理；

（3）财务报表是否真实地反映了交易和事项的经济实质。

三、注册会计师总体目标、具体审计目标与管理层认定的关系

具体审计目标是审计目的、注册会计师总体目标的具体化，并受到总体目标的制约。为了实现注册会计师的总体目标，在计划和实施审计工作时，注册会计师需要明确各具体审计项目的审计目标。

具体审计目标包括一般目标和项目目标。一般目标是进行所有项目审计均必须达到的目标；项目目标是按每个项目分别确定的目标。具体审计目标的确定有助于审计师收集充分、适当的证据，并根据项目实际情况确定应收集的证据。一般审计目标适用于所有项目的审计，项目审计目标则只适用于某一特定项目的审计。通常情况下，只有了解一般审计目标，才能据以确定项目审计目标。具体审计目标总是根据被审计单位的具体情况而确定的。

具体审计目标必须根据被审计单位管理层的认定和注册会计师的总体目标来确定。为了实现注册会计师的总体目标，注册会计师首先要明确审计工作的起点。这一起点通常是被审计单位的财务报表。财务报表是由被审计单位管理层编制完成的，由管理层对财务报表上所有数字、披露等的全部声明构成，即由管理层关于各类交易、账户余额和列报的认定所构成。注册会计师通过获取适当、充分的审计证据支持管理层认定，从而形成审计意见，实现总体目标。

概而言之，注册会计师审计的主要工作就是确定管理层的认定是否恰当。

通常情况下，注册会计师应以财务报表审计的总体目标为指导，以管理层的认定为基础，明确适合于各类交易、账户余额和列报的一般审计目标，然后再根据被审计单位的具体情况确定各类交易、账户余额和列报具体审计目标。

四、管理层认定

（一）管理层认定的含义

认定是指管理层在财务报表中作出的明确或隐含的表达，注册会计师将其用于考虑可能发生的不同类型的潜在错报。认定与审计目标密切相关，注册会计师的基本职责就是确定被审计单位管理层对其财务报表的认定是否恰当。注册会计师了解了认定，

就很容易确定每个项目的具体审计目标。通过考虑可能发生的不同类型的潜在错报，注册会计师运用认定评估风险，并据此设计审计程序以应对评估的风险。

保证财务报表公允反映被审计单位的财务状况和经营情况等是管理层的责任。当管理层声明财务报表已按照适用的财务报告编制基础进行编制，在所有重大方面做出公允反映时，就意味着管理层对财务报表各组成要素的确认、计量、列报以及相关的披露做出了认定。

管理层在财务报表上的认定有些是明确表达的，有些则是隐含表达的。例如，管理层在资产负债表中列报存货及其金额，意味着做出下列明确的认定：①记录的存货是存在的；②存货以恰当的金额包括在财务报表中，与之相关的计价或分摊调整已经得到恰当记录。

同时，管理层也作出下列隐含的认定：①所有应当记录的存货均已记录；②记录的存货都由被审计单位拥有。

管理层对财务报表各组成要素均作出了认定，注册会计师的审计工作就是要确定管理层的认定是否恰当。

（二）管理层认定的三个层次

1. 与各类交易和事项相关的认定事项

注册会计师对各类交易和运用的认定通常分为下列类别：

（1）发生：记录的交易和事项已发生且与被审计单位有关。

（2）完整性：所有应当记录的交易和事项均已记录。

（3）准确性：与交易和事项有关的金额及其他数据已恰当记录。

（4）截止：交易和事项已记录于正确的会计期间。

（5）分类：交易和事项已记录于恰当的账户。

2. 与期末账户余额相关的认定

账户余额主要与资产负债表有关。注册会计师将管理层的认定运用于账户余额，就可以形成账户余额的一般审计目标。账户余额的一般审计目标通常包括：

（1）存在：记录的资产、负债和所有者权益是存在的。

（2）权利和义务：记录的资产由被审计单位拥有或控制，记录的负债是被审计单位应当履行的偿还义务。

（3）完整性：所有应当记录的资产、负债和所有者权益均已记录。

（4）计价和分摊：资产、负债和所有者权益以恰当的金额包括在财务报表中，与之相关的计价或分摊调整已经恰当记录。

3. 与列报相关的认定

各类交易和账户余额的认定正确只是为列报正确打下了必要的基础，财务报表还可能因被审计单位误解有关列报的规定或舞弊等而产生错报。另外，还可能因被审计单位没有遵守一些专门的披露要求而导致财务报表错报。因此，即使注册会计师审计了各类交易和账户余额的认定，实现了各类交易和账户余额的具体审计目标，也不意味着获取了足以对财务报表发表审计意见的充分、适当的审计证据。因此，注册会计师还应当对各类交易、账户余额及相关事项在财务报表中列报的正确性实施审计。

注册会计师对列报运用的认定包括下列类别：

（1）发生及权利和义务：披露的交易、事项和其他情况已发生，且与被审计单位有关。

（2）完整性：所有应当包括在财务报表中的披露均已包括。

（3）分类和可理解性：财务信息已被恰当地列报和描述，且披露内容表述清楚。

（4）准确性和计价：财务信息和其他信息已公允披露，且金额恰当。

五、一般审计目标

一般审计目标是指适用于企业财务报表所有项目审计的目标。审计师根据管理层的认定推论得出一般审计目标，为收集审计证据和发表审计意见提供具体指导。通常，审计师所制定的相应的一般审计目标包括：

1. 总体合理性

总体合理性目标是指审计师根据所掌握的信息，从总体上评价被审计单位财务报表项目金额是否合理。总体合理性测试的目的是为了帮助审计师评价账户余额中是否存在重要错报。如果总体评价不能令审计师满意，就必须关注下述其他相关的一般目标。

2. 真实性

真实性目标是指财务报表所列的金额是否真实可信。如在财务报表中登记了未发生的销售，就是违反了真实性目标。该目标由管理层关于存在或发生认定推论得出。

3. 所有权

所有权目标是指资产负债表列示的资产确归企业所有，所列示的负债确属企业应履行的义务。对大多数资产来说，要列入财务报表，不仅要求这项资产确实存在，而且要求该项资产必须归企业所有。同理，负债也必须属于企业。该项目标由权利和义务认定推论得出。

4. 完整性

完整性目标是指确认企业全部交易和事项是否都已登记入账，并列示于财务报表之中。这一目标由管理层关于完整性认定推论得出。

5. 估价

企业财务报表项目金额是否经过正确计价。

6. 截止

通常最可能错报的交易是那些临近会计期末记账的交易，截止测试的目标是确定交易是否计入恰当的时期。审计师通常在审查资产负债表账户时完成截止测试工作。

7. 机械准确性

机械准确性目标是指确认企业账务处理和报表编制有关数字的计算、汇总等是否正确。比如，总账科目余额应与明细账科目余额相符；报表列示金额应与账面反映数相符等。估价、截止、机械准确性三项目标是关于估价或分摊认定推论得出的。

8. 分类

企业报表项目是否按公认会计准则恰当地加以分类。例如，资产必须分为流动资产、固定资产及其他资产；应收账款与其他应收款项应予以明确区分等。

9. 披露

披露是要确认企业在财务报表及其附注中恰当地披露了企业会计信息。分类与披露是与管理层有关表达及披露的认定相对应的审计目标。

六、项目审计目标

项目审计目标是指对财务报表具体项目审计时所要达到的目标。通常，特定财务报表项目的具体审计目标是依据管理层的认定和审计一般目标，针对被审计单位具体情况而确定的。

（一）与各类交易和事项相关的审计目标

（1）发生：记录的交易和事项已发生且与被审计单位有关。例如，如果没有发生销售交易，但在销售日记账中记录了一笔销售，则违反了该目标。

发生认定所要解决的问题是管理层是否把那些不曾发生的项目列入财务报表，它主要与财务报表组成要素的高估有关。

（2）完整性：所有应当记录的交易和事项均已记录。例如，如果发生了销售交易，但没有在销售日记账和总账中记录，则违反了该目标。发生和完整性两者强调的是相反的关注点。发生目标针对潜在的高估，而完整性目标则针对漏记交易（低估）。

（3）准确性：与交易和事项有关的金额及其他数据已恰当记录。例如，如果在销售交易中，发出商品的数量与账单上的数量不符，或是开账单时使用了错误的销售价格，或是账单中的乘积或加总有误，或是在销售日记账中记录了错误的金额，则违反了该目标。

值得注意的是，准确性与发生、完整性之间存在区别。例如，若已记录的销售交易是不应当记录的（如发出的商品是寄销商品），则即使发票金额是准确计算的，仍违反了发生目标。再如，若已入账的销售交易是对正确发出商品的记录，但金额计算错误，则违反了准确性目标，但没有违反发生目标。在完整性与准确性之间也存在同样的关系。

（4）截止：交易和事项已记录于正确的会计期间。例如，如果将本期交易推到下期记录，或将下期交易提到本期记录，就违反了截止目标。

（5）分类：交易和事项已记录于恰当的账户。例如，如果将现销记录为赊销，将出售经营性固定资产所得的收入记录为主营业务收入，则导致交易分类的错误，违反了分类的目标。

（二）与期末账户余额相关的审计目标

（1）存在：记录的资产、负债和所有者权益是存在的。例如，如果不存在某顾客的应收账款，在应收账款试算平衡表中却列入了对该顾客的应收账款，则违反了存在性目标。

（2）权利和义务：记录的资产由被审计单位拥有或控制，记录的负债是被审计单位应当履行的偿还义务。例如，将他人寄售商品记入被审计单位的存货中，违反了权利的目标；将不属于被审计单位的债务记入账内，违反了义务目标。

（3）完整性：所有应当记录的资产、负债和所有者权益均已记录。例如，如果存在某顾客的应收账款，在应收账款试算平衡表中却没有列入对该顾客的应收账款，则违反了完整性目标。

（4）计价和分摊：资产、负债和所有者权益以恰当的金额包括在财务报表中，与之相关的计价或分摊调整已恰当记录。

（三）与列报相关的审计目标

（1）发生及权利和义务：披露的交易、事项和其他情况已发生，且与被审计单位有关。

将没有发生的交易、事项，或与被审计单位无关的交易和事项包括在财务报表中，则违反该目标。例如，复核董事会会议记录中是否记载了应收账款质押或售让等事项，询问管理层应收账款是否经过质押或出售，即是为了实现列报的权利目标。如果质押或售让应收账款则需要在财务报表中列报，说明其权利受到限制。

（2）完整性：所有应当包括在财务报表中的披露均已包括。如果应当披露的事项没有包括在财务报表中，则违反该目标。例如，检查关联方和关联交易，以验证其在财务报表中是否得到充分披露，即是为了实现列报的完整性目标。

（3）分类和可理解性：财务信息已被恰当地列报和描述，且披露内容表述清楚。例如，检查存货的主要类别是否已披露，是否将出售固定资产收入列为主营业务收入，即是为了实现列报的分类和可理解性目标。

（4）准确性和计价：财务信息和其他信息已公允披露，且金额恰当。例如，检查财务报表附注是否分别对原材料、在产品和产成品等存货成本核算方法作了恰当说明，即是为了实现列报的准确性和计价的目标。

根据前文介绍可知，管理层认定是确定具体审计目标的基础。注册会计师通常将管理层认定转化为能够通过审计程序予以实现的审计目标。针对财务报表每一项目所表现出的各项认定，注册会计师相应地确定一项或多项审计目标，然后通过执行一系列审计程序获取充分、适当的审计证据以实现审计目标。管理层认定、审计目标和审计程序之间的关系见表4-1。

表4-1　管理层认定、审计目标和审计程序之间的关系——以存货为例

管理层认定	审计目标	审计程序
存在	资产负债表日列示的存货均存在	实施存货监盘程序
完整性	销售收入包括了所有已发货的交易	检查发货单和销售发票的编号； 检查销售收入明细账
准确性	应收账款反映的销售业务是否基于正确的价格和数量，计算是否准确	比较价格清单与发票上的价格、发货单与销售订购单上的数量是否一致，重新计算发票上的金额

续表

管理层认定	审计目标	审计程序
截止	销售业务记录在恰当的期间	比较上一年度最后几天和下一年度最初几天的发货单日期与记账日期
计价或分摊	存货以恰当的金额包括在财务报表中,与之相关的计价或分摊调整已恰当记录	确认计价方法; 重新计算存货数量、金额,并与账面记录核对; 关注存货可变现净值的确定; 关注存货跌价准备的计提情况
权利和义务	公司对所有存货均拥有所有权,且存货未用做抵押	了解存货的内容、性质、存放场所,查阅以前年度监盘工作底稿; 实施存货监盘程序

七、民间审计目标案例分析

(一) 背景介绍

"科龙电器"案情回顾。"科龙"是中国驰名商标,涵盖空调、冰箱、冷柜、小家电等多个产品系列。广东科龙电器股份有限公司是于1992年12月16日注册成立的股份有限公司。1996年4月,顺德市容奇镇经济发展总公司将其持有的公司股份全部转让给科龙(容声)集团,从而公司成为科龙(容声)集团控股的子公司。1996年7月23日,公司公开发行了459589808股H股并在香港联合交易所有限公司上市交易;1998年,公司获准发行110000000股A股,总股本达88200.6563万股,并于1999年7月13日在深圳证券交易所上市交易。

2002年之前,科龙的审计机构是安达信。2001年底,顾雏军掌控下的格林柯尔入主科龙。当年"ST科龙"的财务报表显示,其共计提坏账准备及存货跌价准备6.35亿元,导致巨亏15亿多元。时任审计师安达信会计师事务所"由于无法执行满意的审计程序以获得合理的保证来确定所有重大交易均已被正确记录并充分披露"而出具了拒绝表示意见的审计报告。2002年,美国安达信会计师事务所因安然事件破产后,其在我国内地和香港的业务并入普华永道,然而,普华永道对格林柯尔和科龙这两个"烫手山芋"采取了请辞之举。随即,德勤走马上任,为科龙审计了2002~2004年的年报。

2003年3月28日,德勤为"ST科龙"2002年年报出具了保留意见的审计报告。在科龙当年的年报中,通过高达3.5亿元的资产减值和预计负债转回,实现净利润2亿多元。德勤对该份年报出具保留意见,主要理由是不能确定年初科龙公司及合并的净资产是否真实,未取得科龙公司的联营公司华意压缩机股份有限公司的财务报表,以及认为应当调减科龙1亿元的净利润(其中包括转回的2500万元存货跌价准备)。即使是调减后科龙仍然盈利,时任科龙公司董事长的顾雏军同意调账,调减后科龙2002年的净利润是1亿元。由于科龙在2000年和2001年都是巨亏,2002年经审计过的财务报表公布盈利，按照当时证监会的规定就可以免于退市，并脱掉 ST 的帽子。此前安达信曾给出过拒绝表示意见的审计报告，在 2001 年末科龙整体资产价值不确定的情况下，德勤 2002 年给出"保留意见"的审计报告显得有些牵强。

2004 年 4 月 19 日，德勤对科龙 2003 年年报出具了无保留意见的审计报告。科龙当年的财务报表称实现净利润 2.02 亿元。

2005 年 4 月 28 日，德勤对科龙 2004 年年报出具了保留意见的审计报告，主要是因为未能确认两家客户达 5.76 亿元的应收账款，未能确定是否应对销售退回计提准备。科龙当年的财务报表称亏损 6400 万元。2005 年 5 月科龙危机爆发，随后德勤宣布不再担任科龙的审计机构。但它此前为科龙 2003 年年报出具的无保留意见审计报告，以及 2002 年和 2004 年年报出具的保留意见审计报告并没有撤回，也没有要求公司进行财报重述。既然科龙被证实有重大错报事实，德勤显然难以免责。

2005 年 8 月 2 日，证监会经过对科龙公司 5 个月的调查，公布了《关于广东科龙电器股份有限公司涉嫌证券违法违规案件调查终结报告》。报告指出，通过虚构销售收入、少提坏账准备、少计诉讼赔偿金等手段，科龙从 2002 年至 2004 年分别虚增利润 1.1996 亿元、1.1847 亿元和 1.4875 亿元。根据证监会调查显示，2002 年科龙通过虚增利润，掩盖了其亏损的事实，尽管德勤因不能确定 2002 年初的净资产而对 2002 年年报出具了保留意见，但其是认同科龙 2002 年扭亏为盈的；德勤对科龙 2003 年年报出具了无保留意见的审计报告，未能发现科龙 2003 年年报中现金流量表披露存在的重大虚假，少计借款收到现金 30.255 亿元，少计"偿还债务所支付的现金" 21.36 亿元，多计经营活动产生的现金流量净额 8.897 亿元，科龙未披露 17 起会计政策变更等重大事项，也未披露与格林柯尔是公司连体投资、关联采购等关联交易事项。2004 年度德勤尽管对科龙的收入确认出具了保留意见，但没有揭示科龙巨额资金被挪用或侵占事实，也未对以前年度财务报表要求调整。

2005 年 8 月，中国证监会认定科龙电器披露的财务报告与事实严重不符。

（二）案例分析

1. 审计目标

（1）德勤应对科龙提供的财务报表是否真实、公允地反映企业的财务状况和经营成果提出独立公正的鉴证意见。但在本案例中，德勤未能发现科龙在现金流量表中的重大问题，存在严重过失，未能达到应有的审计目标。

（2）德勤未能揭露和报告对财务报表内容有直接影响的重大欺诈舞弊和非法行为。特别是"销售退回"这一敏感问题，也未能发现科龙公司的重大关联交易而导致企业利润虚增。

2. 审计职能

德勤未能实施有效审计程序，发现科龙公司财务报表的重大错报。特别是在存货盘点时选用范围不恰当，未能进行账实相符调查，导致营业收入虚增。因此德勤未能对科龙公司经济活动的合规性和报表的公允性表达提供合理的保证，导致审计失败。

3. 审计作用

德勤应代表科龙的投资人、债权人以及社会公众对科龙公司的真实运行情况给予有效的评价与监督。但在 2002~2004 年三年的审计中，未保持应有的职业谨慎，未实施有效的审计程序，致使科龙公司的报表存在重大错报，严重误导投资者的决策。

4. 审计标准

《注册会计师法》、《中国注册会计师审计准则》。

5. 审计程序

德勤对科龙存货及主营业务成本执行的审计程序不充分、不适当。德勤对科龙电器各期存货及主营业务成本进行审计时，直接按照科龙电器期末存货盘点数量和各期平均单位成本确定存货期末余额，并推算出科龙电器各期主营业务成本。在未对产成品进行有效测试和充分抽样盘点的情况下，德勤通过上述审计程序对存货和主营业务成本进行审计并予以确认，其审计程序不合理。

第三节　内部审计目标

一、内部审计目标概述

根据内部审计国际准则的制订机构——内部审计师学会（the Institute of Internal Auditors, IIA）的定义，内部审计是"一种独立、客观的确认和咨询活动，旨在增加价值和改善组织的运营。它通过应用系统的、规范的方法，评价并改善风险管理、控制和治理过程的效果，帮助组织实现其目标"。由此可知，内部审计的目标可分为增加组织价值和改进组织运营两个方面。

我国学者认为，随着内部控制从单纯的财务控制扩展到基于风险管理为企业战略实现服务的控制活动，内部审计的目标从过去的防错查弊提升到了促进企业价值增值[①]。

二、内部审计目标案例分析

（一）背景介绍

世界大型连锁超市——沃尔玛是美国零售业的奇迹。它不仅是折扣店、大型购物中心和批发店的连续发展模式，而且已经成为美国的文化象征。美国每个城市都至少有一家沃尔玛超市，而在过去的 10 年里，公司的店面及饮食业在全球都迅速地扩张。沃尔玛在美国有 2560 家店和 470 家会员俱乐部，在世界其他地区有 1000 家店，公司在美国和其他地区的雇员分别是 88 万人和 25 万人。

该公司创始人 Sam Walton 的经营哲学是：工作最出色、客户最满意、价格最低。

---

① 何卫红，赵佳. 内部审计研究述评：2003~2009［J］. 审计研究，2011（1）.

在 1962 年开第一家店时就确立了三个信条：尊重个人、服务客户、追求卓越。除此外，Wal－Mart 还遵循"Sam 的经营原则"：关注你的业务、与你的同事分享你的经验、与你的业务伙伴沟通、赞美成功、注意倾听、超越客户预期、控制费用。

Wal－Mart 显然很关注员工、业务和它的领导力。John Lewis 在成为该公司副总裁和首席审计官时就接受了这一挑战。他受命管理 327 名审计员并对审计方法实施大规模的改进。John Lewis 说："当我接受使命时，审计部的职能基本还停留于遵循性审查的阶段，更多的是对外部审计的支持和对存货的盘点。"他迅速明确了部门的长短期目标，包括经营审计、流程审计、价值增值审计、企业风险管理、与审计客户的战略伙伴关系、资格认证激励、职业发展和教育培训项目。这些目标的实现花了 5 年时间，并为 Wal－Mart 节省了 3 亿美元，这些主要是通过遵守制度和成本降低等方面实实在在的节约。

1. 战略伙伴关系

首先是与客户建立战略伙伴关系，审计部做的其他任何事情都根植于此，因为如果客户不认为你有价值，你就很难与他们打交道。Lewis 发动了几个计划以实现这种关系。引进客户反馈调查，收集关键信息，明确客户满意度、相关评论和关注焦点，以改进以后的审计程序和方法。他还开发了"价值增值说明程序"用于清晰地说明审计部如何为公司省了钱。该程序表明了主要的风险，并量化风险，然后为了督促管理层改进而公布审计部发现的问题。并且每年把节省的钱通报给高层管理者、审计委员会和董事会。

此外，风险评估流程在建立伙伴关系的过程中也起到重要作用。该评估流程是由多名高级管理人员参加，并由内部审计部门负责推进。风险评估流程的核心是包括讨论审计标准、风险种类和有效监控风险的风险管理机制。他们尽量使这一过程简单，即将风险划分为两大类：一是不可控风险，如法规和政治风险；二是内部风险，即可控可避免的风险。内部风险又可分为战略风险、财务风险、经营风险和诚信风险。在风险评估会上，与会者使用"投票技术"可以快速、不记名投票。每类风险按可能性和重要性排序。会议最终制订出合理的审计计划。他们将风险评估作为企业风险管理的第一步，并提出企业风险管理的目的是理解、测量、控制风险，使公司各项业务可以在预测关键事件和迅速实施最优决策前提下顺利实现预期目标。它要求持续、有效地在部门间交换信息，使风险可以识别和控制。

2. 业务流程审计

业务流程审计是建立在 3E 原则上的，即效果性，达到目标；效率性，投入最少资源达到目标；经济性，最低成本达到目标。Wal－Mart 的业务流程审计的基础是审计范围内的七个核心流程，包括：①战略规划：核心是成长战略。流程的负责人是 CEO 和管理委员会。②资产采购。③人力资源。④商品采购。⑤物流。⑥信息系统。⑦连锁店经营状况。在召开各流程控制评估会议时，上述流程的代表都参加，审计计划围绕这些核心流程展开。

3. 发展人力资源

Lewis 实施了认证激励计划，即当员工取得职业资格时给予现金补偿（如考取 CIA

或 CPA 资格）；还有教育培训计划，即为业务部门培训人才。审计人员要向审计部承诺工作两年，每年有 40 小时的培训，如果他们想去其他部门，审计部帮助其选择部门。Wal – Mart 内部审计部门每年更换 10% 的审计人员。该公司还提出，内审部门与其他部门配合，更充分地开发企业风险管理项目，使行动计划与股东价值的改善联系在一起。Wal – Mart 的审计部团队在 5 年里学到几个教训：不要试图在一年内完成所有的事，关键是明确哪件事对你和公司是最重要的。

（二）案例分析

1. 审计目标

（1）更注重企业的自我监督、强调信息真实性、完整性，从而规避经营风险，追求企业价值最大化。

（2）是否能够协助组织的管理成员有效履行职责，是否有效控制成本费用，并服务于企业管理。

（3）是否有效改善风险管理和流程控制。

2. 审计职能

（1）是否充分发挥内部审计的评价和监督职能，即通过审查、分析和评价来使企业预防财务风险，提高经济效益。

（2）审查各子公司是否按照公司运作手册进行运作。

（3）审查各子公司在运作中的同类问题，不断更新企业内部审计的准则。

3. 审计作用

（1）是否通过事前、事中及事后审计，有效识别风险，并建立风险预警机制。

（2）是否在审计过程中及时发现偏差并纠正，确保决策实现和流程控制的有效性。

4. 审计标准

《沃尔玛内部审计实施准则》、《沃尔玛管理要求》、《沃尔玛财务政策手册》。

5. 审计程序

（1）审核以前的报告、审计方案、工作底稿及前任审计师提供的文档，列出任何要求采取纠正行动的公开项目。

（2）准备主要业务流程图，获得业务流程的可视分析，识别控制缺陷。

（3）编制完成审计业务所需耗费的详细预算，以保证审计过程的效率。通过风险评估并排序，列出必须考虑的重大风险。

（4）内部审计实施环节及发表审计结论、建议和行动计划环节。

复习思考题

1. 简述政府审计目标、民间审计目标和内部审计目标的含义及其关系。

2. 我国注册会计师财务报表审计总体目标是什么？

3. 简述被审计单位管理层认定的含义及其内容。

4. 请说明财务审计的具体目标包括哪些内容？

5. 政府审计、民间审计和内部审计各自依据的标准有哪些？

6. 内部审计的职能是什么？它与外部审计存在怎样的关系？

7. 政府审计的审计职能有哪些？它与内部审计存在怎样的关系？

8. 试简要说明被审计单位管理当局认定与民间审计目标的关系，并以存货为例，列举三项重要的认定和与之对应的审计目标，以及实现各目标应实施的一项最重要的审计过程。

9. 民间审计目标的演变经过哪些过程？

10. 试联系我国审计实务比较政府审计、民间审计和内部审计的审计程序各有什么联系与区别？

案例分析

根据《中华人民共和国审计法》的规定，审计署于 2010 年 11 月至 2011 年 3 月，对甘肃、宁夏、内蒙古、陕西、山西、河南、山东 7 个省区（以下简称 7 个省区）以及水利部黄河水利委员会（以下简称黄委）2008～2010 年黄河流域水污染防治与水资源保护专项资金及相关工作情况进行了审计调查。其审计调查结果如下：

1. 黄河流域水污染防治和水资源保护工作情况与取得的成效

审计调查结果表明，"十一五"期间，发展改革委、财政部、环境保护部、住房城乡建设部、水利部等部门和流域内各级人民政府高度重视水污染防治与水资源保护工作，出台了《黄河中上游流域水污染防治规划（2006～2010 年)》（以下简称《黄河规划》），认真实施水污染防治和水资源保护工程，严格取用水总量控制管理，建立和完善规章制度，加强监督检查，推动黄河流域水污染防治和水资源保护工作取得较好成效。据水利部、7 个省区发展改革等部门提供的资料，至 2010 年底，黄河中上游地区投入 224 亿元用于《黄河规划》实施，占规划投资 319.93 亿元的 70.02%，其中，中央财政 33.23 亿元，地方财政 74.02 亿元，企业资金 116.75 亿元。从这些资金的投向看，用于城镇污水处理设施项目 146.24 亿元，占 65.29%；工业污染防治项目 68.14 亿元，占 30.42%；重点区域污染防治项目 9.62 亿元，占 4.29%。同时，7 个省区在 2008～2010 年还投入 27.84 亿元用于淤地坝等水土保持重点工程建设，其中，中央财政 16.97 亿元，地方财政 9.29 亿元，其他资金 1.58 亿元。

（1）污染防治项目全面实施。至 2010 年底，《黄河规划》的 528 个项目中，有 446 个项目已完工，占 84.47%，其中，城镇污水处理设施项目完工 197 个，占 253 个规划项目的 77.87%，新增 399.79 万吨/日污水处理能力；工业污染防治项目完工 240 个，占 263 个规划项目的 91.25%；重点区域污染防治项目完工 9 个，占 12 个规划项目的 75%。黄河主要支流渭河、汾河流域关停造纸、焦化企业 271 家，占规划要求关停企业 298 家的 90.94%。

（2）水土保持工作积极推进。2008～2010 年，7 个省区投入水土保持的资金持续增长，2009 年比 2008 年增长 10.53%，2010 年比 2009 年增长 40.95%；共修建淤地坝 1800 座，小型水利水保工程 14251 处，形成拦泥库容 3.8 亿吨，综合治理水土流失面积 11012.47 平方公里，完成计划治理面积 10900 平方公里的 101.03%。

（3）黄河干流水质总体好转，水资源统一调度得到加强。2008～2010年，《黄河规划》中的18个干流控断面中，达标断面数量由2008年的17个上升为2010年的18个，水质状况3年均为优。流域管理机构和7个省区地方政府加强了取水管理和水资源统一调度，实现了黄河连续11年不断流，基本满足了流域内经济社会发展和生态环境用水需要。

2. 审计调查发现的主要问题及整改情况

从审计调查结果看，"十一五"期间，黄河流域水污染防治和水资源保护工作取得了积极成效，但部分地方及有关部门和企业在资金征收管理使用、水污染防治、水资源保护管理和部分堤防工程建设管理中还存在一些问题。具体情况是：

（1）甘肃、宁夏、内蒙古、陕西、河南、山东6个省区的4个省级、10个市级和20个县级水利、环保、建设等主管部门或自来水公司等代征单位欠征水资源费2.16亿元、污水处理费3581.90万元、垃圾处理费57.35万元、排污费81.76万元；甘肃、宁夏、内蒙古、陕西、山西、河南6个省区的256家企事业单位欠缴水资源费2.16亿元、污水处理费1926.60万元、垃圾处理费9099.95万元、排污费2.06亿元；甘肃、宁夏、内蒙古、陕西4个省区的1个省级、5个市级、1个县级财政部门未按规定将水资源费4972.95万元上缴中央财政；甘肃、宁夏、陕西、山西4个省区的5个市级财政部门或代征单位未将水资源费1303.14万元、污水处理费2100.43万元、排污费306.35万元纳入预算管理。

审计调查指出上述问题后，甘肃、宁夏、内蒙古、山西、山东等省区补征补缴水资源费、污水处理费和排污费4281.46万元，纳入预算管理资金1764.46万元。

（2）截至2010年底，《黄河规划》要求建设完工的253个城镇污水处理设施建设项目中，仍有56个未完工，占规划要求的22.13%；302.21万吨/日污水处理能力未形成，占应形成702万吨/日污水处理能力的43.05%。审计抽查已建成并运行的96家污水处理厂中，甘肃兰州雁儿湾污水处理厂、山西太原殷家堡污水处理厂、陕西宝鸡凤翔县污水处理厂等10家污水处理厂存在超标排放的问题。

（3）甘肃、宁夏、内蒙古、陕西、山西、河南6个省区的45项水土保持项目资金总缺口2.77亿元，占规划工程总投资5.04亿元的54.96%，其中有1.91亿元是地方配套资金，占资金总缺口的68.95%，影响了水土流失治理任务的完成。

审计调查指出上述问题后，内蒙古等省区责成有关地方组织整改，积极落实解决相关问题。

（4）甘肃、宁夏、内蒙古、陕西、山西、河南、山东7个省区的24个建设项目违规占用河道面积1.47万亩，其中丰乐农庄、府谷县河滨公园、大清河水上乐园工程、神泉生态旅游区、宝鸡市渭河生态公园、银滩湿地公园、万荣黄河度假村、兰州水车博览园、"龙"园公园一期、"龙"园公园二期、金马河公园、白塔山黄河索道、塞上江南博物馆、包头市九原区兰柜村25家餐馆14个项目为旅游休闲设施，温县工业集聚区、焦作多尔克司奶牛养殖园、孟州市一普酒精有限公司、孟州市第一卫生纸厂、平安航运公司昭君分公司5个项目为企业和工业园区，保德县堤防扩建、和榆平汾高速公路建设、龙城高速公路建设、大运高速铁路项目、天水渭河河道内27座临时建筑5

个项目为基础建设设施。这些项目开工建设前均未按要求进行防洪评估，也未取得相关河道主管部门的批准，部分建筑设施不符合行洪要求。此外，审计调查还发现，黄河下游防洪工程建设中，有的标段存在违法转分包行为，有的勘察（测）设计合同未公开招投标，有的企业违规借用其他企业资质投标。

审计调查指出问题后，黄委出台了进一步加强黄河水行政许可管理工作等两项规章制度，下发了要求对违规占用河道项目进行核查、整改等5项通知，并对相关单位和责任人进行了通报批评或处分。上述尚在整改中的事项，审计署将督促有关地方抓紧整改并适时公布最终结果。

试根据以上资料，分析政府审计的总目标和具体目标、政府审计依据的标准、政府审计实施的程序、政府审计的效果及政府审计与民间审计的主要区别。

第五章　审计证据与审计工作底稿

审计是客观收集和评价与管理当局声明有关的审计证据的过程。在审计计划过程中，需要解决三个基本问题：将要执行什么审计程序；需要收集多少审计证据；在什么时间执行该审计程序（见图 5－1）。

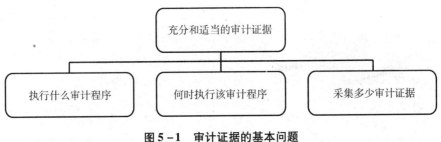

图 5－1　审计证据的基本问题

一个审计计划，不论其大小，也不论其是标准化的审计计划还是根据特定用户制定的审计计划，制定时都应确保该审计计划能够证明管理当局对会计报表或其他关于经营业绩指标的声明的正确性。一个精确的审计程序必须能够发现潜在错报的风险。

注册会计师应当获取充分、适当的审计证据，以得出合理的审计结论，作为形成审计意见的基础。因此，注册会计师需要确定什么构成审计证据，如何获取审计证据，如何确定已收集的证据是否充分适当，收集的审计证据如何支持审计意见。上述构成了注册会计师审计工作的基本要求。

第一节　审计证据的性质

一、审计证据的含义

审计证据是指注册会计师为了得出审计结论、形成审计意见而使用的所有信息。审计证据包括构成财务报表基础的会计记录所含有的信息和其他信息。证据是一个适用性较广的概念，不仅注册会计师执行审计工作需要证据，科学家和律师也需要证据。在科学实验中，科学家获取证据，以得出关于某项理论的结论；在法律案件中，法官需要根据严密确凿的证据，以提出审判结论；注册会计师必须在每项审计工作中获取充分、适当的审计证据，以满足发表审计意见的要求。

（一）会计记录中含有的信息

依据会计记录编制财务报表是被审计单位管理层的责任，注册会计师应当测试会计记录以获取审计证据。会计记录主要包括原始凭证、记账凭证、总分类账和明细分类账、未在记账凭证中反映的对财务报表的其他调整，以及支持成本分配、计算、调节和披露的手工计算表和电子数据表。上述会计记录是编制财务报表的基础，构成注册会计师执行财务报表审计业务所需获取的审计证据的重要部分。这些会计记录通常是电子数据，因而要求注册会计师对内部控制予以充分关注，以获取这些记录的真实性、准确性和完整性。进一步说，电子形式的会计记录可能只在特定时间获取，如果不存在备份文件，特定期间之后有可能无法再获取这些记录。

会计记录取决于相关交易的性质，它既包括被审计单位内部生成的手工或电子形式的凭证，也包括从与被审计单位进行交易的其他企业收到的凭证。除此之外，会计记录还可能包括：

（1）销售发运单和发票、顾客对账单以及顾客的汇款通知单；

（2）附有验货单的订购单、购货发票和对账单；

（3）考勤卡和其他工时记录、工薪单、个别支付记录和人事档案；

（4）支票存根、电子转移支付记录（EVTs）、银行存款单和银行对账单；

（5）合同记录，例如租赁合同和分期付款销售协议；

（6）记账凭证；

（7）分类账账户调节表。

将这些会计记录作为审计证据时，其来源和被审计单位内部控制的相关强度（对内部生成的证据而言）都会影响注册会计师对这些原始凭证的信赖程度。

（二）其他信息

会计记录中含有的信息本身并不足以提供充分的审计证据作为对财务报表发表审计意见的基础，注册会计师还应当获取用作审计证据的其他信息。可用作审计证据的其他信息包括注册会计师从被审计单位内部或外部获取的会计记录以外的信息，如被审计单位会议记录、内部控制手册、询证函的回函、分析师的报告、与竞争者的比较数据等；通过询问、观察和检查等审计程序获取的信息，如通过检查存货获取存货存在的证据等；自身编制或获取的可以通过合理推断得出结论的信息，如注册会计师编制的各种计算表、分析表等。

财务报表依据的会计记录中包含的信息和其他信息共同构成了审计证据，两者缺一不可。如果没有前者，审计工作将无法进行；如果没有后者，可能无法识别重大错报风险。只有将两者结合在一起，才能将审计风险降至可接受的低水平，为注册会计师发表审计意见提供合理基础。

必要审计证据的性质与范围取决于注册会计师对何种证据与实现审计目标相关做出的职业判断。这种判断受到重要性评估水平、与特定认定相关的审计风险、总体规模以及影响账户余额的各类经常性或非经常性交易的影响。

注册会计师获取不同来源和不同性质的审计证据，不过，审计证据很少是绝对的，从性质上来看反而是说服性的，并能佐证会计记录中所记录信息的合理性。因此，在确定报表公允表达时，注册会计师最终评价的正是这种累计的审计证据。注册会计师将不同来源和不同性质的审计证据综合起来考虑，这样能够反映出结果的一致性，从而佐证会计记录中记录的信息。如果审计证据不一致，而且这种不一致可能是重大的，注册会计师应当扩大审计程序的范围，直到不一致得到解决，并针对账户余额或各类交易获得必要保证。

二、审计证据的充分性与适当性

注册会计师应当保持职业怀疑态度，运用职业判断，评价审计证据的充分性和适当性。

（一）审计证据的充分性

审计证据的充分性是对审计证据数量的衡量，主要与注册会计师确定的样本量有关。例如，对某个审计项目实施某一选定的审计程序，从 200 个样本中获得的证据要比从 100 个样本中获得的证据更充分。获取的审计证据应当充分，足以将与每个重要认定相关的审计风险限制在可接受的水平。

注册会计师需要获取的审计证据的数量受其对重大错报风险评估的影响（评估的重大错报风险越高，需要的审计证据可能越多），并受审计证据质量的影响（审计证据质量越高，需要的审计证据可能越少）。然而，注册会计师仅靠获取更多的审计证据可能无法弥补其质量上的缺陷。

例如，注册会计师对某电脑公司进行审计，经过分析认为，受被审计单位行业性质的影响，存货陈旧的可能性相当高，存货计价的错报可能性就比较大。为此，注册会计师在审计中，就要选取更多的存货样本进行测试，以确定存货陈旧的程度，从而确认存货的价值是否被高估。

（二）审计证据的适当性

审计证据的适当性是对审计证据质量的衡量，即审计证据在支持审计意见所依据的结论方面具有的相关性和可靠性。相关性和可靠性是审计证据适当性的核心内容，只有相关且可靠的审计证据才是高质量的。

1. 审计证据的相关性

相关性是指用作审计证据的信息与审计程序的目的和所考虑的相关认定之间的逻辑联系。用作审计证据的信息的相关性可能受测试方向的影响。例如，如果某审计程序的目的是测试应付账款是否高估，则测试已记录的应付账款可能是相关的审计程序；如果某审计程序的目的是测试应付账款是否低估，则测试已记录的应付账款不是相关的审计程序，相关的审计程序可能是测试期后支出、未支付发票、供应商结算单以及发票未到的收货报告单等。

特定的审计程序可能只为某些认定提供相关的审计证据，而与其他认定无关。例如，检查期后应收账款收回的记录和文件可以提供有关存在和计价的审计证据，但未必提供与截止测试相关的审计证据。类似地，有关某一特定认定（如存货的存在认定）的审计证据，不能替代与其他认定（如该存货的计价认定）相关的审计证据。但是不同来源或不同性质的审计证据可能与同一认定相关。

控制测试旨在评价内部控制在防止或发现并纠正认定层次重大错报方面的运行有效性。设计控制测试以获取相关审计证据，包括识别一些显示控制运行的情况（特征或属性），以及显示控制未恰当运行的偏差情况。然后，注册会计师可以测试这些情况是否存在。

实质性程序旨在发现认定层次重大错报，包括细节测试和实质性分析程序。设计实质性程序包括识别与测试目的相关的情况，这些情况构成相关认定的错报。

2. 审计证据的可靠性

审计证据的可靠性是指证据的可信程度。例如，注册会计师亲自检查存货所获得的证据，比被审计单位管理层提供给注册会计师的存货数据更可靠。

审计证据的可靠性受其来源和性质的影响，并取决于获取审计证据的具体环境。注册会计师在判断审计证据的可靠性时，通常会考虑下列原则：

（1）从外部独立来源获取的审计证据比从其他来源获取的审计证据更可靠。从外部独立来源获取的审计证据未经被审计单位有关职员之手，从而减少了伪造、更改凭证或业务记录的可能性，因而其证明力最强。此类证据如银行询证函回函、应收账款询证函回函、保险公司等机构出具的证明等。相反，从其他来源获取的审计证据，由于证据提供者与被审计单位存在经济或行政关系等原因，其可靠性应受到质疑。此类证据如被审计单位内部的会计记录、会议记录等。

（2）内部控制有效时内部生成的审计证据比内部控制薄弱时内部生成的审计证据更可靠。如果被审计单位有着健全的内部控制且在日常管理中得到一贯的执行，会计记录的可信赖程度将会增加。如果被审计单位的内部控制薄弱，甚至不存在任何内部控制，被审计单位内部凭证记录的可靠性就大为降低。例如，如果与销售业务相关的内部控制有效，注册会计师就能从销售发票和发货单中取得比内部控制不健全时更加可靠的审计证据。

（3）直接获取的审计证据比间接获取或推论得出的审计证据更可靠。例如，注册会计师观察某项内部控制的运行得到的证据比询问被审计单位某项内部控制的运行得到的证据更可靠。间接获取的证据有被涂改及伪造的可能性，降低了可信赖程度。推论得出的审计证据，其主观性较强，人为因素较多，可信赖程度也受到影响。

（4）以文件、记录形式（无论是纸质、电子还是其他介质）存在的审计证据比口头形式的审计证据更可靠。例如，会议的同步书面记录比对讨论事项事后的口头表述更可靠。口头证据本身并不足以证明事实的真相，仅仅提供了一些重要线索，为进一步调查确认所用。如注册会计师在对应收账款进行账龄分析后，可以向应收账款负责人询问逾期应收账款收回的可能性。如果该负责人的意见与注册会计师自行估计的坏账损失基本一致，则这一口头证据就可成为证实注册会计师对有关坏账损失判断的重要证据。但在一般情况下，口头证据往往需要得到其他相应证据的支持。

（5）从原件获取的审计证据比从传真件或复印件获取的审计证据更可靠。注册会计师可审查原件是否有被涂改或伪造的迹象，排除伪证，提高证据的可信赖程度。而传真件或复印件容易被篡改或伪造，可靠性较低。

注册会计师在按照上述原则评价审计证据的可靠性时，还应当注意可能出现的重要例外情况。例如，审计证据虽然是从独立的外部来源获得，但如果该证据是由不知情者或不具备资格者提供，审计证据也可能是不可靠的。同样，如果注册会计师不具备评价证据的专业能力，那么即使是直接获取的证据，也可能不可靠。

3. 充分性和适当性之间的关系

充分性和适当性是审计证据的两个重要特征，两者缺一不可，只有充分且适当的审计证据才是有证明力的。

注册会计师需要获取的审计证据的数量也受审计证据质量的影响。审计证据质量越高，需要的审计证据数量可能越少。也就是说，审计证据的适当性会影响审计证据的充分性。例如，被审计单位内部控制健全时生成的审计证据更可靠，注册会计师只需获取适量的审计证据，就可以为发表审计意见提供合理的基础。

需要注意的是，尽管审计证据的充分性和适当性相关，但如果审计证据的质量存在缺陷，那么注册会计师仅靠获取更多的审计证据可能无法弥补其质量上的缺陷。例如，注册会计师应当获取与销售收入完整性相关的证据，实际获取到的却是有关销售收入真实性的证据，审计证据与完整性目标不相关，即使获取的证据再多，也证明不了收入的完整性。同样，如果注册会计师获取的证据不可靠，那么证据数量再多也难以起到证明作用。

4. 评价充分性和适当性时的特殊考虑

(1) 对文件记录可靠性的考虑。审计工作通常不涉及鉴定文件记录的真伪，注册会计师也不是鉴定文件记录真伪的专家，但应当考虑用作审计证据的信息的可靠性，并考虑与这些信息生成和维护相关控制的有效性。

如果在审计过程中识别出的情况使其认为文件记录可能是伪造的，或文件记录中的某些条款已发生变动，注册会计师应当做出进一步调查，包括直接向第三方询证，或考虑利用专家的工作以评价文件记录的真伪。例如，发现某银行询证函回函有伪造或篡改的迹象，注册会计师应当做进一步的调查，并考虑是否存在舞弊的可能性。必要时，应当通过适当方式聘请专家予以鉴定。

(2) 使用被审计单位生成的信息时的考虑。注册会计师为获取可靠的审计证据，实施审计程序时使用的被审计单位生成的信息需要足够完整和准确。例如，通过用标准价格乘以销售量来对收入进行审计时，其有效性受到价格信息准确性和销售量数据完整性和准确性的影响。类似地，如果注册会计师打算测试总体（如付款）是否具备某一特性（如授权），若选取测试项目的总体不完整，则测试结果可能不太可靠。

如果针对这类信息的完整性和准确性获取审计证据是所实施审计程序本身不可分割的组成部分，则可以与对这些信息实施的审计程序同时进行。在其他情况下，通过测试针对生成和维护这些信息的控制，注册会计师也可以获得关于这些信息准确性和完整性的审计证据。然而，在某些情况下，注册会计师可能确定有必要实施追加的审计程序。

在某些情况下，注册会计师可能打算将被审计单位生成的信息用于其他审计目的。例如，注册会计师可能打算将被审计单位的业绩评价用于分析程序，或利用被审计单位用于监控活动的信息，如内部审计报告等。在这种情况下，获取的审计证据的适当性受到该信息对于审计目的而言是否足够精确和详细的影响。例如，管理层的业绩评价对于发现重大错报可能不够精确。

（3）证据相互矛盾时的考虑。如果针对某项认定从不同来源获取的审计证据或获取的不同性质的审计证据能够相互印证，与该项认定相关的审计证据则具有更强的说服力。例如，注册会计师通过检查委托加工协议发现被审计单位有委托加工材料，且委托加工材料占存货比重较大，经发函询证后证实委托加工材料确实存在。委托加工协议和询证函回函这两个不同来源的审计证据互相印证，证明委托加工材料真实存在。

如果从不同来源获取的审计证据或获取的不同性质的审计证据不一致，表明某项审计证据可能不可靠，注册会计师应当追加必要的审计程序。上例中，如果注册会计师发函询证后证实委托加工材料已加工完成并返回被审计单位，委托加工协议和询证函回函这两个不同来源的证据不一致，委托加工材料是否真实存在受到质疑。这时，注册会计师应追加审计程序，确认委托加工材料收回后是否未入库或被审计单位收回后予以销售而未入账。

（4）获取审计证据时对成本的考虑。注册会计师可以考虑获取审计证据的成本与所获取信息的有用性之间的关系，但不应以获取审计证据的困难和成本为由减少不可替代的审计程序。

在保证获取充分、适当的审计证据的前提下，控制审计成本也是会计师事务所增强竞争能力和获利能力所必需的。但为了保证得出的审计结论、形成的审计意见是恰当的，注册会计师不应将获取审计证据的成本高低和难易程度作为减少不可替代的审计程序的理由。例如，在某些情况下，存货监盘是证实存货存在性认定的不可替代的审计程序，注册会计师在审计中不得以检查成本高和难以实施为由而不执行该程序。

第二节　获取审计证据的审计程序

注册会计师可以采用检查记录或文件、检查有形资产、观察、询问、外部函证、重新计算、重新执行和分析程序等具体审计程序来获取审计证据。

在实施风险评估程序、控制测试或实质性程序时，注册会计师可根据需要单独或综合运用上述程序，以获取充分、适当的审计证据。

一、检查记录或文件

检查记录或文件是指注册会计师对被审计单位内部或外部生成的，以纸质、电子或其他介质形式存在的记录或文件进行审查。

检查记录或文件的目的是对财务报表所包含或应包含的信息进行验证。例如，被审计单位通常对每一笔销售交易都保留一份顾客订单、一张发货单和一份销售发票副本。这些凭证对于注册会计师验证被审计单位记录的销售交易的正确性是有用的证据。

检查记录或文件可提供可靠程度不同的审计证据，审计证据的可靠性取决于记录或文件的来源和性质。外部记录或文件通常被认为比内部记录或文件可靠，因为外部凭证经被审计单位的客户出具，又经被审计单位认可，表明交易双方对凭证上记录的信息和条款达成一致意见。

另外，某些外部凭证编制过程非常谨慎，通常由律师或其他有资格的专家进行复核，因而具有较高的可靠性，如土地使用权证、保险单、契约和合同等文件。

二、检查有形资产

检查有形资产是指注册会计师对资产实物进行审查。检查有形资产程序大多数情况下适用于对现金和存货的审计，也适用于对有价证券、应收票据和有形固定资产的验证。

区分有形资产检查与记录或文件的检查，对具体审计目标来说非常重要。如果被检查的对象，如销售发票，其本身没有价值，则这种证据就是文件检查证据。例如，支票在签发以前是文件，签发以后变成了资产，核销以后又变成了文件。严格来讲，只有在支票是一项资产时，才能对其进行有形资产检查。

检查有形资产可为其存在性提供可靠的审计证据，但不一定能够为权利和义务或计价认定提供可靠的审计证据。检查有形资产是验证资产确实存在的直接手段，被认为是最可靠、最有用的审计证据，是认定资产数量和规格的一种客观手段。在某些情况下，它还是评价资产状况和质量的一种有用方法。但是要验证存在的资产确实为被审计单位所有，在财务报表中的列报金额估价准确，检查有形资产获取的证据本身并不充分，还需要实施其他的审计程序，以获得充分适当的证据。

三、观察

观察是指注册会计师察看相关人员正在从事的活动或执行的程序。例如，对客户执行的存货盘点或控制活动进行观察。

观察提供的审计证据仅限于观察发生的时点，并且可能影响对相关人员从事活动或执行程序的真实情况的了解。观察时点的情况并不能证明一贯的情况，另外被观察人员对观察的反应也对观察所得证据的客观性产生影响，因此注册会计师在使用观察程序获取证据的时候，要注意其本身固有的局限性，有必要获取其他类型的佐证证据。

四、询问

询问是指注册会计师以书面或口头方式，向被审计单位内部或外部的知情人员获取财务信息和非财务信息，并对答复进行评价的过程。

知情人员对询问的答复可能为注册会计师提供尚未获悉的信息或佐证证据，也可能提供与已获悉信息存在重大差异的信息，注册会计师应当根据询问结果考虑修改审计程序或实施追加的审计程序。询问通常不足以发现认定层次存在的重大错报，也不足以测试内部控制运行的有效性，注册会计师还应当实施其他审计程序以获取充分、适当的审计证据。

五、函证

（一）函证的含义与形式

函证（外部函证），是指注册会计师直接从第三方（被询证者）获取书面答复作为审计证据的过程，书面答复可以采用纸质、电子或其他介质等形式。

询证函有积极式询证函和消极式询证函两种形式。积极式询证函是指要求被询证者直接向注册会计师回复，表明是否同意询证函所列示的信息，或填列所要求的信息的一种询证函。

消极式询证函是指要求被询证者只有在不同意询证函所列示的信息时才直接向注册会计师回复的一种询证函。

（二）函证程序

注册会计师应当确定是否有必要实施函证程序以获取认定层次的相关、可靠的审计证据。在作出决策时，注册会计师应当考虑评估的认定层次重大错报风险，以及通过实施其他审计程序获取的审计证据如何将检查风险降至可接受的水平。

注册会计师应当对银行存款、借款（包括零余额账户和在本期内注销的账户）及与金融机构往来的其他重要信息实施函证程序，除非有充分证据表明这些项目对财务报表不重要且与之相关的重大错报风险很低。如果不对这些项目函证，注册会计师应当在工作底稿中说明理由。

注册会计师应当对应收账款实施函证程序，除非有充分证据表明应收账款对财务报表不重要，或函证很可能无效。如果认为函证很可能无效，注册会计师应当实施替代审计程序，以获取相关、可靠的审计证据。如果不对应收账款函证，注册会计师应当在工作底稿中说明理由。

当实施函证程序时，注册会计师应当对询证函保持控制，包括：①确定需要确认或填列的信息；②选择适当的被询证者；③设计询证函，包括正确填列被询证者的姓名和地址，以及被询证者直接向注册会计师回函的地址；④发出询证函并予以跟进，必要时再次向被询证者寄发询证函。

（三）管理层不允许寄发询证函时的处理

如果管理层不允许寄发询证函，注册会计师应当：①询问管理层不允许寄发询证函的原因，并就其原因的正当性及合理性收集审计证据；②评价管理层不允许寄发询证函对评估的相关重大错报风险（包括舞弊风险），以及其他审计程序的性质、时间安排和范围的影响；③实施替代程序，以获取相关、可靠的审计证据。

如果认为管理层不允许寄发询证函的原因不合理，或实施替代程序无法获取相关、可靠的审计证据，注册会计师应当按照《中国注册会计师审计准则第 1151 号——与治理层的沟通》的规定，与治理层进行沟通。注册会计师还应当按照《中国注册会计师审计准则第 1502 号——在审计报告中发表非无保留意见》的规定，确定其对审计工作和审计意见的影响。

（四）实施函证程序的结果

如果存在对询证函回函的可靠性产生疑虑的因素，注册会计师应当进一步获取审计证据以消除这些疑虑。

如果认为询证函回函不可靠，注册会计师应当评价其对评估的相关重大错报风险（包括舞弊风险），以及其他审计程序的性质、时间安排和范围的影响。

在未回函的情况下，注册会计师应当实施替代程序以获取相关、可靠的审计证据。如果注册会计师认为取得积极式询证函回函是获取充分、适当的审计证据的必要程序，则替代程序不能提供注册会计师所需要的审计证据。在这种情况下，如果未获取回函，注册会计师应当确定其对审计工作和审计意见的影响。

如果回函存在不符事项，注册会计师应当调查不符事项，以确定其是否表明存在错报。

（五）消极式函证

消极式函证比积极式函证提供的审计证据的说服力低。除非同时满足下列条件，注册会计师不得将消极式函证作为唯一实质性程序，以应对评估的认定层次重大错报风险：①注册会计师将重大错报风险评估为低水平，并已就与认定相关的控制的运行有效性获取充分、适当的审计证据；②需要实施消极式函证程序的总体由大量的小额、同质的账户余额、交易或事项构成；③预期不符事项的发生率很低；④没有迹象表明接收询证函的人员或机构不认真对待函证。

六、重新计算

重新计算是指注册会计师以人工方式或使用计算机辅助审计技术，对记录或文件中的数据计算的准确性进行核对。重新计算通常包括计算销售发票和存货的总金额，加总日记账和明细账，检查折旧费用和预付费用的计算，检查应纳税额的计算等。

注册会计师在进行审计时，往往需对被审计单位的凭证、账簿和报表中的数字进行计算，以验证其是否正确。注册会计师的计算并不一定按照被审计单位原先的计算形式和顺序进行。在计算过程中，注册会计师不仅要注意计算结果是否正确，而且还要对某些其他可能的差错（如计算结果的过账和转账有误等）予以关注。

一般而言，计算不仅包括对被审计单位的凭证、账簿和报表中有关数字的验算，而且还包括对会计资料中有关项目的加总或其他运算。其中，加总又分为横向加总（横向数字的加总）和纵向加总（纵向数字的加总）。在财务报表审计中，注册会计师往往需要大量地运用加总技术来获取必要的审计证据。

七、重新执行

重新执行是指注册会计师以人工方式或使用计算机辅助审计技术，重新独立执行作为被审计单位内部控制组成部分的程序或控制。例如，注册会计师利用被审计单位的银行存款日记账和银行对账单，重新编制银行存款余额调节表，并与被审计单位编制的银行存款余额调节表进行比较。

八、分析程序

（一）分析程序的含义

分析程序是指注册会计师通过分析不同财务数据之间以及财务数据与非财务数据之间的内在关系，对财务信息作出评价。分析程序还包括在必要时对识别出的、与其他相关信息不一致或与预期值差异重大的波动或关系进行调查。例如，注册会计师可以对被审计单位的财务报表和其他会计资料中的重要比率及其变动趋势进行分析性复核，以发现其异常变动项目。对于异常变动项目，注册会计师应重新考虑其所采用的审计方法是否合适；必要时，应追加适当的审计程序，以获取相应的审计证据。

（二）分析程序的运用

一般而言，在整个审计过程中，注册会计师都将运用分析程序。在设计和实施实质性分析程序时，无论单独使用还是与细节测试结合使用，注册会计师都应当：①考虑针对所涉及认定评估的重大错报风险和实施的细节测试，确定特定实质性分析程序对于这些认定的适用性；②考虑可获得信息的来源、可比性、性质和相关性以及与信息编制相关的控制，评价在对已记录的金额或比率作出预期时使用数据的可靠性；③对已记录的金额或比率作出预期，并评价预期值是否足够精确以识别重大错报，即一项错报单独或连同其他错报可能导致财务报表产生重大错报；④确定已记录金额与预期值之间可接受的，且无须按《审计准则第1313号》第七条的要求作进一步调查的差异额。

在临近审计结束时，注册会计师应当设计和实施分析程序，帮助其对财务报表形成总体结论，以确定财务报表是否与其对被审计单位的了解一致。

（三）分析程序的方法

注册会计师实施分析程序时可以使用不同的方法，包括从简单的比较到使用高级统计技术的复杂分析。在实务中，可使用的方法主要有趋势分析法、比率分析法、合理性测试法、回归分析法等。

注册会计师可以针对合并财务报表、组成部分的财务报表以及财务信息的要素实施分析程序。

一般而言，分析程序所能发现的潜在问题如表5-1所示。

表5-1 分析程序所能发现的潜在问题

分析程序	潜在问题
比较当年与以前年度的存货水平	存货错报或陈旧过时
比较当年与以前年度应收账款周转率	销售收入错报或坏账准备不足
比较公司毛利率与同业平均水平	销售收入与应收账款错报或销售成本与存货错报
比较生产数量与销售数量	销售收入与存货错报
比较利息费用与债务金额	债务与利息费用错报
比较费用与盈利水平	费用与利润错报

（四）异常关系的调查

注册会计师实施分析程序，如果识别出与其他相关信息不一致的波动或关系，或与预期值差异重大的波动或关系，应当采取下列措施调查这些差异：①询问管理层，并针对管理层的答复获取适当的审计证据；②根据具体情况在必要时实施其他审计程序。

第三节 审计工作底稿

一、审计工作底稿的定义和编制目的

（一）审计工作底稿的定义

审计工作底稿是指注册会计师对制订的审计计划、实施的审计程序、获取的相关审计证据以及得出的审计结论作出的记录。审计工作底稿是审计证据的载体，是注册会计师在审计过程中形成的审计工作记录和获取的资料。它形成于审计过程，也反映整个审计过程。

（二）编制审计工作底稿的目的

审计工作底稿在计划和执行审计工作中发挥重要作用。注册会计师应当及时编制审计工作底稿以实现下述主要目的：

（1）提供证据，作为注册会计师得出实现总体目标的结论的基础；

（2）提供证据，证明注册会计师按照审计准则和相关法律法规的规定计划和执行了审计工作。

除了上述目的之外，编制审计工作底稿还可以：①有助于项目组计划和实施审计工作；②有助于负责督导的项目组成员按照《中国注册会计师审计准则第1121号——对财务报表审计实施的质量控制》的规定，履行指导、监督与复核审计工作的责任；③便于项目组说明其执行审计工作的情况；④保留对未来审计工作持续产生重大影响的事项的记录；⑤便于会计师事务所按照《质量控制准则第5101号——会计师事务所对执行财务报表审计和审阅、其他鉴证和相关服务业务实施的质量控制》的规定，实施质量控制复核与检查；⑥便于监管机构和注册会计师协会根据相关法律法规或其他相关要求，对会计师事务所实施执业质量检查。

二、审计工作底稿的编制要求

注册会计师应当及时编制审计工作底稿。注册会计师编制的审计工作底稿应当使得未曾接触该项审计工作的有经验的专业人士清楚了解：按照审计准则和相关法律法规的规定实施的审计程序的性质、时间安排和范围；实施审计程序的结果和获取的审计证据；审计中遇到的重大事项和由此得出的结论，以及在得出结论时作出的重大职业判断。

有经验的专业人士是指会计师事务所内部或外部的具有审计实务经验，并且对下列方面有合理了解的人士：①审计过程；②审计准则和相关法律法规的规定；③被审计单位所处的经营环境；④与被审计单位所处行业相关的会计和审计问题。

审计工作底稿主要涉及注册会计师实施审计程序的性质、时间和范围。在工作底稿中，注册会计师应当记录的内容包括：①测试的具体项目或事项的识别特征；②审计工作的执行人员及完成审计工作的日期；③审计工作的复核人员及复核的日期和范围。除此之外，注册会计师还应当记录管理层、治理层和其他人员对重大事项的讨论，包括所讨论的重大事项的性质以及讨论的时间、地点和参加人员。如果识别出的信息与针对某重大事项得出的最终结论不一致，注册会计师应当记录如何处理该不一致的情况。

在某些例外情况下，如果在审计报告日后实施了新的或追加的审计程序，或者得出新的结论，注册会计师应当记录：①遇到的例外情况；②实施的新的或追加的审计程序，获取的审计证据，得出的结论，以及对审计报告的影响；③对审计工作底稿作出相应变动的时间和人员，以及复核的时间和人员。

编制审计工作底稿的文字应当使用中文。少数民族自治地区可以同时使用少数民族文字。中国境内的中外合作会计师事务所、国际会计公司成员所可以同时使用某种外国文字。会计师事务所执行涉外业务时可以同时使用某种外国文字。

三、审计工作底稿的性质

审计工作底稿具有存在形式多样、业务导向、内容重要等诸多性质。

（一）审计工作底稿的存在形式

审计工作底稿可以以纸质、电子或其他介质形式存在。随着信息技术的广泛运用，审计工作底稿的形式从传统的纸质形式扩展到电子或其他介质形式。但无论审计工作底稿存在于哪种介质，会计师事务所都应当针对审计工作底稿设计和实施适当的控制，以实现下列目的：

（1）使审计工作底稿清晰地显示其生成、修改及复核的时间和人员；

（2）在审计业务的所有阶段，尤其是在项目组成员共享信息或通过互联网将信息传递给其他人员时，保护信息的完整性；

（3）防止未经授权改动审计工作底稿；

（4）允许项目组和其他经授权的人员为适当履行职责而接触审计工作底稿。

在实务中，为便于复核，注册会计师可以将以电子或其他介质形式存在的审计工作底稿通过打印等方式转换成纸质形式的审计工作底稿，并与其他纸质形式的审计工作底稿一并归档，同时，单独保存这些以电子或其他介质形式存在的审计工作底稿。

（二）审计工作底稿通常包括的内容

审计工作底稿通常包括总体审计策略、具体审计计划、分析表、问题备忘录、重大事项概要、询证函回函、管理层声明书、核对表、有关重大事项的往来信件（包括电子邮件）以及对被审计单位文件记录的摘要或复印件等。

此外，审计工作底稿通常还包括业务约定书、管理建议书、项目组内部或与被审计单位举行的会议记录、与其他人士（如其他注册会计师、律师、专家等）的沟通文件及错报汇总等。

一般情况下，分析表主要是指对被审计单位财务信息执行分析程序的记录。例如，记录将被审计单位本年各月收入与上一年度的同期数据进行比较的情况，记录对差异的分析等。

问题备忘录一般是指对某一事项或问题的概要的汇总记录。在问题备忘录中，注册会计师通常记录该事项或问题的基本情况、执行的审计程序或具体审计步骤，以及得出的审计结论。例如，有关存货监盘的审计程序或审计过程中发现问题的备忘录。

核对表一般是指会计师事务所内部使用的、可以方便核对某些特定审计工作或程序的完成情况的表格。例如，特定项目（如财务报表列报）审计程序核对表、审计工作完成核对表等。它通常以列举的方式列出审计过程中注册会计师应当进行的审计工作或程序以及特别需要提醒注意的问题，并在适当情况下索引至其他审计工作底稿，便于注册会计师核对是否已按照审计准则的规定进行审计。

在实务中，会计师事务所通常采取以下方法从整体上提高工作（包括复核工作）效率及工作质量，并帮助会计师事务所进行统一质量管理：

（1）会计师事务所基于审计准则及在实务中的经验等，统一制定某些格式、索引及涵盖内容等方面相对固定的审计工作底稿模板、范例等，如核对表、审计计划及业务约定书范例等，某些重要的或不可删减的工作会在这些模板或范例中予以特别标识；

（2）在此基础上，注册会计师再根据各具体业务的特点加以必要的修改，制定适用于具体项目的审计工作底稿。

审计工作底稿通常不包括已被取代的审计工作底稿的草稿或财务报表的草稿、对不全面或初步思考的记录、存在印刷错误或其他错误而作废的文本以及重复的文件记录等。由于这些草稿、错误的文本或重复的文件记录不直接构成审计结论和审计意见的支持性证据，因此注册会计师通常无须保留这些记录。

四、审计工作底稿的格式、内容和范围

（一）确定审计工作底稿的格式、内容和范围时应考虑的因素

在确定审计工作底稿的格式、内容和范围时，注册会计师应当考虑下列因素：

（1）实施审计程序的性质。通常，不同的审计程序会使得注册会计师获取不同性质的审计证据，由此注册会计师可能会编制不同格式、内容和范围的审计工作底稿。例如，注册会计师编制的有关函证程序的审计工作底稿（包括询证函及回函、有关不符事项的分析等）和存货监盘程序的审计工作底稿（包括盘点表、注册会计师对存货的测试记录等）在内容、格式及范围方面是不同的。

（2）已识别的重大错报风险。识别和评估的重大风险水平的不同可能导致注册会计师执行的审计程序和获取的审计证据不尽相同。例如，如果注册会计师识别出应收账款余额存在较高的重大错报风险，而其他应收款的重大错报风险较低，则注册会计师可能对应收账款执行较多的审计程序并获取较多的审计证据，因而对测试应收账款的记录会比针对测试其他应收款的记录的内容多且范围广。

（3）在执行审计工作和评价审计结果时需要作出判断的范围。审计程序的选择和执行及审计结果的评价通常需要不同程度的职业判断。例如，运用非统计抽样的方法选取样本进行应收账款函证程序时，注册会计师可能基于应收账款账龄、以前的审计经验及是否为关联方欠款等因素，考虑哪些应收账款存在较高的重大错报风险，运用职业判断在总体中选取样本，并对作出职业判断时的考虑事项进行适当的记录。因此，在作出职业判断时所考虑的因素及范围可能使注册会计师作出不同内容和范围的记录。

（4）已获取审计证据的重要程度。注册会计师通过执行多项审计程序可能会获取不同的审计证据，有些审计证据的相关性和可靠性较高，有些质量则较差，注册会计师可能区分不同的审计证据进行有选择性的记录，因此，审计证据的重要程度也会影响审计工作底稿的格式、内容和范围。

（5）已识别的例外事项的性质和范围。有时注册会计师在执行审计程序时会发现例外事项，由此可能导致审计工作底稿在格式、内容和范围方面的不同。例如，某个函证的回函表明存在不符事项，但是注册会计师如果在实施恰当的追查后发现该例外事项并未构成错报，则注册会计师可能只在审计工作底稿中解释发生该例外事项的原因及影响。反之，如果该例外事项构成错报，则注册会计师可能需要执行额外的审计程序并获取更多的审计证据，由此编制的审计工作底稿在内容及范围方面可能有很大不同。

（6）当从已执行审计工作或获取审计证据的记录中不易确定结论或结论的基础时，记录结论或结论基础的必要性。在某些情况下，特别是在涉及复杂的事项时，注册会计师仅将已执行的审计工作或获取的审计证据记录下来，并不容易使其他有经验的注册会计师通过合理的分析，得出审计结论或结论的基础。此时注册会计师应当考虑是否需要进一步说明并记录得出结论的基础（得出结论的过程）及该事项的结论。

（7）使用的审计方法和工具。使用的审计方法和工具可能影响审计工作底稿的格

式、内容和范围。例如，在使用计算机辅助审计技术对应收账款的账龄进行重新计算时，通常可以针对总体进行测试，而采用人工方式重新计算时，则可能会针对样本进行测试，由此形成的审计工作底稿会在格式、内容和范围方面有所不同。

考虑以上因素有助于注册会计师确定审计工作底稿的格式、内容和范围是否恰当。注册会计师在考虑以上因素时需注意，根据不同情况确定审计工作底稿的格式、内容和范围均是为达到编制审计工作底稿的目的，特别是提供证据的目的。例如，细节测试和实质性分析程序的审计工作底稿所记录的审计程序有所不同，但两类审计工作底稿都应当充分、适当地反映注册会计师执行的审计程序。

（二）审计工作底稿的要素

通常，审计工作底稿包括下列全部或部分要素：①审计工作底稿的标题；②审计过程记录；③审计结论；④审计标识及其说明；⑤索引号及编号；⑥编制者姓名及编制日期；⑦复核者姓名及复核日期；⑧其他应说明事项。其他应说明事项，即注册会计师根据其他专业判断，认为应在审计工作底稿中予以记录的其他相关事项。

（三）审计过程记录

1. 记录测试的特定项目或事项的识别特征

注册会计师在审计过程中记录实施的审计程序的性质、时间和范围时，注册会计师应当记录测试的特定项目或事项的识别特征。

识别特征是指被测试的项目或事项表现出的征象或标志。识别特征因审计程序的性质和所测试项目或事项的不同而不同。对某一个具体项目或事项而言，其识别特征通常具有唯一性，这种特性可以使其他人员根据识别特征在总体中识别该项目或事项并重新执行该测试。以下列举部分审计程序中所测试的样本的识别特征：

（1）对被审计单位生成的订购单进行细节测试时，注册会计师可以将订购单的日期或编号作为识别特征。需要注意的是，注册会计师也需要同时考虑被审计单位对订购单编号的方式。例如，若被审计单位按年对订购单依次编号，则识别特征是××年的××号；若被审计单位仅以序列号进行编号，则可以直接将该号码作为识别特征。

（2）对于一项需要选取或复核既定总体内一定金额以上的所有项目的审计程序，注册会计师可能会以实施审计程序的范围作为识别特征。例如，总账中一定金额以上的所有会计分录。

（3）对于一项需要系统化抽样的审计程序，注册会计师可能会通过记录样本的来源、抽样的起点及抽样间隔来识别已选取的样本。例如，若被审计单位对发运单顺序编号，测试的发运单的识别特征可以是，对 4 月 1 日至 9 月 30 日的发运台账，从第××号发运单开始每隔××号系统抽取发运单。

（4）对于需要询问被审计单位中特定人员的审计程序，注册会计师可能会以询问的时间、被询问人的姓名及职位作为识别特征。

（5）对于观察程序，注册会计师可能以观察的对象或观察过程、相关被观察人员及其各自的责任、观察的地点和时间作为识别特征。

2. 记录重大事项及相关重大职业判断

注册会计师应当根据具体情况判断某一事项是否属于重大事项。重大事项通常包括：

（1）引起特别风险的事项；

（2）实施审计程序的结果，该结果表明财务信息可能存在重大错报，或需要修正以前对重大错报风险的评估和针对这些风险拟采取的应对措施；

（3）导致注册会计师难以实施必要审计程序的情形；

（4）导致出具非标准审计报告的事项。

注册会计师应当记录与管理层、治理层和其他人员对重大事项的讨论，包括所讨论的重大事项的性质以及讨论的时间、地点和参加人员。

有关重大事项的记录可能分散在审计工作底稿的不同部分。将这些分散在审计工作底稿中的有关重大事项的记录汇总在重大事项概要中，不仅可以帮助注册会计师集中考虑重大事项对审计工作的影响，还便于审计工作的复核人员全面、快速地了解重大事项，从而提高复核工作的效率。对于大型、复杂的审计项目，重大事项概要的作用尤为重要。因此，注册会计师应当考虑编制重大事项概要，将其作为审计工作底稿的组成部分，以有效地复核和检查审计工作底稿，并评价重大事项的影响。

重大事项概要包括审计过程中识别的重大事项及其如何得到解决，或对其他支持性审计工作底稿的交叉索引。

注册会计师在执行审计工作和评价审计结果时运用职业判断的程度，是决定记录重大事项的审计工作底稿的格式、内容和范围的一项重要因素。在审计工作底稿中对重大职业判断进行记录，能够解释注册会计师得出的结论，并提高职业判断的质量。这些记录对审计工作底稿的复核人员非常有帮助，同样也有助于执行以后期间审计的人员查阅具有持续重要性的事项（如根据实际结果对以前作出的会计估计进行复核）。

当涉及重大事项和重大职业判断时，注册会计师需要编制与运用职业判断相关的审计工作底稿。例如：

（1）审计准则要求注册会计师"应当考虑"某些信息或因素，并且这种考虑在特定业务情况下是重要的，记录注册会计师得出结论的理由；

（2）记录注册会计师对某些方面主观判断的合理性（如某些重大会计估计的合理性）得出结论的基础；

（3）注册会计师针对审计过程中识别出的导致其对某些文件记录的真实性产生怀疑的情况实施了进一步调查（如适当利用专家的工作或实施函证程序），记录注册会计师对这些文件记录真实性得出结论的基础。

3. 针对重大事项如何处理不一致的情况

如果识别出的信息与针对某重大事项得出的最终结论不一致，注册会计师应当记录如何处理不一致的情况。

上述情况包括但不限于注册会计师针对该信息执行的审计程序、项目组成员对某事项的职业判断不同而向专业技术部门的咨询情况，以及项目组成员和被咨询人员不同意见（如项目组与专业技术部门的不同意见）的解决情况。

记录如何处理识别出的信息与针对重大事项得出的结论不一致的情况是非常必要的，它有助于注册会计师关注这些不一致，并对此执行必要的审计程序以恰当地解决这些不一致。

但是，对如何解决这些不一致的记录要求并不意味着注册会计师需要保留不正确的或被取代的审计工作底稿。例如，某些信息初步显示与针对某重大事项得出的最终结论不一致，注册会计师发现这些信息是错误的或不完整的，并且初步显示的不一致可以通过获取正确或完整的信息得到满意的解决，则注册会计师无须保留这些错误的或不完整的信息。此外，对于职业判断的差异，若初步的判断意见是基于不完整的资料或数据，则注册会计师也无须保留这些初步的判断意见。

（四）审计结论

审计工作的每一部分都应包含与已实施审计程序的结果及其是否实现既定审计目标相关的结论，还应包括审计程序识别出的例外情况和重大事项如何得到解决的结论。注册会计师恰当地记录审计结论非常重要。注册会计师需要根据所实施的审计程序及获取的审计证据得出结论，并以此作为对财务报表发表审计意见的基础。在记录审计结论时需注意，在审计工作底稿中记录的审计程序和审计证据是否足以支持所得出的审计结论。

（五）审计标识及其说明

审计标识被用于与已实施审计程序相关的底稿。每张底稿都应包含对已实施程序的性质和范围所作的解释，以支持每一个标识的含义。审计工作底稿中可使用各种审计标识，但应说明其含义，并保持前后一致。

（六）索引号及编号

通常，审计工作底稿需要注明索引号及顺序编号，相关审计工作底稿之间需要保持清晰的勾稽关系。为了汇总及便于交叉索引和复核，每个事务所都会制定特定的审计工作底稿归档流程。因此，每张表或记录都应有一个索引号，例如，A1、D6 等，以说明其在审计工作底稿中的位置。工作底稿中每张表所包含的信息都应当与另一张表中的相关信息进行交叉索引，例如，现金盘点表应当与列示所有现金余额的导表进行交叉索引。利用计算机编制工作底稿时，可以采用电子索引和链接。随着审计工作的推进，链接表还可予以自动更新。例如，审计调整表可以链接到试算平衡表，当新的调整分录编制完后，计算机会自动更新试算平衡表，为相关调整分录插入索引号。同样，评估的固有风险或控制风险可以与针对特定风险领域设计的相关审计程序进行交叉索引。

在实务中，注册会计师可以按照所记录的审计工作的内容层次进行编号。例如，固定资产汇总表的编号为 C1，按类别列示的固定资产明细表的编号为 C1 - 1，房屋建筑物的编号为 C1 - 1 - 1，机器设备的编号为 C1 - 1 - 2，运输工具的编号为 C1 - 1 - 3，其他设备的编号为 C1 - 1 - 4。相互引用时，需要在审计工作底稿中交叉注明索引号。

（七）编制人员和复核人员及执行日期

为了明确责任，在各自完成与特定工作底稿相关的任务之后，编制者和复核者都应在工作底稿上签名并注明编制日期和复核日期。在记录已实施审计程序的性质、时间安排和范围时，注册会计师应当记录：

（1）测试的具体项目或事项的识别特征；

（2）审计工作的执行人员及完成审计工作的日期；

（3）审计工作的复核人员及复核的日期和范围。

在需要项目质量控制复核的情况下，还需要注明项目质量控制复核人员及复核的日期。通常，需要在每一张审计工作底稿上注明执行审计工作的人员和复核人员、完成该项审计工作的日期以及完成复核的日期。

在实务中，如果若干页的审计工作底稿记录同一性质的具体审计程序或事项，并且编制在同一个索引号中，此时可以仅在审计工作底稿的第一页上记录审计工作的执行人员和复核人员并注明日期。例如，应收账款函证核对表的索引号为 L3 - 1 - 1/21，相对应的询证函回函共有 20 份，每一份应收账款询证函回函索引号以 L3 - 1 - 2/21、L3 - 1 - 3/21……L3 - 1 - 21/21 表示，对于这种情况，就可以仅在应收账款函证核对表上记录审计工作的执行人员和复核人员并注明日期。

五、审计工作底稿的归档

（一）审计工作底稿的归档性质

注册会计师应当在审计报告日后及时将审计工作底稿归整为审计档案，并完成归整最终审计档案过程中的事务性工作。审计档案，是指一个或多个文件夹或其他存储介质，以实物或电子形式存储构成某项具体业务的审计工作底稿的记录。注册会计师应当在审计报告日后及时将审计工作底稿归整为审计档案，并完成归整最终审计档案过程中的事务性工作。

在归档期间对审计工作底稿进行的事务性的变动主要包括：①删除或废弃被取代的审计工作底稿；②对审计工作底稿进行分类、整理和交叉索引；③对审计档案归整工作的完成核对表签字认可；④记录在审计报告日前获取的、与审计项目组相关成员进行讨论并取得一致意见的审计证据。

（二）审计工作底稿的归档期限

注册会计师应当按照会计师事务所质量控制政策和程序的规定，及时将审计工作底稿归整为最终审计档案。审计工作底稿的归档期限为审计报告日后六十天内。如果注册会计师未能完成审计业务，审计工作底稿的归档期限为审计业务中止后的六十天内。

如果针对客户的同一财务信息执行不同的委托业务，出具两个或多个不同的报告，会计师事务所应当将其视为不同的业务，根据制定的政策和程序，在规定的归档期限内分别将审计工作底稿归整为最终审计档案。

（三）审计工作底稿归档后的变动

一般情况下，在审计报告归档之后不需要对审计工作底稿进行修改或增加。在完成最终审计档案归整工作后，如果注册会计师发现有必要修改现有审计工作底稿或增加新的审计工作底稿，无论修改或增加的性质如何，注册会计师均应当记录：①修改或增加审计工作底稿的具体理由；②修改或增加审计工作底稿的时间和人员，以及复核的时间和人员。

这里所说的修改现有审计工作底稿主要是指在保持原审计工作底稿中所记录的信息，即对原记录信息不予删除（包括涂改、覆盖等方式）的前提下，采用增加新信息的方式予以修改。例如，原审计工作底稿中列明存货余额为 1000 万元，现改为 1100 万元，注册会计师可以采用在原工作底稿中增加新的注释的方式予以修改。

（四）审计工作底稿的保存期限

会计师事务所应当自审计报告日起，对审计工作底稿至少保存十年。如果注册会计师未能完成审计业务，会计师事务所应当自审计业务中止日起，对审计工作底稿至少保存十年。

值得注意的是，对于连续审计的情况，当期归整的永久性档案虽然包括以前年度（有可能是十年以前）获得的资料，但由于其作为本期档案的一部分，并作为支持审计结论的基础，因此，注册会计师对于这些对当期有效的档案，应视为当期取得并保存十年。如果这些资料在某一个审计期间被替换，被替换资料可以从被替换的年度起至少保存十年。

在完成最终审计档案的归整工作后，注册会计师不得在规定的保存期届满前删除或废弃审计工作底稿。

复习思考题

1. 什么是审计证据？审计证据的来源有哪些？
2. 审计证据如何分类？基本的分类是什么？
3. 如何评价审计证据的充分性？如何评价审计证据的可靠性？
4. 审计证据种类与具体审计目标的关系如何？
5. 审计证据的获取方法有哪些？
6. 在实务中如何充分运用分析性复核方法？
7. 外部函证的重要性体现在哪些方面？
8. 什么是审计工作底稿？为什么要编制审计工作底稿？
9. 审计工作底稿的基本要素与基本结构是什么？
10. 审计工作底稿归档的性质是什么？

案例分析

假定你作为注册会计师被所在会计师事务所指派对一个中型公司——西拉的应收票据进行审计。应收票据账户是今年新增加的账户并且已经与管理人员进行了讨论，因为西拉的三个主要客户现在正处于付款困难期。这三个客户大约占西拉公司客户年度销售额的 15%。该应收票据账户是在去年 7 月第一次使用，当时的账户的余额为 30 万元，现在有 250 万元的年末余额，而应收账款账户的余额为 600 万元。

根据进一步的调查，你发现年末余额由下面票据组成：

（1）巴拉公司，利率10%，明年7月1日到期，账面金额为120万元。

（2）亚亿公司，利率11%，明年9月30日到期，账面金额为80万元。

（3）西奈公司，利率12%，18个月内到期，账面金额为50万元。

你又发现了下面的信息：

（1）西奈公司是完全由西拉公司的董事长拥有的一家公司，并且已经由董事长进行了个人担保（包括私人财产的抵押）。

（2）公司仍然向这三家公司继续销售产品。这些票据表述的是前期未偿还的应收票据总和。三家公司现在正在偿还现有的应付票据。

要求：

（1）确定在审计该应收票据账户时你可能会遇到的特有风险。

（2）确定在审计该应收票据账户时审计人员测试的主要管理当局声明。对于每一个管理当局声明，制定一个或者两个审计程序，收集能够证明这个账户在财务报表上的表述正确性的审计证据。

第六章　审计重要性水平与审计风险

第一节　审计重要性

审计重要性（Materiality）是审计学的一个基本概念。审计重要性概念的运用贯穿于整个审计过程。在计划审计工作时，注册会计师应当考虑导致财务报表发生重大错报的原因，并应当在了解被审计单位及其环境的基础上，确定一个可接受的重要性水平，即首先为财务报表层次确定重要性水平，以发现在金额上重大的错报。同时，注册会计师还应当评估各类交易、账户余额和披露认定层次的重要性，以便确定进一步审计程序的性质、时间安排和范围，将审计风险降至可接受的低水平。在确定审计意见类型时，注册会计师也需要考虑重要性水平。

一、重要性的含义

根据《中国注册会计师审计准则第 1221 号——计划和执行审计工作时的重要性》，重要性取决于在具体环境下对错报金额和性质的判断。在财务报表审计中，如果合理预期错报（包括漏报）单独或汇总起来可能影响财务报表使用者依据财务报表作出的经济决策，则通常认为错报是重大的。错报，是指某一财务报表项目的金额、分类、列报或披露，与按照适用的财务报告编制基础应当列示的金额、分类、列报或披露之间存在的差异；或根据注册会计师的判断，为使财务报表在所有重大方面得到公允反映，需要对金额、分类、列报或披露作出的必要调整。错报可能是由于错误或舞弊导致的。重要性水平可视为财务报表中的错报、漏报能否影响财务报表使用者决策的"临界点"，超过该"临界点"，就会影响使用者的判断和决策，这种错报和漏报就应被看作"重要的"。

美国财务会计准则委员会第 2 号公告将重要性定义为："会计信息漏报或错报的严重程度，在特定环境下足以改变或影响任何一位理性决策者依赖这些信息所作出的判断。"在国际会计师联合会的术语中，重要性被定义为："如果漏报或错报可能影响财务报表使用者的经济决策，那么信息就是重要的。重要性取决于在发生漏报或错报的特定环境下所判断的项目或错误的大小。"

重要性概念是基于成本效益原则的要求而产生的。由于现代企业经济活动日趋复杂，注册会计师审计所面对的会计信息量也日益庞大，注册会计师既无必要也不可能去审查全部的会计资料，只能在对内部控制和风险评估的基础上采用抽查的方法来确认财务报表的合法性和公允性。因此，在审计过程中，注册会计师在确定审计程序的性质、时间安排和范围以及评价错报的影响时，应当考虑重要性。

财务报告编制基础通常从编制和列报财务报表的方面定义重要性概念。适用的财务报告编制基础对重要性概念的规定，为注册会计师在审计工作中确定重要性提供了参考依据。财务报告编制基础可能以不同的术语解释重要性，如果适用的财务报告编制基础未对重要性概念作出规定，通常而言，重要性概念可从下列方面进行理解：

1. 重要性的判断与具体环境有关

不同的审计对象面临不同的环境。在不同的环境下，被审计单位的规模、性质、报表使用者对信息的需求都不尽相同，因此，注册会计师确定的重要性也不相同。从被审计单位的规模来看，某一金额的错报对一个规模较小的被审计单位的财务报表来说可能重要，而对另一个规模较大的被审计单位的财务报表来说可能就是不重要的。

2. 对重要性的判断受错报的金额或性质的影响，或受两者共同作用的影响

数额的大小无疑是判断重要性的一个重要因素。同样类型的错报或漏报，金额大的错报比金额小的错报更重要。在考虑数额大小的时候，还要注意多项小额错报的累计影响，一项错报单独看来并不重要，但如果多次出现，积少成多，就可能变得重要了。仅从数量角度考虑，重要性水平只是提供了一个门槛或临界点，在该门槛或临界点之上的错报就是重要的，反之，该错报则不重要。在有些情况下，某些金额的错报从数量上看并不重要，但从性质上考虑，则可能是重要的。从性质上考虑错报的重要性要注意以下几点：第一，错报是属于错误还是舞弊，如果属于舞弊，则性质相对严重。第二，错报是否会引起履行合同义务，如果错报致使履行了合同义务，则相对重要。第三，错报是否会影响收益趋势，如果改变了收益的趋势，则相对重要。

3. 判断重要性是从财务报表使用者整体需求的角度出发

判断一项错报重要与否，应视其对财务报表使用者依据财务报表作出经济决策的影响程度而定。如果财务报表中的某项错报足以改变或影响财务报表使用者的相关决策，则该项错报就是重要的，否则就不重要。

在财务报表的审计中，注册会计师判断某事项对财务报表使用者是否重大，是在考虑财务报表使用者整体共同的财务信息需求的基础上作出的。由于不同财务报表使用者对财务信息的需求可能差异很大，因此不考虑错报对个别财务报表使用者可能产生的影响。

注册会计师对重要性的确定属于职业判断，受注册会计师对财务报表使用者关于财务信息需求的认识的影响。因此，就审计而言，注册会计师针对财务报表使用者作出下列假定是合理的：

（1）拥有经营、经济活动和会计方面的适当知识，并有意愿认真研究财务报表中的信息；

（2）理解财务报表是在运用重要性水平基础上编制、列报和审计的；

（3）认可建立在对估计和判断的应用以及对未来事项的考虑的基础上的会计计量

具有固有的不确定性;

(4) 依据财务报表中的信息作出合理的经济决策。

另外,对重要性的评估可能需要运用职业判断。重要性的判断是一个复杂的过程,离不开特定的环境。影响重要性的因素很多,不同的审计对象的重要性不同,同一审计对象的重要性在不同时期可能不同。注册会计师不能机械地套用,只能根据被审计单位面临的环境,并综合考虑其他因素,充分发挥其主观能动性进行专业判断,合理确定重要性水平。不同的注册会计师在确定同一被审计单位财务报表层次和认定层次的重要性水平时,得出的结果也可能不同,这主要是因为对影响重要性的各因素的判断存在差异。

二、重要性的确定和实际执行的重要性

(一) 确定计划的重要性水平应考虑的因素

注册会计师应当运用职业判断确定重要性。在计划审计工作时,注册会计师应当确定一个可接受的重要性水平,以发现在金额上重大的错报。此外,注册会计师应当考虑较小金额错报的累计结果可能对财务报表产生重大的影响。

总体上来说,注册会计师在确定计划的重要性水平时,需要考虑以下主要因素:

(1) 被审计单位及其环境的基本情况。被审计单位的行业状况、法律环境与监管环境等其他外部因素,以及被审计单位经营规模的大小和业务性质、对会计政策的选择和应用、被审计单位的目标和战略及相关的经营风险、被审计单位内部控制的可信赖程度等因素,都将影响注册会计师对重要性水平的判断。

(2) 审计的目标,包括特定报告要求、信息使用者的要求等因素影响注册会计师对重要性水平的确定。例如,对特定报表项目进行审计的业务,其重要性水平可能需要以该项目金额,而不是以财务报表的一些汇总性财务数据为基础加以确定。

(3) 财务报表各项目的性质及相互关系。财务报表项目的重要程度是存在差别的,因为财务报表使用者对不同的报表项目的关心程度不同。一般而言,财务报表使用者十分关心流动性较高的项目,注册会计师应当对此从严制定重要性水平。由于财务报表各项目之间是相互联系的,注册会计师在确定重要性水平时,需要考虑这种相互联系。

(4) 财务报表项目的金额及其波动幅度。财务报表项目的金额及其波动幅度可能促使财务报表使用者做出不同的反应。因此,注册会计师在确定重要性水平时,应当深入研究这些项目的金额及波动幅度。

因为重要性是从报表使用者决策的角度来考虑的,所以,只要影响预期财务报表使用者决策的因素,都可能对重要性水平产生影响。注册会计师应当在计划阶段充分考虑这些因素,并采用合理的方法,确定重要性水平。

(二) 重要性的定量考虑和定性考虑

注册会计师应当从数量和性质两个方面考虑重要性。重要性水平是一个经验值,注册会计师只能通过职业判断确定重要性水平。

1. 重要性的定量考虑

重要性的数量即重要性水平，是针对错报的金额大小而言。确定多大错报会影响到财务报表使用者所作决策，是注册会计师运用职业判断的结果。很多注册会计师根据所在会计师事务所的惯例及自己的经验，考虑重要性水平。注册会计师通常先选择一个恰当的基准，再选用适当的百分比乘以该基准，从而得出财务报表层次的重要性水平。在实务中，有许多汇总性财务数据可以用作确定财务报表层次重要性水平的基准，例如，总资产、净资产、流动资产、流动负债、销售收入、费用总额、毛利润、净利润等。在选择适当的基准时，注册会计师应当考虑以下因素：

（1）财务报表的要素（例如，资产、负债、所有者权益、收入和费用等）、适用的会计准则所定义的财务报表指标（例如，财务状况、经营成果和现金流量），以及适用的会计准则提出的其他具体要求；

（2）对某被审计单位而言，是否存在财务报表使用者特别关注的报表项目（例如，特别关注与评价经营成果相关的信息）；

（3）被审计单位的性质及所在行业；

（4）被审计单位的规模、所有权性质以及融资方式。

注册会计师通常会根据上述因素选择一个相对稳定、可预测且能够反映被审计单位正常规模的基准。由于销售收入和总资产具有相对稳定性，注册会计师经常将其用作确定计划重要性水平的基准。在确定恰当的基准后，注册会计师通常运用职业判断合理选择百分比，据以确定重要性水平。实务中通常使用的一些经验参考数值包括：

（1）对于以营利为目的的企业，来自经常性业务的税前利润的5%，或总收入的0.5%；

（2）对于非营利组织，费用总额或总收入的0.5%；

（3）对于共同基金公司，净资产的0.5%。

这些百分比只是一般的经验数值，为了更加有效地实现审计目标，注册会计师执行具体审计业务时，可以根据被审计单位的具体情况作出职业判断，调高或调低上述百分比。另外，根据不同的基准可能会计算出不同的重要性水平，此时，注册会计师应当本着有效实现审计目标的原则根据实际情况确定要采用的基准和计算方法，从而确定重要性水平。

此外，注册会计师在确定重要性时，通常要考虑以前期间的经营成果和财务状况、本期的经营成果和财务状况、本期的预算和预测结果、被审计单位情况的重大变化（如重大的企业并购）以及宏观经济环境和所在行业环境发生的相关变化。例如，注册会计师在将净利润作为确定某单位重要性水平的基准时，因情况变化使该单位本年度净利润出现意外的增加或减少，注册会计师可能认为选择近几年的平均净利润作为重要性水平的基准更加合适。

注册会计师在确定重要性水平时，不需考虑与具体项目计量相关的固有不确定性。例如，财务报表含有高度不确定性的大额估计，注册会计师并不会因此而确定一个比不含有该估计的财务报表的重要性更高或更低的重要性水平。

2. 重要性的定性考虑

在计划审计工作时确定的重要性（确定的某一金额），并不必然表明单独或汇总起来低于该金额的未更正错报一定被评价为不重大。即使某些错报金额低于重要性水平，与这些错报相关的环境可能使注册会计师将其评价为重大。

尽管设计审计程序以发现仅因其性质而可能被评价为重大的错报并不可行，但是注册会计师在评价未更正错报对财务报表的影响时，不仅要考虑错报金额的大小，还要考虑错报的性质以及错报发生的特定环境。注册会计师在判断错报的性质是否重要时一般应当考虑以下方面的情况：

（1）错报对遵守法律法规要求的影响程度。

（2）错报对遵守债务契约或其他合同要求的影响程度。

（3）错报掩盖收益或其他趋势变化的程度（尤其在联系宏观经济背景和行业状况进行考虑时）。

（4）错报对用于评价被审计单位财务状况、经营成果或现金流量的有关比率的影响程度。

（5）错报对财务报表中列报的分部信息的影响程度。例如，错报事项对分部或被审计单位其他经营部分的重要程度，而这些分部或经营部分对被审计单位的经营或盈利有重大影响。

（6）错报对增加管理层报酬的影响程度。例如，管理层通过错报来达到有关奖金或其他激励政策规定的要求，从而增加其报酬。

（7）错报对某些账户余额之间错误分类的影响程度，这些错误分类影响到财务报表中应单独披露的项目。例如，经营收益和非经营收益之间的错误分类，非营利单位的受到限制资源和非限制资源的错误分类。

（8）相对于注册会计师所了解的以前向报表使用者传达的信息（例如，盈利预测）而言，错报的重大程度。

（9）错报是否与涉及特定方的项目相关。例如，与被审计单位发生交易的外部单位是否与被审计单位管理层的成员有关联。

（10）错报对信息漏报的影响程度。在有些情况下，适用的会计准则并未对该信息作出具体要求，但是注册会计师运用职业判断，认为该信息对财务报表使用者了解被审计单位的财务状况、经营成果或现金流量很重要。

（11）错报对与已审计财务报表一同披露的其他信息的影响程度，该影响程度能被合理预期将对财务报表使用者作出经济决策产生影响。

（三）财务报表层次和各类交易、账户余额、列报认定层次的重要性水平

从重要性的数量方面，注册会计师应当考虑财务报表层次和各类交易、账户余额、列报认定层次的重要性。

1. 财务报表层次的重要性水平

由于财务报表审计的目标是注册会计师通过执行审计工作对财务报表发表审计意见，因此，注册会计师应当考虑财务报表层次的重要性水平。只有这样，才能得出财务报表是否公允反映的结论。在制定总体审计策略时，注册会计师应当确定财务报表

整体的重要性水平。财务报表层次的重要性水平主要是采用定量的方法来确定，即选择一个基准和相应的百分比来计算财务报表层次的重要性水平。

2. 各类交易、账户余额、列报认定层次的重要性水平

根据被审计单位的特定情况，如果存在一个或多个特定类别的交易、账户余额或列报，其发生的错报金额虽然低于财务报表整体的重要性，但合理预期可能影响财务报表使用者依据财务报表作出的经济决策，注册会计师还应当确定适用于这些交易、账户余额或列报的一个或多个重要性水平。

各类交易、账户余额、列报认定层次的重要性水平称为"可容忍错报"。可容忍错报的确定是以注册会计师对财务报表层次重要性水平的初步评估为基础。它是在不导致财务报表存在重大错报的情况下，注册会计师对各类交易、账户余额、列报确定的可接受的最大错报。

注册会计师在财务报表层次重要性水平的基础上，确定各类交易、账户余额、列报认定层次的重要性水平时，应当考虑以下主要因素：①各类交易、账户余额、列报的性质及错报的可能性；②各类交易、账户余额、列报认定层次的重要性水平与财务报表层次重要性水平的关系；③审计费用的高低。

不同账户的审查难度不同，有些账户审查起来难度大、手续复杂、耗费的时间长，审计费用高；而有的账户的审查就相对容易些。在保证审计证据的适当性和充分性的前提下，可以考虑对那些审查容易的项目少分配一些重要性金额，而对那些余额大、审查难度大的账户，适当多分配一些重要性额度。

由于为各类交易、账户余额、列报确定的重要性水平即可容忍错报，对审计证据数量有直接的影响，因此，注册会计师应当合理确定可容忍错报。在确定各类交易、账户余额、列报认定层次的重要性水平时，要注意各类交易、账户余额、列报认定层次的重要性水平的总和不能超过财务报表层次的重要性水平。

此外，在制定总体审计策略时，注册会计师应当对那些金额本身就低于所确定的财务报表层次重要性水平的特定项目作特别的考虑。注册会计师应当根据被审计单位的具体情况，运用职业判断，考虑是否能够合理地预计这些项目的错报将影响使用者依据财务报表作出的经济决策（如有这种情况的话）。注册会计师在作出这一判断时，应当考虑的因素包括：

（1）会计准则、法律法规是否影响财务报表使用者对特定项目计量和披露的预期（如关联方交易、管理层及治理层的报酬）；

（2）与被审计单位所处行业及其环境相关的关键性披露（例如，制药业的研究与开发成本）；

（3）财务报表使用者是否特别关注财务报表中单独披露的特定业务分部（如新近购买的业务）的财务业绩。

了解治理层和管理层对上述问题的看法和预期，可能有助于注册会计师根据被审计单位的具体情况作出这一判断。

（四）实际执行的重要性

实际执行的重要性，是指注册会计师确定的低于财务报表整体重要性的一个或多

个金额，旨在将未更正和未发现错报的汇总数超过财务报表整体的重要性的可能性降至适当的低水平。如果适用，实际执行的重要性还指注册会计师确定的低于特定类别的交易、账户余额或披露的重要性水平的一个或多个金额。

仅为发现单项重大的错报而计划审计工作将忽视这样一个事实，即单项非重大错报的汇总数可能导致财务报表出现重大错报，更不用说还没有考虑可能存在的未发现错报。确定财务报表整体的实际执行的重要性（根据定义可能是一个或多个金额），旨在将财务报表中未更正和未发现错报的汇总数超过财务报表整体的重要性的可能性降至适当的低水平。

与确定特定类别的交易、账户余额或披露的重要性水平相关的实际执行的重要性，旨在将这些交易、账户余额或披露中未更正与未发现错报的汇总数超过这些交易、账户余额或披露的重要性水平的可能性降至适当的低水平。

确定实际执行的重要性并非简单机械的计算，需要注册会计师运用职业判断，并考虑下列因素的影响：①对被审计单位的了解（这些了解在实施风险评估程序的过程中得到更新）；②前期审计工作中识别出的错报的性质和范围；③根据前期识别出的错报对本期错报作出的预期。

通常而言，实际执行的重要性通常为财务报表整体重要性的50%～75%。接近财务报表整体重要性50%的情况：①经常性审计；②以前年度审计调整较多项目总体风险较高（如处于高风险行业，经常面临较大市场压力，首次承接的审计项目或者需要出具特殊目的报告等）。接近财务报表整体重要性75%的情况：①经常性审计，以前年度审计调整较少；②项目总体风险较低（如处于低风险行业，市场压力较小）。

（五）审计过程中修改重要性

由于存在下列原因，注册会计师可能需要修改财务报表整体的重要性和特定类别的交易、账户余额或披露的重要性水平（如适用）：①审计过程中情况发生重大变化（如决定处置被审计单位的一个重要组成部分）；②获取新信息；③通过实施进一步审计程序，注册会计师对被审计单位及其经营的了解发生变化。例如，注册会计师在审计过程中发现，实际财务成果与最初确定财务报表整体的重要性时使用的预期本期财务成果相比存在很大差异，则需要修改重要性。

三、重要性与审计风险和审计证据之间的关系

重要性与审计风险之间存在反向关系。重要性水平越高，审计风险越低；重要性水平越低，审计风险越高。注册会计师在确定审计程序的性质、时间安排和范围时应当考虑这种反向关系。

这里所说的重要性水平高低指的是金额的大小。通常，4000元的重要性水平比2000元的重要性水平高。在理解两者之间的关系时，必须注意，重要性水平是注册会计师从财务报表使用者的角度进行判断的结果。如果重要性水平是4000元，则意味着低于4000元的错报不会影响到财务报表使用者的决策，此时注册会计师需要通过执行有关审计程序合理保证能发现高于4000元的错报。如果重要性水平是2000元，则金额

在 2000 元以上的错报就会影响财务报表使用者的决策，此时注册会计师需要通过执行有关审计程序合理保证能发现金额在 2000 元以上的错报。显然，重要性水平为 2000 元时审计不出这样的重大错报的可能性即审计风险，要比重要性水平为 4000 元时的审计风险高。审计风险越高，越要求注册会计师收集更多更有效的审计证据，以将审计风险降至可接受的低水平。因此，重要性和审计证据之间也是反向变动关系。

值得注意的是，注册会计师不能通过不合理地人为调高重要性水平来降低审计风险。因为重要性是依据重要性概念中所述的判断标准确定的，而不是由主观期望的审计风险水平决定。

由于重要性和审计风险存在上述反向关系，而且这种关系对注册会计师将要执行的审计程序的性质、时间安排和范围有直接的影响，因此，注册会计师应当综合考虑各种因素，合理确定重要性水平。

重要性水平与审计证据的数量之间也存在反向的关系。一般而言，重要性水平越低，所需收集的审计证据越多；重要性水平越高，所需收集的审计证据越少。

四、评价审计过程中识别出的错报

（一）错报的定义

错报，是指某一财务报表项目的金额、分类、列报或披露，与按照适用的财务报告编制基础应当列示的金额、分类、列报或披露之间存在的差异；或根据注册会计师的判断，为使财务报表在所有重大方面实现公允反映，需要对金额、分类、列报或披露作出的必要调整。错报可能是由于错误或舞弊导致的。

错报可能由下列事项导致：

（1）收集或处理用以编制财务报表的数据时出现错误；

（2）遗漏某项金额或披露；

（3）由于疏忽或明显误解有关事实导致作出不正确的会计估计；

（4）注册会计师认为管理层对会计估计作出不合理的判断或对会计政策作出不恰当的选择和运用。

（二）累积识别出的错报

注册会计师可能将低于某一金额的错报界定为明显微小的错报，对这类错报不需要累积，因为注册会计师认为这些错报的汇总数明显不会对财务报表产生重大影响。"明显微小"不等同于"不重大"。明显微小错报的金额的数量级，与按照《中国注册会计师审计准则第 1221 号——计划和执行审计工作时的重要性》确定的重要性的数量级相比，是完全不同的（明显微小错报的数量级更小）。这些明显微小的错报，无论单独还是汇总起来，无论从规模、性质还是其发生的环境来看都是明显微不足道的。如果不确定一个或多个错报是否明显微小，就不能认为这些错报是明显微小的。

为了帮助注册会计师评价审计过程中累积的错报的影响以及与管理层和治理层沟通错报事项，将错报区分为事实错报、判断错报和推断错报可能是有用的。

1. 事实错报

事实错报是毋庸置疑的错报。这类错报产生于被审计单位收集和处理数据的错误，对事实的忽略或误解，或故意舞弊行为。例如，注册会计师在审计测试中发现最近购入存货的实际价值为 15000 元，但账面记录的金额却为 10000 元。因此，存货和应付账款分别被低估了 5000 元，这里被低估的 5000 元就是已识别的对事实的具体错报。

2. 判断错报

由于注册会计师认为管理层对会计估计作出不合理的判断或不恰当地选择和运用会计政策而导致的差异。这类错报产生于两种情况：一是管理层和注册会计师对会计估计值的判断差异，例如，由于包含在财务报表中的管理层做出的估计值超出了注册会计师确定的一个合理范围，导致出现判断差异；二是管理层和注册会计师对选择和运用会计政策的判断差异，由于注册会计师认为管理层选用会计政策造成错报，管理层却认为选用会计政策适当，导致出现判断差异。

3. 推断错报

注册会计师对总体存在的错报作出的最佳估计数，涉及根据在审计样本中识别出的错报来推断总体的错报。推断错报通常包括：

（1）通过测试样本估计出的总体的错报减去在测试中发现的已经识别的具体错报。例如，应收账款年末余额为 2000 万元，注册会计师抽查 10% 样本发现金额有 100 万元的高估，高估部分为账面金额的 20%，据此注册会计师推断总体的错报金额为 400 万元（2000×20%），那么上述 100 万元就是已识别的具体错报，其余 300 万元即推断误差。

（2）通过实质性分析程序推断出的估计错报。例如，注册会计师根据客户的预算资料及行业趋势等要素，对客户年度销售费用独立做出估计，并与客户账面金额比较，发现两者间有 50% 的差异；考虑到估计的精确性有限，注册会计师根据经验认为 10% 的差异通常是可接受的，而剩余 40% 的差异需要有合理解释并取得佐证性证据；假定注册会计师对其中 10% 的差异无法得到合理解释或不能取得佐证，则该部分差异金额即为推断误差。

（三）对审计过程识别出的错报的考虑

错报可能不会孤立发生，一项错报的发生还可能表明存在其他错报。例如，注册会计师识别出由于内部控制失效而导致的错报，或被审计单位广泛运用不恰当的假设或评估方法而导致的错报，均可能表明还存在其他错报。

抽样风险和非抽样风险可能导致某些错报未被发现。审计过程中累积错报的汇总数接近按照《中国注册会计师审计准则第 1221 号——计划和执行审计工作时的重要性》的规定确定的重要性，则表明存在比可接受的低风险水平更大的风险，即可能未被发现的错报连同审计过程中累积错报的汇总数，可能超过重要性。

注册会计师可能要求管理层检查某类交易、账户余额或披露，以使管理层了解注册会计师识别出的错报的产生原因，并要求管理层采取措施以确定这些交易、账户余额或披露实际发生错报的金额，以及对财务报表作出适当的调整。例如，在从审计样本中识别出的错报推断总体错报时，注册会计师可能提出这些要求。

（四）错报的沟通和更正

及时与适当层级的管理层沟通错报事项是重要的，因为这能使管理层评价这些事项是否为错报，并采取必要行动，如有异议则告知注册会计师。适当层级的管理层通常是指有责任和权限对错报进行评价并采取必要行动的人员。

法律法规可能限制注册会计师向管理层或被审计单位内部的其他人员通报某些错报。例如，法律法规可能专门规定禁止通报某事项或采取其他行动，这些通报或行动可能不利于有关权力机构对实际存在的或怀疑存在的违法行为展开调查。在某些情况下，注册会计师的保密义务与通报义务之间存在的潜在冲突可能很复杂。此时，注册会计师可以考虑征询法律意见。

管理层更正所有错报（包括注册会计师通报的错报），能够保持会计账簿和记录的准确性，降低由于与本期相关的、非重大的且尚未更正的错报的累积影响而导致未来期间财务报表出现重大错报的风险。

《中国注册会计师审计准则第 1501 号——对财务报表形成审计意见和出具审计报告》要求注册会计师评价财务报表是否在所有重大方面按照适用的财务报告编制基础编制。这项评价包括考虑被审计单位会计实务的质量（包括表明管理层的判断可能出现偏向的迹象）。注册会计师对管理层不更正错报的理由的理解，可能影响其对被审计单位会计实务质量的考虑。

（五）评价未更正错报的影响

未更正错报，是指注册会计师在审计过程中累积的且被审计单位未予更正的错报。注册会计师在确定重要性时，通常依据对被审计单位财务结果的估计，因为此时可能尚不知道实际的财务结果。因此，在评价未更正错报的影响之前，注册会计师可能有必要依据实际的财务结果对重要性作出修改。如果在审计过程中获知了某项信息，而该信息可能导致注册会计师确定与原来不同的财务报表整体重要性或者特定类别交易、账户余额或披露的一个或多个重要性水平（如适用），注册会计师应当予以修改。因此，在注册会计师评价未更正错报的影响之前，可能已经对重要性或重要性水平（如适用）作出重大修改。但是，如果注册会计师对重要性或重要性水平（如适用）进行的重新评价导致需要确定较低的金额，则应重新考虑实际执行的重要性和进一步审计程序的性质、时间安排和范围的适当性，以获取充分、适当的审计证据，作为发表审计意见的基础。

注册会计师需要考虑每一单项错报，以评价其对相关类别的交易、账户余额或披露的影响，包括评价该项错报是否超过特定类别的交易、账户余额或披露的重要性水平（如适用）。如果注册会计师认为某一单项错报是重大的，则该项错报不太可能被其他错报抵销。例如，如果收入存在重大高估，即使这项错报对收益的影响完全可被相同金额的费用高估所抵销，注册会计师仍认为财务报表整体存在重大错报。对于同一账户余额或同一类别的交易内部的错报，这种抵销可能是适当的。然而，在得出抵销非重大错报是适当的这一结论之前，需要考虑可能存在其他未被发现的错报的风险。

确定一项分类错报是否重大，需要进行定性评估。例如，分类错报对负债或其他合同条款的影响，对单个财务报表项目或小计数的影响，以及对关键比率的影响。即使分类错报超过了在评价其他错报时运用的重要性水平，注册会计师可能仍然认为该分类错报对财务报表整体不产生重大影响。例如，如果资产负债表项目之间的分类错报金额相对于所影响的资产负债表项目金额较小，并且对利润表或所有关键比率不产生影响，注册会计师可以认为这种分类错报对财务报表整体不产生重大影响。即使某些错报低于财务报表整体的重要性，但因与这些错报相关的某些情况，在将其单独或连同在审计过程中累积的其他错报一并考虑时，注册会计师也可能将这些错报评价为重大错报。

可能影响评价的情况包括：

（1）错报对遵守监管要求的影响程度。

（2）错报对遵守债务合同或其他合同条款的影响程度。

（3）错报与会计政策的不正确选择或运用相关，这些会计政策的不正确选择或运用对当期财务报表不产生重大影响，但可能对未来期间财务报表产生重大影响。

（4）错报掩盖收益的变化或其他趋势的程度（尤其是在结合宏观经济背景和行业状况进行考虑时）。

（5）错报对用于评价被审计单位财务状况、经营成果或现金流量的有关比率的影响程度。

（6）错报对财务报表中列报的分部信息的影响程度。例如，错报事项对某一分部或对被审计单位的经营或盈利能力有重大影响的其他组成部分的重要程度。

（7）错报对增加管理层薪酬的影响程度。例如，管理层通过达到有关奖金或其他激励政策规定的要求以增加薪酬。

（8）相对于注册会计师所了解的以前向财务报表使用者传达的信息（如盈利预测），错报是重大的。

（9）错报对涉及特定机构或人员的项目的相关程度。例如，与被审计单位发生交易的外部机构或人员是否与管理层成员有关联关系。

（10）错报涉及对某些信息的遗漏，尽管适用的财务报告编制基础未对这些信息作出明确规定，但是注册会计师根据职业判断认为这些信息对财务报表使用者了解被审计单位的财务状况、经营成果或现金流量是重要的。

（11）错报对其他信息（如包含在"管理层讨论与分析"或"经营与财务回顾"中的信息）的影响程度，这些信息与已审计财务报表一同披露，并被合理预期可能影响财务报表使用者作出的经济决策。

第二节　审计风险

审计风险即审计人员对包含重大错报的财务报表出具无保留意见的风险。审计风险可能会导致审计事务所面临法律诉讼和审计人员付出昂贵的代价。

审计人员必须评估审计合同风险，以确定是否接受审计客户及审计受到质疑的可能性。如果审计人员认为这一审计被质疑的可能性很大（例如，被审计单位可能破产或陷入交易纠纷），审计人员可能不会接受该项业务。如果审计人员接受了一项高风险业务，则执行一些追加审计程序来降低出具不恰当审计意见的风险是很重要的。审计合同风险和审计风险是相互区别但又相互联系的。审计人员首先要评估审计合同风险，再根据评估结果设定可接受的审计风险水平。

一、审计风险模型

审计风险取决于重大错报风险和检查风险。
审计风险、重大错报风险和检查风险之间的关系用模型表示为

$$审计风险 = 重大错报风险 \times 检查风险$$

在既定的审计风险水平下，可接受的检查风险水平与认定层次重大错报风险的评估结果呈反向关系。一般而言，评估的重大错报风险越高，可接受的检查风险越低；评估的重大错报风险越低，可接受的检查风险越高。

同样，在既定的重大错报风险水平下，注册会计师可以接受的审计风险与可以接受的检查风险呈正向关系。一般而言，注册会计师可以接受的审计风险越高，可以接受的检查风险的水平就越高；反之，注册会计师可以接受的审计风险越低，可以接受的检查风险的水平就越低。

注册会计师应当实施审计程序，评估重大错报风险，并根据评估结果设计和实施进一步审计程序，以控制检查风险。

（一）总体审计风险

总体审计风险，指审计人员发表不恰当审计意见的风险。它不仅包括当财务报表没有被恰当表述时，审计人员认为财务报表整体是恰当表述的风险，还包括当财务报表被恰当表述时，审计人员却认为其表述不当的风险。出于实务原因的考虑，审计人员通常更关注对重大财务错报发表"干净"（Clean）意见的风险。这是因为，公司出于对否定意见的重视，通常会提请进一步的调查，从而纠正了对财务报表的错误理解。因此，审计人员不太可能对恰当表述的财务报表发表保留或者否定意见。然而，总体审计风险的两个方面对审计人员来说都涉及成本的问题。

通常说来，考虑与财务报表整体相关的总体审计风险是没有实用价值的，因为特定的账户余额、账户群以及相关的交易可能具有不同的风险，所应用的审计程序也可能具有不同的成本。然而，考虑与重要账户、账户群或交易类别有关的每项认定的审计风险，通常来说是可行的。这些不同的审计风险，结合起来就能代表总体审计风险。

审计人员进行审计时的第一个目标是控制每个账户和交易的审计风险，以便在审计完成时能将总体审计风险控制在足够低的水平，以允许审计人员对财务报表总体发表意见。第二个目标则是尽可能有效率地获得所需要的保证。

（二）重大错报风险

重大错报风险是指财务报表在审计前存在重大错报的可能性。在设计审计程序以确定财务报表整体是否存在重大错报时，注册会计师应当从财务报表层次和认定层次

考虑重大错报风险。

财务报表层次重大错报风险与财务报表整体存在广泛联系，它可能影响多项认定。此类风险通常与控制环境有关，如管理层缺乏诚信、治理层形同虚设而不能对管理层进行有效监督等，但也可能与其他因素有关，如经济萧条、企业所在行业处于衰退期。此类风险难以被界定于某类交易、账户余额、列报的具体认定，相反，此类风险增大了一个或多个不同认定发生重大错报的可能性，与由舞弊引起的风险特别相关。

某些类别的交易、账户余额、列报的认定重大错报风险较高。例如，技术进步可能导致某项产品陈旧，进而导致存货易于发生高估错报（计价认定）；对高价值的、易转移的存货缺乏实物安全控制，可能导致存货的存在性认定出错；会计计量过程受重大计量不确定性影响，可能导致相关项目的准确性认定出错。注册会计师应当考虑各类交易、账户余额、列报认定层次的重大错报风险，以便于针对认定层次计划和实施进一步审计程序。

注册会计师应当评估认定层次的重大错报风险，并根据既定的审计风险水平和评估的认定层次重大错报风险确定可接受的检查风险水平。认定层次的重大错报风险由固有风险和控制风险两部分组成。

（三）固有风险

固有风险，是指在考虑相关的内部控制之前，某类交易、账户余额或列报的某一认定易于发生错报（该错报单独或连同其他错报可能是重大的）的可能性。

财务报表可能由于受到宏观经济、行业或企业等各种因素的影响，以及账户或交易本身特征的影响而产生不当表述，这就是固有风险。审计人员通过了解企业的经营状况以及所在行业的状况、执行分析性程序、研究以前年度的审计结果、理解企业的业务内容以及这些业务的会计流程和相应的账户余额来识别这些风险。在评估财务报表是否含有重大不当表述的风险时，审计人员应该考虑已确定的固有风险。

有些固有风险并不局限于特定的账户，而是与企业的经营环境有关。这些风险通常是管理层无法控制的，它们包括：整体经营状况的变化、新的政府规定以及其他一些经济因素（比如以企业破产为迹象的行业性衰退、财务紧缩迹象、缺乏财务弹性等，这些因素可能会影响企业的资产变现能力和资金获得能力，也可能会促使管理层或其他职员故意错报）。相反，过于迅速的扩张（不论是否具有相应的需求）则可能造成质量控制的失败，从而产生潜在的销货退回或存货积压。

最有可能被那些与宏观因素、行业或企业因素相关的固有风险影响的审计目标是"估价或分摊"、"权利和义务"以及"表达与披露"。有一些风险可能会对财务报表整体产生深远的影响，以至于需要给予特殊的关注。比如，严重的经济衰退可能会带来这样的疑问：企业能否持续经营下去？美国审计准则公告第59号（Au 341）对于在这种情况下审计人员应承担的责任给予了指导。

当固有风险来源于企业外部的因素并且无法控制时，企业管理层所设定的控制环境（高管基调），以及用于识别企业环境变化影响因素的内部控制监督机制，可以起到保证财务报表反映当前经济状况的作用。除此之外，管理人员还可以设立特殊的控制措施或者在年底执行特殊的程序，比如检查积压存货以及提取坏账准备，以应对固有风险。

还有些固有风险与某些特定的交易或账户相关。对于这些交易和账户而言，其不当表述的风险比其他的交易或账户更高。通常来说，那些需要管理层进行大量会计判断的交易更容易发生错误。类似地，一些资产与其他资产相比更容易被盗窃，例如，与钢材相比，现金就更容易被挪用。由会计估计所产生的账户余额，就比由实际数据组成的账户余额更容易被错报。同类账户在不同公司甚至在同一公司内都可能具有不同的特征。例如，并非所有存货的被窃风险都是一样的。因此，在评估风险的时候，审计人员需要考虑特定账户下的特定项目。在某种情况下风险和存货的存在性相关，而在其他情况下风险则可能与估价相关。

与特定交易和账户相关的固有风险，应该而且通常都是企业的重点内部控制对象。如果情况确实如此的话，出于对审计工作效率的考虑，审计人员应该测试控制的效果，然后结合这些特定交易或账户的控制风险考虑其固有风险。比如，对于因具有某些特征（如流动性和可转让性）而容易被窃取的资产（如现金）来说，审计人员应该在审计计划阶段就确定它们是否受到了非常有效的控制。如果管理层已经根据资产特征制定了有效的具体控制措施，审计人员会发现对控制程序的运行状况进行测试是一项效率很高的审计活动。如果控制程序是有效的，审计人员可以认为资产被窃取的风险（进而财务报表的不当表述风险）相对较低。

（四）控制风险

控制风险，是指某类交易、账户余额或列报的某一认定发生错报，该错报单独或连同其他错报可能是重大的，但没有被内部控制及时防止或发现并纠正的风险。

因为内部控制不可能100%有效，所以在财务报告过程中可能存在着管理层没有发现的错误。此外，对所有的交易进行详细检查并非总是可行的，而且不管有意还是无意，并非所有的认定都处于同等程度的控制之下。比如，非固定红利和非正常交易可能不受控制措施的支配；此外，管理层也经常凌驾于自己所建立的控制系统之上。因此，一些风险通常与企业的内部控制有关；有效的控制伴随着相对较低的风险，而那些控制失效的企业，则具有较高的风险。

审计人员可以通过控制测试来检验内部控制的运行是否有效。当存在这些证据并且在这些证据可被有效率地获取的情况下，审计人员可以得出财务报表中存在不当表述的风险相对较低的结论。对于那些不存在特定控制措施的账户和认定，以及审计人员出于效率或其他考虑，而不打算对其控制情况进行测试的账户和认定，审计人员可以通过实质性测试获得与此账户或认定相关的所有保证。

（五）检查风险

检查风险，是指如果存在某一错报，该错报单独或连同其他错报可能是重大的，注册会计师为将审计风险降至可接受的低水平而实施程序后没有发现这种错报的风险。

检查风险是指通过实质性测试（包括分析性程序和详细测试）未能发现重大不当表述（个体的或累积的）的可能性。审计人员可以通过执行不同的实质性测试来降低与特定账户或认定相关的检查风险。例如，审计人员可以执行分析性程序、详细测试，或将这两者进行结合，在年末或期中进行测试，对账户余额进行100%的测试，或采用抽样或其他测试方法进行低于100%的测试。在决定执行何种测试程序、何时执行以及执行的范围时，审计人员要考虑所获证据的适当性和充分性。因为分析性程序和详细测试是互补的，结合起来使用会更加有效，因此，针对某个特定账户的特定认定，运用测试组合往往比执行单一测试的效果更好。

此外，由于实质性测试的两种类型是互补的，所以审计人员通过一种测试类型所得到的保证，会使得为了降低检查风险而需要通过另一种测试类型得到的保证成比例地减少。例如，从概念上讲，既然公认审计准则要求，不论检查风险的水平如何，对所有的审计都必须执行某些实质性测试。假设审计人员既没有执行分析性程序，也没有执行详细测试，那么，如果财务报表中包含重大不当表述，就存在100%不被发现的可能性（检查风险100%）：不管执行分析性程序还是详细测试，都能减少不当表述不被发现（检查风险）的可能性。如果同时执行这两种类型的测试，那么任何一种类型的测试都不能发现错报的可能性，将低于只执行单一类型测试时的可能性。因为如果错报没有被审计人员发现，那一定是由于分析性程序和详细测试都未能发现它。

二、抽样审计对检查风险的影响

对于执行审计程序所得出的结论，根据在确定测试范围时是否运用了抽样方法，可将其风险分为抽样风险和非抽样风险。抽样风险是指在同样的测试下，根据样本所得出的结论不同于根据总体对象所得出的结论的风险。非抽样风险包括由非抽样因素所导致的所有风险。也就是说，非抽样风险是指由样本容量以外的因素所导致的审计人员对某账户或控制运行的有效性得出错误结论的风险。比如：

（1）缺乏必要的审计程序（例如没有审核董事会会议纪要）。

（2）审计程序不当（比如将询证函交由企业职员邮寄）。

（3）对不恰当或不完整的总体应用审计程序（例如，对交易记录的准确性进行实质性测试时，在选择样本时排除了某个类型的所有交易，并得出了所有的采购交易都被准确记录的结论）。

（4）在执行控制测试时，没有发现控制系统运行中存在的背离情况。

（5）没有发现不恰当地选择或运用会计政策、计量方法和披露原则的情况。

（6）没有对审计发现采取相应的措施，或者忽略了某些需要特别关注的因素。

通过对以往有关审计失败案例的研究，我们发现，非抽样风险因素（如未能了解企业的业务流程或风险、对会计原则的错误阐释、在解释和运用审计准则时的错误、由于管理层自身原因或职员欺诈行为所引发的不当表述等）是最主要的审计风险因素，同时也是审计人员责任的主要来源。审计人员可以通过仔细计划审计过程以及保持高标准的审计质量，来控制非抽样风险。保持质量标准所需考虑的因素包括审计人员的独立性和职业能力、对工作底稿的独立审核以及监督审计程序的执行等。

三、审计风险的应对

注册会计师应当通过计划和实施审计工作，获取充分、适当的审计证据，将审计风险降至可接受的低水平。这是控制审计风险的总要求。在审计风险模型中，重大错报风险是企业的风险，不受注册会计师的控制，注册会计师只能通过实施风险评估程序来正确评估重大错报风险，并根据评估的两个层次的重大错报风险分别采取应对措施。

注册会计师应当评估财务报表层次的重大错报风险，并根据评估结果确定下列总体应对措施。这些应对措施包括：

（1）向项目组强调在收集和评价审计证据过程中保持职业怀疑态度的必要性；

（2）分派更有经验或具有特殊技能的审计人员，或利用专家的工作；

（3）提供更多的督导；

（4）在选择进一步审计程序时，应当注意使某些程序不被管理层预见或事先了解；

（5）对拟实施审计程序的性质、时间安排和范围做出总体修改。

注册会计师应当获取认定层次充分、适当的审计证据，以便能够在审计工作完成时，以可接受的低审计风险对财务报表整体发表审计意见。对于各类交易、账户余额、列报认定层次的重大错报风险，注册会计师可以通过控制检查风险将审计风险降至可接受的低水平。

检查风险取决于审计程序设计的合理性和执行的有效性。注册会计师通常无法将检查风险降低为零，其原因有二：一是注册会计师通常并不对所有的交易、账户余额和列报进行检查；二是注册会计师可能选择了不恰当的审计程序，或是审计程序执行不当，或是审计结论不当。对于第二方面的问题可以通过适当计划、在项目组成员之间进行恰当的职责分配、保持职业怀疑态度以及监督、指导和复核助理人员所执行的审计工作得以解决。

注册会计师应当合理设计审计程序的性质、时间安排和范围，并有效执行审计程序，以控制检查风险。

复习思考题

1. 审计风险的含义是什么？审计风险具有哪些特征？造成审计风险的原因是什么？

2. 审计风险有哪些构成要素？各要素之间存在哪些联系与区别？

3. 如何从定性和定量两方面对审计风险模型进行分析？

4. 如何根据审计风险模型确定检查风险？

5. 审计重要性的含义是什么？对重要性进行评估应遵循哪些原则？

6. 运用重要性概念，在计划、实施、报告阶段上分别要做哪些工作？

7. 什么是最大可容忍误差？它与重要性之间有何关系？

8. 审计风险、重要性和审计证据之间存在着怎样的关系？

9. 审计人员在不同审计阶段对重要性的评估应分别考虑哪些因素？

10. 什么是单项重要性水平？什么是汇总重要性水平？说明两者之间的关系。

案例分析

米甸科技公司近几年业务收入和利润成倍增长，最近因为与前任审计师在会计收益确认上存在分歧，解聘了审计师，而聘请了你所在的会计师事务所作为该公司的审计师。导致米甸科技公司与前任审计师分手的原因在于，米甸公司想把按照客户订货合同已经生产验收完毕但还未送给客户的一批货物在报表中确认为收入，由此会导致该公司上年度的利润增加30%，并可以申请到创业板上市，但前任审计师不同意。米甸公司认为该合同是双方签字认可的，与该合同相关的生产活动已完成，可以确认该项收入。

米甸由在全国享有"经营能手"声誉的凯文控股32%，他在3年前收购了这家连年亏损的公司（原名西巴公司），后改名为米甸科技公司。该公司是一家对废旧物资进行加工处理的企业，例如仓库自动传送装置和生产线。凯文收购该公司后，主要通过裁减员工、压缩营业费用和研究与开发费用等手段来增加利润。此外，他还将原来公司自己生产的一部分加工原料采用外购的方法，其中大约10%的加工原料是从一个私人持股公司——基甸公司购买的，该公司50%股份由凯文和他的兄弟持有。

从米甸公司自己提供的财务指标来看，自从凯文对该公司实施控制以来，该公司销售每年增长大约20%，盈利能力也大幅增加。然而，审计师简单地参观公司加工车间的现场后，发现生产环境与被收购前相比，并未出现显著的改进，而且仓库里的存货有显著的长期堆放的痕迹。

要求：

（1）试确认你作为该公司审计师，应如何考虑与收入循环相关的固有风险要素？

（2）请说明你对确认的固有风险的每一个要素，如何设计相应的审计程序，采集充分和有效的审计证据，以便发表恰当的审计意见。

第七章 企业内部控制、内部控制测试与内部控制审计

上市公司的内部控制系统是企业治理和风险管理职能中不可或缺的一部分。美国2002年颁布的《萨班斯—奥克斯利法案》要求管理当局对有关财务报告的内部控制有效性做出报告。此外，还要求外部审计人员对内部控制有效与否进行审计并出具报告。

2010年4月15日，财政部会同证监会、审计署、银监会、保监会联合发布了《企业内部控制应用指引第1号——组织架构》等18项应用指引、《企业内部控制评价指引》和《企业内部控制审计指引》，决定自2011年1月1日起在境内外同时上市的公司施行，自2012年1月1日起在上海证券交易所、深圳证券交易所主板上市公司施行，并择机在中小板和创业板上市公司施行。由此标志着对上市公司所进行的外部审计将由传统以评价会计报表数字信息为主，向以评价会计报表数字产生过程的内部控制为主过渡，即由关注财务信息质量的结果导向审计向关注内部控制机制的流程导向审计转变。同时，这也标志着中国政府正在借鉴美国政府2002年通过颁布《萨班斯—奥克斯利法案》要求对所有上市公司实施内部控制审计的做法，以减少资本市场的泡沫。

内部控制比会计涉及的范围要广泛。内部控制既存在于战略层次上，比如设计完善的资本预算程序，也存在于经营层次上，比如设计良好的生产和采购协调系统，还存在于会计系统中，例如交易授权。一个企业的内控系统质量会影响风险被正确识别和管理的可能性。不能恰当地处理风险意味着财务报表很可能无法反映未被消除的风险，或者说明公司实现其经营目标的可能性较小。例如，当管理当局没有识别出与销售产品质量相关的风险或未能改进相关控制时，内部控制的缺陷就会显现出来。这时就存在这样的风险——低劣的产品质量将影响公司持续盈利的能力。

对审计人员来说，了解和评价内控的有效性出于以下两个原因：①审计人员必须确认管理当局对与财务报告相关的内部控制有效性的声明；②审计人员必须考虑内部控制的缺陷以及在记录过程中出现的未被发现的各种错误或非常规事项的影响。一个组织的内控系统是多方面的，包括为保证正确、完整地进行交易处理而设计的特定程序和政策。

一个企业内部控制的质量不仅影响财务数据的可靠性，而且影响企业做出正确决策和保持生存发展的能力。近来出现的公司经营失败，如安然、世通以及南方保健公司，都表现出内控系统失效这一特征，而且这些公司的内控系统都经常被最高管理者无视或绕过。基于此，美国国会要求所有上市公司对与财务报告相关的内部控制的有效性进行报告。然而，认识到内控不仅局限于财务报告方面是非常重要的。内控必须应对组织面临的所有风险。例如，如果没有对投机性交易数量的限制性控制，公司将

会因欺诈证券交易者而面临重大风险。

内部控制程序必须有效地应对存在于行业和企业内部的风险。审计人员必须取得对客户控制系统的了解，以便更好地了解客户及其面对的风险，以及如何应对或管理这些风险；评价控制风险，并由此识别各种经常发生的财务报表错报；计划实质性测试的范围，为审计人员发表意见收集充分可靠的证据；对上市公司的内控有效性提供单独的报告。

第一节　企业内部控制

一、企业内部控制定义

根据 COSO[①] 发布的内部控制框架，企业内部控制是指由公司董事会、管理层和其他员工实行的，用于为实现以下几个目标提供合理保证的一整套流程和程序，控制目标包括：①保证财务报告的可靠性；②遵守各种相关的法律、法规；③保证经营的效率和效益；④保证资产的安全。

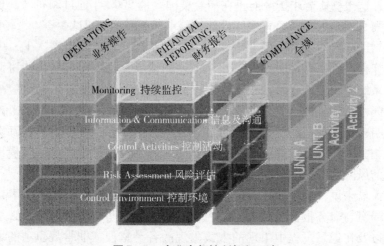

图 7-1　企业内部控制框架示意

---

① COSO（The Committee of Sponsoring Organizations of the Treadway Commission）是美国五个职业团体在 1985 年联合发起设立的一个民间组织，当时成立的主要动机是资助"财务报告舞弊研究全国委员会"。"财务报告舞弊研究全国委员会"负责研究导致财务报告舞弊的因素，并对公众公司、会计师事务所、证监会及其他监督机构提出建议。该委员会的首任主席由 James S. Treadway 担任，因此，又被称为"Treadway 委员会"。这五个职业团体是美国会计学会、美国注册会计师协会、财务总监协会、内部审计师协会和管理会计师协会。现在 COSO 致力于通过倡导良好的企业道德和有效的内部控制与公司治理，改进财务报告的质量。

1. 企业内部控制的目标、责任主体和实施方式

（1）内部控制的目标是合理保证：①财务报告的可靠性，这一目标与管理层履行财务报告编制责任密切相关；②经营的效率和效果，即经济有效地使用企业资源，以最优方式实现企业的目标；③遵守适用的法律法规的要求，即在法律法规的框架下从事经营活动。

（2）设计和实施内部控制的责任主体是治理层、管理层和其他人员，组织中的每一个人都对内部控制负有责任。

（3）实现内部控制目标的手段是设计和执行控制政策及程序。

2. 企业内部控制的要素

内部控制包括下列要素：①控制环境；②风险评估过程；③与财务报告相关的信息系统和沟通；④控制活动；⑤对控制的监督。

上述五个要素共同构成一个有机整体，为企业实现经营目标、财务报告目标和合规性目标提供有效的保证。被审计单位设计、执行和维护内部控制的方式会因被审计单位的规模和复杂程度的不同而不同。小型被审计单位可能采用非正式和简单的流程与程序实现内部控制的目标，参与日常经营管理的业主可能承担多项职能，内部控制要素没有得到清晰区分，注册会计师应当综合考虑小型被审计单位的内部控制要素能否实现其目标。

二、控制环境

（一）控制环境的含义

控制环境包括治理职能和管理职能，以及治理层和管理层对内部控制及其重要性的态度、认识和措施。控制环境设定了被审计单位的内部控制基调，影响员工对内部控制的意识。良好的控制环境是实施有效内部控制的基础。防止或发现并纠正舞弊和错误是被审计单位治理层和管理层的责任。在评价控制环境的设计和实施情况时，注册会计师应当了解管理层在治理层的监督下，是否营造并保持了诚实守信和合乎道德的文化，以及是否建立了防止或发现并纠正舞弊和错误的恰当控制。实际上，在审计业务承接阶段，注册会计师就需要对控制环境做出初步了解和评价。

（二）对诚信和道德价值观念的沟通与落实

诚信和道德价值观念是控制环境的重要组成部分，影响到重要业务流程的设计和运行。内部控制的有效性直接依赖于负责创建、管理和监控内部控制的人员的诚信和道德价值观念。被审计单位是否存在道德行为规范，以及这些规范如何在被审计单位内部得到沟通和落实，决定了是否能产生诚信和道德的行为。对诚信和道德价值观念的沟通与落实，既包括管理层如何处理不诚实、非法或不道德行为，也包括在被审计单位内部，通过行为规范以及高层管理人员的身体力行，对诚信和道德价值观念的营造和保持。

例如，管理层在行为规范中指出，员工不允许从供货商那里获得超过一定金额的礼品，超过部分都须报告和退回。尽管该行为规范本身并不能绝对保证员工都照此执

行，但至少意味着管理层已对此进行明示，它连同其他程序，可能构成一个有效的预防机制。

注册会计师在了解和评估被审计单位诚信和道德价值观念的沟通与落实时，考虑的主要因素可能包括：

（1）被审计单位是否有书面的行为规范并向所有员工传达；

（2）被审计单位的企业文化是否强调诚信和道德价值观念的重要性；

（3）管理层是否身体力行，高级管理人员是否起表率作用；

（4）对违反有关政策和行为规范的情况，管理层是否采取适当的惩罚措施。

（三）对胜任能力的重视

胜任能力是指具备完成某一职位的工作所应有的知识和能力。管理层对胜任能力的重视包括对于特定工作所需的胜任能力水平的设定，以及对达到该水平所必需的知识和能力的要求。注册会计师应当考虑主要管理人员和其他相关人员是否能够胜任承担的工作和职责，例如财务人员是否对编报财务报表所适用的会计准则和相关会计制度有足够的了解并能正确运用。

注册会计师在就被审计单位对胜任能力的重视情况进行了解和评估时，考虑的主要因素可能包括：

（1）财务人员以及信息管理人员是否具备与被审计单位业务性质和复杂程度相称的足够的胜任能力和培训，在发生错误时，是否通过调整人员或系统来加以处理；

（2）管理层是否配备足够的财务人员以适应业务发展和有关方面的需要；

（3）财务人员是否具备理解和运用会计准则所需的技能。

（四）治理层的参与程度

被审计单位的控制环境在很大程度上受治理层的影响。治理层的职责应在被审计单位的章程和政策中予以规定。治理层（董事会）通常通过其自身的活动，并在审计委员会或类似机构的支持下，监督被审计单位的财务报告政策和程序。因此，董事会、审计委员会或类似机构应关注被审计单位的财务报告，并监督被审计单位的会计政策以及内部、外部的审计工作和结果。治理层的职责还包括监督用于复核内部控制有效性的政策和程序设计是否合理，执行是否有效。

治理层对控制环境影响的要素有：治理层相对于管理层的独立性、成员的经验和品德、治理层参与被审计单位经营的程度和收到的信息及其对经营活动的详细检查、治理层采取措施的适当性，包括提出问题的难度和对问题的跟进程度，以及治理层与内部审计人员和注册会计师的互动等。

注册会计师在对被审计单位治理层的参与程度进行了解和评估时，考虑的主要因素可能包括：

（1）董事会是否建立了审计委员会或类似机构；

（2）董事会、审计委员会或类似机构是否与内部审计人员以及注册会计师有联系和沟通，联系和沟通的性质以及频率是否与被审计单位的规模和业务复杂程度相匹配；

（3）董事会、审计委员会或类似机构的成员是否具备适当的经验和资历；

（4）董事会、审计委员会或类似机构是否独立于管理层；

（5）审计委员会或类似机构会议的数量和时间是否与被审计单位的规模和业务复杂程度相匹配；

（6）董事会、审计委员会或类似机构是否充分地参与了监督编制财务报告的过程；

（7）董事会、审计委员会或类似机构是否对经营风险的监控有足够的关注，进而影响被审计单位和管理层的风险评估过程；

（8）董事会成员是否保持相对的稳定性。

（五）管理层的理念和经营风格

管理层负责企业的运作以及经营策略和程序的制定、执行与监督。控制环境的每个方面在很大程度上都受管理层采取措施和做出决策的影响，或在某些情况下受管理层不采取某些措施或不做出某种决策的影响。在有效的控制环境中，管理层的理念和经营风格可以创造一个积极的氛围，促进业务流程和内部控制的有效运行，同时创造一个减少错报发生可能性的环境。在管理层以一个或少数几个人为主时，管理层的理念和经营风格对内部控制的影响尤为突出。

理念包括管理层对内部控制的理念，即管理层对内部控制以及对具体控制实施环境的重视程度。管理层对内部控制的重视，将有助于控制的有效执行，并减少特定控制被忽视或规避的可能性。控制理念反映在管理层制定的政策、程序及所采取的措施中，而不是反映在形式上。因此，要使控制理念成为控制环境的一个重要特质，管理层必须告知员工内部控制的重要性。同时，只有建立适当的管理层控制机制，控制理念才能产生预期的效果。

衡量管理层对内部控制重视程度的重要标准，是管理层收到有关内部控制弱点及违规事件的报告时是否做出适当反应。管理层及时地下达纠弊措施，表明他们对内部控制的重视，也有利于加强企业内部的控制意识。

此外，了解管理层的经营风格也很有必要，管理层的经营风格可以表明管理层所能接受的业务风险的性质。例如，管理层是否经常投资于风险特别高的领域或者在接受风险方面极为保守，不敢越雷池一步。注册会计师应考虑的问题包括：管理层是否谨慎从事，只有在对方案的风险和潜在利益进行仔细研究分析后才进一步采取措施。了解管理层的经营风格有助于注册会计师判断哪些因素影响管理层对待内部控制的态度，哪些因素影响在编制财务报表时所作的判断，特别是在做出会计估计以及选用会计政策时。这种了解也有助于注册会计师进一步认识管理层的能力和经营动机。注册会计师对管理层的能力和诚信越有信心，就越有理由依赖管理层提供的信息和做出的解释及声明。相反，如果对管理层经营风格的了解加重了注册会计师的怀疑，注册会计师就会加大职业怀疑的程度，从而对管理层各种声明产生怀疑。因此，了解管理层的经营风格对注册会计师评估重大错报风险有着重要的意义。

美国近十年许多倒闭的大公司都拥有相当好的交易处理控制。世通公司正确地记录了电话服务业务，安然正确地报告了它的交易，泰科国际也对其正常业务进行了正确的记录。然而，它们都因同一症结而破产，即控制环境，也被称为"顶层人物的基调"。这三家公司的董事会都是无效的，都被高层管理者支配。这三家公司的管理者都被股票期权利益所驱动，并为使股票价格上升而做手脚。它们都设计复杂的报告结构以便模糊地反映交易。它们的财务总监都愿意并且有能力越过内控而实现管理层的目标。

注册会计师在了解和评估被审计单位管理层的理念和经营风格时，考虑的主要因素可能包括：

（1）管理层是否对内部控制，包括信息技术的控制，给予了适当的关注；

（2）管理层是否由一个或几个人所控制，而董事会、审计委员会或类似机构对其是否实施有效监督；

（3）管理层在承担和监控经营风险方面是风险偏好者还是风险规避者；

（4）管理层在选择会计政策和做出会计估计时是倾向于激进还是保守；

（5）管理层对于信息管理人员以及财会人员是否给予了适当关注；

（6）对于重大的内部控制和会计事项，管理层是否征询注册会计师的意见，或者经常在这些方面与注册会计师存在不同意见。

（六）组织结构及职权与责任的分配

被审计单位的组织结构为计划、运作、控制及监督经营活动提供了一个整体框架。通过集权或分权决策，可在不同部门间进行适当的职责划分、建立适当层次的报告体系。组织结构将影响权利、责任和工作任务在组织成员中的分配。被审计单位的组织结构将在一定程度上取决于被审计单位的规模和经营活动的性质。

注册会计师应当考虑被审计单位组织结构中是否采用向个人或小组分配控制职责的方法，是否建立了执行特定职能（包括交易授权）的授权机制，是否确保每个人都清楚地了解报告关系和责任。注册会计师还需审查对分散经营活动的监督是否充分。有效的权责分配制度有助于形成整体的控制意识。

注册会计师应当关注组织结构及权责分配方法的实质而不是仅仅关注其形式。相应地，注册会计师应当考虑相关人员对政策与程序的整体认识水平和遵守程度，以及管理层对其实施监督的程度。

注册会计师对组织结构的审查，有助于其确定被审计单位的职责划分应该达到何种程度，也有助于其评价被审计单位在这方面的不足会对整体审计策略产生的影响。

信息系统处理环境是注册会计师对组织结构及权责分配方法进行审查的一个重要方面。注册会计师应当考虑信息系统职能部门的结构安排是否明确了责任分配，授权和批准系统变化的职责分配，以及是否明确程序开发、运行及使用者之间的职责划分。

注册会计师在对被审计单位组织结构和职权与责任的分配进行了解和评估时，考虑的主要因素可能包括：

（1）在被审计单位内部是否有明确的职责划分，是否将业务授权、业务记录、资产保管和维护，以及业务执行的责任尽可能地分离；

（2）数据的所有权划分是否合理；

（3）是否已针对授权交易建立适当的政策和程序。

（七）人力资源政策与实务

政策与程序（包括内部控制）的有效性，通常取决于执行人。因此，被审计单位员工的能力与诚信是控制环境中不可缺少的因素。人力资源政策与实务涉及招聘、培训、考核、晋升和薪酬等方面。被审计单位是否有能力招聘并保留一定数量既有能力又有责任心的员工，在很大程度上取决于其人事政策与实务。例如，如果招聘录用标准要求录用最合适的员工，包括强调员工的学历、经验、诚信和道德，这表明被审计单位希望录用有能力并值得信赖的人员。被审计单位有关培训方面的政策应显示员工应达到的工作表现和业绩水准。通过定期考核的晋升政策表明被审计单位希望具备相应资格的人员承担更多的职责。

注册会计师在对被审计单位人力资源政策与实务进行了解和评估时，考虑的主要因素可能包括：

（1）被审计单位在招聘、培训、考核、晋升、薪酬、调动和辞退员工方面是否都有适当的政策和程序（特别是在会计、财务和信息系统方面）；

（2）是否有书面的员工岗位职责手册，或者在没有书面文件的情况下，对于工作职责和期望是否作了适当的沟通和交流；

（3）人力资源政策与程序是否清晰，并且定期发布和更新；

（4）是否对分散在各地区和海外的经营人员建立和沟通人力资源政策与程序。

综上所述，注册会计师应当对控制环境的构成要素获取足够的了解，并考虑内部控制的实质及其综合效果，以了解管理层和治理层对内部控制及其重要性的态度、认识以及所采取的措施。

在评价控制环境各个要素时，注册会计师应当考虑控制环境各个要素是否得到执行。因为管理层也许建立了一个合理的内部控制，但未有效执行。例如，管理层已建立正式的行为准则，但实际操作中没有对不遵守该守则的行为采取措施。又如，管理层要求信息系统建立安全措施，但没有提供足够的资源。

在确定构成控制环境的要素是否得到执行时，注册会计师应当考虑将询问与其他风险评估程序相结合以获取审计证据。通过询问管理层和员工，注册会计师可能了解管理层如何就业务规程和道德价值观念与员工进行沟通；通过观察和检查，注册会计师可能了解管理层是否建立了正式的行为守则，在日常工作中行为守则是否得到遵守，以及管理层如何处理违反行为守则的情形。

控制环境对重大错报风险的评估具有广泛影响，注册会计师应当考虑控制环境的总体优势是否为内部控制的其他要素提供了适当的基础，并且未被控制环境中存在的缺陷所削弱。

注册会计师在评估重大错报风险时，存在令人满意的控制环境是一个积极的因素。虽然令人满意的控制环境并不能绝对防止舞弊，但有助于降低发生舞弊的风险。有效的控制环境还为注册会计师相信在以前年度和期中所测试的控制将继续有效运行提供一定基础。相反，控制环境中存在的弱点可能削弱控制的有效性。例如，注册会计师在进行风险评估时，如果认为被审计单位控制环境薄弱，则很难认定某一流程的控制是有效的。

控制环境本身并不能防止或发现并纠正各类交易、账户余额、列报认定层次的重大错报，注册会计师在评估重大错报风险时，应当将控制环境连同其他内部控制要素产生的影响一并考虑。例如，将控制环境与对控制的监督和具体控制活动一并考虑。

在小型被审计单位，可能无法获取以文件形式存在的有关控制环境要素的审计证据。例如，小型被审计单位可能没有书面的行为守则，管理层对道德价值和专业胜任能力的推崇，通常是通过管理层在经营管理过程中展示的行为和态度得到体现。因此，注册会计师应当重点了解管理层对内部控制设计的态度、认识和措施。

三、被审计单位的风险评估过程

（一）被审计单位风险评估过程的含义

任何经济组织在经营活动中都会面临各种各样的风险，风险对其生存和竞争能力产生影响。很多风险并不为经济组织所控制，但管理层应当确定可以承受的风险水平，识别这些风险并采取一定的应对措施。

可能产生风险的事项和情形包括：

（1）监管及经营环境的变化。监管和经营环境的变化会导致竞争压力的变化以及重大的相关风险。

（2）新员工的加入。新员工可能对内部控制有不同的认识和关注点。

（3）新信息系统的使用或对原系统进行升级。信息系统的重大变化会改变与内部控制相关的风险。

（4）业务快速发展。快速的业务扩张可能会使内部控制难以应对，从而增加内部控制失效的可能性。

（5）新技术。将新技术运用于生产过程和信息系统可能改变与内部控制相关的风险。

（6）新生产型号、产品和业务活动。进入新的业务领域和发生新的交易可能带来新的与内部控制相关的风险。

（7）企业重组。重组可能带来裁员以及管理职责的重新划分，将影响与内部控制相关的风险。

（8）发展海外经营。海外扩张或收购会带来新的并且往往是特别的风险，进而可能影响内部控制，如外币交易的风险。

（9）新的会计准则。采用新的或变化了的会计准则可能会增大财务报告发生重大错报的风险。

风险评估过程的作用是识别、评估和管理影响被审计单位实现经营目标能力的各种风险。而针对财务报告目标的风险评估过程则包括识别与财务报告相关的经营风险，评估风险的重大性和发生的可能性，以及采取措施管理这些风险。例如，风险评估可能会涉及被审计单位如何考虑对某些交易未予记录的可能性，或者识别和分析财务报告中的重大会计估计发生错报的可能性。与财务报告相关的风险也可能与特定事项和交易有关。

被审计单位的风险评估过程包括识别与财务报告相关的经营风险，以及针对这些风险所采取的措施。注册会计师应当了解被审计单位的风险评估过程和结果。

（二）对风险评估过程的了解

在评价被审计单位风险评估过程的设计和执行时，注册会计师应当确定管理层如何识别与财务报告相关的经营风险，如何估计该风险的重要性，如何评估风险发生的可能性，以及如何采取措施管理这些风险。如果被审计单位的风险评估过程符合其具体情况，了解被审计单位的风险评估过程和结果有助于注册会计师识别财务报表的重大错报风险。

注册会计师在对被审计单位整体层面的风险评估过程进行了解和评估时，考虑的主要因素可能包括：

（1）被审计单位是否已建立并沟通其整体目标，并辅以具体策略和业务流程层面的计划；

（2）被审计单位是否已建立风险评估过程，包括识别风险、估计风险的重大性、评估风险发生的可能性以及确定需要采取的应对措施；

（3）被审计单位是否已建立某种机制，识别和应对可能对被审计单位产生重大且普遍影响的变化，如在金融机构中建立资产负债管理委员会，在制造型企业中建立期货交易风险管理组等；

（4）会计部门是否建立了某种流程，以识别会计准则的重大变化；

（5）当被审计单位业务操作发生变化并影响交易记录的流程时，是否存在沟通渠道以通知会计部门；

（6）风险管理部门是否建立了某种流程，以识别经营环境包括监管环境发生的重大变化。

注册会计师可以通过了解被审计单位及其环境的其他方面信息，评价被审计单位风险评估过程的有效性。例如，在了解被审计单位的业务情况时，发现了某些经营风险，注册会计师应当了解管理层是否也意识到这些风险以及如何应对。在对业务流程的了解中，注册会计师还可能进一步地获得被审计单位有关业务流程的风险评估过程的信息。例如，在销售循环中，如果发现了销售的截止性错报的风险，注册会计师应当考虑管理层是否也识别了该错报风险以及如何应对该风险。

注册会计师应当询问管理层识别出的经营风险，并考虑这些风险是否可能导致重大错报。

在审计过程中，如果发现与财务报表有关的风险因素，注册会计师可通过向管理层询问和检查有关文件确定被审计单位的风险评估过程是否也发现了该风险；如果识别出管理层未能识别的重大错报风险，注册会计师应当考虑被审计单位的风险评估过程为何没有识别出这些风险，以及评估过程是否适合于具体环境。

（三）对小型被审计单位的考虑

小型被审计单位可能没有正式的风险评估过程。在这种情况下，管理层很可能通过亲自参与经营来识别风险。无论情况如何，注册会计师询问识别出的风险以及管理层如何应对这些风险，仍是必要的。

四、信息系统与沟通

（一）与财务报告相关的信息系统的含义

与财务报告相关的信息系统包括用以生成、记录、处理和报告交易、事项和情况，对相关资产、负债和所有者权益履行经营管理责任的程序和记录。交易可能通过人工或自动化程序生成。记录包括识别和收集与交易、事项有关的信息。处理包括编辑、核对、计量、估价、汇总和调节活动，可能由人工或自动化程序来执行。报告是指用电子或书面形式编制财务报告和其他信息，供被审计单位用于衡量和考核财务及其他方面的业绩。

与财务报告相关的信息系统应当与业务流程相适应。业务流程是指被审计单位开发、采购、生产、销售、发送产品和提供服务、保证遵守法律法规、记录信息等一系列活动。与财务报告相关的信息系统所生成信息的质量，对管理层能否做出恰当的经营管理决策以及编制可靠的财务报告具有重大影响。

与财务报告相关的信息系统通常包括下列职能：①识别与记录所有的有效交易；②及时、详细地描述交易，以便在财务报告中对交易做出恰当分类；③恰当计量交易，以便在财务报告中对交易的金额做出准确记录；④恰当确定交易生成的会计期间；⑤在财务报表中恰当列报交易。

（二）对与财务报告相关的信息系统的了解

注册会计师应当从下列方面了解与财务报告相关的信息系统（包括相关业务流程）：

（1）在被审计单位经营过程中，对财务报表具有重大影响的各类交易；

（2）在信息技术和人工系统中，被审计单位的交易生成、记录、处理、必要的更正、结转至总账以及在财务报表中报告的程序；

（3）用以生成、记录、处理和报告（包括纠正不正确的信息以及信息如何结转至总账）交易的会计记录、支持性信息和财务报表中的特定账户；

（4）被审计单位的信息系统如何获取除交易以外的对财务报表重大的事项和情况；

（5）用于编制被审计单位财务报表（包括做出的重大会计估计和披露）的财务报告过程；

（6）与会计分录相关的控制，这些分录包括用以记录非经常性的、异常的交易或调整的非标准会计分录。

自动化程序和控制可能降低了发生无意错误的风险，但是并没有消除个人凌驾于控制之上的风险，如某些高级管理人员可能篡改自动计入总分类账和财务报告系统的数据金额。当被审计单位运用信息技术进行数据的传递时，发生篡改可能不会留下痕迹或证据。

（三）与财务报告相关的沟通的含义

与财务报告相关的沟通包括使员工了解各自在与财务报告有关的内部控制方面的角色和职责，员工之间的工作联系，以及向适当级别的管理层报告例外事项的方式。

公开的沟通渠道有助于确保例外情况得到报告和处理。沟通可以采用政策手册、会计和财务报告手册及备忘录等形式进行，也可以通过发送电子邮件、口头沟通和管理层的行动来进行。

（四）对与财务报告相关的沟通的了解

注册会计师应当了解被审计单位内部如何对财务报告的岗位职责以及与财务报告

相关的重大事项进行沟通。注册会计师还应当了解管理层与治理层（特别是审计委员会）之间的沟通，以及被审计单位与外部（包括与监管部门）的沟通。具体包括：

（1）管理层就员工的职责和控制责任是否进行了有效沟通；

（2）针对可疑的不恰当事项和行为是否建立了沟通渠道；

（3）组织内部沟通的充分性是否能够使人员有效地履行职责；

（4）对于与客户、供应商、监管者和其他外部人士的沟通，管理层是否及时采取适当的进一步行动；

（5）被审计单位是否受到某些监管机构发布的监管要求的约束；

（6）外部人士如客户和供应商在多大程度上获知被审计单位的行为守则。

（五）对小型被审计单位的考虑

在小型被审计单位，与财务报告相关的信息系统和沟通可能不如大型被审计单位正式和复杂。管理层可能会更多地参与日常经营管理活动和财务报告活动，不需要很多书面的政策和程序指引，也没有复杂的信息系统和会计流程。由于小型被审计单位的规模较小、报告层次较少，因此，小型被审计单位可能比大型被审计单位更容易实现有效的沟通。注册会计师应当考虑这些特征对评估重大错报风险的影响。

五、控制活动

（一）相关的控制活动的含义

控制活动是指有助于确保管理层的指令得以执行的政策和程序。包括与授权、业绩评价、信息处理、实物控制和职责分离等相关的活动。

（1）授权。注册会计师应当了解与授权有关的控制活动，包括一般授权和特别授权。

授权的目的在于保证交易在管理层授权范围内进行。一般授权是指管理层制定的要求组织内部遵守的普遍适用于某类交易或活动的政策。特别授权是指管理层针对特定类别的交易或活动逐一设置的授权，如重大资本支出和股票发行等。特别授权也可能用于超过一般授权限制的常规交易。例如，因某些特别原因，同意对某个不符合一般信用条件的客户赊销商品。

（2）业绩评价。注册会计师应当了解与业绩评价有关的控制活动，主要包括被审计单位分析评价实际业绩与预算（或预测、前期业绩）的差异，综合分析财务数据与经营数据的内在关系，将内部数据与外部信息来源相比较，评价职能部门、分支机构或项目活动的业绩（如银行客户信贷经理复核各分行、地区和各种贷款类型的审批和收回），以及对发现的异常差异或关系采取必要的调查与纠正措施。

通过调查非预期的结果和非正常的趋势，管理层可以识别可能影响经营目标实现的情形。管理层对业绩信息的使用（如将这些信息用于经营决策，用于对财务报告系统报告的非预期结果进行追踪），决定了业绩指标的分析是只用于经营目的还是同时用于财务报告目的。

（3）信息处理。注册会计师应当了解与信息处理有关的控制活动，包括信息技术的一般控制和应用控制。

被审计单位通常执行各种措施，检查各种类型信息处理环境下的交易的准确性、完整性和授权。信息处理控制可以是人工的、自动化的，也可以是基于自动流程的人工控制。信息处理控制分为两类，即信息技术一般控制和应用控制。

信息技术一般控制是指与多个应用系统有关的政策和程序，有助于保证信息系统持续恰当地运行（包括信息的完整性和数据的安全性），支持应用控制作用的有效发挥，通常包括数据中心和网络运行控制，系统软件的购置、修改及维护控制，接触或访问权限控制，应用系统的购置、开发及维护控制。例如，程序改变的控制、限制接触程序和数据的控制、与新版应用软件包实施有关的控制等都属于信息技术一般控制。

信息技术应用控制是指主要在业务流程层面运行的人工或自动化程序，与用于生成、记录、处理、报告交易或其他财务数据的程序相关，通常包括检查数据计算的准确性，审核账户和试算平衡表，设置对输入数据和数字序号的自动检查，以及对例外报告进行人工干预。

（4）实物控制。注册会计师应当了解实物控制，主要包括了解对资产和记录采取适当的安全保护措施，对访问计算机程序和数据文件设置授权，以及定期盘点并将盘点记录与会计记录相核对。例如，现金、有价证券和存货的定期盘点控制。实物控制的效果影响资产的安全，从而对财务报表的可靠性及审计产生影响。

（5）职责分离。注册会计师应当了解职责分离，主要包括了解被审计单位如何将交易授权、交易记录以及资产保管等职责分配给不同员工，以防范同一员工在履行多项职责时可能发生的舞弊或错误。当信息技术运用于信息系统时，职责分离可以通过设置安全控制来实现。

（二）对控制活动的了解

在了解控制活动时，注册会计师应当重点考虑一项控制活动单独或连同其他控制活动，是否能够以及如何防止或发现并纠正各类交易、账户余额和披露存在的重大错报。注册会计师的工作重点是识别和了解针对重大错报可能发生的领域的控制活动。如果多项控制活动能够实现同一目标，注册会计师不必了解与该目标相关的每项控制活动。

注册会计师对被审计单位整体层面的控制活动进行的了解和评估，主要是针对被审计单位的一般控制活动，特别是信息技术一般控制。在了解和评估一般控制活动时考虑的主要因素可能包括：

（1）被审计单位的主要经营活动是否都有必要的控制政策和程序；

（2）管理层在预算、利润和其他财务及经营业绩方面是否都有清晰的目标，在被审计单位内部，是否对这些目标都加以清晰的记录和沟通，并且积极地对其进行监控；

（3）是否存在计划和报告系统，以识别与目标业绩的差异，并向适当层次的管理层报告该差异；

（4）是否由适当层次的管理层对差异进行调查，并及时采取适当的纠正措施；

（5）不同人员的职责应在何种程度上相分离，以降低舞弊和不当行为发生的风险；

（6）会计系统中的数据是否与实物资产定期核对；

（7）是否建立了适当的保护措施，以防止未经授权接触文件、记录和资产；

（8）是否存在信息安全职能部门负责监控信息安全政策和程序。

（三）对小型被审计单位的考虑

小型被审计单位控制活动依据的理念与较大型被审计单位可能相似，但是它们运行的正式程度可能不同。进一步讲，在小型被审计单位中，由于某些控制活动由管理层执行，特定类型的控制活动可能变得并不相关。例如，只有管理层拥有批准赊销、重大采购的权力，才可以对重要账户余额和交易实施有力控制，降低或消除实施更具体的控制活动的必要性。

小型被审计单位通常难以实施适当的职责分离，注册会计师应当考虑小型被审计单位采取的控制活动（特别是职责分离）能否有效实现控制目标。

六、对控制的监督

（一）对控制的监督的含义

管理层的重要职责之一就是建立和维护控制并保证其持续有效运行，对控制的监督可以实现这一目标。监督是由适当的人员，在适当、及时的基础上，评估控制的设计和运行情况的过程。对控制的监督是指被审计单位评价内部控制在一段时间内运行有效性的过程。对控制的监督涉及及时评估控制的有效性并采取必要的补救措施。例如，管理层对是否定期编制银行存款余额调节表进行复核，内部审计人员评价销售人员是否遵守公司关于销售合同条款的政策，法律部门定期监控公司的道德规范和商务行为准则是否得以遵循等。监督对控制的持续有效运行十分重要。假如没有对银行存款余额调节表是否得到及时和准确的编制进行监督，该项控制可能无法得到持续的执行。

通常，管理层通过持续的监督活动、单独的评价活动或两者相结合实现对控制的监督。持续的监督活动通常贯穿于被审计单位日常重复的活动中，包括常规管理和监督工作。例如，管理层在履行其日常管理活动时，取得内部控制持续发挥功能的信息。当业务报告、财务报告与他们获取的信息有较大差异时，会对有重大差异的报告提出疑问，并做必要的追踪调查和处理。

被审计单位可能使用内部审计人员或具有类似职能的人员对内部控制的设计和执行进行专门的评价，以找出内部控制的优点和不足，并提出改进建议。关于内部审计人员在内部控制方面的职责，被审计单位也可能利用与外部有关各方沟通或交流所获取的信息监督相关的控制活动。在某些情况下，外部信息可能显示内部控制存在的问题和需要改进之处。例如，客户通过付款来表示其同意发票金额，或者认为发票金额有误而不付款。监管机构（如银行监管机构）可能会对影响内部控制运行的问题与被审计单位沟通。管理层可能也会考虑与注册会计师就内部控制进行沟通，通过与外部信息的沟通，可以发现内部控制存在的问题，以便采取纠正措施。

值得注意的是，上述用于监督活动的很多信息都由被审计单位的信息系统产生，这些信息可能会存在错报，从而导致管理层从监督活动中得出错误的结论。因此，注册会计师应当了解与被审计单位监督活动相关的信息来源，以及管理层认为信息具有可靠性的依据。如果拟利用被审计单位监督活动使用的信息（包括内部审计报告），注册会计师应当考虑该信息是否具有可靠的基础，是否足以实现审计目标。

（二）了解对内部控制的监督

注册会计师在对被审计单位整体层面的监督进行了解和评估时，考虑的主要因素可能包括：

（1）被审计单位是否定期评价内部控制。

（2）被审计单位人员在履行正常职责时，能够在多大程度上获得内部控制是否有效运行的证据。

（3）与外部的沟通能够在多大程度上证实内部产生的信息或者指出存在的问题。

（4）管理层是否采纳内部审计人员和注册会计师有关内部控制的建议。

（5）管理层是否及时纠正控制运行中的偏差。

（6）管理层根据监管机构的报告及建议是否及时采取纠正措施。

（7）是否存在协助管理层监督内部控制的职能部门（如内部审计部门）。如存在，对内部审计职能需进一步考虑的因素包括：①独立性和权威性；②向谁报告，例如直接向董事会、审计委员会或类似机构报告，对接触董事会、审计委员会或类似机构是否有限制；③是否有足够的人员、培训和特殊技能，例如对于复杂的高度自动化的环境应使用有经验的信息系统审计人员；④是否坚持适用的专业准则；⑤活动的范围，例如财务审计和经营审计工作的平衡，在分散经营情况下，内部审计的覆盖程度和轮换程度；⑥计划、风险评估和执行工作的记录及形成结论的适当性；⑦是否不承担经营管理责任。

（三）对小型被审计单位的考虑

小型被审计单位通常没有正式的持续监督活动，且持续的监督活动与日常管理工作难以明确区分，业主往往通过其对经营活动的密切参与来识别财务数据中的重大差异和错报，并对控制活动采取纠正措施，注册会计师应当考虑业主对经营活动的密切参与能否有效实现其对控制的监督目标。

需要指出的是，内部控制的某些要素（如控制环境）更多地对被审计单位整体层面产生影响，而其他要素（如信息系统与沟通、控制活动）则可能更多地与特定业务流程相关。

在实务中，注册会计师应当从被审计单位整体层面和业务流程层面分别了解和评价被审计单位的内部控制。整体层面的控制（包括对管理层凌驾于内部控制之上的控制）和信息技术一般控制通常在所有业务活动中普遍存在。业务流程层面控制主要是对工薪、销售和采购等交易的控制。

整体层面的控制对内部控制在所有业务流程中得到严格的设计和执行具有重要影响。整体层面的控制较差甚至可能使最好的业务流程层面控制失效。例如，被审计单位可能有一个有效的采购系统，但如果会计人员不胜任，仍然会发生大量错误，且其中一些错误可能导致财务报表存在重大错报。而且，管理层凌驾于内部控制之上（它们经常在企业层次出现）也是不好的公司行为中的普遍问题。

七、内部控制的人工和自动化成分

（一）考虑内部控制的人工和自动化特征及其影响

大多数被审计单位出于编制财务报告和实现经营目标的需要使用信息技术。然而，即使信息技术得到广泛使用，人工因素仍然会存在于这些系统之中。不同的被审计单位采用的控制系统中人工控制和自动化控制的比例是不同的。在一些小型的、生产经营不太复杂的被审计单位，可能以人工控制为主；而在另外一些单位，可能以自动化控制为主。内部控制可能既包括人工成分，又包括自动化成分，在风险评估以及设计和实施进一步审计程序时，注册会计师应当考虑内部控制的人工和自动化特征及其影响。

内部控制采用人工系统还是自动化系统，将影响交易生成、记录、处理和报告的方式。在以人工为主的系统中，内部控制一般包括批准和复核业务活动，编制调节表并对调节项目进行跟踪。当采用信息技术系统生成、记录、处理和报告交易时，交易的记录形式（如订购单、发票、装运单及相关的会计记录）可能是电子文档而不是纸质文件。信息技术系统中的控制可能既有自动控制（如嵌入计算机程序的控制），又有人工控制。人工控制可能独立于信息技术系统，利用信息技术系统生成的信息，也可能用于监督信息技术系统和自动控制的有效运行或者处理例外事项。如果采用信息技术系统处理交易和其他数据，系统和程序可能包括与财务报表重大账户认定相关的控制或者包括人工控制作用的有效发挥。被审计单位的性质和经营的复杂程度会对采用人工控制和自动化控制的成分产生影响。

（二）信息技术的优势及相关内部控制风险

信息技术通常在下列方面提高被审计单位内部控制的效率和效果：

（1）在处理大量的交易或数据时，一贯运用事先确定的业务规则，并进行复杂运算；

（2）提高信息的及时性、可获得性及准确性；

（3）促进对信息的深入分析；

（4）提高对被审计单位的经营业绩及其政策和程序执行情况进行监督的能力；

（5）降低控制被规避的风险；

（6）通过对应用程序系统、数据库系统和操作系统执行安全控制，提高不兼容职务分离的有效性。

但是，信息技术也可能对内部控制产生特定风险。注册会计师应当从下列方面了解信息技术对内部控制产生的特定风险：

（1）所依赖的系统或程序不能正确处理数据，或处理了不正确的数据，或两种情况并存；

（2）未经授权访问数据，可能导致数据的毁损或对数据不恰当的修改，包括记录未经授权或不存在的交易，或不正确地记录了交易，多个用户同时访问同一数据库可能会造成特定风险；

（3）信息技术人员可能获得超越其职责范围的数据访问权限，因此破坏了系统应有的职责分工；

（4）未经授权改变主文档的数据；

（5）未经授权改变系统或程序；

（6）未能对系统或程序做出必要的修改；

（7）不恰当的人为干预；

（8）可能丢失数据或不能访问所需要的数据。

（三）人工控制的适用范围及相关内部控制风险

内部控制的人工成分在处理下列需要主观判断或酌情处理的情形时可能更为适当：

（1）存在大额、异常或偶发的交易；

（2）存在难以界定、预计或预测的错误的情况；

（3）针对变化的情况，需要对现有的自动化控制进行人工干预；

（4）监督自动化控制的有效性。

但是，由于人工控制由人执行，受人为因素的影响，也产生了特定风险，注册会计师应当从下列方面了解人工控制产生的特定风险：

（1）人工控制可能更容易被规避、忽视或凌驾；

（2）人工控制可能不具有一贯性；

（3）人工控制可能更容易产生简单错误或失误。

相对于自动化控制，人工控制的可靠性较差。为此，注册会计师应当考虑人工控制在下列情形中可能是不适当的：①存在大量或重复发生的交易；②事先可预计或预测的错误能够通过自动化控制参数得以防止或发现并纠正；③用特定方法实施控制的控制活动可得到适当设计和自动化处理。

内部控制风险的程度和性质取决于被审计单位信息系统的性质和特征。考虑到信息系统的特征，被审计单位可以通过建立有效的控制，应对由于采用信息技术或人工成分而产生的风险。

八、内部控制的局限性

（一）内部控制的固有局限性

内部控制无论如何有效，都只能为被审计单位实现财务报告目标提供合理保证。内部控制实现目标的可能性受其固有限制的影响。这些限制包括：

（1）在决策时人为判断可能出现错误和因人为失误而导致内部控制失效。例如控制的设计和修改可能存在失误。同样地，控制的运行可能无效，例如由于负责复核信息的人员不了解复核的目的或没有采取适当的措施，内部控制生成的信息（如例外报告）没有得到有效使用。

（2）控制可能由于两个或更多的人员串通或管理层不当地凌驾于内部控制之上而被规避。例如，管理层可能与客户签订"背后协议"，修改标准的销售合同条款和条件，从而导致不适当的收入确认。再如，软件中的编辑控制旨在识别和报告超过赊销信用额度的交易，但这一控制可能被凌驾或不能得到执行。

此外，如果被审计单位内部行使控制职能的人员素质不适应岗位要求，也会影响内部控制功能的正常发挥。被审计单位实施内部控制的成本效益问题也会影响其效能，当实施某项控制成本大于控制效果而发生损失时，就没有必要设置控制环节或控制措施。内部控制一般都是针对经常而重复发生的业务设置的，如果出现不经常发生或未预计到的业务，原有控制就可能不适用。

（二）对小型被审计单位的考虑

小型被审计单位拥有的员工通常较少，限制了其职责分离的程度。但是，在业主管理的小型被审计单位，业主兼经理可以实施比大型被审计单位更有效的监督。这种监督可以弥补职责分离有限的局限性。另外，由于内部控制系统较为简单，业主兼经理更有可能凌驾于控制之上。注册会计师在识别由于舞弊导致的重大错报风险时需要考虑这一问题。

第二节　财务报告审计中注册会计师如何评价企业内部控制

一、注册会计师了解企业内部控制的流程

注册会计师了解企业内部控制的流程包括评价控制的设计，并确定其是否得到执行，但不包括对控制是否得到一贯执行的测试。

（一）评价控制的设计

注册会计师在了解内部控制时，应当评价控制的设计，并确定其是否得到执行。评价控制的设计，涉及考虑该控制单独或连同其他控制是否能够有效防止或发现并纠正重大错报。控制得到执行是指某项控制存在且被审计单位正在使用。评估一项无效控制的运行没有什么意义，因此，需要首先考虑控制的设计。设计不当的控制可能表明存在值得关注的内部控制缺陷。

（二）如何获取控制设计和执行的审计证据

注册会计师通常实施下列风险评估程序，以获取有关控制设计和执行的审计证据：

（1）询问被审计单位人员；

（2）观察特定控制的运用；

（3）检查文件和报告；

（4）追踪交易在财务报告信息系统中的处理过程（穿行测试）。

这些程序是风险评估程序在了解被审计单位内部控制方面的具体运用。

询问本身并不足以评价控制的设计以及确定其是否得到执行，注册会计师应当将询问与其他风险评估程序结合使用。

（三）了解内部控制的步骤

了解内部控制包括四个重要的步骤。第一步，识别需要降低哪些风险以预防财务报表中发生重大错报。如果某内部控制目标没有实现，风险因素通常被描述为"可能的错误"。第二步，记录相关的内部控制。目的是识别是否存在内部控制降低第一步所列出的风险因素，但没有必要记录和评价与审计无关的内部控制。第三步，评估控制的执行。主要是实施穿行测试，以确信识别的内部控制实际上确实存在。如果存在，注册会计师就可完成对控制设计和执行的评价。第四步，评估内部控制的设计。汇总获得的所有信息，并根据风险因素描绘识别出的（或执行的）控制。完成上述四个步骤之后，注册会计师应当确定内部控制是否存在重大弱点。

（四）了解内部控制与测试控制运行有效性的关系

除非存在某些可以使控制得到一贯运行的自动化控制，否则注册会计师对控制的了解并不足以测试控制运行的有效性。

例如，获取某一人工控制在某一时点得到执行的审计证据，并不能证明该控制在所审计期间内的其他时点也有效运行。但是，信息技术可以使被审计单位持续一贯地对大量数据进行处理，提高了被审计单位监督控制活动运行情况的能力，信息技术还可以通过对应用软件、数据库、操作系统设置安全控制来实现有效的职责划分。由于信息技术处理流程的内在一贯性，实施审计程序确定某项自动控制是否得到执行，也可能实现对控制运行有效性测试的目标。

二、从整体层面评估企业内部控制

从整体层面对被审计单位内部控制的了解和评估，通常由项目组中对被审计单位情况比较了解且较有经验的成员负责，同时需要项目组其他成员的参与和配合。对于连续审计，注册会计师可以重点关注整体层面内部控制的变化情况，包括由于被审计单位及其环境的变化而导致内部控制发生的变化以及采取的对策。注册会计师还需要特别考虑因舞弊而导致重大错报的可能性及其影响。

注册会计师可以考虑将询问被审计单位人员、观察特定控制的应用、检查文件和报告以及执行穿行测试等风险评估程序相结合，以获取审计证据。在了解上述内部控制的构成要素时，注册会计师需要特别注意这些要素在实际中是否得到执行。例如，通过询问管理层和员工，了解管理层对内部控制的态度和道德价值观念，以及如何就此与员工进行沟通；通过检查文件、内部程序手册、流程图等，了解管理层是否建立了正式的行为守则；通过询问和观察，了解行为守则在日常工作中是否得到遵守，以及管理层如何处理违反行为守则的情形；通过询问被审计单位管理层，了解其风险评估过程，并复核记录风险评估过程的文件；通过检查和复核内部审计部门的工作程序以及报告等，确定管理层和员工是否执行既定的政策和程序。

在了解内部控制的各构成要素时，注册会计师应当对被审计单位整体层面的内部控制的设计进行评价，并确定其是否得到执行。实际上，这一评价过程需要大量的职业判断，并没有固定的公式或指标可供参考。例如，小型被审计单位在实现内部控制的目标中可能会较少采用正式的书面措施和方法，业主可能更多地参与日常经营管理活动和财务报告活动。但这些并不一定会影响注册会计师对于被审计单位整体层面的内部控制是否有效的判断。注册会计师应当考虑管理层本身的理念和态度、实际设计和执行的控制以及对经营活动的密切参与是否能够实现控制的目标。

注册会计师应当将对被审计单位整体层面内部控制各要素的了解要点和实施的风险评估程序及其结果等形成审计工作记录，并对影响注册会计师对整体层面内部控制有效性进行判断的因素加以详细记录。

财务报表层次的重大错报风险很可能源于薄弱的控制环境，因此，注册会计师在评估财务报表层次的重大错报风险时，应当将被审计单位整体层面的内部控制状况和了解到的被审计单位及其环境其他方面的情况结合起来考虑。

被审计单位整体层面的内部控制是否有效将直接影响重要业务流程层面控制的有效性，进而影响注册会计师拟实施的进一步审计程序的性质、时间安排和范围。

三、从业务流程层面企业内部控制

在初步计划审计工作时，注册会计师需要确定在被审计单位财务报表中可能存在重大错报风险的重大账户及其相关认定。为实现此目的，通常采取下列步骤：①确定被审计单位的重要业务流程和重要交易类别；②了解重要交易流程，并记录获得的了解；③确定可能发生错报的环节；④识别和了解相关控制；⑤执行穿行测试，证实对交易流程和相关控制的了解；⑥进行初步评价和风险评估。

在实务中，上述步骤可能同时进行，例如在询问相关人员的过程中，同时了解重要交易的流程和相关控制。

（一）确定重要业务流程和重要交易类别

在实务中，将被审计单位的整个经营活动划分为几个重要的业务循环，有助于注册会计师更有效地了解和评估重要业务流程及相关控制。通常，对制造业企业，可以划分为销售与收款循环、采购与付款循环、生产与存货循环、人力资源与工薪循环、投资与筹资循环等。经营活动的性质不同，所划分的业务循环也不同。例如，对于银行，就没有生产与存货循环，而有发放贷款循环、吸收存款循环。又如，某些被审计单位出口销售与国内销售的流程完全不同，可将销售与收款循环进一步划分为外销和内销两个子循环。对于某些被审计单位，固定资产的采购和维护可能很重要，也可以将固定资产单独作为一个业务循环。重要交易类别是指可能对被审计单位财务报表产生重大影响的各类交易。重要交易类别应与相关账户及其认定相联系，例如对于一般制造业企业，销售收入和应收账款通常是重要账户，销售和收款都是重要交易类别。除了一般所理解的交易以外，对财务报表具有重大影响的事项和情况也应包括在内，例如计提资产的折旧或摊销，考虑应收款项的可回收性和计提坏账准备等。

（二）了解重要交易流程，并进行记录

在确定重要的业务流程和交易类别后，注册会计师便可着手了解每一类重要交易在信息技术或人工系统中生成、记录、处理及在财务报表中报告的程序，即重要交易

流程。这是确定在哪个环节或哪些环节可能发生错报的基础。

交易流程通常包括一系列工作：输入数据的核准与修订，数据的分类与合并，进行计算、更新账簿资料和客户信息记录，生成新的交易，归集数据，列报数据。而与注册会计师了解重要交易相关的流程通常包括生成、记录、处理和报告交易等活动。例如，在销售循环中，这些活动包括输入销售订购单、编制货运单据和发票、更新应收账款信息记录等。相关的处理程序包括通过编制调整分录，修改并再次处理以前被拒绝的交易，以及修改被错误记录的交易。

注册会计师可以通过下列方法获得对重要交易流程的了解：①检查被审计单位的手册和其他书面指引；②询问被审计单位的适当人员；③观察所运用的处理方法和程序；④穿行测试。

在执行上述步骤之前，注册会计师需要考虑以下事项：①该类交易影响的重要账户及其认定；②注册会计师已经识别的有关这些重要账户及其认定的经营风险和财务报表重大错报风险；③重要交易类别生成、记录、处理和报告所涉及的业务流程以及相关的信息技术处理系统。考虑上述事项可以帮助注册会计师确定询问对象，包括流程管理人员和信息技术人员。注册会计师可以通过检查被审计单位的手册和其他书面指引获得有关信息，还可以通过询问和观察来获得全面的了解。向适当人员询问通常是比较有效的方法。需要注意的是，很多重要交易的流程涉及被审计单位的多个部门。例如，销售业务可能涉及销售部门（负责订购单处理和开票）、会计部门（负责账务处理）和仓库（负责发货）等。因此，注册会计师需要考虑分别向不同部门的适当人员询问。

向负责处理具体业务人员的上级进行询问通常更加有效，因为这些人员很可能对分管的整个业务流程十分熟悉。对一些简单的业务，被审计单位的财会人员可以向注册会计师提供足够的信息。然而，注册会计师如要了解关于一项复杂的业务是如何发生、处理、记录和报告的信息，通常需要和信息技术处理人员进行讨论。

在了解过程中，注册会计师通常还能注意到许多正在执行的控制。虽然这个阶段的工作重点不是确定控制是否存在，注册会计师仍需留意可能存在缺乏控制的情况，以及可能发生错报而需要控制的环节。注册会计师也可能发现在识别和评估控制时需要进一步审查的常规程序和数据档案。

在询问过程中，注册会计师可以检查并在适当的情况下保存部分被审计单位文件（如流程图、程序手册、职责描述、文件、表格等）的复印件，以帮助其了解交易流程。通常，注册会计师会获得某些信息系统的文件资料，如系统的文字说明、系统图表以及流程图。为了便于理解，注册会计师应当考虑在图表及流程图上加入自己的文字表述，归纳总结被审计单位提供的有关资料。

如果可行的话，流程图或文字表述应反映所有相关的处理程序，无论这些处理程序是人工完成还是自动完成的。流程图或文字表述应足够详细，以帮助注册会计师确定在什么环节可能会发生重大错报。因此，流程图或文字表述通常会反映业务流程中数据发生、入账或修改的活动。在较为复杂的环境中，一份流程图可能需要其他的流程图和文字表述予以支持。

由于获取此类资料的最根本目的是帮助注册会计师确定哪个环节可能发生错报，因此，注册会计师要注意记录以下信息：①输入信息的来源；②所使用的重要数据档案，如客户清单及价格信息记录；③重要的处理程序，包括在线输入和更新处理；④重要的输出文件、报告和记录；⑤基本的职责划分，即列示各部门所负责的处理程序。

注册会计师通常只是针对每一年的变化修改记录流程的工作底稿，除非被审计单位的交易流程发生重大改变。然而，无论业务流程与以前年度相比是否有变化，注册会计师每年都需要考虑上述注意事项，以确保对被审计单位的了解是最新的，并已包括被审计单位交易流程中相关的重大变化。

（三）确定可能发生错报的环节

注册会计师需要确认和了解被审计单位应在哪些环节设置控制，以防止或发现并纠正各重要业务流程可能发生的错报。注册会计师所关注的控制，是那些能通过防止错报的发生，或者通过发现和纠正已有错报，从而确保每个流程中业务活动的具体流程（从交易的发生到记录于账目）能够顺利运转的人工或自动化控制程序。

尽管不同的被审计单位会为确保会计信息的可靠性而对业务流程设计和实施不同的控制，但设计控制的目的是实现某些控制目标（见表7-1）。实际上，这些控制目标与财务报表重大账户的相关认定相联系。但注册会计师在此时通常不考虑列报认定，而在审计财务报告流程时将考虑该认定。

表7-1　控制目标

控制目标	解　释
完整性：所有的有效交易都已记录	必须有程序确保没有漏记实际发生的交易
存在和发生：每项已记录的交易均真实	必须有程序确保会计记录中没有虚构的或重复入账的项目
适当计量交易	必须有程序确保交易以适当的金额入账
恰当确定交易生成的会计期间（截止性）	必须有程序确保交易在适当的会计期间内入账（例如，月、季度、年等）
恰当分类	必须有程序确保将交易记入正确的总分类账，必要时，记入相应的明细账内
正确汇总和过账	必须有程序确保所有作为账簿记录中的借贷方余额都正确地归集（加总），确保加总后的金额正确过入总账和明细分类账

对于每个重要交易流程，注册会计师都会考虑这些控制目标。评价是否实现这些目标的重要标志是看是否存在控制来防止错报的发生，或发现并纠正错报，然后重新提交到业务流程处理程序中进行处理。

注册会计师通过设计一系列关于控制目标是否实现的问题，从而确认某项业务流程中需要加以控制的环节。这些问题针对的是业务流程中数据生成、转移或被转换的环节。表7-2列举了部分在销售交易中的控制目标是否实现的问题。

表7-2 销售交易中的控制目标示例

控制目标是否实现的问题	有关的认定
怎样确保没有记录虚构或重复的销售	发生
怎样确保所有的销售和收款均已记录	完整性
怎样保证货物运送给正确的收货人	发生
怎样保证发货单据只有在实际发货时才开具	发生
怎样保证发票正确反映了发货的数量	准确性

为实现某项审计目标而设计问题的数量，取决于下列因素：

（1）业务流程的复杂程度。

（2）业务流程中发生错报而未能被发现的概率。

（3）是否存在一种具有实效的总体控制来实现控制目标。例如，将仓库的发货日志中记录的发货数量与销售日记账中登记的数量定期进行核对调节，这一控制可以同时实现发生、完整性、截止性等多个控制目标。

注册会计师应将这些问题记录于工作底稿。

（四）识别和评估企业内部控制

通过对被审计单位的了解，包括在被审计单位整体层面对内部控制各要素的了解，以及在上述程序中对重要业务流程的了解，注册会计师可以确定是否有必要进一步了解在业务流程层面的控制。在某些情况下，注册会计师之前的了解可能表明被审计单位在业务流程层面针对某些重要交易流程所设计的控制是无效的，或者注册会计师并不打算信赖控制，这时注册会计师没有必要进一步了解在业务流程层面的控制。特别需要注意的是，如果认为仅通过实质性程序无法将认定层次的检查风险降至可接受的水平，或者针对特别风险，注册会计师应当了解和评估相关的控制活动。

如果注册会计师计划对业务流程层面的有关控制进行进一步的了解和评价，那么针对业务流程中容易发生错报的环节，注册会计师应当确定：①被审计单位是否建立了有效的控制，以防止或发现并纠正这些错报；②被审计单位是否遗漏了必要的控制；③是否识别了可以最有效测试的控制。

1. 控制的类型

控制包括被审计单位使用并依赖的、用以在交易流程中防止错报的发生或在发生错报后发现与纠正错报的所有政策和程序。有效的控制应与错报发生的环节相关，并能降低错报风险。通常将业务流程中的控制划分为预防性控制和检查性控制。

（1）预防性控制。预防性控制通常用于正常业务流程的每一项交易，以防止错报的发生。在流程中防止错报是信息系统的重要目标。缺少有效的预防性控制增加了数据发生错报的可能性，特别是在相关账户及其认定存在较高重大错报风险时，更是如此。

预防性控制可能是人工的，也可能是自动化的。表7-3是预防性控制及其能防止错报的例子。

表7-3 预防性控制示例

对控制的描述	控制用来防止的错报
生成收货报告的计算机程序，同时也更新采购档案	防止出现购货漏记账的情况
在更新采购档案之前必须先有收货报告	防止记录了未收到购货的情况
销货发票上的价格根据价格清单上的信息确定	防止销货计价错误
计算机将各凭证上的账户号码与会计科目表对比，然后进行一系列的逻辑测试	防止出现分类错报

与简单的业务流程相比，对于较复杂的业务流程，被审计单位通常更依赖自动控制。例如，对于一个简单的业务流程，发运货物的计价控制包括人工对销货发票的复核，以确定发票采用了正确的价格和折扣。但在一个较复杂的业务流程中，被审计单位可能依赖数据录入控制判别那些不符合要求的价格和折扣，以及通过访问控制来控制对价格信息记录的访问。

对于处理大量业务的复杂业务流程，被审计单位通常使用对程序修改的控制和访问控制，来确保自动控制的持续有效。

实施针对程序修改的控制，是为了确保所有对计算机程序的修改在实施前都经过适当的授权、测试以及核准。

实施访问控制，是为了确保只有经过授权的人员和程序才有权访问数据，且只能在预先授权情况下才能处理数据（如查询、执行和更新）。

程序修改的控制和访问控制通常不能直接防止错报，但对于确保自动控制在整个拟信赖期间内的有效性有着十分重要的作用。

（2）检查性控制。建立检查性控制的目的是发现流程中可能发生的错报（尽管有预防性控制还是会发生的错报）。被审计单位通过检查性控制，监督其流程和相应的预防性控制能否有效地发挥作用。检查性控制通常是管理层用来监督实现流程目标的控制。检查性控制可以由人工执行，也可以由信息系统自动执行。

检查性控制通常并不适用于业务流程中的所有交易，而适用于一般业务流程以外的已经处理或部分处理的某类交易，可能一年只运行几次，如每月将应收账款明细账与总账比较；也可能每周运行，甚至一天运行几次。

与预防性控制相比，不同被审计单位之间检查性控制差别很大。许多检查性控制取决于被审计单位的性质、执行人员的能力、习惯和偏好。检查性控制可能是正式建立的程序，如编制银行存款余额调节表，并追查调节项目或异常项目，也可能是非正式的程序。

有些检查性控制虽然并没有正式设定，但员工会有规律地执行并做记录，这些控制也是被审计单位内部控制的有机组成部分。例如，财务总监复核月度毛利率的合理性；信用管理部经理可能有一本记录每月到期应收款的备查簿，以确定这些应收款是否收到，并追查挂账的项目；财务总监实施特定的分析程序来确定某些费用与销售的关系是否与经验数据相符，如果不符，调查不符的原因并纠正其中的错报等。表7-4是检查性控制及其可能查出的错报的例子。

表7-4　检查性控制示例

对控制的描述	控制预期查出的错报
定期编制银行存款余额调节表，跟踪调查挂账的项目	在对其他项目进行审核的同时，查找存入银行但没有记入日记账的现金收入，未记录的银行现金支付或虚构入账的不真实的银行现金收入或支付，未及时入账或未正确汇总分类的银行现金收入或支付
1. 将预算与实际费用间的差异列入计算机编制的报告中并由部门经理复核。记录所有超过预算2%的差异情况和解决措施。 2. 计算机每天比较发出货物的数量和开票数量。如果发现差异，产生报告，由开票主管复核和追查。 3. 每季度复核应收账款贷方余额，并找出原因	1. 在对其他项目进行审核的同时，查找本月发生的重大分类错报或没有记录及没有发生的大笔收入、支出以及相关联的资产和负债项目。 2. 查找没有开票和记录的出库货物，以及与真实发货无关的发票。 3. 查找未予入账的发票和销售与现金收入中的分类错误

如果确信存在以下情况，那么就可以将检查性控制作为一个主要的手段来合理保证某特定认定发生重大错报的可能性较小：①控制所检查的数据是完整、可靠的；②控制对于发现重大错报足够敏感；③发现的所有重大错报都将被纠正。

需要注意的是，对控制的分类取决于控制运用的目的和方式，以及被审计单位和注册会计师对控制的认识。从根本上看，控制被归为哪类并不重要，重要的是它是否有效，以及注册会计师能否测试其有效性。业务流程中重要交易类别的有效控制应同时包括预防性控制和检查性控制，因为没有相应的预防性控制，检查性控制也不能充分发挥作用。

2. 识别和了解相关控制

识别和了解控制采用的主要方法是询问被审计单位各级别的负责人员。业务流程越复杂，注册会计师越有必要询问信息系统人员，以辨别有关的控制。一般是"从高到低"进行询问。从级别较低人员处获取的信息，应向级别较高的人员核实其完整性，以确定他们是否与级别较高的人员所理解的预定控制相符。

如果多项控制活动能够实现同一目标，注册会计师不必了解与该目标相关的每项控制活动。因为防止或发现某一特定的错报可能需要有多重控制，或者一项特别的控制目标是为了发现一种以上的潜在错报，为了实现该目标需要设置多项控制。例如，为实现销售的"存在性"这一控制目标，注册会计师可能要识别一种控制，该项控制的作用是保证出库单只为已经发出的货物编制。然而，注册会计师可能还要识别这样一种控制，其作用是保证销售发票只有在与一张出库单相匹配时才能开出并登记入账。而且，注册会计师也可能认定不管存在多少种潜在错报，某一特定的控制（如一个设计合理的检查性控制）自身可以足够有效地实现控制目标。例如，对实际发货数量与开票数量进行定期核对调节的程序本身就足以对销售流程中"存在性"这一目标提供合理保证，并且也能对销售流程中"完整性"这一目标提供合理保证。因此，在这种情况下，注册会计师只需了解对实际发货数量与开票数量进行定期核对调节的控制即可。

在实务中，注册会计师还会特别考虑一项检查性控制发现和纠正错报的能力。也就是说，控制与认定直接或间接相关；关系越间接，控制对防止或发现并纠正认定错报的效果越小。注册会计师应考虑识别和了解与认定关系更直接、更有效的控制。当然，如果在之后的穿行测试和评价中，注册会计师发现已识别的控制实际并未得到执行，则应当重新针对该项控制目标识别是否存在其他的控制。

3. 记录相关控制

在被审计单位已设置的控制中，如果有可以对应"哪个环节需设置控制"问题的，注册会计师应将其记录于工作底稿，同时记录由谁执行该控制。注册会计师可以通过备忘录、笔记或复印被审计单位相关资料而逐步使信息趋于完整。

如果注册会计师对重要业务流程的记录符合下列条件，可以认为其是充分的：①该记录识别了所有重要交易类别；②该记录指出在业务处理流程中"在什么环节可能出错"，即在什么环节需要控制；③该记录描述了针对"在什么环节可能出错"建立的预防性控制与检查性控制，而且指出这些控制由谁执行以及如何执行。

（五）执行穿行测试，证实对交易流程和相关控制的了解

为了解各类重要交易在业务流程中发生、处理和记录的过程，注册会计师通常会每年执行穿行测试。执行穿行测试可获得下列方面的证据：①确认对业务流程的了解；②确认对重要交易的了解是完整的，即在交易流程中所有与财务报表认定相关的可能发生错报的环节都已识别；③确认所获取的有关流程中的预防性控制和检查性控制信息的准确性；④评估控制设计的有效性；⑤确认控制是否得到执行；⑥确认之前所做的书面记录的准确性。

需要注意的是，如果不打算信赖控制，注册会计师仍需要执行穿行测试以确认以前对业务流程及可能发生错报环节了解的准确性和完整性。

对于重要的业务流程，不管是人工控制还是自动化控制，注册会计师都要对整个流程执行穿行测试，涵盖交易从发生到记账的整个过程。当某重要业务流程有显著变化时，注册会计师应当根据变化的性质，及其对相关账户发生重大错报的影响程度，考虑是否需要对变化前后的业务都执行穿行测试。

在执行穿行测试的过程中，注册会计师应当在每一个要执行处理程序或控制的环节上询问被审计单位的员工，以了解他们对岗位职责的理解，并设法判断处理程序和控制是否得到执行。

例如，如果某项控制要求某一员工（复核人）在文件上签名以证明他复核过该份文件，注册会计师应当向其询问复核的性质，即对什么进行复核，复核的要点是什么，并确认注册会计师执行穿行测试时查阅的文件是否签过字，以及签字人是否为被询问的员工。更重要的是，注册会计师应当询问该员工，如果复核过程中发现了文件中的错误或其他差异，按规定他应该怎么做。如果可能，注册会计师可以检查发现过错误或其他差异的文件。

如果控制包括定期编制和分析调节表，比如银行存款余额调节表，注册会计师可以考虑：①复核一份或几份调节表，以确保所有相关的数据已准确及时地包括在调节表中；②关注对异常事项的处理；③询问当调节表揭示确实存在或可能存在错误时，应采取什么行动；④询问错误是怎么发生的；⑤如果可行的话，获取在调节过程中发现的错误得到改正的证据。

除了追踪文件和表格的实物流转外，注册会计师也会追踪信息系统中的数据和档案信息的流转程序。这种追踪可能包括以下程序：①询问了解情况的被审计单位人员；②查阅用户手册；③在处理业务的终端现场观察处理客户的交易；④复核输出报告文件的记录。

注册会计师应将对业务流程和相关控制的穿行测试情况记录于工作底稿。记录的内容包括穿行测试中查阅的文件、穿行测试的程序以及注册会计师的发现和结论。

（六）初步评价和风险评估

1. 对控制的初步评价

在识别和了解控制后，根据执行上述程序及获取的审计证据，注册会计师需要评价控制设计的合理性并确定其是否得到执行。

注册会计师对控制的评价结论可能是：①所设计的控制单独或连同其他控制能够防止或发现并纠正重大错报，并得到执行；②控制本身的设计是合理的，但没有得到执行；③控制本身的设计就是无效的或缺乏必要的控制。

由于对控制的了解和评价是在穿行测试完成后但又在测试控制运行有效性之前进行的，因此，上述评价结论只是初步结论，仍可能随控制测试后实施实质性程序的结果而发生变化。

2. 风险评估需考虑的因素

注册会计师对控制的评价，进而对重大错报风险的评估，需考虑以下因素：

（1）账户特征及已识别的重大错报风险。如果已识别的重大错报风险水平为高（例如，复杂的发票计算或计价过程增加了开票错报的风险；经营的季节性特征增加了在旺季发生错报的风险），相关的控制应有较高的敏感度，即在错报率较低的情况下也能防止或发现并纠正错报。相反，如果已发现的重大错报风险水平为低（例如，在一个较小的、劳动力相对稳定的公司中员工薪酬的会计处理未能实现恰当准确性目标的风险），相关的控制就无须具有像重大错报风险较高时那样的敏感性。

（2）对被审计单位整体层面控制的评价。注册会计师应将对整体层面获得的了解和结论，同在业务流程层面获得的有关重大交易流程及其控制的证据结合起来考虑。

在评价业务流程层面的控制要素时，考虑的影响因素可能包括：管理层及执行控制的员工表现出来的胜任能力及诚信度；员工受监督的程度及员工流动的频繁程度；管理层凌驾于控制之上的潜在可能性；缺乏职责划分，包括信息技术系统中自动化的职责划分的情况；所审计期间内部审计人员或其他监督人员测试控制运行情况的程度；业务流程变更产生的影响，如变更期间控制程序的有效性是否受到了削弱；在被审计单位的风险评估过程中，所识别的与某项控制运行相关的风险，以及对于该控制是否有进一步的监督。注册会计师同时要考虑其识别出针对某控制的风险，被审计单位是否也识别出该风险，并采取了适当的措施来降低该风险。

3. 评价决策

在对控制进行初步评价及风险评估后，注册会计师需要利用实施上述程序获得的信息回答以下问题：

（1）控制本身的设计是否合理。注册会计师需要根据上述的考虑因素判断，如果识别的控制设计合理，该控制在重要业务流程中单独或连同其他控制能否有效地实现特定控制目标。

（2）控制是否得到执行。如果设计合理的控制没有得到执行，该控制也不会发挥应有的作用。因此，注册会计师需要获取审计证据，评价这类控制是否确实存在，且正在被使用。

（3）是否更多地信赖控制并拟实施控制测试。如果认为被审计单位控制设计合理并得到执行，能够有效防止或发现并纠正重大错报，那么，注册会计师通常可以信赖这些控制，减少拟实施的实质性程序。如果拟更多地信赖这些控制，需要确信所信赖的控制在整个拟信赖期间都有效地发挥了作用，即注册会计师应对这些控制在该期间内是否得到一贯运行进行测试。拟信赖该控制的期间可能是整个年度，也可能是其中某一时段。如果控制测试的结果进一步证实内部控制是有效的，注册会计师可以认为相关账户及认定发生重大错报的可能性较低，对相关账户及认定实施实质性程序的范围也将减少。

有时，注册会计师也可能认为控制是无效的，包括控制本身设计不合理，不能实现控制目标，或者尽管控制设计合理，但没有得到执行。在这种情况下，注册会计师不需要测试控制运行的有效性，而直接实施实质性程序。但在评估重大错报风险时，需要考虑控制失效对财务报表及其审计的影响。

注册会计师应当将认定层次的控制因素和其他因素相结合，评估认定层次的重大错报风险，以确定进一步审计程序的性质、时间安排和范围。

需要再次指出的是，除非存在某些可以使控制得到一贯运行的自动化控制，注册会计师对控制的了解和评价并不能够代替对控制运行有效性的测试。例如，注册会计师获得了某一人工控制在某一时点得到执行的审计证据，但这并不能证明该控制在被审计期间内的其他时点也得到有效执行。

有关对控制运行有效性实施的测试（即控制测试），以及如何针对认定层次评估的重大错报风险确定进一步审计程序的性质、时间安排和范围，参见《中国注册会计师审计准则第1231号——针对评估的重大错报风险采取的应对措施》及其应用指南。

（七）对财务报告流程的了解

财务报告流程包括：①将业务数据汇总记入总账的程序，即如何将重要业务流程的信息与总账和财务报告系统相连接；②在总账中生成、记录和处理会计分录的程序；③记录对财务报表常规和非常规调整的程序，如合并调整、重分类等；④草拟财务报表和相关披露的程序。因此，财务报告流程可能包括若干个子流程。例如，编制试算平衡表；汇总、编制、复核和过入会计分录；草拟财务报表和相关披露；编制管理层对财务报表的内部分析等。

被审计单位的财务报告流程包括相关的控制程序，以确保按照适用的会计准则和相关会计制度的规定收集、记录、处理、汇总所需要的信息，并在财务报告中予以充分披露。例如，关联方交易、分部报告等。

了解财务报告流程的控制采取的步骤与重要业务流程类似，也包括了解流程（包括上述的子流程，并考虑各个子流程之间如何连接），确定可能发生错报的环节，识别和了解用于防止或发现并纠正错报的控制，执行穿行测试，对控制的设计及是否得到执行进行评估等。

在了解财务报告流程的过程中，注册会计师应当考虑对以下方面做出评估：①主要的输入信息，执行的程序，主要的输出信息；②每一财务报告流程要素中涉及信息技术的程度；③管理层的哪些人员参与其中；④记账分录的主要类型，如标准分录、非标准分录等；⑤适当人员（包括管理层和治理层）对流程实施监督的性质和范围。

第三节　注册会计师对企业内部控制的审计

2010年4月15日，财政部颁发《企业内部控制审计指引》（财会［2010］11号，以下简称《审计指引》），明确注册会计师对企业实施内部控制审计。财政部等五部委制定的《企业内部控制基本规范》和《企业内部控制应用指引》是注册会计师评价企业内部控制是否有效运行的基础标准。注册会计师在执行内部控制审计时，除遵守《审计指引》外，还应当遵守中国注册会计师相关执业准则。

一、内部控制审计概述

（一）内部控制审计的重要性

内部控制是企业重要的管理活动，主要目标旨在实现企业战略目标，提高经营效率和效果，增强财务信息的真实性和可靠性，促使企业遵守相应的法律、法规等。

21世纪初发生的安然、世通等一系列公司财务报表舞弊事件，使人们认识到健全有效的内部控制对预防类似事件的发生至关重要，企业的利益相关者逐渐从重视财务报告本身的可靠性转向注重对保证财务报告可靠性机制的审核，希望通过过程的有效性保证结果的有效性，投资者要求企业披露其内部控制相关的信息，并要求注册会计师审计这些相关信息，以增强信息的可靠性。例如，美国《萨班斯—奥克斯利法案》的404条款和日本《金融商品交易法》要求注册会计师对企业管理层对财务报告内部控制的评价进行审计；我国财政部等五部委在2009年6月28日颁布的《企业内部控制基本规范》中要求会计师事务所对企业内部控制的有效性进行审计并出具审计报告，《企业内部控制审计指引》专门对内部控制审计工作进行了规范。

（二）内部控制审计的含义

内部控制审计，是指注册会计师接受委托，对被审计单位特定基准日财务报告内部控制设计与运行的有效性进行审计，发表审计意见。

要想全面把握内部控制审计的定义，应当注意对其含义的解释：

1. 企业内部控制审计基于特定基准日

注册会计师基于基准日（如12月31日）内部控制的有效性发表意见，而不是对财务报表涵盖的整个期间的内部控制的有效性发表意见。但这并不意味着注册会计师只关注企业基准日当天的内部控制，而是要考察企业一个时期内（足够长的一段时间）内部控制的设计和运行情况。例如，注册会计师可能在6月份对企业的内部控制进行测试，发现问题后提请企业进行整改，假设在7月份整改，而企业的内部控制在整改后要运行一段时间（如至少1个月）才可观察整改效果，则9月份注册会计师还需再对整改后的内部控制进行测试。因此，虽然注册会计师是对企业12月31日（基准日）内部控制的设计和运行发表意见，但这里的基准日不是一个简单的时点概念，而是体现内部控制这个过程向前的延伸性。注册会计师所采用内部控制审计的程序和方法，也体现了这种延伸性。

2. 财务报告内部控制与非财务报告内部控制

《审计指引》第四条第二款规定，注册会计师应当对财务报告内部控制的有效性发表审计意见，并对内部控制审计过程中注意到的非财务报告内部控制的重大缺陷，在内部控制审计报告中增加"非财务报告内部控制重大缺陷描述段"予以披露。

财务报告内部控制，是指企业为了合理保证财务报告及相关信息真实完整而设计和运行的内部控制，以及用于保护资产安全的内部控制中与财务报告可靠性目标相关的控制。主要包括下列方面的政策和程序：

（1）保存充分、适当的记录，准确、公允地反映企业的交易或事项；

（2）合理保证按照企业会计准则的规定编制财务报表；

（3）合理保证收入和支出的发生以及资产的取得、使用或处置经过适当授权；

（4）合理保证及时防止或发现并纠正未经授权的、对财务报表有重大影响的交易或事项。

非财务报告内部控制，是指除财务报告内部控制之外的其他控制，通常是指为了合理保证经营的效率效果、遵守法律法规、实现发展战略而设计和运行的控制，以及用于保护资产安全的内部控制中与财务报告可靠性无关的控制。

3. 企业内控责任与注册会计师审计责任

《审计指引》第三条规定，建立健全和有效实施内部控制、评价内部控制的有效性，是被审核单位董事会（或类似决策机构，下同）的责任。按照《企业内部控制审计指引》的要求，在实施审计工作的基础上对内部控制的有效性发表审计意见，是注册会计师的责任。

4. 整合审计

《审计指引》第五条规定，注册会计师可以单独进行内部控制审计，也可以将内部控制审计与财务报表审计整合进行（以下称整合审计）。

理解这一规定，有两点需要明确：一是内部控制审计与财务报表审计是两种不同的审计业务，两种审计的目标不同；二是内部控制审计与财务报表审计可以整合起来进行。

（1）内部控制审计与财务报表审计的异同。内部控制审计要求对企业内部控制设计和运行的有效性进行测试，财务报表审计也要求了解企业的内部控制，并在需要时测试控制，这是两种审计的相同之处，也是整合审计中可以整合的部分。但由于两种审计的目标不同，《审计指引》要求在整合审计中，注册会计师对内部控制设计和运行的有效性进行测试，要同时实现两个目标：①获取充分、适当的证据，支持在内部控制审计中对内部控制有效性发表的意见；②获取充分、适当的证据，支持在财务报表审计中对控制风险的评估结果。

（2）两种审计的整合。财务报告内部控制审计与财务报表审计通常使用相同的重要性（重要性水平），在实务中两者很难分开。因为注册会计师在审计财务报表时需获得的信息在很大程度上依赖注册会计师对内部控制有效性得出的结论。注册会计师可以利用在一种审计中获得的结果为另一种审计中的判断和拟实施的程序提供信息。

实施财务报表审计时，注册会计师可以利用内部控制审计的结果来修改实质性程序的性质、时间安排和范围，并且可以利用该结果来支持分析程序中所使用的信息的完整性和准确性。在确定实质性程序的性质、时间安排和范围时，注册会计师需要慎重考虑识别出的控制缺陷。实施内部控制审计时，注册会计师需要评估财务报表审计时实质性程序中发现问题的影响。最重要的是，注册会计师需要重点考虑财务报表审计过程中发现的财务报表错报，考虑这些错报对评价内控有效性的影响。

二、计划审计工作

《审计指引》第六条指出，注册会计师应当恰当地计划内部控制审计工作，配备具有专业胜任能力的项目组，并对助理人员进行适当的督导。

（一）接受委托

注册会计师应当在了解被审核单位基本情况的基础上，考虑自身能力和能否保持独立性，初步评估审核风险，确定是否接受委托。一般来说，注册会计师在接受委托之前应确信：①委托单位的董事会必须承担建立内部控制并保证其有效性的责任；②董事会要根据适当的、可验证的标准对其内部控制的有效性作出评价；③客观上存在或可以收集到支持董事会对内部控制评价的证据，或者说，董事会关于其内部控制有效性的认定必须是可以通过收集证据加以验证的。

如果接受委托，会计师事务所应当与委托人就约定事项达成一致意见，并签订业务约定书。业务约定书应当包括以下主要内容：

（1）委托目的；

（2）委托业务的性质；

（3）审计范围；

（4）被审核单位管理层的责任和注册会计师的责任；

（5）内部控制的固有限制；

（6）评价内部控制有效性的标准；

（7）报告分发和使用的限制。

（二）编制审计计划

1. 总体要求

注册会计师必须就内部控制审计业务进行充分的计划以便获取足够的证据来形成审计结论。审计计划的编制应当在充分了解被审计单位内部控制情况的基础上进行，其内容包括选派合适的人员、拟订实施的程序、安排程序的实施时间、确定评价的标准、实施过程的监督等。整合审计中项目组人员的配备比较关键。在计划审计工作时，项目合伙人需要统筹考虑审计工作，挑选相关领域的人员组成项目组，同时对项目组成员进行培训和督导，以合理安排审计工作。

对内部控制的评价必须依据一定的标准，审计准则建立机构，有关的监管部门，其他由专家组成的组织按照规定的程序发布的标准都可以成为内部控制的评价标准。财政部等五部委制定的《企业内部控制基本规范》和《企业内部控制应用指引》是注册会计师评价企业内部控制是否运行的基础标准。

在编制审计计划前，注册会计师应当向董事会或管理层获取书面声明或书面认定以及内部控制手册、流程图、调查问卷和备忘录等文件。董事会关于内部控制的书面认定应当包括的内容有：确认董事会在建立和保持内部控制方面的责任；申明董事会已经对内部控制的有效性进行了评价；申明董事会已做出特定日期与财务报表相关的内部控制有效性的认定；申明董事会在其声明书中已经揭示了其内部控制设计和执行中存在的重大缺陷；申明董事会已向注册会计师告知发生的重大舞弊，以及虽不属重大但涉及管理人员或在内部控制过程中起关键作用的员工的其他舞弊；申明在董事会作出声明书之后，内部控制有无变化、是否出现了一些可能影响内部控制的因素，包括董事会针对内部控制的重大缺陷所采取的改进措施等。如果董事会拒绝出具书面认定，则应认为注册会计师的审核范围受到了限制，并要考虑董事会其他声明的可靠性。

2. 重视风险评估的作用

根据《企业内部控制审计指引》第八条规定，在内部控制审计中，注册会计师应当以风险评估为基础，确定重要账户、列报及其相关认定，选择拟测试的控制，并确定针对所选定控制所需收集的证据。注册会计师应当对委托人企业概况、其主要经营活动以及所在行业进行了解，并且对内部控制风险进行评估。在评估内部控制风险时，应当考虑以下因素：

（1）被审核单位所在行业的情况，包括行业景气程度、经营风险、技术进步等；

（2）被审计单位的内部情况，包括企业的组织结构、经营特征、资本构成、生产和业务流程、员工素质等；

（3）被审计单位近期在经营和内部控制方面的变化；

（4）董事会的诚信、能力及发生舞弊的可能性；

（5）董事会评价内部控制有效性的方法和证据；

（6）对重要性水平、固有风险及其他与确定内部控制重大缺陷有关的因素的初步判断；

（7）特定内部控制的性质及其在内部控制整体中的重要性；

（8）对内部控制有效性的初步判断。

此外，注册会计师还需要关注与评价被审计单位财务报表发生重大错报的可能性和内部控制有效性相关的公开信息以及企业经营活动的相对复杂程度。

风险评估的理念及思路应当贯穿于整合审计过程的始终。实施风险评估时，可以考虑固有风险及控制风险。在计划审计工作阶段，对内部控制的固有风险进行评估，作为编制审计计划的依据之一；根据对控制风险评估的结果，调整计划阶段对固有风险的判断，这是个持续的过程。

内部控制的特定领域存在重大缺陷的风险越高，给予该领域的审计关注就越多。内部控制不能防止或发现并纠正由于舞弊导致的错报风险，通常高于其不能防止或发现并纠正由错误导致的错报风险。注册会计师应当更多地关注高风险的领域，而没有必要测试那些即使有缺陷也不能导致财务报表重大错报的控制。

3. 利用其他相关人员的工作

在计划审计工作时，注册会计师需要评估是否利用他人（包括企业的内部审计人员、内部控制评价人员、其他人员以及董事会及其审计委员会指导下的第三方）的工作以及利用的程序，以减少本应由注册会计师执行的工作。

如果决定利用内部审计人员的工作，注册会计师可依据《中国注册会计师审计准则第 1411 号——利用内部审计人员的工作》的规定，利用委托单位内部审计师对内部控制所做的测试和评价来了解内部控制、评估控制风险。内部审计的工作结果也是董事会、管理层评价内部控制有效性的重要基础。

如果拟利用他人的工作，注册会计师应当考虑被审计单位内部注册会计师的专业能力、独立性及工作范围。

在内部控制审计中，注册会计师利用他人工作的程度还受到与被测试控制相关的风险的影响。与某项控制相关的风险越高，可利用他人工作的程度越低，注册会计师就需要更多地对该项控制亲自进行测试。

如果其他注册会计师负责审计企业的一个或多个分部、分支机构、子公司等组成部分的财务报表和内部控制，注册会计师应当按照《中国注册会计师审计准则第 1401 号——对集团财务报表审计的特殊考虑》的规定，确定是否利用其他注册会计师的工作。

三、实施审计工作

（一）自上而下的方法

《审计指引》第十条规定，注册会计师应当按照自上而下的方法实施审计工作。自上而下的方法是注册会计师识别风险、选择拟测试控制的基本思路。自上而下的方法按照下列思路展开：

（1）从财务报表初步了解内部控制的整体风险；

（2）识别企业层面控制；

（3）识别重要账户、列报及其相关认定；

（4）了解错报的可能来源；

（5）选择拟测试的控制。

在财务报告内控审计中，自上而下的方法始于财务报表层次，以注册会计师对财务报告内部控制整体风险的了解开始，然后，注册会计师将关注重点放在企业层面的控制上，并将工作逐渐下移至重大账户、列报及相关的认定。这种方法引导注册会计师将注意力放在显示有可能导致财务报表及相关列报发生重大错报的账户、列报及认定上。之后，注册会计师验证其了解到的业务流程中存在的风险，并就已评估的每个相关认定的错报风险选择足以应对这些风险的业务层面控制进行测试。在非财务报告内控审计中，自上而下的方法始于企业层面控制，并将审计测试工作逐步下移到业务层面控制。

（二）识别企业层面控制

从财务报表层次初步了解财务报告内部控制整体风险是自上而下方法的第一步。通过了解企业与财务报告相关的整体风险，注册会计师首先可以识别出为保持有效的财务报告内部控制而必需的企业层面内部控制。此外，由于对企业层面内部控制的评价结果将影响注册会计师测试其他控制的性质、时间安排和范围，因此，注册会计师可以考虑在执行业务的早期阶段对企业层面内部控制进行评价。

1. 评价企业层面控制的精确度

不同的企业层面控制在性质和精确度上存在差异，这些差异可能对其他控制及其测试产生影响。

（1）某些企业层面控制，如企业经营理念、管理层的管理风格等与控制环境相关的控制，对及时防止或发现并纠正相关认定的错报的可能性有重要影响。虽然这种影响是间接的，但这些控制仍然可能影响注册会计师拟测试的其他控制以及测试程序的性质、时间安排和范围。

（2）某些企业层面控制旨在识别其他控制可能出现的失效情况，能够监督其他控制的有效性，但还不足以精确到及时防止或发现并纠正相关认定的错报。当这些控制运行有效时，注册会计师可以减少对其他控制的测试。

（3）某些企业层面控制本身能够精确到足以及时防止或发现并纠正相关认定的错报。如果一项企业层面控制足以应对已评估的错报风险，注册会计师就不必测试与该风险相关的其他控制。

2. 企业层面控制的内容

（1）与内部环境相关的控制。内部环境即控制环境，包括治理职能和管理职能，以及治理层和管理层对内部控制及其重要性的态度、认识和措施。良好的控制环境是实施有效内部控制的基础。

（2）针对管理层（董事会、经理层）凌驾于控制之上的风险而设计的控制。该控制对所有企业保持有效的内部控制都有重要影响。注册会计师可以根据对企业舞弊风险的评估作出判断，选择相关的企业层面控制进行测试，并评价这些控制能否有效应对管理层凌驾于控制之上的风险。

（3）企业的风险评估过程。风险评估过程包括识别与财务报告相关的经营风险和其他经营管理风险，以及针对这些风险采取的措施。首先，企业的内部控制能够充分识别企业外部环境（如在经济、政治、法律法规、竞争者行为、债权人需求、技术变革等方面）存在的风险；其次，充分且适当的风险评估过程需要包括对重大风险的估计、对风险发生可能性的评估以及确定应对风险的方法。注册会计师可以首先了解企业及其内部环境的其他方面信息，以初步了解企业的风险评估过程。

（4）对内部信息传递和财务报告流程的控制。财务报告流程的控制可以确保管理层按照适当的会计准则编制合理、可靠的财务报告并对外报告。

（5）对控制有效性的内部监督和自我评价。企业对控制有效性的内部监督和自我评价可以在企业层面上实施，也可以在业务流程层面上实施，包括：对运行报告的复核和核对、与外部人士的沟通、对其他未参与控制执行人员的监控活动以及将信息系统记录数据与实物资产进行核对等。

此外，企业层面控制还包括：集中化的处理和控制，包括共享的服务环境；监控经营成果的控制；针对重大经营控制以及风险管理实务而采取的政策。

（三）测试控制设计和运行的有效性

《企业内部控制审计指引》第十四条规定："注册会计师应当测试内部控制设计与运行的有效性。如果某项控制由拥有必要授权和专业胜任能力的人员按照规定的程序与要求执行，能够实现控制目标，表明该项控制的设计是有效的。如果某项控制正在按照设计运行，执行人员拥有必要授权和专业胜任能力，能够实现控制目标，表明该项控制的运行是有效的。"

设计不当的控制可能表明控制存在缺陷甚至重大缺陷，注册会计师在测试控制运行的有效性时，首先要考虑控制的设计。注册会计师在测试控制设计与运行的有效性时，应当综合运用询问适当人员、观察经营活动、检查相关文件、穿行测试和重新执行等方法。注册会计师测试控制有效性实施的程序，按提供证据的效力，由弱到强排序为：询问、观察、检查和重新执行。其中询问本身并不能为得出控制是否有效的结论提供充分、适当的证据。执行穿行测试通常足以评价控制设计的有效性。

（四）与控制相关的风险与拟获取证据的关系

在测试所选定控制的有效性时，注册会计师需要根据与控制相关的风险确定所需获取的证据。与控制相关的风险包括控制可能无效的风险和因控制无效而导致重大缺陷的风险。与控制相关的风险越高，注册会计师需要获取的证据就越多。

与某项控制相关的风险受下列因素的影响：

（1）该项控制拟防止或发现并纠正的错报的性质和重要程度；

（2）相关账户、列报及其认定的固有风险；

（3）相关账户或列报是否曾经出现错报；

（4）交易的数量和性质是否发生变化，进而可能对该项控制设计或运行的有效性产生不利影响；

（5）企业层面控制（特别是对控制有效性的内部监督和自我评价）的有效性；

（6）该项控制的性质及其执行频率；

（7）该项控制对其他控制（如内部环境或信息技术一般控制）有效性的依赖程度；

（8）该项控制的执行或监督人员的专业胜任能力，以及其中的关键人员是否发生变化；

（9）该项控制是人工控制还是自动化控制；

（10）该项控制的复杂程度，以及在运行过程中依赖判断的程度。

针对每一相关认定，注册会计师都需要获取控制有效性的证据，以便对内部控制整体的有效性单独发表意见。

对于控制运行偏离设计的情况（即控制偏差），注册会计师需要考虑该偏差对相关风险评估、需要获取的证据以及控制运行有效性结论的影响。

注册会计师通过测试控制有效性获取的证据，取决于实施程序的性质、时间安排和范围的组合。就单项控制而言，注册会计师应当根据与该项控制相关的风险，适当确定实施程序的性质、时间安排和范围，以获取充分、适当的证据。

测试控制有效性实施的程序，其性质在很大程度上取决于拟测试控制的性质。某些控制可能存在文件记录，反映其运行的有效性；而另外一些控制，如管理理念和经营风格，可能没有书面的运行证据。对缺乏正式运行证据的企业或企业的某个业务单元，注册会计师可以通过询问并结合运用观察活动、检查非正式的书面记录和重新执行某些控制等程序，获取有关控制有效性的充分、适当的证据。

对控制有效性的测试涵盖的期间越长，提供的控制有效性的证据越多。注册会计师需要获取内部控制在企业内部控制自我评价基准日前足够长的期间内有效运行的证据。对控制有效性的测试实施的时间安排越接近企业内部控制自我评价基准日，提供的控制有效性的证据越有力。因此，《企业内部控制审计指引》第十七条规定，注册会计师在确定测试的时间安排时，应当在下列两个因素之间作出平衡，以获取充分、适当的证据：

（1）尽量在接近企业内部控制自我评价基准日实施测试；

（2）实施的测试需要涵盖足够长的期间。

在企业内部控制自我评价基准日之前，管理层可能为提高控制效率、效果或弥补控制缺陷而改变企业的控制。如果新的控制实现了相关控制目标，运行足够长的时间，且注册会计师能够测试并评价该项控制设计和运行的有效性，则无须测试被取代的控制。如果被取代控制设计和运行的有效性对控制风险的评估有重大影响，注册会计师则需要测试该项控制的有效性。

注册会计师执行内部控制审计业务通常旨在对企业内部控制自我评价基准日（通常为年末）内部控制的有效性发表意见。如果已获取有关控制在期中运行有效性的证据，注册会计师应当确定还需要获取哪些补充证据，以证实在剩余期间控制的运行情况。在将期中测试的结果更新至年末时，注册会计师需要考虑下列因素，以确定需获取的补充证据：

（1）期中测试的特定控制的有关情况，包括与控制相关的风险、控制的性质和测试的结果；

（2）期中获取的有关证据的充分性、适当性；

（3）剩余期间的长短；

（4）期中测试之后，内部控制发生重大变化的可能性及其变化情况。

（五）连续审计时的特殊考虑

在连续审计中，注册会计师在确定测试的性质、时间安排和范围时，还需要考虑以前年度执行内部控制审计时了解的情况。

影响连续审计中与某项控制相关的风险的因素除第（四）部分"与控制相关的风险与拟获取证据的关系"中所列的 10 项因素外，还包括：

（1）以前年度审计中所实施程序的性质、时间安排和范围；

（2）以前年度对控制的测试结果；

（3）上次审计之后，控制或其运行流程是否发生变化，尤其是考虑 IT 环境的变化。

在考虑上述所列的风险因素以及连续审计中可获取的进一步信息之后，只有当认为与控制相关的风险水平比以前年度有所下降时，注册会计师在本年度审计中才可以减少测试。

为保证控制测试的有效性，使测试具有不可预见性，并能应对环境的变化，注册会计师需要每年改变控制测试的性质、时间安排和范围。每年在期中不同的时段测试控制，并增加或减少所执行测试的数量和种类，或者改变所使用测试程序的组合等。

四、内控审计评价

（一）评价控制缺陷的总体要求

（1）如果某项控制的设计、实施或运行不能及时防止或发现并纠正财务报表错报，则表明内部控制存在缺陷。如果企业缺少用以及时防止或发现并纠正财务报表错报的必要控制，同样表明存在内部控制缺陷。

内部控制缺陷包括设计缺陷和运行缺陷。设计缺陷是指缺少为实现控制目标所必需的控制，或者现有控制设计不适当，即使正常运行也难以实现控制目标。运行缺陷是指设计适当的控制没有按设计意图运行，或者执行人员缺乏必要授权或专业胜任能力，无法有效实施控制。

（2）内部控制存在的缺陷，按严重程度可分为重大缺陷、重要缺陷和一般缺陷。

1）重大缺陷，是指一个或多个控制缺陷的组合，可能导致企业严重偏离控制目标。具体到财务报告内部控制上，就是内部控制中存在的、可能导致不能及时防止或发现并纠正财务报表重大错报的一个或多个控制缺陷的组合。

2）重要缺陷，是指一个或多个控制缺陷的组合，其严重程度和经济后果低于重大缺陷，但仍有可能导致企业偏离控制目标。具体就是内部控制中存在的、其严重程度不如重大缺陷、但足以引起企业财务报告监督人员关注的一个或多个控制缺陷的组合。

3）一般缺陷，是指除重大缺陷、重要缺陷之外的其他缺陷。

（3）注册会计师需要评价其注意到的各项控制缺陷的严重程度，以确定这些缺陷单独或组合起来是否构成重大缺陷。但是，在计划和实施审计工作时，不要求注册会计师寻找单独或组合起来不构成重大缺陷的控制缺陷。

下列迹象可能表明企业的内部控制存在重大缺陷：

1）注册会计师发现董事、监事和高级管理人员舞弊；

2）企业更正已经公布的财务报表；

3）注册会计师发现当期财务报表存在重大错报，而内部控制在运行过程中未能发现该错报；

4）企业审计委员会和内部审计机构对内部控制的监督无效。

（4）财务报告内部控制缺陷的严重程度取决于：

1）控制缺陷导致账户余额或列报错报的可能性；

2）因一个或多个控制缺陷的组合导致潜在错报的金额大小。

控制缺陷的严重程度与账户余额或列报是否发生错报无必然对应关系，而取决于控制缺陷是否可能导致错报。评价控制缺陷时，注册会计师需要根据财务报表审计中确定的重要性水平，支持对财务报告控制缺陷重要性的评价。注册会计师需要运用职业判断，考虑并衡量定量和定性因素。同时要对整个思考判断过程进行记录，尤其是详细记录关键判断和得出结论的理由。而且，对于"可能性"和"重大错报"的判断，在评价控制缺陷严重性的记录中，注册会计师需要给予明确的考量和陈述。

（二）评价控制缺陷举例

1. 单个控制缺陷的识别

下面以未按时进行公司间对账为例，举例说明如何评价财务报告内部控制的控制缺陷。例如，某公司每月处理大量的公司间常规交易。公司间的单项交易并不重大，主要是涉及资产负债表的活动。公司制度要求逐月进行公司间对账，并在业务单元间函证余额。注册会计师了解到，目前公司没有按时开展对账工作，但公司管理层每月执行相应的程序对挑选出的大额公司间账目进行调查，并编制详细的营业费用差异分析表来评估其合理性。基于上述情况，注册会计师可以确定此控制缺陷为重要缺陷。因为，由于该控制缺陷引起的财务报表错报可以被合理地预计为介于重要和重大之间，由于公司间单项交易并不重大，这些交易限于资产负债表科目，而且每月执行的补偿性控制应该能够发现重大错报。

仍使用上例，如果公司每月处理的大量公司间交易涉及广泛的业务活动，包括涉及公司间利润的存货转移，研究开发成本向业务单元的分摊，公司间单项交易常常是重大的。公司制度要求逐月进行公司间对账，并在业务单元间函证余额。注册会计师了解到，目前公司没有按时开展对账工作，这些账目经常出现重大差异。而且，公司管理层没有执行任何补偿性控制来调查重大的公司间账目差异。

基于上述情况，注册会计师可以确定此控制缺陷为重大缺陷。因为，由于该控制缺陷引起的财务报表错报可以被合理地预计为是重大的，由于公司间单项交易常常是重大的，而且涉及大范围活动。另外，在公司间账目上尚未对账的差异是重要的，由于这种错报常常发生，财务报表错报可能出现，而且补偿性控制无效。

2. 多个控制缺陷的识别示例

例如，注册会计师识别出以下控制缺陷：

（1）对特定信息系统访问控制的权限分配不当；

（2）存在若干明细账不合理交易记录（交易无论单个还是合计都是不重要的）；

（3）缺乏对受不合理交易记录影响的账户余额的及时对账。

上述每个缺陷均单独代表一个重要缺陷。基于这一情况，注册会计师可以确定这些重要缺陷合并构成重大缺陷。因为就个别重要缺陷而言，这些缺陷有一定可能性，各自导致金额未达到重要性水平的财务报表错报。但是这些重要缺陷影响同类会计账户，有一定可能性导致不能防止或发现并纠正重大错报的发生。因此，这些重要缺陷组合在一起符合重大缺陷的定义。

五、完成审计工作

（一）形成审计意见

注册会计师需要评价从各种来源获取的证据，包括对控制的测试结果、财务报表审计中发现的错报以及已识别的所有控制缺陷，以形成对内部控制有效性的意见。在评价证据时，注册会计师需要查阅本年度与内部控制相关的内部审计报告或类似报告，并评价这些报告中提到的控制缺陷。

只有在审计范围没有受到限制时，注册会计师才能对内部控制的有效性形成意见。如果审计范围受到限制，注册会计师需要解除业务约定或出具无法表示意见的内部控制审计报告。

（二）获取管理层书面声明

注册会计师需要取得经企业认可的书面声明，书面声明需要包括下列内容：

（1）企业董事会认可其对建立健全和有效实施内部控制负责；

（2）企业已对内部控制的有效性作出自我评价，并说明评价时采用的标准以及得出的结论；

（3）企业没有利用注册会计师执行的审计程序及其结果作为自我评价的基础；

（4）企业已向注册会计师披露识别出的内部控制所有缺陷，并单独披露其中的重大缺陷和重要缺陷；

（5）对于注册会计师在以前年度审计中识别的、已与审计委员会沟通的重大缺陷和重要缺陷，企业是否已经采取措施予以解决；

（6）在企业内部控制自我评价基准日后，内部控制是否发生重大变化，或者存在对内部控制具有重要影响的其他因素。

此外，书面声明中还包括导致财务报表重大错报的所有舞弊，以及不会导致财务报表重大错报，但涉及管理层和其他在内部控制中具有重要作用的员工的所有舞弊。

如果企业拒绝提供或以其他不当理由回避书面声明，注册会计师需要将其视为审计范围受到限制，解除业务约定或出具无法表示意见的内部控制审计报告。同时，注册会计师需要评价企业拒绝提供书面声明对其他声明（包括在财务报表审计中获取的声明）的可靠性产生的影响。

注册会计师需要按照《中国注册会计师审计准则第 1341 号——书面声明》的规定，确定声明书的签署者、声明书涵盖的期间以及何时获取更新的声明书等。

（三）沟通相关事项

注册会计师需要与企业沟通审计过程中识别的所有控制缺陷。对于其中的重大缺陷和重要缺陷，需要以书面形式与董事会和经理层沟通。《中国注册会计师审计准则第1152号——向治理层和管理层通报内部控制缺陷》要求注册会计师以书面形式及时向治理层通报审计过程中识别出的值得关注的内部控制缺陷。其中，值得关注的内部控制缺陷包括重大缺陷和重要缺陷。

对于重大缺陷，注册会计师需要以书面形式与企业的董事会及其审计委员会进行沟通。如果认为审计委员会和内部审计机构对内部控制的监督无效，注册会计师需要就此以书面形式直接与董事会和经理层沟通。

对于重要缺陷，注册会计师需要以书面形式与审计委员会沟通。

虽然并不要求注册会计师执行足以识别所有控制缺陷的程序，但是，注册会计师需要沟通其注意到的内部控制的所有缺陷。如果发现企业存在或可能存在舞弊或违反法规行为，注册会计师需要按照《中国注册会计师审计准则第1141号——财务报表审计中与舞弊相关的责任》、《中国注册会计师审计准则第1142号——财务报表审计中对法律法规的考虑》的规定，确定并履行自身的责任。

六、出具审计报告

（一）标准内部控制审计报告的要素

当注册会计师出具的无保留意见的内部控制审计报告不附加说明段、强调事项段或任何修饰性用语时，该报告称为标准内部控制审计报告。标准内部控制审计报告包括下列要素：

（1）标题。内部控制审计报告的标题统一规范为"内部控制审计报告"。

（2）收件人。内部控制审计报告的收件人是指注册会计师按照业务约定书的要求致送内部控制审计报告的对象，一般是指审计业务的委托人。

（3）引言段。内部控制审计报告的引言段说明企业的名称和内部控制已经过审计。

（4）企业对内部控制的责任段。企业对内部控制的责任段说明，按照《企业内部控制基本规范》、《企业内部控制应用指引》、《企业内部控制评价指引》的规定，建立健全和有效实施内部控制，并评价其有效性是企业董事会的责任。

（5）注册会计师的责任段。注册会计师的责任段说明，在实施审计工作的基础上，对财务报告内部控制的有效性发表审计意见，并对注意到的非财务报告内部控制的重大缺陷进行披露是注册会计师的责任。

（6）内部控制固有局限性的说明段。内部控制无论如何有效，都只能为企业实现控制目标提供合理保证。内部控制实现目标的可能性受其固有限制的影响，注册会计师需要在内部控制固有局限性的说明段说明，内部控制具有固有局限性，存在不能防止和发现错报的可能性。此外，由于情况的变化可能导致内部控制变得不恰当，或对控制政策和程序遵循的程度降低，根据内部控制审计结果推测未来内部控制的有效性具有一定风险。

（7）财务报告内部控制审计意见段。如果符合下列所有条件的，注册会计师应当对财务报告内部控制出具无保留意见的内部控制审计报告：

1）企业按照《企业内部控制基本规范》、《企业内部控制应用指引》、《企业内部控制评价指引》以及企业自身内部控制制度的要求，在所有重大方面保持了有效的内部控制；

2）注册会计师已经按照《企业内部控制审计指引》的要求计划和实施审计工作，在审计过程中未受到限制。

（8）非财务报告内部控制重大缺陷描述段。对于审计过程中注意到的非财务报告内部控制缺陷，如果发现某项或某些控制对企业发展战略、法规遵循、经营的效率效果等控制目标的实现有重大不利影响，确定该项非财务报告内部控制缺陷为重大缺陷的，应当以书面形式与企业董事会和经理层沟通，提醒企业加以改进；同时在内部控制审计报告中增加非财务报告内部控制重大缺陷描述段，对重大缺陷的性质及其对实现相关控制目标的影响程度进行披露，提示内部控制审计报告使用者注意相关风险，但无须对其发表审计意见。

（9）注册会计师的签名和盖章。

（10）会计师事务所的名称、地址及盖章。

（11）报告日期。如果内部控制审计和财务报表审计整合进行，注册会计师对内部控制审计报告和财务报表审计报告需要签署相同的日期。

（二）非标准内部控制审计报告

1. 带强调事项段的非标准内部控制审计报告

注册会计师认为财务报告内部控制虽不存在重大缺陷，但仍有一项或者多项重大事项需要提请内部控制审计报告使用人注意的，需要在内部控制审计报告中增加强调事项段予以说明。注册会计师需要在强调事项段中指明该段内容仅用于提醒内部控制审计报告使用者关注，并不影响对财务报告内部控制发表的审计意见。

2. 否定意见的内部控制审计报告

注册会计师认为财务报告内部控制存在一项或多项重大缺陷的，除非审计范围受到限制，需要对财务报告内部控制发表否定意见。注册会计师出具否定意见的内部控制审计报告，还需要包括重大缺陷的定义、重大缺陷的性质及其对财务报告内部控制的影响程度。

3. 无法表示意见的内部控制审计报告

注册会计师只有实施了必要的审计程序，才能对内部控制的有效性发表意见。注册会计师审计范围受到限制的，需要解除业务约定或出具无法表示意见的内部控制审计报告，并就审计范围受到限制的情况以书面形式与董事会进行沟通。

注册会计师在出具无法表示意见的内部控制审计报告时，需要在内部控制审计报告中指明审计范围受到限制，无法对内部控制的有效性发表意见，并单设段落说明无法表示意见的实质性理由。注册会计师不应在内部控制审计报告中指明所执行的程序，也不应描述内部控制审计的特征，以避免对无法表示意见的误解。注册会计师在已执行的有限程序中发现财务报告内部控制存在重大缺陷的，需要在内部控制审计报告中对重大缺陷作出详细说明。

4. 期后事项与非标准内部控制审计报告

在企业内部控制自我评价基准日并不存在，但在该基准日之后至审计报告日之前（以下简称期后期间）内部控制可能发生变化，或出现其他可能对内部控制产生重要影响的因素。注册会计师需要询问是否存在这类变化或影响因素，并获取企业关于这些情况的书面声明。

注册会计师知悉对企业内部控制自我评价基准日内部控制有效性有重大负面影响的期后事项的，需要对财务报告内部控制发表否定意见。注册会计师不能确定期后事项对内部控制有效性的影响程度的，需要出具无法表示意见的内部控制审计报告。

在出具内部控制审计报告之后，如果知悉在审计报告日已存在的、可能对审计意见产生影响的情况，注册会计师需要按照《中国注册会计师审计准则第1332号——期后事项》的规定办理。

附：企业内部控制审计报告范例

1. 标准内部控制审计报告

内部控制审计报告

××股份有限公司全体股东：

按照《企业内部控制审计指引》及中国注册会计师执业准则的相关要求，我们审计了××股份有限公司（以下简称××公司）××年××月××日的财务报告内部控制的有效性。

一、企业对内部控制的责任

按照《企业内部控制基本规范》、《企业内部控制应用指引》、《企业内部控制评价指引》的规定，建立健全和有效实施内部控制，并评价其有效性是企业董事会的责任。

二、注册会计师的责任

我们的责任是在实施审计工作的基础上，对财务报告内部控制的有效性发表意见，并对注意到的非财务报告内部控制的重大缺陷进行披露。

三、内部控制的固有局限性

内部控制具有固有局限性，存在不能防止和发现错报的可能性。此外，由于情况的变化导致内部控制变得不恰当，或对控制政策和程序的遵循程度降低，根据内部控制审计结果推测未来内部控制有效性具有一定的风险。

四、财务报告内部控制审计意见

我们认为，××公司按照《企业内部控制基本规范》及相关规定在所有重大方面保持了有效的财务报告内部控制。

五、非财务报告内部控制的重大缺陷

在内部控制审计过程中，我们注意到××公司的非财务报告内部控制存在重大缺陷［描述该缺陷的性质及其对实现相关控制目标的影响程度］。由于存在上述重大缺陷，我们提醒报告使用者注意相关风险。需要指出的是，我们并不对××公司的非财务报告内部控制发表意见或提供保证。本段内容不影响对财务报告内部控制有效性发表的审计意见。

××会计师事务所	中国注册会计师：×××
（盖章）	（签名并盖章）
	中国注册会计师：×××
	（签名并盖章）
中国××市	二零××年××月××日

2. 带强调段的无保留意见内部控制审计报告

内部控制审计报告

××股份有限公司全体股东：

按照《企业内部控制审计指引》及中国注册会计师执业准则的相关要求，我们审计了××股份有限公司（以下简称××公司）××年××月××日的财务报告内部控制的有效性。

一、企业对内部控制的责任

按照《企业内部控制基本规范》、《企业内部控制应用指引》、《企业内部控制评价指引》的规定，建立健全和有效实施内部控制，并评价其有效性是企业董事会的责任。

二、注册会计师的责任

我们的责任是在实施审计工作的基础上，对财务报告内部控制的有效性发表意见，并对注意到的非财务报告内部控制的重大缺陷进行披露。

三、内部控制的固有局限性

内部控制具有固有局限性，存在不能防止和发现错报的可能性。此外，由于情况的变化导致内部控制变得不恰当，或对控制政策和程序的遵循程度降低，根据内部控制审计结果推测未来内部控制有效性具有一定的风险。

四、财务报告内部控制审计意见

我们认为，××公司按照《企业内部控制基本规范》及相关规定在所有重大方面保持了有效的财务报告内部控制。

五、非财务报告内部控制的重大缺陷

在内部控制审计过程中，我们注意到××公司的非财务报告内部控制存在重大缺陷［描述该缺陷的性质及其对实现相关控制目标的影响程度］。由于存在上述重大缺陷，我们提醒报告使用者注意相关风险。需要指出的是，我们并不对××公司的非财务报告内部控制发表意见或提供保证。本段内容不影响对财务报告内部控制有效性发表的审计意见。

六、强调事项

我们提醒内部控制审计报告使用者关注［描述强调事项的性质及其内部控制的重大影响］。本段内容不影响对财务报告内部控制发表的审计意见。

××会计师事务所　　　　　　　　　　中国注册会计师：×××

（盖章）　　　　　　　　　　　　　　　　　　（签名并盖章）

　　　　　　　　　　　　　　　　　　中国注册会计师：×××

　　　　　　　　　　　　　　　　　　　　　　（签名并盖章）

中国××市　　　　　　　　　　　　二零××年××月××日

3. 否定意见内部控制审计报告

内部控制审计报告

××股份有限公司全体股东：

按照《企业内部控制审计指引》及中国注册会计师执业准则的相关要求，我们审计了××股份有限公司（以下简称××公司）××年××月××日的财务报告内部控制的有效性。

一、企业对内部控制的责任

按照《企业内部控制基本规范》、《企业内部控制应用指引》、《企业内部控制评价指引》的规定，建立健全和有效实施内部控制，并评价其有效性是企业董事会的责任。

二、注册会计师的责任

我们的责任是在实施审计工作的基础上，对财务报告内部控制的有效性发表意见，并对注意到的非财务报告内部控制的重大缺陷进行披露。

三、内部控制的固有局限性

内部控制具有固有局限性，存在不能防止和发现错报的可能性。此外，由于情况的变化导致内部控制变得不恰当，或对控制政策和程序的遵循程度降低，根据内部控制审计结果推测未来内部控制有效性具有一定的风险。

四、导致否定意见的事项

重大缺陷，是指一个或多个控制缺陷的组合，可能导致企业严重偏离控制目标。

[指出注册会计师已识别出的重大缺陷，并说明重大缺陷的性质及其对财务报告内部控制的影响程度]。

有效的内部控制能够为财务报告及其信息的真实完整提供合理保证，而上述重大缺陷使××公司内部控制失去这一功能。

五、财务报告内部控制审计意见

我们认为，由于存在上述重大缺陷及其对实现控制目标的影响，××公司未能按照《企业内部控制基本规范》和相关规定在所有重大方面保持有效的财务报告内部控制。

六、非财务报告内部控制的重大缺陷

在内部控制审计过程中，我们注意到××公司的非财务报告内部控制存在重大缺陷[描述该缺陷的性质及其对实现相关控制目标的影响程度]。由于存在上述重大缺陷，我们提醒报告使用者注意相关风险。需要指出的是，我们并不对××公司的非财务报告内部控制发表意见或提供保证。本段内容不影响对财务报告内部控制有效性发表的审计意见。

××会计师事务所	中国注册会计师：×××
（盖章）	（签名并盖章）
	中国注册会计师：×××
	（签名并盖章）
中国××市	二零××年××月××日

4. 无法表示意见内部控制审计报告

内部控制审计报告

××股份有限公司全体股东：

我们接受委托，对××股份有限公司（以下简称××公司）××年××月××日的财务报告内部控制进行审计。

一、企业对内部控制的责任

按照《企业内部控制基本规范》、《企业内部控制应用指引》、《企业内部控制评价指引》的规定，建立健全和有效实施内部控制，并评价其有效性是企业董事会的责任。

二、内部控制的固有局限性

内部控制具有固有局限性，存在不能防止和发现错报的可能性。此外，由于情况的变化导致内部控制变得不恰当，或对控制政策和程序的遵循程度降低，根据内部控制审计结果推测未来内部控制有效性具有一定的风险。

三、导致无法表示意见的事项

［描述审计范围受到限制的具体情况］。

四、财务报告内部控制审计意见

由于审计范围受到上述限制，我们未能实施必要的审计程序以获取发表意见所需的充分、适当证据，因此，我们无法对××公司财务报告内部控制的有效性发表意见。

五、识别的财务报告内部控制重大缺陷

（如在审计范围受到限制前，执行有限程序未能识别出重大缺陷，则应删除本段）。

重大缺陷，是指一个或多个控制缺陷的组合，可能导致企业严重偏离控制目标。

尽管我们无法对××公司财务报告内部控制的有效性发表意见，但在我们实施的有限程序的过程中，发现了以下重大缺陷：

［指出注册会计师已识别出的重大缺陷，并说明重大缺陷的性质及其对财务报告内部控制的影响程度］。

有效的内部控制能够为财务报告及其信息的真实完整提供合理保证，而上述重大缺陷使××公司内部控制失去这一功能。

六、非财务报告内部控制的重大缺陷

在内部控制审计过程中，我们注意到××公司的非财务报告内部控制存在重大缺陷［描述该缺陷的性质及其对实现相关控制目标的影响程度］。由于存在上述重大缺陷，我们提醒报告使用者注意相关风险。需要指出的是，我们并不对××公司的非财务报告内部控制发表意见或提供保证。本段内容不影响对财务报告内部控制有效性发表的审计意见。

××会计师事务所　　　　　　　　　中国注册会计师：×××

（盖章）　　　　　　　　　　　　　　　　（签名并盖章）

　　　　　　　　　　　　　　　　中国注册会计师：×××

　　　　　　　　　　　　　　　　　　　（签名并盖章）

中国××市　　　　　　　　　　　二零××年××月××日

复习思考题

1. 内部控制的概念与思想发展经历了哪几个阶段？它与审计技术的发展有何联系？

2. 描述内部控制主要采用哪些方法？每种方法的优点和缺点是什么？

3. 控制测试的定义是什么？应主要关注哪些内容？控制测试的范围和程度取决于哪些因素？

4. 内部控制测试包括哪几个步骤？在每一项审计工作中，哪些步骤是必需的？

5. 内部控制与公司治理是如何相互关联的？

6. 风险和控制的概念是如何相互关联的？

7. 什么是控制风险评价？在一个审计约定中控制风险评价的意义是什么？

8. "高层基调"是什么意思？为什么最高层的氛围很重要？审计人员应如何评价最高层的氛围以及它对组织控制质量的潜在影响？

9. 什么是组织的控制环境？控制环境的主要要素是什么？

10. 组织的董事会和审计委员会在加强控制环境中发挥什么样的作用？请解释说明。

11. 监督控制是指什么？请举两个监督控制的例子并说明管理当局是如何运用的。

12. 审计人员对管理当局内部控制评价报告如何实施审计？

13. 如果审计人员得出结论：管理当局的内部控制报告忽略了与财务报告相关的内部控制设计或执行中的重要缺陷，审计人员将出具哪种报告？

案例分析

假定撒母耳百货商场是北美地区大型男士衬衣零售商。为了减少存货和订货时间，并更好地预测市场趋势，撒母耳百货商场与中国香港约拿公司签订了一份独家供货合同。撒母耳百货商场还与约拿公司就衬衣的质量、价格、运输必备条件、存货水平签订了一份长期合同。

每天晚上约拿公司从所有撒母耳商场下载销售信息。约拿的责任是及时预测市场需求，尤其是追踪复杂多变的美国市场的需求变化，以最大程度扩大每个撒母耳卖场中衬衫的销售额。通过约拿的市场分析，而非撒母耳的要求，约拿快速增加了末底改牌新颖款式衬衣的生产订单，并将其产品直接空运到一些卖场。

在这种情况下，撒母耳并不知道运到每个卖场的衬衫的确切数量，且撒母耳每家店铺也没有正式的收货系统来记录收取的货物。但如果有衬衫进入 12 家分发中心之一，它们就可以了解到收货信息。但若由约拿给所有的商品粘贴标签并定价，直接发运到商场，则可以节省撒母耳的很多时间和精力。

约拿每星期通过电子方式向撒母耳开出账单。撒母耳每月两次向约拿的银行账户转入已批准的金额。

要求：

（1）在撒母耳与约拿签订上述合约之前需要了解有关约拿的什么信息？

（2）指出撒母耳应有的控制，以确保只有收到商品时才开具账单，且账单价格是经过批准的。

（3）撒母耳应该用怎样的核对程序来确定，是否支付给约拿的账款多于实际取得衬衫所应支付的账款？

（4）从约拿的角度看，撒母耳应设置哪些控制确保衬衫在到达商场而未上货架时，不被取走或者不存在商场偷盗行为？为什么这些控制对于约拿很重要？

第八章 审计抽样

第一节 审计抽样的基本概念

企业规模的扩大和经营复杂程度的不断上升，使得注册会计师对每一笔交易进行检查日益变得既不可行，又没有必要。为了在合理的时间内以合理的成本完成审计工作，审计抽样应运而生。审计抽样旨在帮助注册会计师确定实施审计程序的范围，以获取充分、适当的审计证据，得出合理的结论，作为形成审计意见的基础。

统计抽样提高了那些直接用来测试账户余额、控制、符合性或者处理过程的审计程序的效用和效率。抽样被广泛用于审计过程中来收集证据，从而对账户余额的正确性、经营控制，或者是否存在舞弊做出判断。本章讨论审计抽样方法。

一、审计抽样的定义

审计抽样（Audit Sampling），是指注册会计师对具有审计相关性的总体中低于百分之百的项目实施审计程序，使所有抽样单元都有被选取的机会，为注册会计师针对整个总体得出结论提供合理基础。审计抽样可使注册会计师获取和评价与被选取项目的某些特征有关的审计证据，以形成或帮助形成对从中抽取样本的总体结论。在这里，总体是指注册会计师从中选取样本并期望据此得出结论的整个数据集合，抽样单元是指构成总体的个体项目。总体可分为多个层次或子总体。

审计抽样具有三个特征：

（1）对具有审计相关性的总体中低于百分之百的项目实施审计程序。

（2）所有抽样单元都有被选取的机会。

（3）在使用审计抽样时，注册会计师的目标是为得出有关抽样总体的结论提供合理的基础。

我们不能简单地把审计抽样等同于一般意义的抽查。一般的抽查作为一种技术，可以用来了解情况，确定审计重点，取得审计证据，在使用中并无严格要求。而审计抽样作为一种方法，需要运用抽查技术，但更重要的是要根据审计目的及具体环境的要求作出科学的抽样决策。审计抽样工作要严格按照规定的程序和方法去完成。审计抽样的基本目标是在有限审计资源条件限制下，收集充分、适当的审计证据，以形成和支持审计结论。在对需要测试的账户余额或交易事项缺乏一定的了解，或总体中包含的项目数量太大而无法逐一审查，或虽可对总体所有项目逐一审查但成本太高的情况下，注册会计师可以考虑使用审计抽样。

美国审计准则公告第 39 号"审计抽样"（AU350.01）关于审计抽样的定义是：审计抽样是为了对账户余额或者交易的某些特征进行评价，而对少于 100% 的部分账户余额或交易项目执行审计程序的行为。对项目中具有代表性的样本执行相应审计程序，审计人员能够对整个对象总体做出推论（根据样本的结果做出估计或者推断）。审计准则公告第 39 号要求，审计人员在进行抽样的时候，应该保证样本能够代表审计对象总体。审计人员在分析整个财务报表在总体水平上是否存在重大错报、漏报的时候，应当依据由样本测试的结果推断出的所有预计存在的错误，以及根据非抽样测试结果推断出的其他可能存在的错误，综合判定所有可能存在的错误。

二、抽样风险和非抽样风险

在获取审计证据时，注册会计师应当运用职业判断，评估重大错报风险，并设计进一步审计程序，以确保将审计风险降至可接受的低水平。在使用审计抽样时，审计风险既可能受到抽样风险的影响，又可能受到非抽样风险的影响。抽样风险和非抽样风险通过影响重大错报风险的评估和检查风险的确定而影响审计风险。

（一）抽样风险

抽样风险（Sampling Risk），是指注册会计师根据样本得出的结论，可能不同于如果对整个总体实施与样本相同的审计程序得出的结论的风险。

控制测试中的抽样风险包括信赖过度风险（Risk of Overreliance）和信赖不足风险（Risk of Underreliance）。信赖过度风险是指推断的控制有效性高于其实际有效性的风险，也可以说，尽管样本结果支持注册会计师计划信赖内部控制的程度，但实际偏差率不支持该信赖程度的风险。信赖过度风险与审计的效果有关。如果注册会计师评估的控制有效性高于其实际有效性，从而导致评估的重大错报风险水平偏低，注册会计师可能不适当地减少从实质性程序中获取的证据，因此审计的有效性下降。对于注册会计师而言，信赖过度风险更容易导致注册会计师发表不恰当的审计意见，因而更应予以关注。

相反，信赖不足风险是指推断的控制有效性低于其实际有效性的风险，也可以说，尽管样本结果不支持注册会计师计划信赖内部控制的程度，但实际偏差率支持该信赖程度的风险。信赖不足风险与审计的效率有关。当注册会计师评估的控制有效性低于其实际有效性时，评估的重大错报风险水平高于实际水平，注册会计师可能会增加不必要的实质性程序。在这种情况下，审计效率可能降低。

在实施细节测试（Tests of Details）时，注册会计师也要关注两类抽样风险：误受风险和误拒风险。误受风险（Risk of Incorrect Acceptance）是指注册会计师推断某一重大错报不存在而实际上存在的风险。如果账面金额实际上存在重大错报而注册会计师认为其不存在重大错报，注册会计师通常会停止对该账面金额继续进行测试，并根据样本结果得出账面金额无重大错报的结论。与信赖过度风险类似，误受风险影响审计效果，容易导致注册会计师发表不恰当的审计意见，因此注册会计师更应予以关注。

误拒风险（Risk of Incorrect Rejection）是指注册会计师推断某一重大错报存在而实际上不存在的风险。与信赖不足风险类似，误拒风险影响审计效率。如果账面金额不存在重大错报而注册会计师认为其存在重大错报，注册会计师会扩大细节测试的范围并考虑获取其他审计证据，最终注册会计师会得出恰当的结论。在这种情况下，审计效率可能降低。

也就是说，无论在控制测试还是在细节测试中，抽样风险都可以分为两种类型：一类是影响审计效果的抽样风险，包括控制测试中的信赖过度风险和细节测试中的误受风险；另一类是影响审计效率的抽样风险，包括控制测试中的信赖不足风险和细节测试中的误拒风险。

只要使用了审计抽样，抽样风险总会存在。在使用统计抽样时，注册会计师可以准确地计量和控制抽样风险。在使用非统计抽样时，注册会计师无法量化抽样风险，只能根据职业判断对其进行定性的评价和控制。抽样风险与样本规模反方向变动：样本规模越小，抽样风险越大；样本规模越大，抽样风险越小。无论是控制测试还是细节测试，注册会计师都可以通过扩大样本规模降低抽样风险。如果对总体中的所有项目都实施检查，就不存在抽样风险，此时审计风险完全由非抽样风险产生。

（二）非抽样风险

非抽样风险，是指注册会计师由于任何与抽样风险无关的原因而得出错误结论的风险。注册会计师即使对某类交易或账户余额的所有项目实施审计程序，也可能仍未能发现重大错报或控制失效。在审计过程中，可能导致非抽样风险的原因包括下列情况：

（1）注册会计师选择的总体不适合于测试目标。例如，注册会计师在测试销售收入完整性认定时将主营业务收入日记账界定为总体。

（2）注册会计师未能适当地定义误差（包括控制偏差或错报），导致注册会计师未能发现样本中存在的偏差或错报。例如，注册会计师在测试现金支付授权控制的有效性时，未将签字人未得到适当授权的情况界定为控制偏差。

（3）注册会计师选择了不适于实现特定目标的审计程序。例如，注册会计师依赖应收账款函证来揭露未入账的应收账款。

（4）注册会计师未能适当地评价审计发现的情况。例如，注册会计师错误解读审计证据可能导致没有发现误差。注册会计师对所发现误差的重要性的判断有误，从而忽略了性质十分重要的误差，也可能导致得出不恰当的结论。

（5）其他原因。

非抽样风险是由人为错误造成的，因而可以降低、消除或防范。虽然在任何一种抽样方法中注册会计师都不能量化非抽样风险，但通过采取适当的质量控制政策和程序，对审计工作进行适当的指导、监督和复核，以及对注册会计师实务的适当改进，可以将非抽样风险降至可以接受的水平。注册会计师也可以通过仔细设计其审计程序尽量降低非抽样风险。

三、审计抽样的分类

审计抽样的种类很多，通常按抽样决策的依据不同，可以将审计抽样划分为统计抽样和非统计抽样；按审计抽样所了解的总体特征不同可以将审计抽样划分为属性抽样和变量抽样。

（一）统计抽样和非统计抽样

所谓统计抽样，是指同时具备以下两个特征的抽样方法：①随机选取样本项目；②运用概率论评价样本结果，包括计量抽样风险。统计抽样的优点在于能够客观地选取样本，科学地计量抽样风险，并通过调整样本规模有效地控制抽样风险，定量地评价样本结果。

不同时具备上述两个特征的抽样方法属于非统计抽样。非统计抽样又有任意抽样和判断抽样之分。在任意抽样法下，从总体中抽取多少样本、抽取哪些样本都是主观随意的，没有客观的依据和标准。显然，任意抽样的样本往往代表性较差，很难保证它能够反映总体的真实情况，根据对这种样本的审查结果来推断总体，审计结论的可靠性难以保证。判断抽样是基于注册会计师对审计对象的了解和个人的职业判断，有目的、有重点地选取一定量的样本进行审查。判断抽样是在任意抽样的基础上融入了个人的经验和判断，所以其结果在很大程度上取决于注册会计师的经验水平和判断能力的高低，但它们都不能科学地确定样本规模，不能用数学评估的方法测定和控制抽样风险。

注册会计师应当根据具体情况并运用职业判断，确定使用统计抽样或非统计抽样，以最有效率地获取审计证据。两种技术只要运用得当，都可以提供审计所要求的充分、适当的证据，并且都存在某种程度的抽样风险和非抽样风险。非统计抽样离不开职业判断，统计抽样也不排除职业判断，事实上，在运用统计抽样的全过程中都需要使用职业判断。例如，确定审计对象总体，定义总体特征，决定所采用的选样方法，对抽样结果进行质量和数量上的评价等，都需要职业判断。注册会计师在统计抽样和非统计抽样之间进行选择时，成本效益是要考虑的一个主要问题。一般情况下，非统计抽样可能比统计抽样的成本低，但统计抽样的效果则可能比非统计抽样更可靠。在某些情况下，使用统计抽样需要较高的成本，比如，为了使注册会计师掌握使用统计抽样所需要特殊的专业技能，可能需要增加培训费用。非统计抽样只要设计得当，也能够获得与统计抽样相同的结果。在实际工作中，把统计抽样和非统计抽样结合起来使用，往往能收到较好的审计效果。

统计抽样和非统计抽样的关系如图 8-1 所示。

（二）属性抽样和变量抽样

在审计抽样中，根据对样本的审查结果对总体进行推断可以从两个不同的方面来进行：一是根据样本的差错率推断总体的差错率；二是根据样本的差错额推断总体的差错额。前者就是属性抽样，后者就是变量抽样。我们也可以这样说，属性抽样是指在精确度界限和可靠程度一定的条件下，旨在测定总体特征的发生频率所采用的一种方法；变量抽样是用来估计总体错误金额而采用的一种方法。根据控制测试的目的和特点所采用的审计抽样通常是属性抽样；根据细节测试的目的和特点所采用的审计抽样通常为变量抽样。在审计实务中，经常存在同时进行控制测试和细节测试的情况，这个时候所采用的审计抽样称为双重目的抽样。属性抽样和变量抽样的主要区别如图8-2所示。

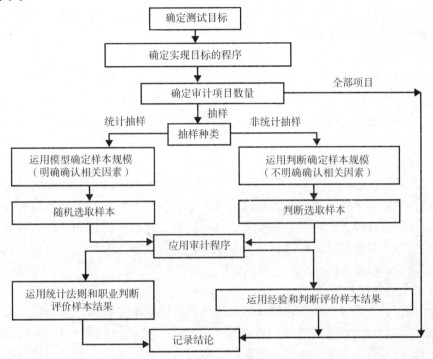

图 8-1　统计抽样与非统计抽样的比较

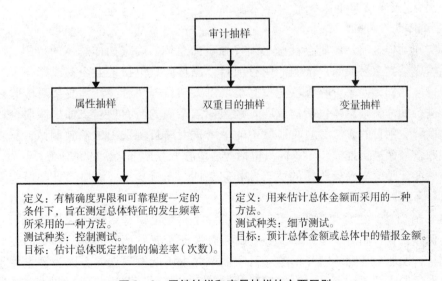

图 8-2　属性抽样和变量抽样的主要区别

第二节　审计抽样的一般步骤

在使用审计抽样时，注册会计师的目标是为得出有关抽样总体的结论提供合理的基础。注册会计师在控制测试和细节测试中使用审计抽样方法，主要分为三个阶段进行：第一阶段是样本设计阶段，旨在根据测试的目标和抽样总体制定选取样本的计划；第二阶段是选取样本阶段，旨在按照适当的方法从相应的抽样总体中选取所需的样本，并对其实施检查，以确定是否存在误差；第三阶段是评价样本结果阶段，旨在根据对误差的性质和原因的分析，将样本结果推断至总体，形成对总体的结论。

一、样本设计阶段

在设计审计样本时，注册会计师应当考虑审计程序的目的和抽样总体的特征。也就是说，注册会计师首先应考虑拟实现的具体目标，并根据目标和总体的特点确定能够最好地实现该目标的审计程序组合，以及如何在实施审计程序时运用审计抽样。审计抽样中，样本设计阶段的工作主要包括以下几个步骤：

（一）确定测试目标

审计抽样必须紧紧围绕审计测试的目标展开，因此确定测试目标是样本设计阶段的第一项工作。一般而言，控制测试是为了获取关于某项控制运行是否有效的证据，而细节测试的目的是确定某类交易或账户余额的金额是否正确，获取与存在的错报有关的证据。

（二）定义总体与抽样单元

1. 总体

在实施抽样之前，注册会计师必须仔细定义总体，确定抽样总体的范围。总体可以包括构成某类交易或账户余额的所有项目，也可以只包括某类交易或账户余额中的部分项目。例如，如果应收账款中没有单个重大项目，注册会计师直接对应收账款账面余额进行抽样，则总体包括构成应收账款期末余额的所有项目。如果注册会计师已使用选取特定项目的方法将应收账款中的单个重大项目挑选出来单独测试，只对剩余的应收账款余额进行抽样，则总体只包括构成应收账款期末余额的部分项目。

注册会计师应当确保总体的适当性和完整性。也就是说，注册会计师所定义的总体应具备下列两个特征：

（1）适当性。注册会计师应确定总体适合于特定的审计目标，包括适合于测试的方向。例如，在控制测试中，如果要测试用以保证所有发运商品都已开单的控制是否有效运行，注册会计师从已开单的项目中抽取样本不能发现误差，因为该总体不包含那些已发运但未开单的项目。为发现这种误差，将所有已发运的项目作为总体通常比较适当。又如，在细节测试中，如果注册会计师的目标是测试应付账款的高估，总体可以定义为应付账款清单。但在测试应付账款的低估时，总体就不是应付账款清单，而是后来支付的证明、未付款的发票、供货商的对账单、没有销售发票对应的收货报告，或能提供低估应付账款的审计证据的其他总体。

（2）完整性。在实施审计抽样时，注册会计师需要实施审计程序，以获取有关总体的完整性的审计证据。注册会计师应当从总体项目内容和涉及时间等方面确定总体的完整性。例如，如果注册会计师从档案中选取付款证明，除非确信所有的付款证明都已归档，否则注册会计师不能对该期间的所有付款证明得出结论。又如，如果注册会计师对某一控制活动在财务报告期间是否有效运行得出结论，总体应包括来自整个报告期间的所有相关项目。

注册会计师通常从代表总体的实物中选取样本项目。例如，如果注册会计师将总体定义为特定日期的所有应收账款余额，代表总体的实物就是该日应收账款余额明细表。又如，如果总体是某一测试期间的销售收入，代表总体的实物就可能是记录在销售明细账中的销售交易，也可能是销售发票。由于注册会计师实际上是从该实物中选取样本，所有根据样本得出的结论只与该实物有关。如果代表总体的实物和总体不一致，注册会计师可能对总体得出错误的结论。因此，注册会计师必须详细了解代表总体的实物，确定代表总体的实物是否包括整个总体。注册会计师通常通过加总或计算来完成这一工作。例如，注册会计师可将发票金额总数与已记入总账的销售收入金额总数进行核对。如果注册会计师将选择的实物和总体比较之后，认为代表总体的实物遗漏了应包含在最终评价中的总体项目，注册会计师应选择新的实物，或对被排除在实物之外的项目实施替代程序。

2. 定义抽样单元

抽样单元，是指构成总体的个体项目。抽样单元可能是实物项目（如支票簿上列示的支票信息，银行对账单上的贷方记录，销售发票或应收账款余额），也可能是货币单元。在定义抽样单元时，注册会计师应使其与审计测试目标保持一致。注册会计师在定义总体时通常都指明了适当的抽样单元。

3. 分层

如果总体项目存在重大的变异性，注册会计师可以考虑将总体分层。分层，是指将总体划分为多个子总体的过程，每个子总体由一组具有相同特征（通常为货币金额）的抽样单元组成。分层可以降低每一层中项目的变异性，从而在抽样风险没有成比例增加的前提下减小样本规模，提高审计效率。注册会计师应当仔细界定子总体，以使每一抽样单元只能属于一个层。

在实施细节测试时，注册会计师通常根据金额对总体进行分层。这使注册会计师能够将更多审计资源投向金额较大的项目，而这些项目最有可能包含高估错报。例如，为了函证应收账款，注册会计师可以将应收账款账户按其金额大小分为三层，即账户金额在 10000 元以上的；账户金额为 5000 ~ 10000 元的；账户金额在 5000 元以下的。然后，根据各层的重要性分别采取不同的选样方法。对于金额在 10000 元以上的应收账款账户，应进行全部函证；对于金额在 5000 ~ 10000 元以及 5000 元以下的应收账款账户，则可采用适当的选样方法选取进行函证的样本。同样，注册会计师也可以根据表明更高错报风险的特定特征对总体分层,例如在测试应收账款计价中的坏账准备时,注册会计师可以根据账龄对应收账款余额进行分层。

分层后的每层构成一个子总体且可以单独检查。对某一层中的样本项目实施审计程序的结果,只能用于推断构成该层的项目。如果对整个总体得出结论,注册会计师应当考虑与构成整个总体的其他层有关的重大错报风险。例如,在对某一账户余额进行测试时,占总体数量20%的项目,其金额可能占该账户余额的90%。注册会计师只能根据该样本的结果推断至上述90%的金额。对于剩余10%的金额,注册会计师可以抽取另一个样本或使用其他收集审计证据的方法,单独得出结论,或者认为其不重要而不实施审计程序。

如果注册会计师将某类交易或账户余额分成不同的层,需要对每层分别推断错报。在考虑错报对该类别的所有交易或账户余额的可能影响时,注册会计师需要综合考虑每层的推断错报。

(三)定义误差构成条件

注册会计师必须事先准确定义构成误差的条件,否则执行审计程序时就没有识别误差的标准。在控制测试中,误差是指控制偏差,注册会计师要仔细定义所要测试的控制及可能出现偏差的情况;在细节测试中,误差是指错报,注册会计师要确定哪些情况构成错报。

注册会计师定义误差构成条件时要考虑审计程序的目标。清楚地了解误差构成条件,对于确保在推断误差时将且仅将所有与审计目标相关的条件包括在内至关重要。

(四)确定审计程序

注册会计师应当根据测试目标的需要有效地选择审计程序组合。例如,如果注册会计师的审计目标是通过测试某一阶段的适当授权证实交易的有效性,审计程序就是检查特定人员已在某文件上签字以示授权的书面证据。注册会计师预计样本中每一张该文件上都有适当的签名。

二、选取样本阶段

(一)确定样本规模

样本规模是指从总体中选取样本项目的数量。在审计抽样中,如果样本规模过小,就不能反映出审计对象总体的特征,注册会计师就无法获取充分的审计证据,其审计结论的可靠性就会大打折扣,甚至可能得出错误的审计结论。因此,注册会计师应当确定足够的样本规模,以将抽样风险降至可接受的低水平。相反,如果样本规模过大,则会增加审计工作量,造成不必要的时间和人力上的浪费,加大审计成本,降低审计效率,就会失去审计抽样的意义。

影响样本规模的因素主要包括:

(1)可接受的抽样风险。可接受的抽样风险与样本规模成反比。注册会计师愿意接受的抽样风险越低,样本规模通常越大。反之,注册会计师愿意接受的抽样风险越高,样本规模越小。

（2）可容忍误差。可容忍误差是指注册会计师在认为测试目标已实现的情况下准备接受的总体最大误差。

在控制测试中，它指可容忍偏差率。可容忍偏差率，是指注册会计师设定的偏离规定的内部控制程序的比率，注册会计师试图对总体中的实际偏差率不超过该比率获取适当水平的保证。换言之，可容忍偏差率是注册会计师能够接受的最大偏差数量；如果偏差超过这一数量则减少或取消对内部控制程序的信赖。

在细节测试中，它指可容忍错报。可容忍错报，是指注册会计师设定的货币金额，注册会计师试图对总体中的实际错报不超过该货币金额获取适当水平的保证。实际上，可容忍错报是实际执行的重要性在特定抽样程序中的运用。可容忍错报可能等于或低于实际执行的重要性。

当保证程度一定时，注册会计师运用职业判断确定可容忍误差。可容忍误差越小，为实现同样的保证程度所需的样本规模越大。

（3）预计总体误差。预计总体误差是指注册会计师根据以前对被审计单位的经验或实施风险评估程序的结果而估计总体中可能存在的误差。预计总体误差越大，可容忍误差也应当越大；但预计总体误差不应超过可容忍误差。在既定的可容忍误差下，当预计总体误差增加时，所需的样本规模越大。

（4）总体变异性。总体变异性是指总体的某一特征（如金额）在各项目之间的差异程度。在控制测试中，注册会计师在确定样本规模时一般不考虑总体变异性。在细节测试中，注册会计师确定适当的样本规模时要考虑特征的变异性。总体项目的变异性越低，通常样本规模越小。注册会计师可以通过分层，将总体分为相对同质的组，以尽可能降低每一组中变异性的影响，从而减小样本规模。未分层总体具有高度变异性，其样本规模通常很大。最有效率的方法是根据预期会降低变异性的总体项目特征进行分层。在细节测试中分层的依据通常包括项目的账面金额，与项目处理有关的控制的性质，或与特定项目（如更可能包含错报的那部分总体项目）有关的特殊考虑等。分组后的每一组子总体被称为一层，每层分别独立选取样本。

（5）总体规模。除非总体非常小，一般而言，总体规模对样本规模的影响几乎为零。注册会计师通常将抽样单元超过5000个的总体视为大规模总体。对大规模总体而言，总体的实际容量对样本规模几乎没有影响。对小规模总体而言，审计抽样比其他选择测试项目的方法的效率低。

表8-1列示了审计抽样中影响样本规模的因素，并分别说明了这些影响因素在控制测试和细节测试中的表现形式。

表8-1 影响样本规模的因素

影响因素	控制测试	细节测试	与样本规模的关系
可接受的抽样风险	可接受的信赖过度风险	可接受的误受风险	反向变动
可容忍误差	可容忍偏差率	可容忍错报	反向变动
预计总体误差	预计总体偏差率	预计总体错报	同向变动

影响因素	控制测试	细节测试	与样本规模的关系
总体变异性	—	总体变异性	同向变动
总体规模	总体规模	总体规模	影响很小

使用统计抽样方法时，注册会计师必须对影响样本规模的因素进行量化，并利用根据统计公式开发的专门的计算机程序或专门的样本量表来确定样本规模。在非统计抽样中，注册会计师可以只对影响样本规模的因素进行定性的估计，并运用职业判断确定样本规模。

（二）选取样本

不管使用统计抽样还是非统计抽样，在选取样本项目时，注册会计师都应当使总体中的每个抽样单元都有被选取的机会。在统计抽样中，注册会计师选取样本项目时每个抽样单元被选取的概率是已知的。在非统计抽样中，注册会计师根据判断选取样本项目。由于抽样的目的是为注册会计师得出有关总体的结论提供合理的基础，因此，注册会计师通过选择具有总体典型特征的样本项目，从而选出有代表性的样本以避免偏向是很重要的。选取样本的基本方法，包括使用随机数表或计算机辅助审计技术选样、系统选样和随意选样。

1. 使用随机数表或计算机辅助审计技术选样

使用随机数表或计算机辅助审计技术选样又称随机数选样。使用随机数选样需以总体中的每一项目都有不同的编号为前提。注册会计师可以使用计算机生成的随机数，如电子表格程序、随机数码生成程序、通用审计软件程序等计算机程序产生的随机数，也可以使用随机数表获得所需的随机数。

随机数是一组从长期来看出现概率相同的数码，且不会产生可识别的模式。随机数表也称乱数表，它是由随机生成的从 0 ~ 9 共 10 个数字所组成的数表，每个数字在表中出现的次数是大致相同的，它们出现在表上的顺序是随机的。表 8 – 2 就是 5 位随机数表的一部分。

表 8 – 2 5 位随机数表

列 行	1	2	3	4	5	6	7	8	9	10
1	32044	69037	29655	92114	81034	40582	01584	77184	85762	46505
2	23821	96070	82592	81642	08971	07411	09037	81530	56195	98425
3	82383	94987	66441	28677	95961	78346	37916	09416	42438	48432
4	68310	21792	71635	86089	38157	95620	96718	79554	50209	17705
5	94856	76940	22165	01414	01413	37231	05509	37489	56459	52983
6	95000	61958	83430	98250	70030	05436	74814	45978	09277	13827
7	20764	64638	11359	32556	89822	02713	81293	52970	25080	33555

续表

行\列	1	2	3	4	5	6	7	8	9	10
8	71401	17964	50940	95753	34905	93566	36318	79530	51105	26952
9	38464	75707	16750	61371	01523	69205	32122	03436	14489	02086
10	59442	59247	74955	82835	98378	83513	47870	20795	01352	89906

应用随机数表选样的步骤如下：

（1）对总体项目进行编号，建立总体中的项目与表中数字的一一对应关系。一般情况下，编号可利用总体项目中原有的某些编号，如凭证号、支票号、发票号等。在没有事先编号的情况下，注册会计师需按一定的方法进行编号。如由 40 页、每页 50 行组成的应收账款明细表，可采用 4 位数字编号，前两位由 01 ~ 40 的整数组成，表示该记录在明细表中的页数，后两位数字由 01 ~ 50 的整数组成，表示该记录的行次。这样，编号 0534 表示第 5 页第 34 行的记录。所需使用的随机数的位数一般由总体项目数或编号位数决定。如前例中可采用 4 位随机数表，也可以使用 5 位随机数表的前 4 位数字或后 4 位数字。

（2）确定连续选取随机数的方法。即从随机数表中选择一个随机起点和一个选号路线，随机起点和选号路线可以任意选择，但一经选定就不得改变。从随机数表中任选一行或任何一栏开始，按照一定的方向（上下左右均可）依次查找，符合总体项目编号要求的数字，即为选中的号码，与此号码相对应的总体项目即为选取的样本项目，一直到选足所需的样本量为止。例如，从前述应收账款明细表的 2000 个记录中选择 10个样本，总体编号规则如前所述，即前两位数字不能超过 40，后两位数字不能超过 50。如从表 8 - 2 第一行第一列开始，使用前 4 位随机数，逐行向右查找，则选中的样本为编号 3204、0741、0903、0941、3815、2216、0141、3723、0550、3748 的 10 个记录。

随机数选样不仅使总体中每个抽样单元被选取的概率相等，而且使相同数量的抽样单元组成的每种组合被选取的概率相等。这种方法在统计抽样和非统计抽样中均适用。由于统计抽样要求注册会计师能够计量实际样本被选取的概率，因此这种方法尤其适合于统计抽样。

2. 系统选样

系统选样也称等距选样，是指按照相同的间隔从审计对象总体中等距离地选取样本的一种选样方法。采用系统选样法，首先要计算选样间距，确定选样起点，然后再根据间距顺序地选取样本。选样间距的计算公式如下：

$$选样间距 = 总体规模 \div 样本规模$$

例如，如果销售发票的总体范围是 652 ~ 3151，设定的样本量是 125，那么选样间距为 20 ［（3152 - 652）÷ 125］。注册会计师必须从 0 ~ 19 中选取一个随机数作为抽样起点。如果随机选择的数码是 9，那么第一个样本项目是发票号码为 661（652 + 9）的那一张，其余的 124 个项目是 681（661 + 20）、701（681 + 20）……依此类推，直至第3141（661 + 20 × 124）号。

系统选样方法的主要优点是使用方便，比其他选样方法节省时间，并可用于无限总体。此外，使用这种方法时，对总体中的项目不需要编号，注册会计师只要简单数出每一个间距即可。但是，使用系统选样方法要求总体必须是随机排列的，否则容易发生较大的偏差，造成非随机的、不具代表性的样本。如果测试项目的特征在总体内的分布具有某种规律性，则选择样本的代表性就可能较差。例如，应收账款明细表每页的记录均以账龄的长短按先后次序排列，则选中的 200 个样本可能多数是账龄相同的记录。

为克服系统选样法的这一缺点，可采用两种办法：一是增加随机起点的个数；二是在确定选样方法之前对总体特征的分布进行观察。如发现总体特征的分布呈随机分布，则采用系统选样法；否则，可考虑使用其他选样方法。

系统选样可以在非统计抽样中使用，在总体随机分布时也可适用于统计抽样。

3. 随意选样

在这种方法中，注册会计师选取样本不采用结构化的方法。尽管不使用结构化方法，注册会计师也要避免任何有意识的偏向或可预见性（如回避难以找到的项目或总是选择或回避每页的第一个或最后一个项目），从而试图保证总体中的所有项目都有被选中的机会。在使用统计抽样时，运用随意选样是不恰当的。

上述三种基本方法均可选出代表性样本。但随机数选样和系统选样属于随机基础选样方法，即对总体的所有项目按随机规则选取样本，因而可以在统计抽样中使用，也可以在非统计抽样中使用。而随意选样虽然也可以选出代表性样本，但它属于非随机基础选样方法，因而不能在统计抽样中使用，只能在非统计抽样中使用。

（三）对样本实施审计程序

注册会计师应当针对选取的每个项目，实施适合具体目的的审计程序。对选取的样本项目实施审计程序旨在发现并记录样本中存在的误差。

如果审计程序不适用于选取的项目，注册会计师应当针对替代项目实施该审计程序。例如，如果在测试付款授权时选取了一张作废的支票，并确信支票已经按照适当程序作废因而不构成偏差，注册会计师需要适当选择一个替代项目进行检查。

注册会计师通常对每一样本项目实施适合于特定审计目标的审计程序。有时，注册会计师可能无法对选取的抽样单元实施计划的审计程序（如由于原始单据丢失等原因）。注册会计师对未检查项目的处理取决于未检查项目对评价样本结果的影响。如果注册会计师对样本结果的评价不会因为未检查项目可能存在错报而改变，就不需对这些项目进行检查。如果未检查项目可能存在的错报会导致该类交易或账户余额存在重大错报，注册会计师就要考虑实施替代程序，为形成结论提供充分的证据。例如，对应收账款的积极式函证没有收到回函时，注册会计师可以审查期后收款的情况，以证实应收账款的余额。注册会计师也要考虑无法对这些项目实施检查的原因是否会影响计划的重大错报风险评估水平或对舞弊风险的评估。如果未能对某个选取的项目实施设计的审计程序或适当的替代程序，注册会计师应当将该项目视为控制测试中对规定的控制的一项偏差，或细节测试中的一项错报。

三、评价样本结果

(一) 分析样本误差

注册会计师应当调查识别出的所有偏差或错报的性质和原因，并评价其对审计程序的目的和审计的其他方面可能产生的影响。无论是统计抽样还是非统计抽样，对样本结果的定性评估和定量评估一样重要。即使样本的统计评价结果在可以接受的范围内，注册会计师也应对样本中的所有误差（包括控制测试中的控制偏差和细节测试中的金额错报）进行定性分析。

如果注册会计师发现许多误差具有相同的特征，如交易类型、地点、生产线或时期等，则应考虑该特征是不是引起误差的原因，是否存在其他尚未发现的具有相同特征的误差。此时注册会计师应将具有该共同特征的全部项目划分为一层，并对层中的所有项目实施审计程序，以发现潜在的系统误差。同时，注册会计师仍需分析误差的性质和原因，考虑存在舞弊的可能性。如果将某一误差视为异常误差，注册会计师应当实施追加的审计程序，以高度确信该误差对总体误差不具有代表性。

在极其特殊的情况下，如果认为样本中发现的某项偏差或错报是异常误差，注册会计师应当对该项偏差或错报对总体不具有代表性获取高度保证。异常误差，是指对总体中的错报或偏差明显不具有代表性的错报或偏差。在获取这种高度保证时，注册会计师应当实施追加的审计程序，获取充分、适当的审计证据，以确定该项偏差或错报不影响总体的其余部分。

(二) 推断总体误差

当实施控制测试时，注册会计师应当根据样本中发现的偏差率推断总体偏差率，并考虑这一结果对特定审计目标及审计的其他方面的影响。

当实施细节测试时，注册会计师应当根据样本中发现的错报金额推断总体错报金额，并考虑这一结果对特定审计目标及审计的其他方面的影响。

(三) 形成审计结论

注册会计师应当评价样本结果，以确定对总体相关特征的评估是否得到证实或需要修正。

1. 控制测试中的样本结果评价

在控制测试中，注册会计师应当将总体偏差率与可容忍偏差率比较，但必须考虑抽样风险。

(1) 统计抽样。在统计抽样中，注册会计师通常使用表格或计算机程序计算抽样风险。用以评价抽样结果的大多数计算机程序都能根据样本规模、样本结果，计算在注册会计师确定的信赖过度风险条件下可能发生的偏差率上限的估计值。该偏差率上限的估计值即总体偏差率与抽样风险允许限度之和。

如果估计的总体偏差率上限低于可容忍偏差率，则总体可以接受。这时注册会计师对总体得出结论，样本结果支持计划评估的控制有效性，从而支持计划的重大错报风险评估水平。

如果估计的总体偏差率上限大于或等于可容忍偏差率，则总体不能接受。这时注册会计师对总体得出结论，样本结果不支持计划评估的控制有效性，从而不支持计划的重大错报风险评估水平。此时注册会计师应当修正重大错报风险评估水平，并增加实质性程序的数量。注册会计师也可以对影响重大错报风险评估水平的其他控制进行测试，以支持计划的重大错报风险评估水平。

如果估计的总体偏差率上限低于但接近可容忍偏差率，注册会计师应当结合其他审计程序的结果，考虑是否接受总体，并考虑是否需要扩大测试范围，以进一步证实计划评估的控制有效性和重大错报风险水平。

（2）非统计抽样。在非统计抽样中，抽样风险无法直接计量。注册会计师通常将样本偏差率（即估计的总体偏差率）与可容忍偏差率相比较，以判断总体是否可以接受。

如果样本偏差率大于可容忍偏差率，则总体不能接受。如果样本偏差率低于总体的可容忍偏差率，注册会计师要考虑即使总体实际偏差率高于可容忍偏差率时仍出现这种结果的风险。如果样本偏差率大大低于可容忍偏差率，注册会计师通常认为总体可以接受。如果样本偏差率虽然低于可容忍偏差率，但两者很接近，注册会计师通常认为总体实际偏差率高于可容忍偏差率的抽样风险很高，因而总体不可接受。如果样本偏差率与可容忍偏差率之间的差额不是很大也不是很小，以至于不能认定总体是否可以接受时，注册会计师则要考虑扩大样本规模，以进一步收集证据。

2. 细节测试中的样本结果评价

当实施细节测试时，注册会计师应当根据样本中发现的错报推断总体错报。注册会计师首先必须根据样本中发现的实际错报要求被审计单位调整账面记录金额。将被审计单位已更正的错报从推断的总体错报金额中减掉后，注册会计师应当将调整后的推断总体错报与该类交易或账户余额的可容忍错报相比较，但必须考虑抽样风险。如果推断错报高于确定样本规模时使用的预期错报，注册会计师可能认为，总体中实际错报超出可容忍错报的抽样风险是不可接受的。考虑其他审计程序的结果有助于注册会计师评估总体中实际错报超出可容忍错报的抽样风险，获取额外的审计证据可以降低该风险。

（1）统计抽样。在统计抽样中，注册会计师利用计算机程序或数学公式计算出总体错报上限，并将计算的总体错报上限与可容忍错报比较。计算的总体错报上限等于推断的总体错报（调整后）与抽样风险允许限度之和。

如果计算的总体错报上限低于可容忍错报，则总体可以接受。这时注册会计师对总体得出结论，所测试的交易或账户余额不存在重大错报。

如果计算的总体错报上限大于或等于可容忍错报，则总体不能接受。这时注册会计师对总体得出结论，所测试的交易或账户余额存在重大错报。在评价财务报表整体是否存在重大错报时，注册会计师应将该类交易或账户余额的错报与其他审计证据一起考虑。通常，注册会计师会建议被审计单位对错报进行调查，且在必要时调整账面记录。

（2）非统计抽样。在非统计抽样中，注册会计师运用其经验和职业判断评价抽样结果。如果调整后的总体错报大于可容忍错报，或虽小于可容忍错报但两者很接近，注册会计师通常得出总体实际错报大于可容忍错报的结论。也就是说，该类交易或账户余额存在重大错报，因而总体不能接受。如果对样本结果的评价显示，对总体相关特征的评估需要修正，注册会计师可以单独或综合采取下列措施：提请管理层对已识别的错报和存在更多错报的可能性进行调查，并在必要时予以调整；修改进一步审计程序的性质、时间安排和范围；考虑对审计报告的影响。

如果调整后的总体错报远远小于可容忍错报，注册会计师可以得出总体实际错报小于可容忍错报的结论，即该类交易或账户余额不存在重大错报，因而总体可以接受。

如果调整后的总体错报虽然小于可容忍错报但两者之间的差距很接近（既不很小又不很大），注册会计师必须特别仔细地考虑，总体实际错报超过可容忍错报的风险是否能够接受，并考虑是否需要扩大细节测试的范围，以获取进一步的证据。

第三节　控制测试中统计抽样的运用

注册会计师对拟信赖的内部控制进行控制测试时，一般采用属性抽样审计方法。属性抽样审计就是在一定的精确度和可信赖水平的条件下，通过计算样本差错率来对总体的某种"差错"（属性）的发生频率进行推断的统计抽样审计方法。所谓属性，是指审计对象总体的质量特征，即被审计单位的业务活动或被审计单位的内部控制是否遵循了既定的标准以及存在的偏差水平。属性抽样审计是对总体某种属性的"是"或"否"的回答，抽样结果只有两种："对"与"错"或"是"与"否"。总体的特征通常为反映遵循制度规定或要求的相应水平。

一、属性抽样的基本概念

（一）偏差
一般来说，在属性抽样中，偏差是指注册会计师认为使控制程序失去效能的所有的控制无效事件。注册会计师应根据实际情况恰当地定义偏差。例如，可将"偏差"定义为会计记录中的虚假账户、经济业务的记录未进行复核、审批手续不全等各类差错。
（二）审计对象总体
运用属性抽样时，注册会计师应保证总体中所有的项目被选取的概率是相同的，也就是说，总体所有项目的特征应是相同的。例如，某公司有国内和国外两个分公司，其国内、国外的销售业务是用两种不同的方式进行的，注册会计师在评价两个公司的会计控制时，必须把它们分为两个不同的总体，即国内、国外两个总体。
（三）风险与可信赖程度
可信赖程度是指样本特征能够代表总体特征的可靠性程度。风险（或称风险度）

与可信赖程度是互补的，换句话说，1减去可信赖程度就是风险。例如，注册会计师选择一个95%的可信赖程度，那么，他就有5%的风险去接受抽样结果表示的内部控制是有效的结论，而实际上内部控制制度是无效的。属性抽样中的风险矩阵见表8-3。

表8-3 属性抽样风险矩阵

内部控制实际状况 / 抽样结果	实际运行状况达到预期信赖程度	实际运行状况未达到预期信赖程度
肯定	正确的决定	信赖过度风险
否定	信赖不足风险	正确的决定

在控制测试中，一般将最小可信赖程度定为90%，如果其属性对于其他项目是重要的，则采用95%的可信赖程度。

（四）可容忍偏差率

在进行控制测试时，可容忍偏差率的建立应能确保当总体偏差率超过可容忍偏差率时注册会计师将降低对内部控制的可信赖程度。可容忍偏差率的确定见表8-4。

表8-4 可容忍偏差率的确定

可容忍偏差率	内部控制的可信赖程度
20%（或小于）考虑忽略抽样测试，进行详细测试	可信赖程度差，在信赖内部控制方面的细节测试工作不可有大幅度或中等的减少
10%（或小于）	中等可信赖程度，基于审计结论，在信赖内部控制方面细节测试工作将减少
5%（或小于）	内部控制实际可靠，基于审计结论，在信赖内部控制方面细节测试工作将减少 1/2 ~ 2/3

二、属性抽样的方法

属性抽样的方法主要有固定样本规模抽样、停—走抽样和发现抽样三种。

（一）固定样本规模抽样

固定样本规模抽样是一种使用最为广泛的属性抽样，常用于估计审计对象总体中某种偏差发生的比例。

一般情况下，固定样本规模抽样的基本步骤如下：

1. 确定审计目的

审计的目的决定了"属性"的含义，审查某一个内部控制程序的执行情况与审查某个账户余额的准确性的"属性"含义是不同的。

2. 定义"属性"和"可容忍偏差率"

以购货付款业务为例，正常的内部控制应当包括核对验收报告与购货发票，然后再核准支付货款，因此，对于每张发票和验收报告，凡属下列情况之一的，均可以定义为偏差的属性：

（1）未附验收单的发票；

（2）与验收单所记载的内容不符的发票；

（3）计算有误的发票；

（4）要素不全的发票；

（5）涂改、伪造的发票。

"可容忍偏差率"是注册会计师认为抽样结果可以达到审计目的所愿意接受的审计对象总体的最大偏差率。在运用属性抽样审计进行控制测试时，可容忍偏差率是指注册会计师不改变对内部控制的可信赖程度而愿意接受的最大偏差发生率。其界限主要取决于被测试的内部控制的重要程度、差错的性质、金额和对差错属性的定义。

3. 定义审计对象总体

审计对象总体就是作为抽样对象的全部被审计事项的范围。在确定审计对象总体时，首先要明确审计目标，审计目标不同，被抽查的总体就不同。其次要明确审计对象总体的时间界限，通常以月度、季度、年度或经济业务活动的周期作为总体的时间范围。

4. 确定抽样方法

抽样方法应能保证样本的代表性，保证抽样审计结果的可靠性。抽样方法包括纯随机抽样、等距抽样、分层抽样、金额单位抽样、重复抽样和不重复抽样等。

5. 确定样本规模

属性审计的样本规模取决于抽样推断的精确度、可信度和总体差错率。精确度的确定要考虑差错属性的性质，对重要的差错属性的发生率的推断应要求较高的精确度，在推断次要的差错属性的发生率时，可适当地降低精确度。

可信度的确定主要取决于注册会计师对内部控制的评价，对不好的内部控制下的抽样审计结论应要求较高的可信度，以便减小抽样风险；对有效的内部控制制度可适当地降低可信度要求。经常采用的可信度是90%和95%。

总体偏差率与样本规模成正比例关系。因为事先不知道总体偏差率，只能使用预计的总体偏差率。在实际工作中通常是利用样本规模确定表（见表8-5）直接查得样本规模。

表8-5　控制测试统计抽样样本规模——信赖过度风险5%

预计总体偏差率(%)	可容忍偏差率(%)										
	2	3	4	5	6	7	8	9	10	15	20
0	149(0)	99(0)	74(0)	59(0)	49(0)	42(0)	36(0)	32(0)	29(0)	19(0)	14(0)
0.25	236(1)	157(1)	117(1)	93(1)	78(1)	66(1)	58(1)	51(1)	46(1)	30(1)	22(1)

预计总体偏差率(%)	可容忍偏差率(%)										
	2	3	4	5	6	7	8	9	10	15	20
0.50	*	157(1)	117(1)	93(1)	78(1)	66(1)	58(1)	51(1)	46(1)	30(1)	22(1)
0.75	*	208(1)	117(1)	93(1)	78(1)	66(1)	58(1)	51(1)	46(1)	30(1)	22(1)
1.00	*	*	156(1)	93(1)	78(1)	66(1)	58(1)	51(1)	46(1)	30(1)	22(1)
1.25	*	*	156(1)	124(2)	78(1)	66(1)	58(1)	51(1)	46(1)	30(1)	22(1)
1.50	*	*	192(3)	124(2)	103(2)	88(2)	77(2)	51(1)	46(1)	30(1)	22(1)
1.75	*	*	227(4)	153(3)	103(2)	88(2)	77(2)	51(1)	46(1)	30(1)	22(1)
2.00	*	*	*	181(4)	127(3)	88(2)	77(2)	68(2)	46(1)	30(1)	22(1)
2.25	*	*	*	208(5)	127(3)	88(2)	77(2)	68(2)	61(2)	30(1)	22(1)
2.50	*	*	*	*	150(4)	109(3)	77(2)	68(2)	61(2)	30(1)	22(1)
2.75	*	*	*	*	173(5)	109(3)	95(3)	68(2)	61(2)	30(1)	22(1)
3.00	*	*	*	*	195(6)	129(4)	95(3)	84(3)	61(2)	30(1)	22(1)
3.25	*	*	*	*	*	148(5)	112(4)	84(3)	61(2)	30(1)	22(1)
3.50	*	*	*	*	*	167(6)	112(4)	84(3)	76(3)	30(1)	22(1)
3.75	*	*	*	*	*	185(7)	129(5)	100(4)	76(3)	40(2)	22(1)
4.00	*	*	*	*	*	*	146(6)	100(4)	89(4)	40(2)	22(1)
5.00	*	*	*	*	*	*	*	158(8)	116(6)	40(2)	30(2)
6.00	*	*	*	*	*	*	*	*	179(11)	50(3)	30(2)
7.00	*	*	*	*	*	*	*	*	*	68(5)	37(3)

注：括号内是可接受的偏差数。

6. 选取样本并进行审计

按照定义的偏差属性对选取的样本进行审查。

7. 评价抽样结果

在对样本进行审计后，应将查出的偏差加以汇总，并评价抽样结果。

在评价抽样结果时，不仅要考虑偏差的次数，而且要考虑差错的性质。

8. 书面说明抽样程序

注册会计师应在其审计工作底稿上，书面说明前述 7 个步骤，作为审计抽样的整体结论的基础。

（二）固定样本量属性抽样举例

甲会计师事务所正在审计一老客户——东方公司。审计人员决定对销售交易"存在或发生"和"估价或分摊"认定有关的控制执行测试，将使用属性抽样。

表 8-6 为审计人员计划测试有关销售交易"存在或发生"和"估价或分摊"认定的控制时，在属性抽样计划中所确定的属性。在此例中假设公司在收到顾客订单时即编制销售单。

表8-6　销售交易"存在或发生"和"估价或分摊"认定有关的控制属性

属性	属性的说明
1	销售发票副本与支持性发货凭证、销售单和顾客订单的存在
2	销售经过销售单管理部门有关人员的授权
3	销售单管理部门验证销售单与顾客订单数量、规格和价格等内容的一致性
4	由被授权的信用部门有关人员批准赊销
5	发货部门验证所发运货品与销售单
6	开单部门验证销售发票与发货凭证和销售单的一致性
7	开单部门验证销售发票上定价和有关计算的正确性
8	销售有关账簿的记录和销售发票的一致性

表8-6所列的属性与客户执行后留下书面证据轨迹的控制程序有关。在每一种属性下，审计人员可确定所要求的凭证或分录是否存在，或者凭证是否适当产生、签名或盖章，以证明某个员工执行了某项控制。此外，审计人员也可重新执行某些控制，比如检查某张销售发票计算的正确性来检查控制的有效性。

所获得的这些控制有效性的证据，将被用来评价销售和应收账款的有关财务报表认定其控制风险的水平。审计人员计划取得证据支持一个低控制风险的评价，以便能设定高检查风险和执行有限的实质性测试。

本案例探讨分为三部分：①设计抽样计划；②执行抽样计划；③评价抽样结果。

1. 设计抽样计划

抽样计划的目标、抽样单位和总体以及样本选取方法记在工作底稿的上方（见表8-8）。然后，把将要调查的属性列在第一列，指定用来确定样本规模的因素记在第2~第4列。

在该抽样计划中，属性3~5被认为不如其他属性重要，因此，这两个属性的统计参数没有其他属性的参数那么严格。

紧接着用表8-7（1）和表8-7（2）列出的样本规模确定表确定样本规模，记入第5列。

表8-7　控制测试统计样本规模表（大总体）

表8-7（1）　5%依赖过度风险

预期总体偏差率（%）	可容忍偏差率（%）								
	2	3	4	5	6	7	8	9	10
0.00	149	99	74	59	49	42	36	32	29
0.50	*	157	117	93	78	66	58	51	46
1.00	*	*	156	93	78	66	58	51	46
1.50	*	*	192	124	103	66	58	51	46
2.00	*	*	*	181	127	88	77	68	46

预期总体偏差率（%）	可容忍偏差率（%）								
	2	3	4	5	6	7	8	9	10
2.50	*	*	*	*	150	109	77	68	61
3.00	*	*	*	*	195	129	95	84	61
4.00	*	*	*	*	*	*	146	100	89
5.00	*	*	*	*	*	*	*	158	116
6.00	*	*	*	*	*	*	*	*	179

表 8-7（2）　10%依赖过度风险

预期总体偏差率（%）	可容忍偏差率（%）								
	2	3	4	5	6	7	8	9	10
0.00	114	76	57	45	38	32	28	25	22
0.50	194	129	96	77	64	55	48	42	38
1.00	*	176	96	77	64	55	48	42	38
1.50	*	*	132	105	64	55	48	42	38
2.00	*	*	198	132	88	75	48	42	38
2.50	*	*	*	158	110	75	65	58	38
3.00	*	*	*	*	132	94	65	58	52
4.00	*	*	*	*	*	149	98	73	65
5.00	*	*	*	*	*	*	160	115	78
6.00	*	*	*	*	*	*	*	182	116

注：＊对绝大多数审计而言，样本规模太大不符合成本效益原则。

　　对于东方公司，审计人员决定对样本量进行取整数调整。这些数字记在第 6 列。为了方便说明，假设第 6 列就是对每一属性已实际审查的项目数量。

表 8-8　属性抽样计划工作底稿举例
属性抽样设计与抽样结果总表

客户：东方公司　　　　　　　　　　　　　　　　　　工作底稿索引：Ⅴ—2
资产负债表日：××-12-31　　　　　　　　　　　　编制人：张三　日期：××
属性样本：销售交易　　　　　　　　　　　　　　　　复核人：李四　日期：××

目标：测试销售交易"存在或发生"和"估价或分摊"认定的有关控制

总体和抽样单位：销售账中 5000 张发票（编号 B30000～B34999）所代表的每笔交易
选样方法：随机数表

续表

属性说明（1）	依赖过度风险（2）	可容忍偏差率（3）	预期总体偏差率（4）	每张表的样本规模（5）	所使用的样本规模（6）	样本偏差数（7）	样本偏差率（8）	偏差上限（9）	抽样风险允许限度（10）	评价测试（9）≤（3）（11）
1. 销售发票副本和支持性发货凭证、销售单和顾客订单的存在	5	3	0.5	157	160	0	0.0	2	2.0	是
2. 销售经过销售单管理部门授权人员的批准	5	3	0.5	157	160	0	0.0	2	2.0	是
3. 销售单部门验证销售单和顾客订单的一致性	10	6	2	88	90	1	1.1	4.3	3.2	是
4. 被授权的信用部门人员批准赊销	5	3	0.5	157	160	5	3.1	6.9	3.8	不
5. 发货部门验证所发运的货物和销售单的一致性	10	5	1.5	105	105	0	0.0	2.3	2.3	是
6. 开单部门验证销售发票和发货单、销售单的一致性	5	4	1	156	160	1	0.6	3.1	2.5	是
7. 开单部门验证销售发票的定价和计算的正确性	5	4	1	156	160	1	0.6	3.1	2.5	是
8. 销售账记录与销售发票的一致性	5	3	0.5	157	160	0	0.0	2	2.0	是

结论：除了"赊销的批准"（属性4）以外的所有控制都支持计划控制风险。对计划控制风险、检查风险和证实测试的影响请详见 W/P. V—4。

应向客户报告的情况：属性4的偏差应向客户管理当局和审计委员会报告。

2. 执行抽样计划

随机选取样本项目，然后对选作样本的每张发票的每个属性进行审查，最后将审查发现的偏差记录和汇总在工作底稿上（如表8-9所示）。

表8－9　偏差清单工作底稿
销售交易属性抽样

工作底稿索引：V—3

客户：东方公司
××年度

编制人：张三　日期：××
复核人：李四　日期：××

控制属性 发票号码	1	2	3	4	5	6	7	8
B33211			√					
B33101				√				
B33766				√				
B34564						√		
B34980				√				
B32303							√	
B31794				√				
B30708				√				
偏差总数	0	0	1	5	0	1	1	0
样本规模	160	160	90	160	105	160	160	160
样本偏差率	0	0	1.1	3.1	0	0.6	0.6	0

3. 评价抽样结果

在评价结果时，每一属性的偏差数记在表8－8第7列。

（1）计算样本偏差率。将发现的样本偏差数除以被审查的样本规模，即可计算出每项被测试控制的样本偏差率（Sample Deviation Rate）。样本偏差率是审计人员对总体中真实偏差率的最佳估计值。

然后，将计算所得的偏差率记入第8列，再将第8列和第4列相对应的预期总体偏差率相比较。在此案例中，只有属性4的样本偏差率超过预期总体偏差率。

（2）确定偏差上限。偏差上限（Upper Deviation Rate）是指根据样本所发现的实际偏差数计算得出的总体最大偏差率。该上限以百分比表示，有时也称为"实现精度上限"（Achieved Upper Precision Limit），或"最大总体偏差率"（Maximum Mopulation Deviation Rate）。

偏差上限可用"样本结果评价表"（见表8－10）来确定，其确定步骤是：

A. 选择与依赖过度风险相对应的那一张评价表；

B. 找出样本实际偏差数所在的那一列；

C. 找出已使用的样本规模所在的那一行；

D. 由B、C步骤确定的行和列的交叉点，读出偏差上限。

表 8 – 10 统计抽样评价表
控制测试的统计抽样结果评价表偏差上限（大总体）
表 8 – 10（1） 依赖过度风险为 5%

样本规模	所发现的实际偏差（%）								
	0	1	2	3	4	5	6	7	8
25	11.3	17.6	*	*	*	*	*	*	*
30	9.5	14.9	19.5	*	*	*	*	*	*
35	8.2	12.9	16.9	*	*	*	*	*	*
40	7.2	11.3	14.9	18.3	*	*	*	*	*
45	7.2	10.1	13.3	16.3	19.2	*	*	*	*
50	6.4	9.1	12.1	14.8	17.4	*	*	*	*
55	5.8	8.3	11.0	13.5	18.1	*	*	*	*
60	5.3	7.7	10.1	12.4	14.6	18.8	*	*	*
65	4.9	7.1	9.4	11.5	13.5	15.5	17.4	19.3	*
70	4.5	6.6	8.7	10.7	12.6	14.4	16.2	18.0	19.7
75	4.2	6.2	8.2	10.0	11.8	13.5	15.2	16.9	18.4
80	3.9	5.8	7.7	9.4	11.1	12.7	14.3	15.8	17.3
90	3.7	5.2	6.8	8.4	9.9	11.3	12.7	14.1	15.5
100	3.3	4.7	6.2	7.6	8.9	10.2	11.5	12.7	14.0
125	2.4	3.7	4.9	6.1	7.2	8.2	9.3	10.3	11.3
150	2.0	3.1	4.1	5.1	6.0	6.9	7.7	8.6	9.4
200	1.5	2.3	3.1	3.8	4.5	5.2	5.8	6.5	7.1

表 8 – 10（2） 依赖过度风险为 10%

样本规模	所发现的实际偏差（%）								
	0	1	2	3	4	5	6	7	8
20	10.9	18.1	*	*	*	*	*	*	*
25	8.8	14.7	19.9	*	*	*	*	*	*
30	7.4	12.4	16.8	*	*	*	*	*	*
35	6.4	10.7	14.5	18.1	*	*	*	*	*
40	5.6	9.4	12.8	15.9	19.0	*	*	*	*
45	5.0	8.4	11.4	14.2	17.0	19.6	*	*	*
50	4.5	7.6	10.3	14.2	15.4	17.8	*	*	*
55	4.1	6.9	9.4	12.9	14.0	16.2	18.4	*	*
60	3.8	6.3	8.6	11.7	12.9	14.9	16.9	18.8	*
70	3.2	5.4	7.4	9.3	11.1	12.8	14.6	16.2	17.9
80	2.8	4.8	6.5	8.3	9.7	11.3	12.8	14.3	15.7

续表

样本规模	所发现的实际偏差（%）								
	0	1	2	3	4	5	6	7	8
90	2.5	4.3	5.8	7.3	8.7	10.1	11.4	12.7	14.0
100	2.3	3.8	5.2	6.6	7.8	9.1	10.3	11.5	12.7
120	1.9	3.2	4.4	5.5	6.6	7.6	8.6	9.6	10.6
160	1.4	2.4	3.3	4.1	4.9	5.7	6.5	7.2	8.0
200	1.1	1.9	2.6	3.3	4.0	4.6	5.2	5.8	6.4

注：＊超过20％。

当所用的样本规模没有出现在评价表中时，审计人员可通过以下三种办法来解决：

A. 使用表中不超过实际使用的样本规模的多个样本规模中的最大的那个样本规模。

B. 插值类推。

C. 使用范围更广的评价表。

根据评价表所确定的偏差上限，隐含了抽样风险允许的限度。因此，偏差上限可用来确定是否支持计划的控制风险水平。如果偏差上限小于或者等于设计样本时所指定的可容忍偏差率，说明样本结果支持计划控制风险；否则，样本结果就不支持计划控制风险。审计人员可使用表 8 - 10 的评价表确定每一控制属性的偏差上限，其结果记入表 8 - 8 第 9 列。

（3）确定抽样风险允许限度。由前可知，即使不计算抽样风险允许限度（Allowance for Sampling Risk）也能评价样本，但是，通过计算抽样风险允许限度及其影响，将有助于更深入地评价抽样效果。抽样风险允许限度计算方法如下：

$$偏差上限 = 抽样风险允许限度 + 样本偏差率$$
$$抽样风险允许限度 = 偏差上限 - 样本偏差率$$

表 8 - 8 第 10 列抽样风险允许限度系根据第 9 列减去第 8 列所得。

在统计抽样中，如果样本偏差率超过预期总体偏差率，抽样风险允许限度将变大，进而造成偏差上限超过设计样本时所指定的可容忍偏差率。因此，可得出以下结论：

A. 在样本偏差率超过确定样本规模所用的预期总体偏差率时，偏差上限将超过在特定依赖过度风险下的可容忍偏差率，此时样本结果将不支持计划控制风险水平。

B. 在样本偏差率小于或等于预期总体偏差率时，偏差上限将小于或等于在特定依赖过度风险下的可容忍偏差率，此时样本结果将支持计划控制风险水平。

表 8 - 11　样本结果评价标准汇总

情况	评价结果
1. 样本偏差率 > 预期总体偏差率	样本结果不支持计划控制风险
2. 偏差上限 > 可容忍偏差率	
3. 样本偏差率 ≤ 预期总体偏差率	样本结果支持计划控制风险
4. 偏差上限 ≤ 可容忍偏差率	

由前文可以看出，对于东方公司来说，只有销售交易的控制属性 4 的样本结果不支持计划控制风险，其他 7 个控制属性的样本结果支持计划控制风险。

（4）考虑偏差性质。审计人员在评价样本结果时不仅应关心偏差发生的次数（频率），而且还应对某项既定控制的每个偏差分析确定其性质，即发生的原因。可能导致偏差的因素包括新进员工、无经验员工顶替、员工休假或病假、有关人员误解指示、不具备胜任能力、粗心和有意犯错等。性质特别恶劣的偏差要特别注意处理。

审计人员应考虑偏差是否对财务报表有直接影响。比如，销售发票上单价与批准的价格不符，对财务报表有直接影响。相反，没有验证某张发票计算的准确性，而该发票计算本身是正确的，这并不说明财务报表里有错报。还应进一步考虑某个偏差是否构成一项舞弊。非系统性的偏差一般都是偶然和无意的。但是系统性的偏差则可能表示控制严重失败，在这种情况下往往导致很多无意的错误，或者故意错列事实或隐瞒不适当的情况。很明显，直接影响财务报表或可能构成舞弊的偏差具有更大的审计重要性。

在本案例中，审计人员针对偏差性质的分析见工作底稿（见表 8 - 12），在该工作底稿中说明了偏差对证实测试的影响，以及是否存在"应报告情况"。

表 8 - 12　样本偏差分析工作底稿
销售交易属性抽样样本偏差分析表

工作底稿索引：V—4

客户：公司
××年度

编制人：张三　日期：××
复核人：李四　日期：××

属性编号	偏差数	偏差说明	控制风险最终评价	对检查风险和证实测试的影响	应向客户报告事项
3	1	没有销售单和顾客订单验证一致的证据，但它们实际一致	低	与计划相同	无
4	5	5 张发票没有经信用部门核准的证据，有关人员未提出解释。不支持计划控制风险	高	必须通过扩大函证应收账款和复接坏账备抵适当性的审计程序来限制应收账款估价的检查风险	偏差代表一项应报告情况，应将其通报管理当局和审计委员会

续表

属性编号	偏差数	偏差说明	控制风险最终评价	对检查风险和证实测试的影响	应向客户报告事项
6	1	一张涉及欠货订单的发票未显示验证，其他欠货订单处理适当	低	与计划相同	无
7	1	一张发票没有验证的证据，但是发票价格和批准价格清单一致且发票计算正确	高	与计划相同	无

（5）形成总体结论。审计人员利用样本结果和对控制环境及会计系统所了解到的信息，以及专业判断，可以对抽样计划中包括的控制属性存在的控制风险进行评估，最后，审计人员可用这个评价结果来评价受此类交易影响的有关财务报表认定的控制风险。

如果对某一认定的控制风险最终评价的结果不支持审计人员在初步审计策略下所指定的控制风险，那么就必须修正。修正的办法是增加控制风险和降低检查风险的可接受水平，而修正证实测试计划水平将影响到审计人员对这种测试的性质、时间和范围的选择。在修正策略之前，审计人员应考虑是否存在补偿性控制。如果相关控制存在且有效，仍可使用初始的审计策略。对审查样本发现的控制偏差，审计人员如果认为属于"应报告情况"，则应将其向客户管理当局和审计委员会报告。

在本案例中，审计人员得出的总体结论是：除了与属性4有关的控制外，其他与销售交易"存在或发生"和"估价或分摊"的认定相关的控制均符合计划控制风险水平。属性4发生的偏差被认为是"应报告情况"，必须向管理当局和审计委员会通报。这些结论记录在表8-8工作底稿的下方。

（三）停—走抽样

停—走抽样是固定样本规模抽样的一种特殊形式，它是从预计总体偏差次数为零开始，边抽样边评价来完成抽样工作的方法。在这种方法下，抽样工作要经过几个步骤，每一步骤完成后，注册会计师都需要决定是停止抽样还是继续下一个步骤。由于这种方法的样本规模是不固定的，抽查到哪一步结束，应根据注册会计师对审查结果是否满意而定，故被称为停—走抽样。

停—走抽样法的基本步骤如下：

1. 确定可容忍偏差和风险水平

2. 确定初始样本规模

通常根据所确定的可容忍偏差和风险水平查表（见表8-13）获得。

假定审计人员确定的可容忍误差为4%，信赖过度风险为10%，查表8-13停—走抽样初始样本量表，可得初始样本量应为60。

表 8 – 13 停—走抽样初始样本规模（预计总体偏差率为零）

信赖过度风险（%） 可容忍偏差率（%）	10	5	2.5
10	24	30	37
9	27	34	42
8	30	38	47
7	35	43	53
6	40	50	62
5	48	60	74
4	60	75	93
3	80	100	124
2	120	150	185
1	240	300	370

3. 进行停—走抽样决策

通常是利用停—走抽样决策表进行决策。

通常用以下公式来计算停—走抽样的样本量：

$$样本量 = \frac{可接受的信赖过度风险系数}{可容忍偏差率}$$

假定每次停—走抽样发现的误差数如下：

情形 1：第 1 次抽样发现 1 个误差，第 2 次抽样未发现误差。

情形 2：第 1 次抽样发现 1 个误差，第 2 次抽样发现 1 个误差，第 3 次抽样未发现误差。

情形 3：第 1 次抽样发现 2 个误差，第 2 次抽样发现 1 个误差，第 3 次抽样发现 1 个误差，第 4 次抽样未发现误差。

表 8 – 14 停—走抽样样本规模扩展及总体偏差率评估

信赖过度风险系数 误差数量	10%	5%	2.5%
0	2.4	3.0	3.7
1	3.9	4.8	5.6
2	5.4	6.3	7.3
3	6.7	7.8	8.8
4	8.0	9.2	10.3
5	9.3	10.6	11.7

信赖过度风险 风险系数 误差数量	10%	5%	2.5%
6	10.6	11.9	13.1
7	11.8	13.2	14.5
8	13.0	14.5	15.8
9	14.3	16.0	17.1
10	15.5	17.0	18.4
11	16.7	18.3	19.7
12	18.0	19.5	21.0
13	19.0	21.0	22.3
14	20.2	22.0	23.5
15	21.4	23.4	24.7
16	22.6	24.3	26.0
17	23.8	26.0	27.3
18	25.0	27.0	28.5
19	26.0	28.0	29.6
20	27.1	29.0	31.0

在情形 1 下，因为第 1 次在 60 个样本中抽样发现 1 个误差，累计误差为 1，查表 8－14，对应误差数量为 1，信赖过度风险为 10% 的风险系数为 3.9，由此计算总体误差率 3.9/60＝6.5%，大于可容忍误差率 4%，故应增加样本，继续抽样。总样本量应扩大到 3.9/4%＝98，故第 2 次抽样应增加 98－60＝38 个样本，如果第 2 次抽样未发现误差，则累计的误差数量仍然为 1，查表 8－14，对应误差数量为 1，信赖过度风险为 10% 的风险系数为 3.9，由此计算总体误差率 3.9/98＝3.98%，小于可容忍误差率 4%。因此，注册会计师可以得出结论：有 90% 的保证程度表明总体误差率不超过 4%（见表 8－15）。

表 8－15　情形 1 的停—走抽样决策分析

序号	样本量	误差数	累积 误差	风险 系数	总体误差率	样本是否应扩大或结论
初始	60	1	1	3.9	3.9/60＝6.5%＞4%	3.9/4%＝98
第 2 次	38	0	1	3.9	3.9/98＝3.98%＜4%	在 10% 风险水平下，总体误差率不超过 4%

在情形 2 下，因为第 1 次在 60 个样本中抽样发现 1 个误差，累计误差为 1，查表 8 - 14，对应误差数量为 1，信赖过度风险为 10% 的风险系数为 3.9，由此计算总体误差率 3.9/60 = 6.5%，大于可容忍误差率 4%，故应增加样本，继续抽样。总样本量应扩大到 3.9/4% = 98，故第 2 次抽样应增加 98 - 60 = 38 个样本。如果第 2 次抽样发现 1 个误差，则累计的误差数量为 2，查表 8 - 14，对应误差数量为 2，信赖过度风险为 10% 的风险系数为 5.4，由此计算总体误差率 5.4/98 = 5.5%，大于可容忍误差率 4%，故应继续增加样本量，总样本量应扩大到 5.4/4% = 135，因此，第 3 次应抽取 135 - 60 - 38 = 37 个样本，如果在这 37 个样本中未发现误差，则第 3 次抽样结束后累计误差数量为 2。查表 8 - 14，对应误差数量为 2，信赖过度风险为 10% 的风险系数为 5.4，由此计算总体误差率 5.4/135 = 4%，正好等于可容忍误差率 4%。因此，注册会计师可以得出结论：有 90% 的保证程度表明总体误差率不超过 4%（见表 8 - 16）。

表 8 - 16　情形 2 的停—走抽样决策分析

序号	样本量	误差数	累积误差	风险系数	总体误差率	样本是否应扩大或结论
初始	60	1	1	3.9	3.9/60 = 6.5% > 4%	3.9/4% = 98
第 2 次	38	1	2	5.4	5.4/98 = 5.5% > 4%	5.4/4% = 135
第 3 次	37	0	2	5.4	5.4/135 = 4%	在 10% 风险水平下，总体误差率不超过 4%

在情形 3 下，因为第 1 次在 60 个样本中抽样发现 2 个误差，累计误差为 2，查表 8 - 14，对应误差数量为 2，信赖过度风险为 10% 的风险系数为 5.4，由此计算总体误差率 5.4/60 = 9%，大于可容忍误差率 4%，故应增加样本，继续抽样。总样本量应扩大到 5.4/4% = 135，故第 2 次抽样应增加 135 - 60 = 75 个样本。如果第 2 次抽样发现 1 个误差，则累计的误差数量为 3，查表 8 - 14，对应误差数量为 3，信赖过度风险为 10% 的风险系数为 6.7，由此计算总体误差率 6.7/135 = 4.96%，大于可容忍误差率 4%，故应继续增加样本量，总样本量应扩大到 6.7/4% = 168，因此，第 3 次应抽取 168 - 60 - 75 = 33 个样本，如果在这 33 个样本中发现 1 个误差，则第 3 次抽样结束后累计误差数量为 4。查表 8 - 14，对应误差数量为 4，信赖过度风险为 10% 的风险系数为 8.0，由此计算总体误差率 8.0/168 = 4.76%，仍然大于可容忍误差率 4%。故应继续增加样本，总样本量应扩大到 8/4% = 200，则第 4 次应抽取的样本量为 200 - 60 - 75 - 33 = 32，如果第 4 次抽样结束后，未发现误差，则累计的误差数量为 4，查表 8 - 14，对应误差数量为 4，信赖过度风险为 10% 的风险系数为 8.0，由此计算总体误差率 8/200 = 4%，正好等于可容忍误差率 4%。因此，注册会计师可以得出结论：有 90% 的保证程度表明总体误差率不超过 4%（见表 8 - 17）。

表 8 - 17   情形 3 的停—走抽样决策分析

序号	样本量	误差数	累积误差	风险系数	总体误差率	样本是否应扩大或结论
初始	60	2	2	5.4	5.4/60 = 9% >4%	5.4/4% = 135
第 2 次	75	1	3	6.7	6.7/135 = 4.96% >4%	6.7/4% = 168
第 3 次	33	1	4	8	8/168 = 4.76% >4%	8/4% = 200
第 4 次	32	0	4	8	8/200 = 4%	在 10% 风险水平下，总体误差率不超过 4%

（四）发现抽样

发现抽样（Discovery Sampling）又称显示抽样，它是在既定的可信赖程度下，在假定偏差以既定的偏差率存在于总体之中的情况下，至少查出一项偏差的抽样方法。发现抽样也是属性抽样的一种特殊形式，主要用于以下情况：

（1）审查由高控制风险项目组成的大总体。

（2）怀疑已经发生舞弊行为。如被托管的担保品目录中出现错误；欺诈性交易；违法的支付行为；对控制的回避；虚构的员工等。

（3）在特定情况下，寻找额外的证据，以确定某项已知的舞弊属偶然现象还是重复发生。

它的理论依据是：假如总体中存在一定发生率的舞弊事项，那么，在相当容量的样本中，至少可以发现一个舞弊事项。若对样本的审查结果没有发现舞弊事项，则可以得出结论：在某一可信度下，总体中舞弊事项的发生率不超过原先假定的发生率。我们知道，若总体中存在发生率很低（如 0.1%）的舞弊事项，那么采用抽样审计方法不能确保我们一定能发现这种行为。但发现抽样却能以较高的可信度保证我们发现总体中存在的发生率较低（如 1%）的舞弊事项。所以，当怀疑总体中存在某种舞弊事项时，宜采用发现抽样方法。

发现抽样的步骤与固定样本规模抽样方法基本相同，只是需要说明以下几点：

第一，样本规模的确定仍需利用属性抽样时使用的样本规模确定表（见表 8 - 5），但应当把总体预计偏差率确定为零，这是由发现抽样的特点所决定的。如注册会计师对某企业现金收支凭证进行审查，在可信赖程度为 95%、预计总体偏差为零、可容忍偏差率为 2% 时，查表 8 - 5 可知样本规模为 149。

第二，在审查样本的过程中，如果发现了一张假凭证，则注册会计师就达到了发现抽样审计的目的，这时就可以停止抽样程序，对总体进行彻底的检查。如果在全部 149 张凭证中没有发现假凭证，那么注册会计师就可以 95% 的可信度保证总体中的舞弊事项在 2% 以下。换言之，这时注册会计师有 95% 的把握确信总体中不存在假凭证或假凭证的发生率在 2% 以下。

假设有 10000 笔应收账款，审计师需要查找是否进行了信用审核这一重要控制，估计整批款项的差错率为 1%，那么在置信概率为 95% 的情况下需要随机选取多少笔应收账款才能发现其中的差错呢?

通过计算,可得该抽取的样本量为 294 笔,因为:

$$1 - C_{9900}{}^{294}/C_{10000}{}^{294} = 95.02\%$$

假如应收账款的总数扩大为 50000 笔,对同一个控制点,整批款项的估计差错率还为 1%。如果要以 95% 的概率在随机选取的款项中发现 1 笔以上的差错,至少需要多少样本量呢?

$$1 - \frac{C_{49500}^{298}}{C_{50000}^{298}} = 95.02\%$$

只要随机选取 298 笔款项,就可以 95.02% 的把握发现 1 笔以上差错。从这两个发现抽样的例子中,可以发现:总体数量增加(业务量增加),需要的样本量并不一定同步增加。上面例子中,10000 笔款项需要选取的样本量是 294 笔,50000 笔款项需要的样本量也只有 298 笔。

可见,并不是总体越大,样本量就要成比例的增长。

第四节　控制测试中非统计抽样的运用

在控制测试中,也可以采用非统计抽样的方法进行属性抽样。其设计和执行计划的步骤与前面所说明的统计抽样的步骤相似。并且,确定样本规模和评价样本结果的考虑因素也相似。

在控制测试中使用非统计抽样时,抽样的基本流程和主要步骤与使用统计抽样时相同,只是在确定样本规模、选取样本和推断总体的具体方法上有所差别。在控制测试中使用非统计抽样时,注册会计师应当根据对被审计单位的初步了解,运用职业判断确定样本规模。在非统计抽样中,注册会计师也必须考虑可接受抽样风险、可容忍偏差率、预计总体偏差率以及总体规模等,但可以不对其量化,而只进行定性的估计。

一、确定样本规模

同统计抽样一样,在非统计抽样中确定样本规模的主要因素是:①依赖过度风险;②可容忍偏差率;③对每一属性的计划总体偏差率。在非统计抽样中,审计人员确定样本规模不需要量化这些因素。但是,他必须主观确定在其他因素保持不变时,某个因素变化对样本规模的影响。各因素对样本规模的影响如表 8-18 所示。

表 8 – 18　样本规模影响因素

因素	对样本规模的影响
依赖过度风险水平	反向
可容忍偏差率	反向
预期总体偏差率	同向

　　审计人员在非统计抽样中确定样本容量，可以使用统计表的信息作为指导，但不要求一定这么做。

　　在控制测试中使用非统计抽样时，注册会计师可以根据表 8 – 19 确定所需的样本规模。表 8 – 19 是在预计没有控制偏差的情况下对人工控制进行测试的最低样本数量。考虑到前述因素，注册会计师往往可能需要测试比表中所列更多的样本。例如，对全年共发生 500 次的采购批准控制，如果初步评估控制运行有效，注册会计师至少要测试 25 个样本。如果 25 个样本中没有发现偏差，样本结果支持初步风险评估结果；如果 25 个样本中发现了偏差，样本结果不支持初步风险评估结果，此时注册会计师可以得出控制无效的结论，或考虑扩大样本量（通常是再检查 25 个样本）。如果拟测试的控制是针对相关认定的唯一控制，注册会计师应考虑更大的样本量。

表 8 – 19　人工控制最低样本规模

控制执行频率	控制发生总次数	最低样本数量
1 次/年度	1 次	1
1 次/季度	4 次	2
1 次/月度	12 次	3
1 次/周	52 次	5
1 次/日	250 次	20
每日数次	大于 250 次	25

　　有些控制可能执行次数很多，但不是每天都执行。例如，如果某公司实施一种按月执行的控制，该控制针对多个事项（某人每月对该公司的所有 50 个银行账户编制银行余额调节表）。在此情况下，首先把信息换算成对应的控制发生总次数，也就是 12 个月乘以 50 个即 600 个，然后从表格中选择对应的行。此时，600 个是个大规模的抽样总体，应采用"每日数次"这一行来确定样本规模。

　　在非统计抽样方法中，注册会计师可以使用随机数表或计算机辅助审计技术选样、系统选样，也可以使用随意选样。非统计抽样只要求选出的样本具有代表性，并不要求必须是随机样本。

　　与统计抽样相同，在非统计抽样中也应当对选取的样本项目实施审计程序，并对发现的偏差进行定性分析。在非统计抽样中，注册会计师同样将样本的偏差率作为总体偏差率的最佳估计。但在非统计抽样中，抽样风险无法直接计量。注册会计师通常将样本偏差率（即估计的总体偏差率）与可容忍偏差率相比较，以判断总体是否可以接受。

假设被审计单位 20××年发生了 500 笔采购交易，注册会计师初步评估该控制运行有效，那么所需的样本数量至少是 25 个。如果 25 个样本中没有发现偏差，那么控制测试的样本结果支持计划的控制运行有效性和重大错报风险的评估水平。如果 25 个样本中发现了 1 个偏差，注册会计师有两种处理办法：其一，认为控制没有有效运行，控制测试样本结果不支持计划的控制运行有效性和重大错报风险的评估水平，因而提高重大错报风险评估水平，增加对相关账户的实质性程序；其二，再测试 25 个样本，如果其中没有再发现偏差，也可以得出样本结果支持控制运行有效性和重大错报风险的初步评估结果；反之则证明控制无效。

二、确定样本选取的方法

除了前面所说明的随机数表选样和系统选样之外，审计人员在非统计抽样中，还可使用整群选样法，或者任意选样法，来选取样本项目。

1. 整群选样法

整群选样（Block Sampling）曾经是应用最广泛的选样方法。该法选取某个特定时期中发生的类型交易作为样本。比如，选取两个星期中所处理的所有凭单组成样本。如果选取了足够的样本群，该选样方法在非统计抽样上可能是合适的。但是，从整个年度的交易中只选取单一的样本群，对大多数审计情况而言，则是不合适的。

2. 任意选样

任意选样（Haphazard Sampling）是指任意选取项目，而不考虑凭证的号码、金额或其他特征。这样，审计人员可随意从档案中抽取 50 张发票作为样本。如果在选取时没有偏见，那么样本可能是总体的代表。

三、评估样本结果

在非统计抽样中，不可能确定偏差上限，也不可能确定统计产生的与样本结果和特定依赖过度风险相关的抽样风险允许限度。但是，审计人员应该将样本实际偏差率同相对应的可容忍偏差率进行比较，两者之间的差额可以视为抽样风险允许限度。

比如，对某个属性发现样本偏差率为 1%，而可容忍偏差率为 7%。这时，审计人员可视差额 6% 为适当的抽样风险允许限度，并得出结论：样本支持一个可接受的低依赖过度风险。审计人员这样做，依据的是经验和职业判断。审计人员认为，样本偏差率相对于可容忍偏差率而言很小（抽样风险允许限度很大），能确保总体偏差率不超过可容忍偏差率。另一方面，如果对某一属性发现样本偏差率为 5%，其可容忍偏差率指定为 6%，那么 1% 的差额可视为不适当的抽样风险允许限度，因而导致一个无法接受的高依赖过度风险。那就是说，审计人员认为即使样本偏差率小于某一特定可容忍偏差率，但实际的总体偏差率仍然可能超过可容忍偏差率。

评价非统计抽样结果的方法与评价统计抽样结果的方法相同，审计人员都应同时考虑样本中所发现偏差的性质和次数。

第五节　实质性测试中统计抽样的运用

属性抽样虽然对控制测试极为有用，但它并不提供被审计项目货币价值量的资料，因此不适用于变量总体。由于在审计工作中存在大量的变量总体，使变量抽样在实践中得以广泛运用。

变量抽样是对审计对象总体的货币金额进行细节测试时所采用的抽样方法。变量抽样法可用于确定账户金额是多少、是否存在重大错报等。变量抽样法通常运用于审查应收账款的金额、存货的数量和金额、工资费用、交易活动的有效性等。

在进行细节测试时，一般可采用单位平均估计抽样、比率抽样、差额估计抽样和PPS 等变量抽样方法，这些方法均可通过分层来实现。一般情况下，变量抽样的步骤与固定样本规模抽样的步骤基本相同：①确定审计目的；②定义审计对象总体；③选定抽样方法；④确定样本规模；⑤确定样本选取方法；⑥选取样本并进行审计；⑦评价抽样结果；⑧书面说明抽样程序。

一、传统变量抽样方法

传统的变量抽样方法（Classical Variable Sampling）主要有单位平均估计抽样、比率抽样和差额估计抽样等变量抽样方法。这三种方法都要求确定总体的单位总数和样本中每个项目的审计价值。美国《审计抽样指南》指出，审计人员在选择特定环境下最适当的抽样方法时，应充分考虑以下三个限制条件：

（1）设计分层样本（Stratified Sample）的能力。在单位平均数估计法下，分层可以大大缩小样本规模，但在差额或比率估计法下，则可能对样本规模影响不大。

（2）审计价值和账面价值之间的预期差异数。在使用差额或比率估计法时，样本的审计价值和账面价值之间必须存在一定数量的差额。

（3）资料的可得到性。在差额和比率估计中，必须知道每个样本单位的账面价值。而在单位平均数估计法下，则不需要账面价值资料。

在三种方法都满足上述的三个条件时，审计人员通常比较喜欢使用差额估计法或比率估计法，因为这两种方法所需的样本规模比单位平均数估计法小。因此，它们是成本—效益都比较好的完成审计目标的方法。下面分别说明这三种方法。

（一）单位平均估计抽样

单位平均数估计抽样（Mean Per-unit Estimation），有时也称为"简单相乘法"（Simple Extension Method）。

此方法先确定每个样本项目的审计价值，再计算这些审计价值的平均数，最后用这一单位平均数乘以总体的单位总数，即得出总体总价值的估计数。在评价样本结果时，还需要计算和使用同这个估计数相关的抽样风险允许限度。

这种方法的适用范围十分广泛，无论被审计单位提供的数据是否完整可靠，甚至在被审计单位缺乏基本的经济业务账面记录的情况下，均可以使用该方法。

1. 确定抽样计划的目标

MPU 抽样计划的目标可以是获取已记录的某账户金额无重要错报的证据，也可以是在没有账面价值记录时对某账户余额进行独立估计。

为了方便说明，现假设审计人员想实现 B 财务公司应收贷款账面价值的第一个审计目标。MPU 抽样获取的证据究竟与哪些认定相关，完全取决于对样本项目所运用的审计程序的性质。

2. 确定总体和抽样单位

在定义总体时，审计人员应考虑总体组成项目的性质，以及所有项目是否都适合包括在样本之中。但并不需要审计人员去验证单个项目所记录的账面价值的总额是否等于总体的账面价值总额。因为在 MPU 的计算中，单个的账面价值并不是一个变量。

抽样单位必须同审计目标和将要执行的审计程序相适应。比如，如果审计目标是确定所记录的应收账款余额不存在重要错报，并打算通过函证顾客账户余额来获取证据，那么应将顾客的账户作为抽样单位。又如，如果审计目标是确定销售账户不存在重要错报，并打算通过审查所记录的销售交易的支持性凭证来获取证据，那么应将销售明细账中的每笔分录作为抽样单位。在抽样过程中，审计人员如果能获得总体所有组成单位的清单，如顾客账户清单，选取样本就方便多了。

在 B 财务公司的例子中，我们假定：①定义总体为 3000 个小额的应收贷款账户；②这些应收贷款已记录的账面价值为 134 万元；③定义每个贷款账户为抽样单位；④总体所有单位列在一张汇总表上。

3. 确定样本规模

在 MPU 抽样法下，根据以下因素来确定样本规模：①总体规模（单位总数）。②估计总体标准差。③可容忍误差。④误拒险。⑤误受险。⑥计划的抽样风险允许限度。

（1）总体规模。在 MPU 抽样法下，审计人员必须准确知道总体组成单位的数目，因为这个数目在计算样本规模和样本结果时都要用到。总体规模直接影响样本规模，总体规模越大，样本规模就越大。前已提及，B 财务公司的总体由 3 000 个应收贷款账户组成。

（2）估计总体标准差（Estimated Population Standard Deviation, SD_E）。总体标准差是衡量总体变动性的指标，定义为个体数值相对于总体平均值的偏离程度。总体单位的个体数值分布越聚集，则标准差越小；反之，总体单位的个体数值分布越分散，则标准差越大。总体标准差或者样本标准差与样本规模之间是正相关的，即标准差越大，所需的样本规模也越大；标准差越小，所需的样本规模也越小。

需要注意的是，审计人员在求总体标准差时，面临的一个主要问题是总体平均值未知，这将直接影响实际总体标准差的计算。为克服这一问题，审计人员往往运用求样本标准差的公式，根据抽样样本所得出的统计指标（如样本均值及样本标准差）来对总体的相应系数（如均值和实际标准差）进行预测。

根据中心极限定理，如果审计人员重复进行无数次抽样，并对每次抽样样本计算相应的均值，则所有这些样本均值（30 次或更多次抽样）的频率分布符合正态分布，而所有样本均值应等于总体均值。样本均值的标准差则反映出样本均值对于实际总体均值（未知）的平均离差。

在 MPU 抽样法下，实现特定统计目标所需的样本规模与总体项目价值的变异程度有着直接的关系。审计人员可用标准差（Standard Deviation）来计量该差异程度。由于并不是对每个总体项目都取得审计价值，因此，样本项目审计价值的标准差被用来估计总体的标准差。而在选样前是无法知道样本标准差的，所以样本标准差也必须用估计法求得。

估计标准差有三种方法：

第一种方法是审计老客户时，可用上次审计得到的标准差来估计本年度的标准差。

第二种方法是依据可获得的账面价值资料来估计标准差。

第三种方法是审计人员可抽取 30～50 个初步样本进行审查，再根据这些样本的标准差来估计本年度的总体标准差。如果审计人员在估计标准差时使用了初步样本，那么可将这些初步样本作为最终样本的一部分。

标准差的计算公式如下：

$$SD_E = \sqrt{\frac{\sum\limits_{j=1}^{n}(x_j - \overline{x})}{n-1}}$$

其中，SD_E 为根据样本估计的总体标准差；X_j 为单个样本项目的审计价值；$\overline{x}$ 为样本项目审计价值的平均数；n 为被审的项目总数。

在 MPU 抽样法下，审计人员主要关心的问题是总体要不要分层。所谓分层抽样是指把总体单位中相对同质的项目归为一层或组，再对每一层分别进行抽样，然后将各层取得的样本结果加总，以便评价整个样本。这里的同质是指构成某层的所有项目，其价值级差不大。

分层的优点在于，各层样本的总和通常比不分层时的单一样本要少得多，这是因为总体差异程度下降时，样本规模也随之下降。实际上，总体差异的变动对样本规模的影响是该相对变动数的平方。因此，在总体差异从 200 变为 100（即下降 50%）时，实现相同的统计目标所需要的样本规模就下降 25%（即 50% 的平方）。

审计人员在设计最适当的分层数目时，应考虑总体项目价值的变化形态和与设计、执行、评价每层样本有关的追加成本。由于分层抽样程序比较复杂，因此审计人员通常只在有合适的计算机软件时才使用分层抽样。

分层的单位平均数估计抽样方法是：将审计对象总体分层后单独对每一层抽样，可以不增加样本容量就提高单位平均数技术的精确度。在分层的时候，审计人员按照价值相近为一层的原则，将对象总体分成几个层次。计算出每一层的平均数和标准误差之后，审计人员将每层的结果综合起来，就得到了一个总体的估计。每一次分层都大大地减少了需要的样本容量（或者说在同样样本容量下，减少了抽样风险准备）。尽管增加层的数量通常可以提高估计的精确度（或者说减小到为达到某一精确度必需的样本容量），但是考虑到收效递减和其他因素的影响，审计人员通常使用 3 ~ 10 个层次。

研究显示，分层的单位平均数估计技术是一项非常有效的审计工具。在怀疑存在价值低估和高估的情况下，将对象总体分为足够多的层，由此得到的样本规模能够使抽样的效率相对提高。因此它和货币单位抽样技术需要进行的随机抽样不同，对单位平均数估计技术来说，记录值为零的项目同样有可能被抽中并进行测试。这项技术对于判断所记录价值的高估和低估，以及净错误数值同样有效。

然而，尽管分层的单位平均数技术具有以上优点，但是仍然有许多因素严重影响了它的效率。要将对象总体分层，往往需要对基本的数据进行改造。除非能利用计算机进行主要的数据处理和抽样工作，否则其成本会非常高。为了计算达到审计人员需要的目标样本容量，需要对审计值的变动性进行估计。估计有时很难进行，审计人员通常使用记录值来预测必要的样本规模，并得出一个安全系数（将额外的样本项目与计算得到的样本容量相加）。如果审计人员在上一年度已经进行了统计测试，那么在估计变动性的时候，过去的经验就往往能起到很大的指导作用。

下文总结了应用分层的单位平均数估计法时需要的步骤：

第一，确定要使用的层数。

第二，确定层与层之间的界限（每层的最大值和最小值）。

第三，确定合适的整体样本容量。

第四，将整体样本容量分配到各层。

第五，从各层中随机抽取样本。

第六，执行审计程序以确定各样本的审计值。

第七，计算审计对象总体的点估计。

第八，计算在期望的置信水平下，整体精确度的上下限。

通常将审计对象总体分成 3 ~ 10 层就能足够有效地完成审计目标，这时许多公式（或者说判断）都能够满足履行步骤二、步骤三、步骤四的需要。一个用来完成步骤二和步骤四的公式可以确定层之间的边界，使每一层所包含的货币价值占总价值的比例近似相等，并分配样本多少，使每一层分到的样本容量相近。而另外一个公式则可以通过确定层之间的边界和分配样本多少来尽量减小整体样本容量，同时将整体的标准误差最小化。根据经验，审计人员应该使每一层至少包含 20 ~ 25 个项目，这样每层的抽样结果才有可能具有代表性。步骤三和步骤四中的计算通常是基于记录值或者从对象总体中抽取的前期小样本得到的数值（因为这些数字不可能精确地代表最后的抽样审计值，审计人员可能希望给计算得到的每层样本多少加上一个"垫子"（通常是 10%）来保证抽样结果能够达到期望的精确度）。有专门设计的计算机软件可以用来完成步骤二 ~ 步骤五和步骤七 ~ 步骤八。这样，审计人员除了进行关键的判断或者输入信息（比如，可靠性、精确度、对象总体大小等）之外，就不需要再做其他工作了。计算机软件能够高效地分析对象总体，将其分层，确定样本大小，把样本分配到不同的层，从每个层中随机抽取有效的样本，并对抽样结果进行评价。与进行其他统计抽样一样，在计算机软件所能提供的置信水平下，对公式进行手工计算通常就显得不必要且低效了。

审计人员为了评价分层抽样的结果，要计算样本平均数、样本标准偏差、点估计和每层的标准误差，并且在最后将各层中得到的结果（步骤七和步骤八）结合起来。将各点估计求和得到的就是组合（整体）点估计值。审计人员将各标准误差的平方求和再开方，就得到了组合的标准误差。

举例如下：假定某公司应收账户总账面价值为2787200元，审计师对其审计时按国内和国外客户分层进行抽样如表8-20所示：

表 8-20　某公司应收账户客户分层

分层抽样	第1层——国内客户	第2层——国外客户
对象总体数量	4000	1200
样本容量	50	50
样本平均数	343.19 元	989.91 元
标准偏差	21.98 元	85.42 元
点估计值	1372760 元	1187892 元
标准误差	12434 元	14496 元

第一步，计算抽样结果。

A. 点估计求和 = 1372760 + 1187892 = 2560652（元）

B. 标准差平方和 = 154604356 + 210134016 = 364738372

最终标准差 = $\sqrt{364738372}$ = 19098（元）

第二步，计算95%的置信水平下的双边估计的精确度和总审计价值。

2560652 ± 1.96 × 19098 = 2560652 ± 37432（元），即 2523220 元 ~ 2598084 元。

第三步，计算错误上下限。

记录价值与最近界限的差额 = 2787200 - 2598084 = 189116（元）

记录价值与最远界限的差额 = 2787200 - 2523220 = 263980（元）

尽管记录值在计算出的精确度界限2523220元~598084元之外，但是，如果记录值（2787200元）与最远界限（2523220元）之间的差异不大，审计人员还是可以接受这个结果的。除此之外，将计算得到的错误上限（263980元）与设计样本时使用的可容忍错误相比较也可以得到同样的结论。即使抽样结果支持记录中的数目，同其他测试发现错误时一样，审计人员也会要求管理层在账户中修改样本中发现的错误。

为了简化本章后面的说明，我们将使用非分层抽样。在实务中，如果总体价值变化很大，难以分层，审计人员可使用差异估计或比率估计来降低样本规模。

B财务公司限制每个顾客的贷款最高限额为500元，因此，总体项目价值变异很小，审计人员得出结论没有分层的必要。依据上年审计的情况，审计人员估计标准差为100元。

（3）可容忍误差。可容忍误差也称可容忍错报水平，可容忍误差与样本规模是反向变化关系，即审计人员打算接受的可容忍误差越小，需要的样本规模越大。

在 B 财务公司的例子中，审计人员确定可容忍误差为 60000 元。

（4）误拒险。误拒险是审计人员的样本显示某账户余额有重要错报而实际上并无重要错报的风险。这种风险所造成的主要后果是可能发生追加成本，因为审计人员在最初拒绝后，将进行扩大的审计程序。但是，这些额外的审计程序最终将使审计人员得出账户的余额无重要错报的结论。

在 MPU 抽样中，审计人员必须把错误拒绝风险量化。该风险与样本规模是反向变化关系。如果审计人员指定误拒险很低时，样本规模与执行初步抽样的成本都比较大。因此，审计人员必须利用经验和对客户的了解，在权衡最初样本有关的成本与日后的扩大样本的潜在成本的基础上，再指定一个适当的误拒险水平。

在计算样本量规模时，不直接用误拒险水平，而是用与之相对应的正态标准差（UR）。正态标准差可利用表 8 – 21 取得。

表 8 – 21　误拒险及其相对应的正态标准差

误拒险水平	正态标准差（UR）	相应的可靠性水平
0.30	± 1.04	0.70
0.25	± 1.15	0.75
0.20	± 1.28	0.80
0.15	± 1.44	0.85
0.10	± 1.64	0.90
0.05	± 1.96	0.95
0.01	± 2.58	0.99

审计人员确定 B 财务公司的误拒险水平为 5%，因此查表可得正态标准差为 1.96。

（5）误受险。在实务中，审计人员依据对控制风险的评价和其他证实测试的结果，通常在 5% ~ 30% 的范围内指定误受险水平。误受险水平与样本规模成反向变化关系，即该风险越小，样本规模就越大。在 B 财务公司的例子中，审计人员将误受险水平定为 20%。

（6）计划的抽样风险允许限度。计划抽样风险允许限度有时也称为期望精确度（Desired Precision），其计算公式如下：

$$A = R \times TM$$

其中，A 为期望或计划的抽样风险允许限度；R 为期望抽样风险限度与可容忍误差的比率；TM 为可容忍误差。

上式中，R 因素的比率是根据特定的误拒险和误受险来确定的。在实务中，该比率可查表得到（见表 8 – 22）。比如，误受险和误拒险分别为 20% 和 10%，那么 R 因素为 0.661。在 B 财务公司的例子中，这两项风险分别定为 20% 和 5%，因此 R 因素为 0.7。将 R 再乘以可容忍误差 60000 元，即可得出抽样风险允许限度为 42000 元。

表 8-22　期望的抽样风险允许限度与可容忍误差比率表

错误接受风险（%）	错误拒绝风险（%）			
	20	10	5	1
1	0.355	0.413	0.457	0.525
2.5	0.395	0.456	0.500	0.568
5	0.437	0.500	0.543	0.609
7.5	0.471	0.532	0.576	0.641
10	0.500	0.561	0.605	0.668
15	0.511	0.612	0.653	0.712
20	0.603	0.661	0.700	0.753
25	0.653	0.708	0.742	0.791
30	0.707	0.756	0.787	0.829
35	0.766	0.808	0.834	0.868
40	0.831	0.863	0.883	0.908
45	0.907	0.926	0.937	0.952
50	1.000	1.000	1.000	1.000

（7）计算样本规模。

1）Mean Per-unit Estimation 放回抽样下样本规模的计算。所谓放回抽样，即曾抽到过的样本项目再次放回总体中，有可能再次被抽到。在 Mean Per-unit Estimation 放回抽样下计算样本规模的公式为：

$$n = \left[\frac{N \times UR \times SD_E}{A} \right]^2$$

其中，n 为单位平均数抽样的样本规模；N 为总体规模；UR 为期望误拒险的正态标准差或称可信赖程度系数；SD_E 为估计总体标准差；A 为期望或计划的抽样风险允许限度。

在 B 财务公司的例子中，总体规模 N = 3000 个，期望误拒险的正态标准差 UR = 1.96，估计总体标准差 S_{xj} = 100 元，期望或计划的抽样风险允许限度 A = 42000 元。因此在放回抽样下，其样本规模计算如下：

$$n = \left[\frac{N \times UR \times SD_E}{A} \right]^2 = \left[\frac{3000 \times 1.96 \times 100}{42000} \right]^2 = 196$$

2）不放回抽样下样本规模的计算。如果采用不放回抽样，建议审计人员在样本规模 n 和总体规模 N 之比大于 0.05 时，使用一个有限修正系数来计算不放回抽样的样本规模。其计算公式如下：

$$n' = \frac{n}{1 + \dfrac{n}{N}}$$

在 B 财务公司的例子中，n/N = 196/3000 = 0.065，大于 0.05。因此，调整后的样本规模计算如下：

$$n' = \frac{n}{1 + \frac{n}{N}} = \frac{196}{1 + \frac{196}{3000}} = 184$$

在 MPU 抽样法下，一个因素的变化（假设其他因素保持不变）对样本规模的影响可以汇总如表 8 - 23 所示。

表 8 - 23　在 MPU 抽样法下各因素对样本规模的影响汇总

影响抽样因素	对样本规模的影响
（1）总体规模	同向
（2）总体变异数（标准差）	同向
（3）误拒险	反向
（4）期望抽样风险允许限度	反向
（5）误受险	反向
（6）可容忍误差	反向

表 8 - 23 中的最后两项因素并没有出现在样本规模的公式里，它们是通过影响期望的抽样风险允许限度来最终影响样本规模的。

4. 确定样本选取的方法

本章前面曾讨论过的简单随机数选样法和系统选样法都可以运用于 MPU 抽样法的选样。在 B 财务公司的例子中，审计人员确定使用计算机生成的随机数表来确定将要审查的 184 个应收贷款账户。

5. 执行抽样计划

执行 MPU 抽样计划，包括以下步骤：

（1）使用适当的审计程序，确定出每个样本项目的审计价值。

（2）根据样本数据计算以下统计指标：

1）样本审计价值的平均数（$\overline{X}$）；

2）样本审计价值的标准差（SD）。

上述样本平均数和标准差两个统计指标可人工计算，也可利用计算机计算。在 B 财务公司的例子中，假定 184 个样本的应收贷款的审计价值的总和为 81328 元，计算平均数为 81328/184 = 442 元。假定 184 个样本的审计价值的标准差计算为 90 元。

6. 评价样本结果

这是抽样审计计划的最后一个步骤。在此步骤，审计人员应对样本结果从性质和数量两个方面进行评价，然后形成总结论。

（1）数量评价。在 MPU 抽样法下，审计人员进行数量评价时，应计算以下指标：

A. 估计总体价值。

B. "实现"抽样风险允许限度，有时称为"实现精度"（Achieved Precision）。

C. 估计总体价值的范围，有时称为"精度区间"（Precision Interval）。

下面分别说明这三个指标的计算。

1）计算估计总体价值。估计总体价值（Estimated Total Population Value，$\hat{X}$）的计算公式如下：

$$\hat{X} = N \times \overline{X}$$

因此，B财务公司3000个应收贷款账户的估计总体价值为

$$\hat{X} = N \times \overline{X} = 3000 \times 442 = 1326000 \ （元）$$

2）计算实现抽样风险允许限度。计算实现抽样风险允许限度（Achieved Allowance for Sampling Risk，A'）的基本公式如下：

$$A' = N \times UR \times \frac{SD}{\sqrt{n}}$$

上述公式中，n表示放回抽样的样本量；SD（Standard Deviation）表示样本审计价值的标准差。请注意，此处的SD不是在确定样本规模时所用的SD_E（估计总体标准差）。

因为不放回抽样的样本量计算公式为：

$$n' = \frac{n}{1 + \frac{n}{N}}$$

由此推导放回抽样样本量为：

$$n = \frac{n'}{1 - \frac{n'}{N}}$$

因此，实现抽样风险允许限度A'计算公式如下：

$$A' = N \times UR \times \frac{SD \times \sqrt{1 - \frac{n'}{N}}}{\sqrt{n'}}$$

上述公式中，n'表示不放回抽样的样本量。

因此，B财务公司的实现样风险允许限度A'计算如下：

$$A' = N \times UR \times \frac{SD \times \sqrt{1 - \frac{n'}{N}}}{\sqrt{n'}} = 3000 \times 1.96 \times \frac{90 \times \sqrt{1 - \frac{184}{3000}}}{184} = 37798 \ （元）$$

3）计算估计总体价值的范围。估计总体价值的范围（Range for the Estimated Population Value）是由估计总体价值加或减已实现的抽样风险允许限度得到的。其计算公式如下：

$$\hat{X} \pm A'$$

在B财务公司的例子中，计算如下：

$$\hat{X} \pm A' = 1326000 \ 元 \pm 37798 \ 元$$

其估计总体价值的范围即为1288202元至~1363798元。如果总体的账面价值落在该范围内，则表明样本结果将支持得出"总体账面价值无重要错报"的结论。在本例中，134万元恰好落于该范围中，因此，审计人员可得出结论"B财务公司应收贷款账面价值无重要错报"。

应该承认，在有的时候样本结果虽然可以支持账面价值无重要错报的结论，但却不是在审计人员指定的误受险范围之内。要使样本结果保持在期望的风险范围之内，已实现的抽样风险限度 A′则必须等于或者小于计划的抽样风险允许限度 A。

在样本审计价值的标准差大于确定样本规模所用的估计总体标准差时，A′将会大于 A。比如，如果 B 财务公司的样本审计价值标准差为 110 元，A′将为 46197 元，此金额大于 A 值（A = 42000 元）。在这种情况下，审计人员可利用以下公式来计算"调整后的实现抽样风险允许限度"（Adjusted Achieved Allowance，A″）：

$$A'' = A' + TM \times \left(1 - \frac{A'}{A}\right)$$

式中，TM 是计划抽样时所指定的可容忍误差。利用上式可计算 A″如下：

$$A'' = A' + TM \times \left(1 - \frac{A'}{A}\right) = 46197 + 60000 \times \left(1 - \frac{46197}{42000}\right) = 40197 \text{（元）}$$

这里请注意，A″值为 40197 元，比 A 值 42000 元要小。

现再用 A″去代替计算"估计总体价值的范围"公式中的 A′，得出估计总体价值的范围为 X̂ ± A″ = 1326000 元 ± 40197 元，即从 1285803 元到 1366197 元。总体账面价值 134 万元恰好落在该范围内，因此样本结果表明在计划的误受险下，账面价值不存在重要错报。

账面价值可能因为实现抽样风险允许限度大大小于计划的允许限度，而落在该范围之外。在这种情况下，审计人员应计算账面价值与区间中离它最远的那个端点之间的差额，并将此差额同可容忍误差比较。如果此差额小于或等于可容忍误差，样本结果则显示账面价值无重要错报。比如，假如 B 财务公司的实现抽样风险限度为 12000元，范围是从 1314000 元到 1338000 元，总体账面价值 134 万元落在该范围之外。可计算得出账面价值与该"范围"的最远端点值之间的差额为 26000 元，即 1340000 − 1314000 = 26000（元）。由于这一差额小于可容忍误差 60000 元，所以样本结果支持账面价值无重要错报。

（2）性质的评价。在形成总结论之前，审计人员还应对样本结果的性质方面加以考虑。

（3）形成总结论。通过以上数量评价或者性质的评价，审计人员如果发现样本结果将支持得出"总体有重要错报"的结论，此时，审计人员应运用职业判断来决定应采取的适当行动。导致样本结果支持"总体有重要错报"的结论，其可能的原因以及审计人员应采取的相应行动有以下几种（见表 8 – 24）。

表 8 – 24　样本结果支持"总体有重要错报"的可能原因与审计人员的行动

原因	采取的行动
1. 样本不能代表总体	扩大样本并重新评价结果
2. 实现抽样风险允许限度比期望的风险度大，可能是因为样本规模太小	同上
3. 总体账面价值的错报大于可容忍误差	请客户调查并适当调整账面价值，重新评价样本结果

表 8－25 汇总说明了设计、执行和评价 MPU 抽样计划具体步骤和记录这些步骤于工作底稿的方法。

表 8－25　MPU 抽样计划的工作底稿

客户：B 财务公司	工作底稿索引：D—4
资产负债表日：2001.12.31	编制人：张三　日期：2002.1.25
MPU 样本：应收贷款账户	复核人：李四　日期：2002.2.2

目标：获取 2001 年 12 月 31 日应收贷款账面价值无重要错报的证据

总体：3000 个应收贷款账户
抽样单位：每个应收贷款账户

样本规模：总体规模（N）　　　　　3000
　　　　　估计标准差（SDE）　　　　100
　　　　　可容忍误差（TM）　　　　60000
　　　　　错误拒绝风险　　5%　　　　　UR = 1.96
　　　　　错误接受风险　　20%
　　　　　期望抽样风险允许限度 A 与 TM 的比率 R　　　0.70
　　　　　期望抽样风险允许限度 A = R × TM　　　42000（元）

$$n = \left[\frac{N \times UR \times SD_E}{A}\right]^2 = \left[\frac{3000 \times 1.96 \times 100}{42000}\right]^2 \qquad 196$$

$$n' = \frac{n}{1 + \dfrac{n}{N}} = \frac{196}{1 + \dfrac{196}{3000}} \qquad 184$$

样本选取：使用计算机生成的随机数表，
选出相对应的贷款账户号码作为样本，
选取的样本单位列于工作底稿　　　　　D—5

执行的抽样：应用的审计程序列于工作底稿　　　D—1
计划：样本项目的审计价值列于工作底稿　　　D—5
　　　样本审计价值总和　　　81328
　　　样本审计价值的平均数 $\overline{X}$　　442.0
　　　样本审计价值的标准差 SD　　90.00

评价样本结果：估计总体价值
　$\hat{X} = N \times \overline{X}$　　　1326000（元）
实现抽样风险允许限度

$$A' = N \times UR \times \frac{SD \times \sqrt{1 - \dfrac{n'}{N}}}{\sqrt{n'}} = 3000 \times 1.96 \times \frac{90 \times \sqrt{1 - \dfrac{184}{3000}}}{184} \qquad 37798（元）$$

　　估计总体价值的范围
　　$\hat{X} \pm A' = 1326000$ 元 ± 37798 元　　　1288202 元至 1363798 元

结论：账面总值 134 万元在总体估计总值的范围内，因此，样本结果可支持得出"应收贷款的重要错报不大于可容忍误差"的结论。

（二）差额估计抽样

差额估计抽样（Difference Estimation）是单位平均数抽样的一种变形，通过比较样本的审定值（Audited Value）和账面值（Book Value）计算两者的平均差异，并用样本的平均差异额来估计总体实际价值与账面价值的平均差异，再以这个平均差异乘以总体项目个数求得总体的实际价值与账面价值的差异总额，于是可将账面价值加上差异总额以推算总体的实际价值总额。如果 AV − BV 为正，则表示账面值是低估的；如果 AV − BV 为负，则表示账面值是高估的。

差额估计抽样有以下三个适用条件，只有同时满足这些条件时，审计人员才能在实质性测试中采用差额估计抽样：①每个总体单位的账面值都是可以取得的，并且总账面值必须是个体账面值的总和，即明细账中的账户金额合计必须等于总账中的控制账户金额；②样本规模必须足够大，且满足正态分布；③总体规模较大，且总体中的高估金额和低估金额几乎相等，即差异与账面价值不成正比，审计人员预期样本项目中的差异金额不受项目范围的影响。

由于个体单位审定值与账面值之间的差额的标准差必定小于个体单位审定值的标准差，因此差额估计抽样所需的样本规模小于单位平均数抽样的样本规模。在可行的情况下，差额估计抽样比单位平均数抽样更符合成本效益原则。差额估计抽样的步骤与单位平均数抽样较为类似，下面仅进行简要的介绍。

第一步，初始样本规模的确定。

差额估计抽样的样本规模可以由如下等式确定：

$$n = \left[\frac{N \times (Z_A + Z_R) \times SD_d}{TM - E} \right]^2$$

其中，N 为总体规模；SD_d 为审定值与账面值的差额的标准差（或称 Advance Estimate of the Standard Deviation）；Z_A 为可接受的误受风险的置信系数（Confidence Coefficient for ARIA）；Z_R 为可接受的误拒风险的置信系数；TM 为总体可容忍错报（即重要性水平）或称可容忍误差（Tolerable Misstatement for the Population）；E 为预计总体错报或称预计总体误差（Estimated Point Estimate of the Population Misstatement）。

差额估计抽样的样本规模计算公式与单位平均数抽样的不同之处在于，用根据样本审计价值与账面价值的差额计算出来的数值较小的 SD_d 代替了根据样本的审计价值计算出来的 SD。

SD_d 通常以抽取试验性样本的方式来确定，试验性样本应包含至少 30 个不同差额的样本单位。首先计算出试验性样本中各个样本单位审定值与账面值的差额：

$$d_i = AV - BV$$

其中，AV 为样本的审定值，BV 为样本的账面值。

然后根据下式来估计差额的标准差：

$$SD_d = \sqrt{\frac{\sum (d_i - \bar{d})^2}{n - 1}}$$

其中，d_i 为试验性样本的个体差额，$\bar{d}$ 为试验性样本差额的平均值，n 为试验性样本规模。

在计算出初始样本规模 n 后，如果 n ≥ 5% × N，则需要用有限修正因子进行调整：

$$n' = \frac{n}{1 + \dfrac{n}{N}}$$

上述公式中，n 表示放回抽样的样本量；n'表示不放回抽样的样本量。

第二步，样本的选取及审查。

随机抽取去除试验性样本以外所需的剩余样本单位，并对各个样本单位进行审查。

第三步，抽样结果的评价。

（1）计算样本差额的平均值。

$$\bar{d} = \frac{\sum d_i}{n}$$

其中，d_i 为样本的个体差额，即 $AV_i - BV_i$；n 为样本规模。

（2）计算样本差额的标准差。

$$SD'_d = \sqrt{\frac{\sum (d_i - \bar{d})^2}{n - 1}}$$

其中，d_i 为样本的个体差额；$\bar{d}$ 为样本差额的平均值；n 为样本规模。

（3）估算总体差额。

$$D = N \times \bar{d}$$

其中，N 为总体规模，$\bar{d}$ 为样本差额的平均值。

（4）估算总体审定值。

$$EAV = BV \pm D$$

其中，BV 为总体账面值，D 为总体差额估计值。

（5）计算实际精确范围（Computed Precision Interval，CPI）。

$$CPI = N \times Z_A \times \frac{SD'_d}{\sqrt{n}}$$

其中，N 为总体规模；Z_A 为可接受的误受风险的置信系数；SD'_d 为样本标准差；n 为样本规模（假定放回抽样）。

因为不放回抽样的样本量计算公式为：

$$n' = \frac{n}{1 + \dfrac{n}{N}}$$

由此推导放回抽样样本量为：

$$n = \frac{n'}{1 - \dfrac{n'}{N}}。$$

因此，实现抽样风险允许限度 CPI 计算公式如下：

$$CPI = N \times Z_A \times \frac{SD'_d \times \sqrt{1 - \dfrac{n'}{N}}}{\sqrt{n'}}$$

上述公式中，n'表示不放回抽样的样本量。

　　如果实际精确范围 CPI 大于重要性水平，则需要扩大样本继续抽样，直到将风险降低到可接受的水平。

　　第四步，判断得出审计结论。

　　在一定的可信水平下，推断总体的真实价值；计算可接受范围，判断总体账面值的公允性，并得出相应的审计结论。

　　下面以华海公司审计中的积极式询证函为例，来说明差额估计抽样的运用。华海公司的背景资料如下：在应收账款明细表中总共列示了 4000 笔应收账款，账面价值合计为 60 万元。注册会计师认为该公司的内部控制存在薄弱环节，并预期审计中还将会发现大量的小额错报。其总资产为 250 万元，税前净收益为 40 万元。由于财务报表的使用者有限，并且华海公司的财务状况良好，因此可接受的审计风险较高，分析程序的结果表明没有重大问题。假定所有的函证都有答复或都已执行了有效的替代程序。因此，样本规模就是寄出的积极式询证函的数量。

　　注册会计师对华海公司进行审计测试的目标是确定在考虑坏账准备之前的应收账款是否存在重要错报。由于应收账款数目较大，决定采用审计抽样。华海公司应收账款的总体容量为 4000 笔。注册会计师确定的可容忍错报额为 21000 元。

　　在华海公司应收账款审计中，注册会计师要确定两类风险：

　　一是可接受的误受风险，是指在应收账款实际错报额超过 21000 元时，但样本结果显示应收账款金额正确的风险。它受可接受的审计风险、控制测试和交易实质性程序的结果、分析程序和应收账款在财务报表中的相对重要性等方面的影响。在华海公司审计中，采用 10% 的可接受的误受风险。

　　二是可接受的误拒风险，是在应收账款实际上没有发生重大错报时，注册会计师认为应收账款不正确而拒绝接受的风险。它受重新抽样所要追加的成本影响。由于进行第二次函证的成本很高，因此采用 25% 的可接受的误拒风险。对于那些增加样本规模的成本不是很高的审计测试，通常采用较高的可接受的误拒风险。

　　注册会计师根据以前年度的审计测试结果，确定华海公司的预计总体错报为 1500 元（高估）。由于在确定初始样本规模时，需要预先估计总体中个别错报的变动程度，它是以总体标准差来衡量的，因此注册会计师根据以前年度的审计测试结果，估计华海公司的总体标准差为 20 元。

　　下面具体说明注册会计师如何进行差额估计抽样：

　　第一步，计算华海公司的初始样本规模，并进行抽样。

$$n = \left[\frac{SD_E \times (Z_A + Z_R) \times N}{TM - E} \right]^2$$

其中，SD_E 为预先估计的总体标准差（可用试验性样本审定值与账面值的差额的标准差来表示），由题意得 $SD_E = 20$ 元；N 为总体规模，由题意得 N = 4000 个；TM 为总体可容忍错报（即重要性水平）或称可容忍误差，由题意得 TM = 21000 元；E 为预计总体错报或称预计总体误差，由题意得 E = 1500 元。

　　Z_A 为可接受的误受风险的置信系数，由题意知注册会计师在华海公司审计中，采用 10% 的可接受的误受风险，查表 8 - 26，10% 的误受风险对应的置信系数为 1.28，

即 $Z_A = 1.28$；Z_R 为可接受的误拒风险的置信系数，由题意知注册会计师在华海公司审计中，采用25%的可接受的误拒风险，查表 8 – 26，25%的误拒风险对应的置信系数为 1.15，即 $Z_R = 1.15$。由此计算初始样本规模为：

$$n = \left[\frac{SD_E \times (Z_A + Z_R) \times N}{TM - E} \right]^2 = \left[\frac{20 \times (1.28 + 1.15) \times 4000}{21000 - 1500} \right]^2$$

$$= (9.97)^2 = 99.4 \approx 100$$

表 8 – 26　置信度、可接受的误受风险、可接受的误拒风险的置信系数

置信度	可接受的误受风险（%）	可接受的误拒风险（%）	置信系数
99	0.5	1	2.58
95	2.5	5	1.96
90	5	10	1.64
80	10	20	1.28
75	12.5	25	1.15
70	15	30	1.04
60	20	40	0.84
50	25	50	0.67
40	30	60	0.52
30	35	70	0.39
20	40	80	0.25
10	45	90	0.13
0	50	100	0

注册会计师运用前面所讨论的选样方法之一从华海公司应收账款明细账中随机选取 100 个样本项目——客户进行函证。

第二步，确定样本中的错报金额。

假定对 100 个应收账款客户函证的结果是，75 个账户经顾客证实没有错报，其余 25 个账户未得到客户回函，进一步采用替代程序验证。在调整了时间性差异和顾客的错误后，确定了 12 个项目存在错报（见表 8 – 27）。

表 8 – 27　100 个样本中存在错报金额的明细

样本序号	错报金额 d_i	四舍五入取整 d_i'	$(d_i')^2$
1	– 12.75	– 13	169
2	69.46	69	4761
3	– 85.28	– 85	7225
4	– 100.00	– 100	10000

样本序号	错报金额 d_i	四舍五入取整 d_i'	$(d_i')^2$
5	27.30	27	729
6	-41.06	-41	1681
7	0.87	1	1
8	-24.32	-24	576
9	-36.59	-37	1369
10	102.16	102	10404
11	-54.71	-55	3025
12	-71.56	-72	5184
合计	-226.48	-228	45124

注：正数代表审计价值高于账面价值，负数代表审计价值低于账面价值。

第三步，对抽样结果进行评价。

（1）计算样本差额的平均值。

$$\overline{d} = \frac{\sum d_i}{n} = \frac{-226.48}{100} = -2.26$$

其中，d_i 为样本的个体差额，即 $AV_i - BV_i$；n 为样本规模，样本差额均值为负表示审计价值低于账面价值，华海公司账户存在高估错报。

（2）计算样本差额的标准差。

$$SD'_d = \sqrt{\frac{\sum(d_i - \overline{d})^2}{n-1}} = \sqrt{\frac{\sum(d_i)^2 - n \times (\overline{d})^2}{n-1}}$$

$$= \sqrt{\frac{45124 - 100 \times (-2.26)^2}{99}} = 21.2$$

其中，d_i 为样本的个体差额；$\overline{d}$ 为样本差额的平均值；n 为样本规模。

（3）估算总体差额。

$$\hat{D} = N \times \overline{d} = 4000 \times (-2.26) = -9040 \text{（元）}$$

其中，N 为总体规模；$\overline{d}$ 为样本差额的平均值，这表明华海公司应收账款审计总额较原账面价值低 9040 元。

（4）估算总体审定值。

$$EAV = BV + \hat{D} = 600000 + (-9040) = 590960 \text{（元）}$$

其中，BV 为总体账面值；$\hat{D}$ 为总体差额估计值。

（5）计算实际精确范围。

$$CPI = N \times Z_A \times \frac{SD'_d}{\sqrt{n}}$$

其中，N 为总体规模；Z_A 为可靠系数（或称可接受的误受风险的置信系数）；SD'_d 为样本标准差；n 为样本规模（假定放回抽样）。

因为不放回抽样的样本量计算公式为：

$$n' = \frac{n}{1 + \frac{n}{N}}$$

由此推导放回抽样样本量为：

$$n = \frac{n'}{1 - \frac{n'}{N}}$$

因此，实现抽样风险允许限度或称实际精确范围计算如下：

$$CPI = N \times Z_A \times \frac{SD'_d \times \sqrt{1 - \frac{n'}{N}}}{\sqrt{n'}} = 4000 \times 1.28 \times \frac{21.2 \times \sqrt{1 - \frac{100}{4000}}}{100} = 10746 \text{（元）}$$

（6）计算期望置信度的总体错报界限（Desired Confidence Limits）。

$$\hat{D} \pm CPI = (-9040) \pm 10746$$

以 UCL 表示计算的总体错报上限（Computed Upper Confidence Limit）；以 LCL 表示计算的总体错报下限（Computed Lower Confidence Limit），则

UCL = -9040 - 10746 = -19786（元）（即华海公司账面价值高于审计价值 19786 元），LCL = -9040 + 10746 = 1706（元）（即华海公司账面价值低于审计价值 1706 元）。

第四步，得出抽样审计结论。

计算的总体错报界限等于错报总额的点估计值加减抽样风险允许限度。在本例中，计算的总体错报上限为 19786 元，表示总体高估超过 19786 元的风险是 10%；计算的总体错报下限为 1706 元，表示总体低估超过 1706 元的风险是 10%。由于错报的双边置信区间完全落入了正负可容忍错报范围内（即未超过 21000 元的可容忍错报范围），那么账面价值没有重大错报的假设就可以接受。因此，注册会计师可以得出"华海公司的应收账款不存在重大错报"的审计结论（见图 8-3）。

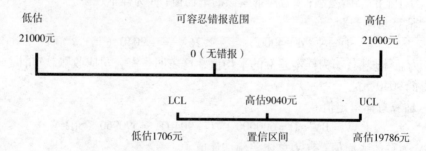

图 8-3　差额估计抽样的期望置信度的总体错报界限

（三）比率估计抽样

比率估计抽样（Ratio Estimate Sampling）是差额估计抽样方法的变异，其原理与差额估计抽样极为类似。它是以样本审定值与账面值的比率关系来估计总体实际值与账面值之间的比率关系，然后再以这个比率乘以总体的账面值，从而求出总体实际值的

估计金额的变量抽样方法。应用比率估计抽样的条件是误差与账面值成正比。比率估计抽样在样本规模的确定、样本的选取与审查、抽样结果评价等方面均与差额估计抽样基本相同，这里就不再赘述。比率估计抽样法在进行抽样结果评价时的计算公式如下：

$$比率 = 样本审定值之和 \div 样本账面值之和$$
$$估计的总体值 = 比率 \times 总体的账面值$$

假如审计人员用比率估计抽样对东南公司被审年度设备和其他资产增加的有关证据进行了检查，发现了样本中多报的净货币性误差，有关信息如表 8 – 28 所示。

表 8 – 28　比率估计抽样时计算总体估计金额所需的数据

新增加的账面金额	￥2000000
新增加的数量	1000
样本量	400
样本的账面值	￥400000
发现误差的金额	￥20000
样本的审定值	￥380000
可容忍误差	￥200000

根据比率估计抽样法计算的比率为 $380000 \div 400000 = 0.95$，因此，推断的总体估计金额为 200 万元 $\times 0.95 = 190$ 万元。

若审计人员使用差额估计抽样法，则所计算的平均差额为 $20000 \div 400 = 50$ 元，估计总体差额为 50 元 $\times 1000 = 50000$ 元，推断的总体估计金额为 200 万元 -5 万元 $= 195$ 万元。

在以上介绍的三种具体的变量抽样方法中，差额估计抽样和比率估计抽样所需的样本量较小，但必须知道样本的账面值，而且样本的审定值与样本的账面值之间必须存在一定数量的差额。在采用分层技术时，差额估计抽样和比率估计抽样这两种方法对样本量的影响较小，而单位平均数抽样则可以大大缩小样本量（Comprehensive Attribute Variables Sampling）。

二、概率比例规模抽样

(一) PPS 抽样的概念

概率比例规模抽样（Probability – Proportional – to – Size Sampling），简称 PPS 抽样，是一种运用属性抽样原理对货币金额而不是对发生率得出结论的统计抽样方法。PPS 抽样以货币单元作为抽样单元，有时也被称为货币单元抽样（Monetary Unit Sampling）、金额加权选样、美元单位抽样（Dollar Unit Sampling）、累计货币金额抽样（Cumulative Monetary Amount Sampling），以及综合属性变量抽样（Combined Attributes – Variables Sampling）等。这种抽样方法既可用于交易的证实测试，也可用于账户余额的证实测试。

在该方法下总体中的每个货币单元被选中的概率相同，所以总体中某一项目被选中的概率等于该项目的金额与总体金额的比率。项目金额越大，被选中的概率就越大。但实际上注册会计师并不是对总体中的货币单位实施检查，而是对包含被选取货币单元的余额或交易实施检查。注册会计师检查的余额或交易被称为逻辑单元或实物单元。PPS 抽样有助于注册会计师将审计重点放在较大的余额或交易。此抽样方法之所以得名，是因为总体中每一余额或交易被选取的概率与其账面金额（规模）成比例。

注册会计师进行 PPS 抽样必须满足两个条件：第一，总体的错报率很低（低于10%），且总体规模在 2000 以上。这是 PPS 抽样使用的泊松分布的要求。第二，总体中任一项目的错报不能超过该项目的账面金额。这就是说，如果某账户的账面金额是100 元，其错报金额不能超过 100 元。

（二）PPS 抽样的总体和抽样单位

PPS 抽样计划一般的目标是获得所记录的账户余额不存在重要错报的证据。这里，审计人员应清楚地知道，审计样本所获得的证据，只是审计在作出"某账户余额无重要错报"的结论之前，将要收集的多种支持证据的来源之一。因为样本证据并不一定同该账户余额的所有认定相关，样本证据究竟与哪些认定相关，取决于审计人员对样本项目所运用的审计程序的性质。比如，审计人员设计计划的目标是通过运用函证程序与 W 公司应收账款样本来获得证据。那么这项详细证实测试获得的是有关应收账款存在和所有权这两项认定的证据，审计人员不能根据此项样本证据就作出"该账户所有认定均无重要错报"的结论，还必须对样本和（或）总体的其他项目执行其他的测试。

总体是由将要测试的某类交易或某个账户余额组成。对每个总体，审计人员应决定是否将所有的项目都包括进去。比如，在根据应收账款分类账的账户余额来确定总体时，可能有四个总体，即总余额、借方余额、贷方余额和零余额，审计人员应根据需要确定总体的范围。

PPS 抽样中的抽样单位是每个元金额，总体则被认为是同总体总金额相等的元数。总体中每一元被选作样本的概率相同。这里要注意，尽管每一元是抽样的基础，但审计人员并不是真正地去审查总体中的每一个元金额，而是去审查同选作样本的元金额相关的账户、交易、凭证或某项目。被选作样本的单个元金额，好比一个"钓鱼钩"，审计人员用它是为了钩出与之相关的一个完整项目（如账户、凭证等）。被钩出待审计的项目，我们称为逻辑抽样单位（Logical Sampling Unit）。

从以上说明可以看出，项目的金额大小与被选作样本的概率是成正比例的。即项目的金额规模越大，被选作逻辑样本的概率就越大。反之，某个项目所含金额规模越小，那么该项目被选作逻辑样本的概率就越小。正是因为这个特性，才定名为 PPS 抽样；也正因为这一特性，才决定了 PPS 抽样有以下两个局限性：

（1）在测试资产时，必须将零余额和负余额排除在总体之外，因为它们没有机会被选为样本。

（2）PPS 抽样方法不适合于测试负债的低估，因为项目低估得越多，被选为样本的机会就越少。

在实务中，审计人员可以选用同将要执行的审计程序的性质相一致的逻辑抽样单位。比如，如果审计人员打算运用函证程序来查证顾客账户余额，他通常会选择顾客账户作为逻辑抽样单位。如果审计人员打算运用函证程序来查证同顾客发生的特定交易，在这种情况下，他可以选择销售发票作为逻辑抽样单位。在确定了逻辑抽样单位之后，审计人员再从总体的实际代表中选取样本项目。具体选样之前，审计人员还应确定该总体的实际代表是完整的。

现假定注册会计师正在对万国公司的账户进行 PPS 抽样审计，有关条件设定如下：①定义总体为有借方余额的所有顾客账户；②这些账户的账面总值为 60 万元；③定义单个顾客账户为逻辑抽样单位；④用以选取样本账户的清单已同上面提到的 60 万元控制账户余额调节相符。

（三）PPS 抽样的样本规模确定

PPS 抽样的样本规模确定有两种方法，即公式法和查表法。

1. 公式法

PPS 抽样方法用下列公式确定样本规模：

$$n = \frac{BV \times RF}{TM - (AM \times EF)}$$

其中，BV 为被测试总体的账面价值；TM 为可容忍误差；AM 为预期误差；RF 为设定误受险的可靠性系数（Reliability Factor）或称误受风险的风险系数；EF 为预期误差的扩张系数。

下面对这些因素分别解释：

（1）被测试总体的账面价值。用来确定样本规模的"被测试总体账面价值"必须与前面所说的总体定义相同。总体账面价值对样本规模有直接的影响，即被测试的账面价值越大，样本规模就越大。

（2）设定误受险的可靠性系数。

1）设定误受险水平。在指定误受险的可接受水平时，审计人员应考虑：①对某账户重要错报不能被查出的风险所愿意接受的水平；②控制风险的估计水平；③详细测试和分析性程序的结果。比如，如果审计人员已得出结论，控制风险很低，并且其他审计程序能为"所测试的账面价值无重要错报"提供一些保证，那么，他将愿意在 PPS 抽样中接受一个较高的误受险（也许高达30%）。如果控制风险很高，并且其他的证实测试对测试的账户只提供很小的保证，那么，审计人员必须通过抽样测试来获得更大的保证。这时，审计人员将设定误受险为一个低水平（也许低为5%）。审计人员必须运用经验和职业判断来合理确定误受险的可接受水平。误受险与样本规模成反向变化关系，即设定的误受险越低，样本规模就越大。

下面着重介绍审计人员如何借助审计风险模型，来判断其他审计证据对详细证实测试下的误受险水平的影响。

审计人员常用的基本审计风险模型为 $AR = IR \times CR \times DR$。

其中，AR 代表审计风险，IR 代表固有风险，CR 代表控制风险，DR 代表检查风险。我们可将 DR 进一步分解为 AP（其他实质性测试风险）和 TD（详细测试风险），可得出扩大后的审计风险模型如下：

$$AR = IR \times CR \times AP \times TD$$

其中，AP 表示在假设某认定中已经发生了等于可容忍误差的错报，且未被内部控制结构发现的条件下，审计人员通过运用分析性程序和其他相关证实测试未能查出这些误差的风险估计水平；TD 表示在假设某项认定已发生了等于可容忍误差的错报，且未能被内部控制结构、分析性程序和其他相关测试发现的条件下，审计人员执行详细证实测试时所允许的误受险水平。

审计人员可利用上述的扩大风险模型，为计划的详细测试设定误受险水平。用扩大后的风险模型，可直接求出 TD：

$$TD = \frac{AR}{IR \times CR \times AP}$$

对上式中各因素的风险估计，都需要审计人员运用主观经验和职业判断。为了说明的方便，现假设对某认定执行特定的详细证实测试之前，审计人员对有关风险估计如下：①总审计风险为 5%；②固有风险为 100%；③控制风险为 30%；④分析性程序及其他相关证实测试未能发现误差的风险为 50%。

根据这些数据，可计算如下：

$$TD = \frac{AR}{IR \times CR \times AP} = \frac{0.05}{1.0 \times 0.30 \times 0.50} = 33\%$$

在分析以上计算结果之后，审计人员可能决定执行另一项相关证实测试，将使 AP 降为 30%。在这种情况下，详细证实测试的误受险水平就变为 56%，即

$$TD = \frac{AR}{IR \times CR \times AP} = \frac{0.05}{1.0 \times 0.30 \times 0.30} = 56\%$$

这里值得注意，审计人员在决定执行额外的相关审计程序之前，必须将由此所增加的成本同因计划详细证实测试设定了较高的 TD 而减少样本规模所带来的成本的节约进行比较，以保证执行额外的相关审计程序的经济性。

尽管有不少的审计人员不喜欢对 TD 加以量化，但是充分了解上述扩大风险规模所揭示的关系，无疑有助于审计人员主观决定某一详细证实测试的误受险水平。

2）确定误受险的可靠性系数。误受险的可靠性系数（Reliability Factor）可通过表 8-29 查知。查表依据的是审计人员所设定的误受险水平和"零误差"（Zero Number Misstatements），而不管预期误差是多少。在万国公司例子中，假定审计人员指定误受险为 5%，因此可靠性系数为 3.0。

表 8-29　确定 PPS 样本规模的可靠性系数

高估错误为 0 时的可靠性系数								
误受险水平	1%	5%	10%	15%	20%	25%	30%	37%	50%
可靠性系数	4.61	3.00	2.31	1.90	1.61	1.39	1.21	1.00	0.70

（3）可容忍误差。可容忍误差（Tolerable Misstatement）是某个账户在被确认为重

要错报之前所能允许存在的最大错误程度。有的审计人员用重要性（或重要金额）一词来代替可容忍误差。在设定这个因素时，审计人员应特别注意某个账户的错误，同其他账户的错误加总后，有可能造成财务报表总体的重要错报。

可容忍误差与样本规模是反向变化关系，即可容忍误差越小，样本规模就越大。在万国公司的例子中，审计人员指定可容忍误差为账面价值的5%，即30000元。

（4）预期误差和扩张系数。在PPS抽样中，审计人员不需要将误拒险量化。但是，要通过指定预期误差（Anticipated Misstatement）来间接控制这种风险。预期误差与误拒险是反向变化关系，而与样本规模是同向变化关系。

审计人员确定预期误差的大小，运用的是以前的经验、对客户的了解和职业判断。审计人员必须牢记过高的预期误差将不必要地增加样本规模，而预期误差太低会导致较高的误拒风险。

在万国公司的例子中，审计人员指定预期误差为6000元。

扩张系数（Expansion Factor）只要求在预计有误差时使用。审计人员借助表8－30，使用指定的误受险，可查出该系数。指定的误受险越小，扩张系数就越大。同预期误差一样，扩张系数与样本规模是同向变化关系。在万国公司的例子中，预期误差的扩张系数为1.6。审计人员在确定样本规模时，要用可容忍误差减去预期误差与扩张系数的乘积作为分母。

表8－30　PPS抽样的扩张系数

预期误差的扩张系数									
误受险水平	1%	5%	10%	15%	20%	25%	30%	37%	50%
扩张系数	1.9	1.6	1.5	1.4	1.3	1.25	1.2	1.15	1.0

（5）计算样本规模。前几个步骤已确定了万国公司样本规模的各项因素，即 BV ＝ 60万元，RF ＝3.0，TM ＝30000元，AM ＝6000元，EF ＝1.6，因此，确定样本规模为88，计算如下：

$$n = \frac{BV \times RF}{TM - (AM \times EF)} = \frac{600000 \times 3.0}{30000 - (6000 \times 1.6)} = 88$$

在其他因素保持不变，某个因素的改变对样本规模的影响可汇总如表8－31所示。

表8－31　PPS样本规模影响因素

因素	对样本规模的影响
总体账面价值	同向
误受险	反向
可容忍误差	反向
预期误差	同向
预期误差的扩张系数	同向

　　值得注意的是，指定一定的误受险水平将通过以下两种方式使样本规模增大：①通过可靠性系数使公式中的分子变大；②通过扩张系数使公式中的分母变小。此外，由于预期误差与样本规模是同向变化关系，而误拒险（可通过预期误差因素间接控制）与预期误差是反向变化关系，因此，误拒险水平与样本规模是反向变化关系。

　　2. 查表法

　　由于 PPS 抽样以属性抽样原理为基础，注册会计师也可以直接使用控制测试的统计抽样样本量表来获得抽样的样本规模，这比使用扩张系数近似值所计算的样本规模更加准确。注册会计师将可容忍错报和预计总体错报额从绝对数形式转化为相对数形式，即转化为占总体账面金额的百分比，然后根据相应比例在样本表查出所对应的样本规模。

　　例如，注册会计师为一个账面金额为 500000 元的总体设计 PPS 抽样，且确定的可容忍错报为 15000 元，预计总体错报为 2500 元。注册会计师计算出可容忍错报占账面金额的比例为 15000 元 ÷500000 元 = 3%，预计错报占账面金额的比例为 2500 元 ÷500000 元 =0.5%。查表 8 - 32，当可容忍误差率为 3%，预计误差率为 0.5% 时，5% 的信赖过度风险对应的样本规模为 157 个。如果注册会计师计算的预计错报比例和可容忍错报比例在表中没有出现，通常用插入法推算所需的样本规模。

　　然后，注册会计师确定选样间距为 500000 元 ÷157 =3185 元。

表 8 -32　控制测试中统计抽样样本规模——信赖过度风险 5%

预计总体偏差率（%）	可容忍偏差率（%）										
	2	3	4	5	6	7	8	9	10	15	20
0.00	149 (0)	99 (0)	74 (0)	59 (0)	49 (0)	42 (0)	36 (0)	32 (0)	29 (0)	19 (0)	14 (0)
0.25	236 (1)	157 (1)	117 (1)	93 (1)	78 (1)	66 (1)	58 (1)	51 (1)	46 (1)	30 (1)	22 (1)
0.50	*	157 (1)	117 (1)	93 (1)	78 (1)	66 (1)	58 (1)	51 (1)	46 (1)	30 (1)	22 (1)
0.75	*	208 (2)	117 (1)	93 (1)	78 (1)	66 (1)	58 (1)	51 (1)	46 (1)	30 (1)	22 (1)
1.00	*	*	156 (2)	93 (1)	78 (1)	66 (1)	58 (1)	51 (1)	46 (1)	30 (1)	22 (1)
1.25	*	*	156 (2)	124 (2)	78 (1)	66 (1)	58 (1)	51 (1)	46 (1)	30 (1)	22 (1)
1.50	*	*	192 (3)	124 (2)	103 (2)	66 (1)	58 (1)	51 (1)	46 (1)	30 (1)	22 (1)
1.75	*	*	227 (4)	153 (3)	103 (2)	88 (2)	77 (2)	51 (1)	46 (1)	30 (1)	22 (1)
2.00	*	*	*	181 (4)	127 (3)	88 (2)	77 (2)	68 (2)	46 (1)	30 (1)	22 (1)
2.25	*	*	*	208 (5)	127 (3)	88 (2)	77 (2)	68 (2)	61 (2)	30 (1)	22 (1)
2.50	*	*	*	*	150 (4)	109 (3)	77 (2)	68 (2)	61 (2)	30 (1)	22 (1)
2.75	*	*	*	*	173 (5)	109 (3)	95 (3)	68 (2)	61 (2)	30 (1)	22 (1)
3.00	*	*	*	*	195 (6)	129 (4)	95 (3)	84 (3)	61 (2)	30 (1)	22 (1)
3.25	*	*	*	*	*	148 (5)	112 (4)	84 (3)	61 (2)	30 (1)	22 (1)
3.50	*	*	*	*	*	167 (6)	112 (4)	84 (3)	76 (3)	40 (2)	22 (1)
3.75	*	*	*	*	*	185 (7)	129 (5)	100 (4)	76 (3)	40 (2)	22 (1)

预计总体偏差率（%）	可容忍偏差率（%）										
	2	3	4	5	6	7	8	9	10	15	20
4.00	*	*	*	*	*	*	146 (6)	100 (4)	89 (4)	40 (2)	22 (1)
5.00	*	*	*	*	*	*	*	158 (8)	116 (6)	40 (2)	30 (2)
6.00	*	*	*	*	*	*	*	*	79 (11)	50 (3)	30 (2)
7.00	*	*	*	*	*	*	*	*	*	68 (5)	37 (3)

注：括号内是可接受的偏差数。

（四）PPS 抽样的样本选取方法

1. PPS 抽样的选样简介

PPS 抽样是属性抽样的变种，它可以得出关于总体中错报总额的结论。与一般的属性抽样关注实物单元（如发票或收据）不同，PPS 抽样关注总体的货币单元。

假设注册会计师对一个 100000 元的应收账款总体进行抽样，该总体包含 5000 个明细账账户。注册会计师将 100000 个货币单元视为总体并从中抽取样本，而不是将 5000 个不同的实物单元作为总体。另外，PPS 抽样以货币单元作为抽样单元，但注册会计师却不是对具体货币单元进行审计，而必须针对实物单元（或称逻辑单元）实施审计测试。货币单元只是起一个类似钩子的作用，从而带出与之相关联的一个实物单元。要找到与被选中的特定货币单元相联系的实物单元，注册会计师必须逐项累计总体中的项目。

例如，在表 8 - 33 中，注册会计师要在 1 ~ 7376 元（具体金额）的总体项目中随机选取样本。但是，为了执行审计程序，注册会计师必须找出 1 ~ 12（逻辑单元）的总体项目。如果注册会计师选取的随机数是 3014，则与该数相联系的逻辑单元就是项目 6，因为 3014 位于 2963 ~ 3105。

这种选样方法导致项目被选取的概率与其规模成正比。也就是说，金额为 100 元的项目被选中的机会是金额为 10 元的项目的 10 倍，因其包含的可抽取的货币单元是后者的 10 倍。总体而言，样本中的大额项目比小额项目多。从这点上看，PPS 抽样与分层类似，都是更侧重于记录金额更大的项目。

2. PPS 抽样的选样方法

PPS 样本可以通过运用计算机软件、随机数表等随机选样或系统选样法来获取。

（1）随机选样法。表 8 - 33 列示了一个应收账款总体，其中包括累计合计数，现以该表来说明如何使用计算机软件产生的随机数选取样本。

假设注册会计师想要从表 8 - 33 的总体中，选取一个含有 4 个账户的 PPS 样本。由于规定以单位金额为抽样单位，则总体容量就是 7376，因此需要计算机程序随机生成 4 个数字。假定计算机程序随机生成的 4 个数字是：6586、1756、850、6499，则包含这些随机金额的总体实物单元项目需由累计合计数栏来确定。它们分别是项目 11（包含 6577 ~ 6980 元的货币金额）、项目 4（1699 ~ 2271 元）、项目 2（358 ~ 1638 元）和项目 10（5751 ~ 6576 元）。注册会计师将对这些实物单元项目进行审计，并将各实物单元项目的审计结果应用到它们各自包含的随机货币金额上。

表 8 – 33　应收账款总体表

总体项目（应收账款客户编号）	账面金额（元）	累计合计数	相关的货币单元
1	357	357	1 ~ 357
2	1281	1638	358 ~ 1638
3	60	1698	1639 ~ 1698
4	573	2271	1699 ~ 2271
5	691	2962	2272 ~ 2962
6	143	3105	2963 ~ 3105
7	1425	4530	3106 ~ 4530
8	278	4808	4531 ~ 4808
9	942	5750	4809 ~ 5750
10	826	6576	5751 ~ 6576
11	404	6980	6577 ~ 6980
12	396	7376	6981 ~ 7376

PPS 抽样允许某一实物单元在样本中出现多次。也就是说，在前例中，如果随机数是 6586、1756、856 和 6599，则样本项目就是 11、4、2 和 11。项目 11 尽管只审计一次，但在统计上仍视为 2 个样本项目，样本中的项目总数也仍然是 4 个，因为样本涉及 4 个货币单元。

（2）系统选样法。PPS 抽样中常用系统选样法。该法将整个总体的金额分成若干个等距，再从每一等距中系统地选出逻辑样本单位。选样间距（Sampling Interval）计算公式如下：

$$SI = \frac{BV}{n}$$

例如，在注册会计师审计万国公司应收账款项目中，假定其账面价值总额为 60 万元，计算出来的 PPS 抽样样本规模为 88，则其选样间距为

$$SI = \frac{BV}{n} = \frac{600000}{88} = 6818 （元）$$

在算出抽样区间后，选取样本项目的步骤如下（见表 8 – 34）：

表 8 – 34　系统选样底稿表

逻辑样本单位（顾客编号）（1）	账面价值（2）	累计余额（3）	选取的金额单位（4）	样本项目账面价值（5）
01001	1200	1200		
01025	6043	7243	5000	6043

续表

逻辑样本单位 （顾客编号）（1）	账面价值 （2）	累计余额 （3）	选取的金额 单位（4）	样本项目 账面价值（5）
01075	2190	9433		
01140	3275	12708	11818	3275
01219	980	13688		
01365	1647	15335		
01431	4260	19595	18636	4260
01592	480	20075		
01667	7150	27225	25454	7150
……	……	……		
合计	600000			

第一，确定累计金额。是指确定每个逻辑样本单位账面价值的累计金额（记在表8-34中第3列）。比如，编号为01075的顾客其账面价值的累计金额为9433 = 7243 + 2190。其余的可同理类推。

第二，选择随机起点。在第一个间隔里，即在1~6818，任意选出一个随机起点。在本例中假设随机起点选为5000。

第三，按累计金额选取样本。选出其累计金额包括了［随机起点 +（n-1）×间距］的各个逻辑单位作为样本项目（见表8-34中第4列）。比如在本例中：

第一个样本项目是：5000 +（1-1）×6818 = 5000，逻辑样本单位为01025号顾客账户。

第二个样本项目是：5000 +（2-1）×6818 = 11818，逻辑样本单位为01140号顾客账户。

其余类推。

上述PPS系统选样方法具有以下特点：

其一，从余额来看，每个等于或大于选样间距的逻辑单位必然会被选作样本，因此余额大的账户不易漏掉。由于每个货币单元被选取的机会相等，逻辑单元所含的货币单元越多（即账面金额越大），被选中的机会越大。相反，较小的逻辑单元被选中的机会也较小。在PPS系统选样法下，金额等于或高于选样间距的所有逻辑单元肯定会被选中。而规模只有选样间距的一半的逻辑单元被选中的概率为50%。

其二，如果某逻辑单元的账面金额超过选样间距，它可能不止一次地被选中。如两倍于选样间距的逻辑单位会被选出两次，因此，被选作样本的逻辑单位总数很有可能少于审计人员确定的样本规模数。如果出现这种情况，注册会计师忽略重复的选择，而且在评价样本结果时只考虑一次该逻辑单元，并将这些逻辑单元作为单个重大项目，其中发现的错报不需推断。

其三，某一逻辑单位被选作样本的概率大致与其金额呈正比，即价值为8000元的项目被选作样本的机会是4000元项目的两倍。所以，这种选样方法易于发现高估错误，而不易发现低估错误。

3. 可能存在的问题

PPS 抽样的样本选取会出现两个问题：

（1）在选样时，账面余额为零的总体项目没有被选中的机会，尽管这些项目可能含有错报。另外，严重低估的小余额项目被选入样本的机会也很小。对此，如果注册会计师关注这些余额为零或较小的项目，那么解决这一问题的方法是对它们进行专门的审计测试。

（2）PPS 抽样选取的样本中无法包括负余额，如应收账款的贷方余额等。在进行选样时，可以先不考虑这些负余额，而后用其他方法去测试它们。另一种替代方法就是将它们视同为正余额，加入到所要测试的货币金额总数中，但这样做会使分析过程变得复杂化。

（五）PPS 抽样结果评价的第一种方法

在评价 PPS 抽样的样本结果时，审计人员要根据样本数据计算错报上限（Upper Misstatement Limit，UML），并将错报上限同设计样本时所指定的可容忍误差相比较。如果错报上限小于或等于可容忍误差，那么样本结果将支持审计人员得出结论："在某特定误受险下，总体账面价值的错报将不超过可容忍误差。"

错报上限的计算公式如下：

$$UML = PM + ASR$$

$$ASR = BP + IA$$

其中，PM 为总体的预计误差；ASR 为抽样风险允许限度（Allowance for Sampling Risk，ASR）；BP 为基本精确度（Basic Precision，BP）；IA 为递增抽样误差准备（Incremental Allowance for Sampling Risk）。

如果样本中没有发现错报，推断的总体错报就是零，抽样风险允许限度小于或等于设计样本时使用的可容忍错报。在这种情况下，注册会计师通常不需进行额外的计算就可得出结论，在既定的误受风险下，总体账面金额高估不超过可容忍错报。

如果样本中发现了错报，注册会计师需要计算推断的错报和抽样风险允许限度。该方法的使用只限于高估，因为 PPS 抽样法主要为高估而设计。如果存在重大低估，注册会计师要确定是否需要为发现低估错报而设计单独的测试。

注册会计师计算推断错报和抽样风险允许限度的方法取决于错报等于还是小于逻辑单元的账面金额。

1. 样本中没有发现错报

（1）估计总体预计错报（Projected Misstatement，PM）。审计人员可用样本误差来估计总体的预计误差。在样本中没有发现错误时，上式中的总体预计误差为零，即 PM = 0。

（2）计算抽样风险允许限度。在样本无错报发生的情况下，递增抽样误差准备 = IA = 0，则 ASR = BP + IA = 基本精确度 + 递增抽样误差准备 = 基本精确度 + 0 = 基本精确度。

基本精确度是用特定误受险水平下零误差的可靠性系数（Reliability Factor，RF）

乘以抽样间距（Sampling Interval，SI）计算得出的。审计人员计算基本精确度所使用的误受险通常与确定样本规模时所指定的误受险相同。因此，在万国公司的例子中，可靠性系数 RF = 3.0，抽样间距 SI = 6818，则 ASR = BP + IA = RF × SI + IA = 3.0 × 6818 + 0 = 20454（元）。

（3）计算错报上限。根据以上计算，UML = PM + ASR = 0 + 20454 元 = 20454 元，小于 30000 元的可容忍误差。

因为总体预计误差为 0，所以错报上限即等于抽样风险允许限度。该错报误差上限小于设计样本时所指定的 30000 元可容忍误差。在样本中没有发现错报和预期错报（Anticipated Misstatement）指定为 0 时，抽样风险允许限度和错报上限将总是等于可容忍误差。在预计错报大于 0 时（万国公司的例子就是如此），抽样风险允许限度和错报上限将小于可容忍误差。因此，在预计有错误但在样本中又没有发现错报时，审计人员不需要作任何计算便可以得出以下结论："总体账面价值高估额将不会超过可容忍误差。"如果审计人员选择作了上述的计算，那么他可以得出更加精确的结论："在 5% 的误受险下，总体账面价值的高估额将不会超过 20454 元。"

2. 样本中发现错报时的评价

如果在样本中发现了错报，审计人员则必须计算总体预计错报总额和抽样风险允许限度，以便确定高估的错报上限。然后再将该错报上限与可容忍误差进行比较，得出总体结论。

（1）估计总体预计错报。审计人员须对每个出现错报的逻辑单位计算一个预计误差金额。将各个逻辑单位的误差金额相加，即得出整个总体的预计错报。值得注意，在账面价值小于抽样间距的逻辑单位和其账面价值大于或等于抽样间距的逻辑单位时，计算预计误差的方法是有差别的。下面分别说明：

1）对出现误差且账面价值小于抽样间距的每个逻辑单位。计算其预计误差的公式如下：

$$预计误差 = 误差感染率 × 抽样间距$$
$$误差感染率 = （样本账面价值 - 样本审计价值）÷ 样本账面价值$$

上述计算表明，样本中每个逻辑单位所代表的是总体账面价值中的一个抽样间距的金额。因此，要用出错逻辑样本的误差感染率（Tainting Percentage，TP）乘以该逻辑单位所代表的抽样间隔中的所有金额，来计算求得一个间距的预计误差。

2）对出现误差且账面价值大于或等于抽样间距的每个逻辑单位。预计误差就是在该逻辑单位中所发现的误差金额，即样本账面价值 - 样本审计价值。由于该逻辑单位本身就大于或等于抽样间距，所以没有必要用误差感染率来预计该间距的误差；相反，直接用这些误差的实际金额作为整个总体的预计错报。

为了方便举例，假设审计人员对万国公司应收账款执行 PPS 抽样审查之后，发现了以下误差（见表 8 - 35）：

表 8 – 35 PPS 抽样下总体预计误差计算表   单位：元

账面价值 （BV）	审计价值 （AV）	样本误差 （BV – AV）	误差感染率 TP =（BV – AV） /BV ×100%	抽样间距 （SI）	预计错报 PM =（TP × SI） 或（BV – AV）
950	855	95	10	6818	682
2500	1250	1250	50	6818	3409
7650	6885	765	不适用	不适用	765
5300	5035	265	5	6818	341
8000	0	8000	不适用	不适用 8000	
24400	14025	10375	—	—	13197

请注意，表 8 – 35 中第 1、第 2、第 4 个出现误差的逻辑样本，其账面价值小于抽样间距，因此必须计算误差感染率，以便确定预计误差。而第 3 和第 5 个逻辑单位，其账面价值大于抽样间距，因此它们各自的预计误差就是其账面价值减去审计价值后的差额。还请注意，表 8 – 35 中的样本实际误差总额为 24400 – 14025 = 10375（元），而总体的预计误差总额为 13197 元，大于样本实际误差总额，这是由抽样审计的特性所决定的。如对总体实行全查，这两者就相等了。

（2）计算抽样风险允许限度（ASR）。在样本有错报的情况下，抽样风险允许限度由两个部分组成，其计算公式如下：

$$ASR = BP + IA$$

其中，BP 为基本精确度；IA 为递增抽样误差准备。不论样本中是否发现错误，其基本精确度的计算都是相同的。因此，在万国公司的例子中，基本精确度仍是 3.0 的可靠性系数（在 0 错误和 5% 的误受险下）乘以抽样间距 6818 元，等于 20454 元。

为了计算"递增抽样误差准备"（Incremental Allowance for Sampling Risk，IA），审计人员必须分别考虑账面价值小于抽样间距和大于等于抽样间距的逻辑单位。由于所有大于或等于抽样间距的项目都将被审查，它们不存在抽样风险问题，因此，误差所致 IA 只与那些其账面价值小于抽样间距的项目有关。

计算 IA 的步骤是：

第一，计算可靠性系数的"适当增加数"。

第二，将小于抽样间距的样本项目的预计误差从大到小排列。

第三，将已排序的预计误差乘以可靠性系数的适当增加数，再加总计算结果。

下面先举例说明第一步骤（见表 8 – 36）。

表 8 – 36 可靠性系数的"适当增加数"计算表——5% 误受险水平

高估次数（1）	可靠性系数（2）	可靠性系数增加数（3）	可靠性系数的适当增加数（4）=（3）–1
0	3.00	—	—
1	4.75	1.75	0.75

续表

高估次数（1）	可靠性系数（2）	可靠性系数增加数（3）	可靠性系数的适当增加数（4）=（3）-1
2	6.30	1.55	0.55
3	7.76	1.46	0.46
4	9.16	1.40	0.40

注：表8-36中前两列的数据是从表8-37中获得的（本例指定误受险为5%）。第3列中每一项为同一行的可靠性系数减前一行的可靠性系数。第4列的数据是将第3列的数据减去1。

表8-37　评价PPS样本结果的可靠性系数表——高估错误的可靠性系数表

高估次数	误受险水平（%）								
	1	5	10	15	20	25	30	37	50
0	4.61	3.00	2.31	1.90	1.61	1.39	1.21	1.00	0.70
1	6.64	4.75	3.89	3.38	3.00	2.70	2.44	2.14	1.68
2	8.41	6.30	5.33	4.72	4.28	3.93	3.62	3.25	2.68
3	10.05	7.76	6.69	6.02	5.52	5.11	4.77	4.34	3.68
4	11.61	9.16	8.00	7.27	6.73	6.28	5.90	5.43	4.68
5	13.11	10.52	9.28	8.50	7.91	7.43	7.01	6.49	5.68
6	14.57	11.85	10.54	9.71	9.08	8.56	8.12	7.56	6.67
7	16.00	13.15	11.78	10.90	10.24	9.69	9.21	8.63	7.67
8	17.41	14.44	13.00	12.08	11.38	10.81	10.31	9.68	8.67
9	18.79	15.71	14.21	13.25	12.52	11.92	11.39	10.74	9.67
10	20.15	16.97	15.41	14.42	13.66	13.02	12.47	11.79	10.67

现在说明第二和第三步骤（见表8-38）。

表8-38　"增加的抽样风险允许限度"计算表

已排列的预计误差（1）	可靠性系数的适当增加数（2）	增加的风险限度（3）=（1）×（2）
3409	0.75	2557
682	0.55	375
341	0.46	157
合计	—	3089

这里，有两点值得注意：

一是只有小于抽样间距的逻辑样本的预计误差才被排序。

二是可靠性系数的"适当增加数"是从表8-36中第4列获得的，用该系数的"适当增加数"乘以预计误差即可求得总的抽样风险增加限度为3089元。

因此，万国公司抽样风险的总允许限度为23543元。计算如下：

基本精确度（BP）   20454 元

加：误差所致抽样风险增加限度（IA）3089 元

抽样风险总允许限度（ASR）   23543 元

（3）计算高估错误的错报上限。错报上限等于总体预计错报加上抽样风险允许限度。因此，在万国公司的例子中，错报上限为：

预计总体错报（PM）   13197 元

加：抽样风险允许限度（ASR）   23543 元

错报上限（UML）   36740 元

由此审计人员可得出结论："在 5% 的误受险下，总体账面价值的高估将不会超过36740 元。"

在万国公司的例子中，该错报上限超过了设计样本时所指定的可容忍误差 30000元。在这种情况下，审计人员应考虑有关因素之后才能形成总结论。这点将在下面"形成总结论"部分讨论。但是，不论错报上限是大于、等于或小于可容忍误差，审计人员在形成总结论之前都应考虑这些错报的性质。

（4）考虑错报性质。同属性抽样评价一样，审计人员应对金额错报的性质进行考虑。审计人员应弄清错报是由于会计原则或应用的差异所致，还是因为错误或舞弊造成的。此外，他还应考虑这些错报与其他审计阶段工作的关系。比如，如果在证实测试中发现的错报金额或错报次数，大于为样本指定误受险时所使用的控制风险估计水平，审计人员就应考虑原先的估计是否仍然适当。如果不适当，审计人员则必须重新设计这项抽样计划。

（5）形成总结论。审计人员应运用职业判断从量和质两个方面综合评价从不同来源取得的证据，以便对账户余额是否存在重要错报形成总结论。一般来说，只有在以下三个条件都存在时，审计人员才能得出"总体不存在重要错报"的结论：①PPS 抽样的结果显示，错报上限小于或等于可容忍误差；②其他证实测试的结果与抽样结果不矛盾；③性质分析结果显示没有舞弊存在。如果缺少以上任何一个条件，就必须做进一步的评价。

如果错报上限大于可容忍误差，审计人员应认真分析造成这一情况的可能原因，并针对不同的原因采取有关的行动。可能造成错报上限大于可容忍误差的原因有三种：

第一，样本并不代表总体。在所有其他的相关证据显示总体不存在重要错报时，审计人员可能会怀疑样本不是总体的代表。在这种情况下，审计人员可通过审查额外的样本单位，或执行其他替代程序，来确定总体是否存在重要错报。审计人员扩大样本规模的一种简单方法是把抽样间距除以 2，这样便产生了一个新的样本规模，其中包括了原来的所有样本单位和与之等量的新增样本单位。扩大样本规模的其他方法超出了本书讨论范围。

第二，设计样本时所指定的预期误差（AM），相对于能适当限制抽样风险允许限度的可容忍误差来说，可能不够大。也就是说，总体误差可能不超过可容忍误差，但由于总体错误比预期的要大，所以需要从样本中取得更加精确的信息。在这种情况下，审计人员可以通过审查额外的样本单位和重新评价或执行其他替代审计程序，来确定总体误差是否超过可容忍误差。

第三，总体误差可能超过可容忍误差。这时，审计人员可要求客户认真调查这些误差，如合适的话，还应要求客户调整其账面价值。

审计人员采取以上任何行动，其结果都可能涉及客户账面价值的调整。如果调整后的错报上限小于可容忍误差，那么样本结果将支持得出"在某特定误受险下，调整后总体的错报将不超过可容忍误差"的总结论。比如，在万国公司的例子中，有笔应收账款的账面价值 8000 元，而审定价值为 0。如把这一账户冲销，那么总体的预计错报 13197 元减去 8000 元就降为 5197 元。抽样风险允许限度仍保持 23543 元。错报上限将变成 36740 − 8000 = 28740（元）。这一调整后的错报上限比设计样本时所指定的可容忍误差 30000 元还低。

表 8 − 39 列示了在万国公司应收账款的审计中是如何运用和记录 PPS 抽样的。

表 8 − 39　PPS 抽样计划的工作底稿举例

客户：万国公司	工作底稿索引：C—2
资产负债表日：2001. 12. 31	编制人：张三 日期：2002. 1. 15
PPS 样本：应收账款	复核人：李四 日期：2002. 1. 20

目标：收集 2001 年 12 月 31 日有借方余额的所有"顾客账户"累计账面价值不存在重要错报的证据。

总体：有借方余额顾客账户的总账面价值。

抽样单位：逻辑抽样单位为每个顾客账户。

样本规模：总体账面价值（BV）　　　　　　　　　　　600000

　　　　　错误接受风险　　　　　　　　　　5%　RF = 3.00

　　　　　可容忍误差（TM）　　　　　　　　　　30000

　　　　　预期误差（AM）　　　　　　　　　6000　EF = 1.60

　　　　　样本规模

$$n = \frac{BV \times RF}{TM - (AM \times EF)} = \frac{600000 \times 3.0}{30000 - (6000 \times 1.6)} \qquad 88 \text{ 个}$$

选取样本：抽样间距

$$SI = \frac{BV}{n} = \frac{600000}{88} \qquad 6818 \text{ 元}$$

　　　　随机起点　　　　　　　　　　　5000

选取的逻辑样本单位列示于工作底稿　　　　　　　C − 3

执行抽样计划：

　　应用的审计程序列示于工作底稿　　　　　　C − 1

　　有错误的样本项目的账面价值和审定价值列示如下：

评价样本结果：

　　（1）计算预计错报（PM）

序号	账面价值 （BV）	审定价值 （AV）	误差感染率（%） TP＝（BV－AV）/BV	抽样间距 （SI）	预计错报（PM） PM＝TP×SI 或 BV－AV
1	950	855	10.00	6818	682
2	2500	1250	50.00	6818	3409
3	7650	6885	不适用	不适用	765
4	5300	5035	5.00	6818	341
5	8000	0	不适用	不适用	8000
合计	24400	14025			13197

（2）计算抽样风险允许限度（ASR）

a. 基本精确度 BP＝RF×SI　　　　　20454

b. 增量的抽样风险限度（Incremental Allowance for the Sampling Error）：

序号	预计误差排序	可靠性系数的适当增加数 （可靠性系数增加数减 1）	增量的抽样风险限度 （IA）
1	3409	0.75	2557
2	682	0.55	375
3	341	0.46	157
4	0	0.40	0
5	0	0.36	0
合计	—	—	3089

c. 抽样风险允许限度 ASR＝BP＋IA　　　　23543

（3）计算错报上限（UML）

错报上限 UML＝PM＋ASR＝13197＋23543　　　　36740

　　　　　　　　　　　　　　　　　　（UML＞TM）

结论：错报上限 36740 元超过可容忍误差 30000 元。客户同意冲销账面价值 8000 元的一个账户，其审定价值为 0。这样使得误差上限减至 28740 元，而低于可容忍误差。参见工作底稿 AE－2 上的调整分录。调整后，有借方余额的顾客账户，其累计账面价值不存在重要错报。

（六）PPS 抽样结果评价的第二种方法

假定审计人员计划确认测试方大公司应收账款的存在和估价认定。该公司有 450 个顾客账户，应收账款总价值为 807906 元。审计风险设定为低水平，即 5%，这意味着审计人员不能接受太大的发表错误审计意见的风险。检查风险被确定为中等，预计其他实质性测试不能有效地检查重要错报。详细测试风险（即误受险）设定为 15%。可容忍错报设定为 50000 元，过去年度没有发现错报。然而为了安全起见，审计人员使用 5000 元作为预计错报。PPS 样本设计和评价因子参数见表 8－40。

表 8 – 40　PPS 样本设计和评价因子

详细测试风险	1%	5%	10%	15%	20%	25%	30%	50%
误差膨胀系数	1.9	1.6	1.5	1.4	1.3	1.25	1.2	1.00
可信赖程序系数	4.61	3.00	2.31	1.90	1.61	1.39	1.21	0.70
抽样误差的增量准备								
已排序的高估误差								
1	1.03	0.75	0.58	0.48	0.39	0.31	0.23	0.00
2	0.77	0.55	0.44	0.34	0.28	0.23	0.18	0.00
3	0.64	0.46	0.36	0.30	0.24	0.18	0.15	0.00
4	0.56	0.40	0.31	0.25	0.21	0.17	0.13	0.00
5	0.50	0.36	0.28	0.23	0.18	0.15	0.11	0.00
6	0.46	0.33	0.26	0.21	0.17	0.13	0.11	0.00
7	0.43	0.30	0.24	0.19	0.16	0.13	0.10	0.00
8	0.41	0.29	0.22	0.18	0.14	0.12	0.09	0.00
9	0.38	0.27	0.21	0.17	0.14	0.11	0.08	0.00
10	0.36	0.26	0.20	0.17	0.14	0.10	0.08	0.00

　　错报应该按照相应百分比排序，最大的百分比乘以最大的增量准备，第二大的百分比乘以第二大的增量准备，以此类推。

　　第一步，计算抽样的样本规模。

　　首先根据表 8 – 40，当详细测试风险（即误受险）为 15% 时，查表得误差膨胀系数 EF = 1.4，可信赖程度系数 RF = 1.9，又知 BV = 807906 元，TM = 50000 元，AM = 5000 元，则样本规模为

$$n = \frac{BV \times RF}{TM - (AM \times EF)} = \frac{807906 \times 1.9}{50000 - (5000 \times 1.4)} \approx 35.70 \approx 36$$

　　第二步，确定样本选取的方法。

　　计算抽样间距（Sampling Interval）：

　　方法一：根据样本规模计算抽样间距

$$SI = \frac{BV}{n} = \frac{807906}{36} \approx 22442$$

　　方法二：根据抽样相关参数确定抽样间距

$$抽样间距 = \frac{可容忍错报 - 预计错报 \times 误差膨胀系数}{可信赖程度系数} = \frac{50000 - 50000 \times 1.4}{1.9} \approx 22632$$

　　由于对小数四舍五入的关系，以上两种方法计算出来的抽样间距存在一些差异。在现实中，审计师抽样为了方便，可能对其进行适当调整，如将抽样间距调整为 22000 元。然而，如果有计算机作为辅助工具进行抽样，就没有必要对抽样间距进行调整。

　　抽样的随机起点应该在 1 和抽样间距（假定抽样间距调整为 22000 元）之间选取。作为抽样起点的数字可以从多种途径获得，如账单的连续数字、随机数表格、软饮料

瓶的序号或者随机数字生成器等。也可以使用其他工具或审计软件来选择样本。如果使用其他工具，输入随机起点值，添加每项账面价值，每次添加后进行加总，从而可以得出每个项目的累计总和。这个过程在表 8 - 41 中可以看到，这个表格以 20000 元作为随机起点值。

表 8 - 41 固定间隔样本选择

顾客代码	账面价值（元）	累计金额（元）	选择的金额（元）	样本项目账面价值
	随机起点数	20000		
1	220	20220		
2	2200	22420	22000	22000
3	22000	44420	44000	22000
4	880	45300		
5	6128	51428		
6	2800	54228		
7	45023	99251	66000 和 88000	45023
8	10	99261		
9	8231	107492		
10	16894	124386	110000	16894
⋮	⋮	⋮		
450	1900	827906		

第一个样本项目是第一个使累计金额等于或者超过抽样间距（22000 元）的项目（见表 8 - 41 中的顾客 2）。

连续的抽样项目是那些第一次使累计总和等于或者超过抽样间距整数倍的项目，如 2 × 22000 = 44000 元；3 × 22000 = 66000 元；4 × 22000 = 88000 元；5 × 22000 = 110000 元；等等。

因此，所选择的样本项目分别是顾客 3、顾客 7、顾客 10 等，尤其是顾客 7 被选中两次，但只作为一个样本，因此，本次抽样的抽样规模将小于 36。

选择任何特定项目的概率都与货币金额的数量相关，这就是概率与规模成比例抽样名字的由来。例如，如果随机起点值产生在 21780 和 22000 之间，顾客 1 的余额 220 元就会引起累计金额第一次等于或者超过 22000 元。顾客 1 的账户有 1% 的机会选入样本（220/22000 = 1%）。顾客 2 的余额账面价值是 2200 元，有 10% 的机会选入样本（2200/22000 = 10%）。顾客 3 的余额（账面价值 22000 元）有 100% 的机会选入样本（22000/22000 = 100%），因为此项余额与样本间距相等。

所有账面价值等于或者超过间距的项目都会被选入样本，这些项目有时叫做顶层项目（Top Stratum）。顾客 7 的余额有两个可选择点，但只作为一个样本，导致实际的样本规模比原来计算的样本规模要小，而另一个不需要再次加入，因为这个选择过程所确定的项目，金额已经充分地覆盖到了。

总体可以有效地分为两组：顶层项目和较低层项目（the Lower Stratum）。前者需要 100% 的审计，后者需要从中选择样本进行审计。概率与规模成比例抽样中的样本选择过程几乎导致了无限的分层，因为从较低层选择特定项目的概率与该层中金额的大小是成比例的。这种选择方法对审计人员来说很直观，因为它用相对较小的样本规模覆盖了较大的金额比例。

使用概率与规模成比例抽样时，总体中余额为零的项目没有机会选作样本。如果需要对零余额的抽样单位进行评价以实现测试的审计目标，这些抽样单位应该同其他项目区分开，作为一个不同的总体来审计。

测试余额为负的总体项目时也需要考虑一些特殊的问题。例如，顾客账户的贷方金额代表负债，被审计单位有支付货币、发运存货或者提供劳务的责任。有两种方法来处理负余额的账户：一种方法是将负余额账户单独分开，并作为单独的总体来测试；这种方法只有在总体中包含有相当多数量的负余额项目时才使用。第二种方法是让负余额项目也参与选择过程，忽略记录余额的负号。

第三步，抽样评价方法。

概率与规模成比例抽样能够确定账户余额超过审计人员可容忍错报极限的可能性。换句话说，如果审计人员设计的样本详细测试风险水平为 15%，可容忍错报为 50000 元，审计人员实际上是在测试这样一个假设：测试的认定引起的错报导致账户余额被高估超过 50000 元的概率不应该大于 15%。

PPS 抽样结束并完成对样本的测试后，要计算出错报上限，用以估计账户余额中的潜在错报，确定是否需要进行额外的测试。错报上限被定义为在给定样本中以特定的详细测试风险水平检查错报时，总体中可能存在的最大高估金额。例如，如果审计人员在 15% 的详细测试风险水平下计算出的错报上限为 41800 元，这就表示总体中实际高估的金额高于 41800 元的机会只有 15%。错报上限产生于被测试总体的基本统计假设。错报上限（Upper Misstatement Limit）计算公式如下：

Upper Misstatement Limit = Basic Precision + Most Likely Misstatement + Incremental Allowance for the Sampling Error

其中，Basic Precision（基本精确度）是用特定误受险水平下零误差的可靠性系数（Reliability Factor, RF）乘以抽样间距（Sampling Interval, SI）计算得出的，即 BP = RF × SI。

Most Likely Misstatement（最可能错报），也称预计错报（Projected Misstatement, PM），是对账户中存在的实际错报金额的最恰当估计。

Incremental Allowance for the Sampling Error（递增抽样误差准备），是指对于估计的错报上限，可能存在由于统计方法的属性而导致的错报的增量。

1. 样本没有错报时抽样评价

当样本中没有发现错报时，错报上限和基本精确度相同，即 Upper Misstatement Limit = Basic Precision + Most Likely Misstatement + Incremental Allowance for the Sampling Error = Basic Precision + 0 + 0 = RF × SI。

如果样本中没有发现错报，审计人员对总体中全部错报数量的最乐观估计是 0，但是未审计项目中可能包括错报。基本精确度是对总体中未审计部分包含的最大潜在错报数量的测量，反映该审计测试行为存在的风险水平。

因为基本精确度 $BP = RF \times SI = 1.9 \times 2200$ 元 $= 41800$ 元，小于可容忍错报（50000元），审计人员可以得出结论：账面价值被严重高估的概率小于15%。于是审计人员不需要进行额外的测试。

2. 样本出现高估错报时的抽样评价

当审计人员对 PPS 抽样的样本进行测试时，发现样本存在高估错报时，审计人员的任务就是确定是否存在错报账户余额超过可容忍错报的风险。因此重要的并不是样本中发现的错报，而是这些错报所代表的总体的性质。评价分为两个部分：①确定顶层的错报；②预计较低层的错报（见表8－42）。

表8－42　对审计总体进行分层

样本分层	测试范围	预计总体错报
顶层（账面价值≥样本间距）	100%测试	不需要预计，因为顶层中的所有错报都是已知的
较低层（账面价值＜样本间距）	抽取的样本	利用样本中的错报来估计总体中低层账户存在的错报

顶层账户的账面价值都大于选样区间（Selection Interval），所以都经过了完整的审计，而对于账面价值在选样区间以下的账户来说，是通过抽样出来的，只有被抽出来作为样本的账户才经过审计。

因此，对于顶层账户的错报金额可以肯定地知道，不需要去估计，而对低层样本发现的错报则必须去估计其所在的低层总体存在的错报，然后再结合顶层账户中所发现的错报去估计总体账户余额（Account Balance）存在的最可能错报（the Most Likely Misstatement）和最大潜在错报（Maximum Potential Misstatement）。

对较低层项目的错报分析包括确定每个错报样本项目的账面价值被高估或低估的百分比（感染率百分比，即 the Tainting Percentage，TP），所有存在错报的样本项目都要计算感染率百分比（TP）。审计师人员将感染率百分比乘以抽样间距就可以得到预计错报。审计人员将根据低层样本得到的所有预计错报与顶层账户所得的实际错报（the Actual Misstatement）相加，就可以来计算总体的最可能错报。

下面举例说明。

假定审计师对上述公司应收账款账户的审计，抽样间距为22000元，检查风险为15%，假定审计师通过对表8－41中所示的样本进行审计后，发现错报见表8－43。

表8－43　计算样本错报感染率

序号	账面价值	审计价值（元）	错报（元）	感染率百分比
1	45023	44340	683	不适用
2	2000	1940	60	3%
3	8300	8217	83	1%

在表8-43中，只有一个顶层错报，其账面价值为45023元的项目，其审计价值为44340元，导致顶层高估了683元。因为所有的顶层项目都要审计，因此不需要估计顶层错报。但是顶层错报金额要用来估计总体错报。

较低层样本包含两项错报。第一个较低层错报来自于账面价值为2000元的项目，其审计价值是1940元，高估了60元或60/2000×100% =3%（感染率百分比，指错报金额除以账面价值）。因为该项目选自于22000元的抽样间距，那么就可以认为整个间距被高估3%，或者被高估22000×3% =660元。

与此类似，低层样本第二个错报是83元（账面价值8300元，审计价值8217元），导致1%的感染率百分比，也就是整个间距出现高估22000×1% =220元的错报。因此估计的较低层错报的总额是880元。将抽样间距乘以总的感染率百分比也可以得出相同的结果（22000元×4%）。

总体的最可能错报 = 顶层错报 + 较低层最可能错报 = 683元 + 880元 = 1563元。因为发现了较低层错报，所以需要计算抽样误差额外准备（Additional Allowance for the Sampling Error）。用误差百分比乘以表8-40中的递增抽样误差准备系数（the Incremental Allowance for the Sampling Error Factors），并且将误差百分比按从大到小进行排序，就可以计算出抽样误差额外准备。表8-44为根据较低层样本错报来推断总体错报。

表8-44 较低层错报计算表

较低层错报排序	感染率百分比	抽样间距	结论
第一最大差错%	3%	22000	660
第二最大差错%	1%	22000	220
合计	4%	22000	880

查表8-40，当详细测试风险为15%，排在第一位的高估误差（3%）对应的递增抽样误差准备系数为0.48，排在第二位的高估误差（1%）对应的递增抽样误差准备系数为0.34，代入表8-45中，计算低层错报抽样误差的增量准备。

表8-45 低层错报抽样误差的增量准备计算表

较低层错报排序	感染率百分比 (1)	递增抽样误差准备系数 (2)	增量感染率百分比 (3) = (1) × (2)	抽样间距错报 (4) = (3) ×22000
第一大%	3%	0.48	1.44%	316.8
第二大%	1%	0.34	0.34%	74.8
合计	4%	—	1.78%	391.6

由表8-45计算出低层错报递增的抽样误差准备：

$$（1.44\% + 0.34\%）×22000 = 391.6 ≈ 392（元）$$

由上得到，错报上限（Upper Misstatement Limit）计算如下：

Upper Misstatement Limit = Basic Precision + Most Likely Misstatement + Incremental Allowance for the Sampling Error = RF × SI + Most Likely Misstatement + Incremental Allowance for the Sampling Error = 1. 9 × 22000 + 1563 + 392 = 43755（元）

统计结果表示审计人员有85%的把握（详细测试风险为15%）认为总体被高估的金额不超过43755元。

因为错报上限（UML = 43755元）小于可容忍错报（TM = 50000元），审计人员可以得出结论：在预计的风险水平下，总体不存在高估的重大错报。如果错报上限超过了可容忍错报，即 UML > TM，审计师就要进行额外的测试。

3. 样本出现低估错报时的抽样评价

前面的例子假设审计样本中只有高估错报，而审计人员可能会碰到低估账户余额的情况。例如，审计人员可能发现由于被审计单位没有把运费记入发票金额，导致相关应收账款账户被低估。这是一项系统差错。再如，余额为500元的账户遗漏了50元的运费，这就导致10% = 50/500的低估误差。

当面对低估时，审计人员可能采取两种行动：第一种行动是在样本评价时忽略该项低估，如果对于低估错报还有其他的审计测试，应该将低估包括在其他测试中；第二种行动是审计人员可以对低估进行单独的分析。审计人员要计算最可能的低估错报（Most Likely Misstatement）：

$$10\% \times 22000 = 2200（元）$$

基本精确度水平 BP = RF × SI = 1. 9 × 22000 = 41800（元）

抽样误差的递增准备为

$$0.48 \times 0.10 \times 22000 = 1056（元）$$

因此，低估的错报上限就是：

Upper Misstatement Limit = Basic Precision + Most Likely Misstatement + Incremental Allowance for the Sampling Error = RF × SI + Most Likely Misstatement + Incremental Allowance for the Sampling Error = 41800 + 2200 + 1056 = 45056（元）。

4. 总结分析

当发现错报时，审计人员不仅应该关注错报的数量和金额，还应该关注错报的本质和发生原因，以及是否有证据表明这种错报是系统性的？如果发现是系统性发生的错报，审计人员可以要求对被审计单位进行调查，并估计是否有必要进行纠正。审计人员可以复核测试这项估计。更重要的是，审计人员可以为被审计单位提供改进的建议以防止以后发生类似错误。例如，有几项确认回执表明货物在期末结束前已经退回，但是相应的贷方金额在下一年才予以记录，而且审计人员了解到处理这些贷方金额的员工在年末时经常被临时调往其他部门。在这种情况下，仔细检查年末以前退回存货的签收报告和下一年度已记录的贷方金额有助于找出证据证明需要纠正的错报的范围。

审计人员应该确定错报是否反映了误差或者舞弊，后者预示了主要的审计问题。另外，审计人员应该考虑错报与审计其他阶段的关系。应收账款中存在的问题或许能够揭示出已记录的销售准确性方面的问题。

发现的错报超过审计计划阶段预计的错报表明计划阶段的假设不正确，也许内部控制程序不像计划阶段所评价的那么有效，审计人员应该重新考虑对内部控制的评价。如果被审计单位是上市公司，审计人员需要对财务报告的内部控制有效性发表否定意见。

（七）PPS 抽样结果评价的第三种方法

使用 PPS 抽样时，注册会计师应根据样本结果推断总体错报，并计算抽样风险允许限度（Allowance for Sampling Risk，ASR）。如果样本中没有发现错报，推断的总体错报就是零，抽样风险允许限度小于或等于设计样本时使用的可容忍错报（the Tolerable Misstatement，TM）。在这种情况下，注册会计师通常不需要进行额外的计算就可得出结论，在既定的误受风险下，总体账面金额高估不超过可容忍错报。

因为错报上限（UML）= 预计总体错报（PM）+ 抽样风险允许限度（ASR）= 0 + ASR = ASR < TM。

如果样本中发现了错报，注册会计师需要计算推断的错报（TM）和抽样风险允许限度（ASR），从而最终计算出错报上限（UML）与可容忍错报（TM）相比较。

1. 计算错报比例（Tainting Percentage）

如果在实物单元中发现了错报，注册会计师要计算该实物单元的错报比例（用 t 表示），即用该实物单元中的错报金额除以该实物单元的账面金额。

$$t = \frac{错报金额}{项目账面金额}$$

t 代表该实物单元包含的每一个货币单元中存在的错报金额，它也为注册会计师提供了与所抽取的货币单元中存在的错报有关的信息。例如，如果某客户账户余额的账面金额是 100 元，其中有 50 元是高估（即审定金额为 50 元），那么该账户余额的错报比例是：

$$t = \frac{错报金额}{项目账面金额} = \frac{50}{100} = 0.50$$

注册会计师可以说该账户余额中的每一货币单元都存在 0.50 元的错报。在 PPS 抽样中，注册会计师在推断总体错报时需要使用样本中存在错报的货币单元的错报比例这一数据 t。注册会计师首先将错报分为高估错报和低估错报两组，然后两组分别按降序排列错报比例。例如，如果两个高估错报的错报比例分别为 0.37 和 0.42，不管错报的金额如何，将 0.42 作为 t_1，将 0.37 作为 t_2。

2. 推断总体

完成排序后，注册会计师使用泊松分布评价特定抽样风险水平下货币单元的抽样结果。注册会计师应当计算在一定的保证水平下总体中的错报上限，并判断总体是否存在重大错报。

在会计总体中，错报就是泊松分布中的事件，而内部控制系统就是泊松分布中的过程。泊松分布可以计算出，对于特定的风险水平，在组成样本的 n 个抽样单元中有 x 个发生了某事件时，总体中任一规模为 n 的样本发生该事件的最大频率（Maximum Frequence，MF_x），即任意 n 个项目最多发生 MF_x 次该事件。因此，泊松分布可以告诉注册会计师，在一定的风险水平下，如果样本中发现了 x 个错报，任一规模为 n 的样本中可能存在的最大错报 MF_x 是多少，或者说任意 n 个样本项目最多发生 MF_x 个错报。

表 8-46 中的风险系数就是规模为 n 的样本在特定误受风险水平下的最大错报数量 MF_x。注册会计师用 MF_x 除以样本规模 n，得到的就是每个项目的错报最大发生率，并用其推断总体。

表 8-46 PPS 抽样风险可靠性系数表（RF（n））① （适用于高估）

高估错报数量	误受风险								
	1%	5%	10%	15%	20%	25%	30%	37%	50%
0	4.61	3.00	2.31	1.90	1.61	1.39	1.21	1.00	0.70
1	6.64	4.75	3.89	3.38	3.00	2.70	2.44	2.14	1.68
2	8.41	6.30	5.33	4.72	4.28	3.93	3.62	3.25	2.68
3	10.05	7.76	6.69	6.02	5.52	5.11	4.77	4.34	3.68
4	11.61	9.16	8.00	7.27	6.73	6.28	5.90	5.43	4.68
5	13.11	10.52	9.28	8.50	7.91	7.43	7.01	6.49	5.68
6	14.57	11.85	10.54	9.71	9.08	8.56	8.12	7.56	6.67
7	16.00	13.15	11.78	10.90	10.24	9.69	9.21	8.63	7.67
8	17.41	14.44	13.00	12.08	11.38	10.81	10.31	9.68	8.67
9	18.79	15.71	14.21	13.25	12.52	11.92	11.39	10.74	9.67
10	20.15	16.97	15.41	14.42	13.66	13.02	12.47	11.79	10.67
11	21.49	18.21	16.60	15.57	14.78	14.13	13.55	12.84	11.67
12	22.83	19.45	17.79	16.72	15.90	15.22	14.63	13.89	12.67
13	24.14	20.67	18.96	17.86	17.02	16.32	15.7	14.93	13.67
14	25.45	21.89	20.13	19.00	18.13	17.40	16.77	15.97	14.67
15	26.75	23.10	21.30	20.13	19.24	18.49	17.84	17.02	15.67
16	28.03	24.31	22.46	21.26	20.34	19.58	18.9	18.06	16.67
17	29.31	25.50	23.61	22.39	21.44	20.66	19.97	19.10	17.67
18	30.59	26.70	24.76	23.51	22.54	21.74	21.03	20.14	18.67
19	31.85	27.88	25.91	24.63	23.64	22.81	22.09	21.18	19.67
20	33.11	29.07	27.05	25.74	24.73	23.89	23.15	22.22	20.67

现假定当样本规模为 50 时，当误受风险为 5% 和 10% 时，根据样本发现的错报数量不同，查表 8-46 计算在不同的抽样风险水平下一定的错报数量所对应的错报最大发生率，具体计算见表 8-47。

从表 8-47 可得，如果在 50 个样本中没有发现错报，当误受风险为 5% 时，任意

---

① RF（n）is the reliability factor for n misstatements at a given confidence level.

50 个样本项目中存在的错报不超过 3.00 个（从表 8 - 46 中查得），每个项目发生错报的比率不超过 3.00 ÷ 50 = 6.0%。

当误受风险为 10% 时，如果在 50 个样本中没有发现错报，任意 50 个样本项目中存在的错报不超过 2.31 个（从表 8 - 46 中查得），每个项目发生错报的比率不超过 2.31 ÷ 50 = 4.62%。

如果在 50 个样本中发现了 1 个错报，那么当误受风险为 5% 时，任意 50 个样本项目中存在的错报不超过 4.75 个（从表 8 - 46 中查得），每个项目发生错报的比率不超过 4.75 ÷ 50 = 9.5%。

当误受风险为 10% 时，如果在 50 个样本中发现了 1 个错报，任意 50 个样本项目中存在的错报不超过 3.89 个（从表 8 - 46 中查得），每个项目发生错报的比率不超过 3.89 ÷ 5 = 7.78%。

表 8 - 47　错报最大发生率表

发现错报的数量	风险水平（误受风险）	错报最大发生频率 MF_x	错报最大发生率（$MF_x/50$）
0	5%	3	3.00 ÷ 50 = 6.0%
0	10%	2.31	2.31 ÷ 50 = 4.62%
1	5%	4.75	4.75 ÷ 50 = 9.5%
1	10%	3.89	3.89 ÷ 50 = 7.78%

错报最大发生率并不能直接提供总体中可能存在的错报金额的信息，注册会计师还需要将错报发生率转换为金额。假设某总体包含 N 个抽样单元，如果在样本的 n 个货币单元中发现了 x 个错报，那么计算的既定风险水平下每个抽样单元存在错报的最大比率就是 MF_x/n。

注册会计师可以推断，总体中存在高估错报的抽样单元的数量不超过：

总体高估错报的最大数量（Maximum Number of Misstatement，MNM）$= N \times \dfrac{MF_x}{n}$

如果这些抽样单元中的错报金额最大是 X，那么估计总体高估错报的最大金额（Maximum Dollar of Misstatement，MDM）是：

$$MDM = N \times \frac{MF_x}{n} \times X$$

对 PPS 样本而言，账面金额（BV）就是总体中包含的项目（货币单元）数量，每一货币单元可能发生的最大高估错报是 1 元（即 PPS 抽样要求任一项目错报金额不能超过账面金额）。既然 N = BV、X = 1，则估计的总体高估错报上限（UML）是：

$$UML = max(MDM) = BV \times \frac{MF_x}{n} \times 1$$

但是，这样计算出来的总体高估错报上限假设总体中每一错报的错报比例均为 100%（即实际审定的金额为 0），而在许多抽样中，并非所有错报的错报比例都是 100%。为了提高预计总体错报上限的准确度，注册会计师可以利用从样本中发现的其他信息和泊松分布中 MF_x 累积增加的特点，对上述总体高估错报上限的点估计值进行修正。

（1）样本中没有发现错报。如果样本中没有发现错报，注册会计师估计的总体错报上限（UML）（当没有错报时称为"基本界限"）是：

$$基本界限 = BV \times \frac{MF_0}{n} \times 1$$

"基本界限"表示不管样本结果如何，注册会计师在给定的风险水平下估计的总体错报上限总是不会低于这个"基本界限"。在预计总体错报为 0 时，"基本界限"实际上等于可容忍错报。

（2）样本中发现错报。如果在样本中发现了 1 个错报，估计的总体错报上限（UML）就会大于这个"基本界限"。实际上，由于发现了 1 个错报而增加的总体错报上限点估计值是：

$$发现了 1 个错报所增加的错报上限 = BV \times \frac{MF_1 - MF_0}{n} \times 1$$

此时，总体错报上限（UML）的点估计值等于基本界限与样本中发现 1 个错报所增加的错报上限之和，即

$$总体错报上限 = BV \times \frac{MF_1}{n} \times 1 = \left[BV \times \frac{MF_0}{n} \times 1 \right] + \left[BV \times \frac{MF_1 - MF_0}{n} \times 1 \right]$$

如果在样本中发现了 2 个错报，总体错报上限（UML）的点估计值就等于基本界限加上发现第一个错报的额外影响再加上发现第二个错报的额外影响，即

$$总体错报上限 = BV \times \frac{MF_2}{n} \times 1$$

$$= \left[BV \times \frac{MF_0}{n} \times 1 \right] + \left[BV \times \frac{MF_1 - MF_0}{n} \times 1 \right] + \left[BV \times \frac{MF_2 - MF_1}{n} \times 1 \right]$$

当假设每个货币单元的高估错报金额是 1 元时，泊松分布 MF 值的累积性质对在基本界限上增加的部分并不重要。但是，如果 PPS 样本中的额外信息（如错报比例为 t）也加以使用的话，这种累积性质就非常重要。注册会计师可以利用按相对大小排序的高估错报比例（t）来估计总体高估错报上限。由于高估错报不超过 1 元，基本界限仍然同上。但是，如果发现一个错报的错报比例是 t，发现这个错报的额外影响就是：

$$发现了一个错报所增加的错报上限 = BV \times \frac{MF_1 - MF_0}{n} \times t$$

如果发现了两个错报，它们的排序会影响其对总体错报上限点估计值的额外影响。令 t_1 表示排在第一（从高到低）的错报比例，t_2 表示排在第二的错报比例，那么：

$$第一个错报的影响 = BV \times \frac{MF_1 - MF_0}{n} \times t_1$$

$$第二个错报的影响 = BV \times \frac{MF_2 - MF_1}{n} \times t_2$$

使用错报比例 t 计算的总体错报上限（UML）点估计值将是特定风险水平下最保守的估计值。

下面举例说明这种评价方法，假设应收账款账面金额为 100000 元，样本规模确定为 100，则抽样间隔（Sampling Interval，SI）为 SI = 100000/100 = 1000 元。审计师在抽样规模为 100 的样本中发现两个高估错报，且 $t_1 = 0.8$，$t_2 = 0.5$，则误受风险为 5% 时的总体错报上限（UML）点估计值是：

$$总体错报上限 = \left[100000 \times \frac{3.00}{100} \times 1\right] + \left[100000 \times \frac{4.75 - 3.00}{100} \times 0.8\right] +$$

$$\left[100000 \times \frac{6.30 - 4.75}{100} \times 0.5\right] = 5175 \text{ 元}$$

如果在样本中既发现了高估错报，又发现了低估错报，注册会计师可以根据发现的低估错报调整总体错报上限点估计值。

调整的总体错报上限 = 总体错报上限 - 低估错报最佳估计值 = 总体错报上限 - $\frac{低估错报的错报比例合计}{样本规模} \times$ 总体账面金额

但是，如果在测试高估错报时在样本中发现了大量低估错报，注册会计师应当引起注意，考虑是否使用其他抽样方法单独进行低估测试。

3. PPS 抽样示例

本部分举例说明在测试高估错报时使用 PPS 抽样的主要步骤和方法。

假定注册会计师在审计中大公司时，使用 PPS 抽样方法测试中大公司 2009 年 12 月 31 日的存货余额。2009 年 12 月 31 日中大公司的存货账户余额为 3000000 元。用 BV 表示总体账面金额，则有 BV = 3000000 元。注册会计师确定的可接受误受风险（Acceptable Risk of Incorrect Acceptance）为 5%，可容忍错报（TM）为 60000 元，预计总体错报（Anticipated Misstatement，AM）为 0。拟测试的存货账面金额由 50000 个明细账组成，即总体中实物单元的数量 N = 50000。

我们使用样本规模公式来确定所需的样本规模，即

$$样本规模 \, n = \frac{总体账面价值 \times 可靠性系数}{可容忍错报 - 预计总体错报 \times 扩张系数}$$

在上述公式中，总体账面价值，即账面金额 BV = 3000000 元，可容忍错报 TM = 60000 元，预计总体错报 AM = 0。我们用 RF 表示误受风险的风险系数（由表 10 - 14 查取），用 EF 表示预计总体错报的扩张系数，则样本规模就是：

$$样本规模 \, n = \frac{总体账面价值 \times 可靠性系数}{可容忍错报 - 预计总体错报 \times 扩张系数} = \frac{BV \times RF}{TM - (AM \times EF)} = \frac{3000000 \times 3}{60000 - 0 \times 1.60} = 150$$

抽样间距计算公式为

$$SI = \frac{BV}{n}$$

在本公司的例子中，选样间距为

$$SI = \frac{BV}{n} = \frac{3000000}{150} = 20000 \text{（元）}$$

在本例中，假设所有的存货明细账余额都小于 20000 元，即没有超过抽样间隔的实物单元。如果有实物单元超出抽样间隔，应当对这些实物单元进行 100% 的检查。

注册会计师运用系统选样法选出所需的 150 个样本并对与其相关的实物单元进行

测试后，在样本中发现了两个错报。第一个错报是账面金额为 1000 元的项目有 500 元的高估错报，错报比例为 $500/1000 = 0.5$；第二个错报是账面金额为 2000 元的项目有 1600 元的高估错报，错报比例为 $1600/2000 = 0.8$。注册会计师将错报比例从大到小排序，则有：

$$t_1 = \frac{1600}{2000} = 0.8$$

$$t_2 = \frac{500}{1000} = 0.5$$

注册会计师利用样本错报的相关信息计算总体错报上限（UML）的估计值，其步骤如下：

$$\text{基本界限} = BV \times \frac{MF_0}{n} \times 1 = 3000000 \times \frac{3.00}{150} \times 1 = 60000 \text{（元）}$$

第一个错报所增加的错报上限 $= BV \times \frac{MF_1 - MF_0}{n} \times t_1 = 3000000 \times \frac{4.75 - 3.00}{150} \times 0.8 = 28000$（元）

第二个错报所增加的错报上限 $= BV \times \frac{MF_2 - MF_1}{n} \times t_2 = 3000000 \times \frac{6.30 - 4.75}{150} \times 0.5 = 15500$（元）

总体错报上限 = 基本界限 + 第一个错报所增加的错报上限 + 第二个错报所增加的错报上限 $= 60000 + 28000 + 15500 = 103500$（元）。

由于计算的总体错报上限 UML $= 103500$ 元超过了可容忍错报 TM $= 60000$ 元，注册会计师决定不接受账面金额，并扩大样本规模进行进一步检查。

表 8-48 汇总反映了上述过程。

表 8-48 PPS 抽样工作底稿

步骤	应用
1. 确定测试目标和相关参数（BV、TM、ARIA、N、AM）。 其中，BV 为总体账面金额；TM 为可容忍错报；ARIA 为可接受的误受风险；N 为总体中实物单元的数量；AM 为预计总体错报	注册会计师拟测试被审计单位的存货余额 3000000 元在价格和数量方面是否存在重大错报。 相关参数：BV = 3000000 元，TM = 60000 元，ARIA = 5%，N = 50000 个存货明细账，AM = 0
2. 选择样本。如果总体随机分布则可使用 PPS 系统选样。 样本规模 $n = \dfrac{\text{总体账面价值} \times \text{可靠性系数}}{\text{可容忍错报} - \text{预计总体错报} \times \text{扩张系数}}$ 抽样间隔 = 总体账面金额/样本规模 随机起点 RS——在 0 和 SI 之间随机选取 选取的货币单元为 RS，RS + SI，RS + 2SI，RS + 3SI，…，RS + (n-1) SI	样本规模 = （3000000 × 3）/（60000 - 0 × 1.6）= 150 抽样间隔 SI = 3000000 ÷ 150 = 20000 随机起点 RS = 1795（从随机数表抽取） 选取的货币单元： 1795；211795；41795；…… 假设本例中所有的存货明细账余额都在区间（0，20000）

步骤	应用
3. 测试与选取的货币单元相关联的实物单元	（略）
4. 评价样本，确定每一个存在错报的实物单元的错报比例，令 t_1 为最高的错报比例 t_2 为第二高的错报比例，以此类推	在样本中发现了两个错报。第一个错报是账面金额为1000元的项目有500元的高估错报，第二个错报是账面金额为2000元的项目有1600元的高估错报（注意：t_1 是最高的错报比例，而不是最大的错报金额）。 $t_1 = 1600/2000 = 0.8$ $t_2 = 500/1000 = 0.5$
5. 计算基本界限和错报对总体错报界限的影响	基本界限 $= 3000000 \times \dfrac{3.00}{150} \times 1 = 60000$ 元 第一个错报所增加的错报上限 $= 3000000 \times \dfrac{4.75 - 3.00}{150}$ $\times 0.8 = 28000$（元） 第二个错报所增加的错报上限 $= 3000000 \times \dfrac{6.30 - 4.75}{150}$ $\times 0.5 = 15500$（元） 总体错报上限 $UML = 60000 + 28000 + 15500 = 103500$（元） 其中包含的推断错报为 $0.8 \times 20000 + 0.5 \times 20000 = 26000$ 元
6. 将计算的总体错报上限点估计值与可容忍错报比较，决定是否接受账面金额。	注册会计师以95%的把握认为存货账户中的错报不超过103500元。 由于103500元超过了可容忍错报（60000元），注册会计师应当决定不接受账面金额

（八）PPS 抽样的优缺点

PPS 抽样除了具备统计抽样的一般优点之外，还具有一些特殊之处。了解 PPS 抽样的优点和不足有助于注册会计师确定在测试中是否使用 PPS 抽样。

1. PPS 抽样的优点

（1）PPS 抽样一般比传统变量抽样更易于使用。由于 PPS 抽样以属性抽样原理为基础，注册会计师可以很方便地计算样本规模，手工或使用量表评价样本结果。样本的选取可以在计算机程序或计算器的协助下进行。

（2）PPS 抽样可以发现极少量的大额错报，原因在于它通过将少量的大额实物单元拆成数量众多、金额很小的货币单元，从而赋予大额项目有更多的机会被选入样本。

（3）PPS 抽样的样本规模无须考虑被审计金额的预计变异性。传统变量抽样的样本规模是在总体项目共有特征的变异性或标准差的基础上计算的。PPS 抽样在确定所需的样本规模时不需要直接考虑货币金额的标准差。

（4）PPS 抽样中项目被选取的概率与其货币金额大小成比例，因而生成的样本自动分层。如果使用传统变量抽样，注册会计师通常需要对总体进行分层，以减小样本规模。在 PPS 抽样中，如果项目金额超过选样间距，PPS 系统选样将自动识别所有单个重大项目。

（5）如果注册会计师预计错报不存在或很小，PPS 抽样的样本规模通常比传统变量抽样方法更小。

（6）PPS 抽样的样本更容易设计，且可在能够获得完整的总体之前开始选取样本。

2. PPS 抽样的缺点

（1）PPS 抽样要求总体每一实物单元的错报金额不能超出其账面金额。

（2）在 PPS 抽样中，被低估的实物单元被选取的概率更低。PPS 抽样不适用于测试低估。如果注册会计师在 PPS 抽样的样本中发现低估，在评价样本时需要特别考虑。

（3）对零余额或负余额的选取需要在设计时特别考虑。例如，如果准备对应收账款进行抽样，注册会计师可能需要将贷方余额分离出去，作为一个单独的总体。如果检查零余额的项目对审计目标非常重要，注册会计师需要单独对其进行测试，因为零余额的项目在 PPS 抽样中不会被选取。

（4）当总体中错报数量增加时，PPS 抽样所需的样本规模也会增加。在这些情况下，PPS 抽样的样本规模可能大于传统变量抽样所需的规模；

（5）当发现错报时，如果风险水平一定，PPS 抽样在评价样本时可能高估抽样风险的影响，从而导致注册会计师更可能拒绝一个可接受的总体账面金额。

（6）在 PPS 抽样中注册会计师通常需要逐个累计总体金额。但如果相关的会计数据以电子形式储存，就不会额外增加大量的审计成本。

第六节　实质性测试中非统计抽样的运用

审计人员在证实测试中，也可以使用非统计抽样。非统计抽样与统计抽样的主要差别是在确定样本规模和评价样本结果这两个步骤。在统计抽样中，这些步骤比较客观和严格，而非统计抽样则较主观，且更多的运用个人判断。尽管在统计抽样中审计人员也要运用职业判断，但在非统计抽样中，审计人员运用职业判断清楚的认识统计样本中某些关系，将更有助于设计和评价非统计样本。下面对实质性测试中非统计抽样的运用进行适当介绍。

一、非统计抽样的样本设计

实施细节测试时，注册会计师在样本设计阶段必须完成的工作包括四个环节：明确测试目标、定义总体、定义抽样单元以及界定错报。

1. 明确测试目标

在细节测试中，抽样通常用来为有关财务报表金额的一项或多项认定（如应收账款的存在性）提供特定水平的合理保证。因而细节测试旨在对各类交易、账户余额和披露的相关认定进行测试，尤其是对存在或发生、计价认定的测试。注册会计师实施审计程序的目标就是确定相关认定是否存在重大错报。通过在账户余额中选取项目进行测试，注册会计师可以检查出那些虚构项目、余额中不应包含的项目（分类错误的项目）以及估价错误的项目。

　　2. 定义总体

　　（1）考虑总体的适当性和完整性。注册会计师应确信抽样总体适合于特定的审计目标。

　　例如，注册会计师如果对已记录的项目进行抽样，就无法发现由于某些项目被隐瞒而导致的金额低估。为发现这类低估错报，注册会计师应从包含被隐瞒项目的来源选取样本。例如，注册会计师可能对随后的现金支付进行抽样，以测试由隐瞒采购所导致的应付账款账面金额低估；或者对装运单据进行抽样，以发现由已装运但未确认为销售的交易所导致的低估销售收入问题。

　　（2）识别单个重大项目（超过可容忍错报应该单独测试的项目）和极不重要的项目。在细节测试中计划抽样时，注册会计师应当运用职业判断，判断某账户余额或交易类型中是否存在及存在哪些应该单独测试而不能放在抽样总体中的项目。某一项目可能由于存在特别风险或者金额较大而应被视为单个重大项目。注册会计师应当对单个重大项目逐一实施检查，以将抽样风险控制在合理的范围。单个重大项目包括那些潜在错报可能超过可容忍错报的所有单个项目，以及异常的余额或交易。注册会计师进行单独测试的所有项目都不构成抽样总体。增加单独测试的账户可以减少样本规模。因此单独测试的账户越多，拟抽样的剩余总体越小，可容忍错报占抽样总体的比例越高。

　　如果主要关注高估，注册会计师会发现总体中有些项目加总起来是不重要的，或者被认为代表较低的固有风险，可以从抽样计划中剔除这些项目，以集中精力于与审计相关度更高的项目，必要时可以对固有风险很低的项目实施分析程序。

　　3. 定义抽样单元

　　在细节测试中，注册会计师应根据审计目标和所实施审计程序的性质，定义抽样单元。抽样单元可能是一个账户余额、一笔交易或交易中的一个记录（如销售发票中的单个项目），甚至是每个货币单元。例如，如果抽样的目标是测试应收账款是否存在，注册会计师可能选择各应收账款明细账余额、发票或发票上的单个项目作为抽样单元。选择的标准是，如何定义抽样单元能使审计抽样实现最佳的效率和效果。

　　注册会计师定义抽样单元时也应考虑实施计划的审计程序或替代程序的难易程度。如果将抽样单元界定为客户明细账余额，当某客户没有回函证实该余额时，注册会计师可能需要对构成该余额的每一笔交易进行测试。因此，如果将抽样单元界定为构成应收账款余额的每笔交易，审计抽样的效率可能更高。

　　4. 界定错报

　　在细节测试中，误差是指错报，注册会计师应根据审计目标，确定什么构成错报。例如，在对应收账款存在性的细节测试中（如函证），客户在函证日之前支付、被审计单位在函证日之后不久收到的款项不构成误差。而且，被审计单位在不同客户之间误登明细账也不影响应收账款总账余额。即使在不同客户之间误登明细账可能对审计的其他方面（如对舞弊的可能性或坏账准备的适当性的评估）产生重要影响，注册会计师在评价应收账款函证程序的样本结果时不宜将其判定为误差。在审计抽样中，注册会计师应根据审计目标界定错报。如果错报定义为账面金额与注册会计师审定金额之间的差异，不符合相关特征的差异就不是错报。例如，在登记明细账时发生的差错，如果不导致账户余额合计数发生错误，就不属于错报。注册会计师还可能将被审计单位自己发现并已在适当期间予以更正的错报排除在外。

二、非统计抽样的样本选取

（一）确定样本规模
1. 影响样本规模的因素

如果在细节测试中使用非统计抽样，注册会计师在确定适当的样本规模时，也需要考虑相关的影响因素，如总体变异性、可接受抽样风险、可容忍错报、预计总体错报以及总体规模等，即使注册会计师无法明确地量化这些因素。

（1）总体的变异性。总体项目的某一特征（如金额）经常存在重大的变异性。在细节测试中确定适当的样本规模时，注册会计师应考虑特征的变异性。注册会计师通常根据项目账面金额的变异性估计总体项目审定金额的变异性。衡量这种变异或分散程度的指标是标准差。注册会计师在使用非统计抽样时，不需要量化期望的总体标准差，但要用"大"或"小"等定性指标来估计总体的变异性。总体项目的变异性越低，通常样本规模越小。

（2）可接受的抽样风险。细节测试中的抽样风险分为两类：误受风险和误拒风险。在细节测试中使用非统计抽样方法时，注册会计师主要关注误受风险。

在确定可接受的误受风险水平时，注册会计师需要考虑下列因素：①注册会计师愿意接受的审计风险水平；②评估的重大错报风险水平；③针对同一审计目标（财务报表认定）的其他实质性程序的检查风险，包括分析程序。

在实务中，注册会计师愿意承担的审计风险通常为5%～10%。当审计风险既定时，如果注册会计师将重大错报风险评估为低水平，就可以在实质性程序中接受较高的误受风险。当可接受的误受风险增加时，实质性程序所需的样本规模降低。相反，如果注册会计师评估的重大错报风险水平较高，可接受的误受风险降低，所需的样本规模就增加。注册会计师对其他实质性程序的依赖程度对样本规模的影响与此类似，其他实质性程序包括与同一审计目标相关的分析程序。

在细节测试中，误拒风险与审计的效率有关，如果注册会计师决定接受一个较高的误拒风险，所需的样本规模降低。在设计样本时，与控制测试中对信赖不足风险的关注相比，注册会计师在细节测试中对误拒风险的关注程度通常更高。如果控制测试中的样本结果不支持计划的重大错报风险评估水平，注册会计师可以实施其他的控制测试以支持计划的重大错报风险评估水平，或根据测试结果提高重大错报风险评估水平。由于替代审计程序比较容易实施，因此，对控制信赖不足给注册会计师和被审计单位造成的不便通常相对较小。但是，如果在某类交易或账户余额的账面金额可能不存在重大错报时根据样本结果得出存在重大错报的结论，注册会计师采用替代方法可能花费的成本大得多。通常，注册会计师需要与被审计单位的人员进一步讨论，并实施额外的审计程序。

（3）可容忍错报。对特定的账户余额或交易类型而言，当误受风险一定时，如果注册会计师确定的可容忍错报降低，为实现审计目标所需的样本规模就增加。

（4）预计总体错报。在确定细节测试所需的样本规模时，注册会计师还需要考虑预计在账户余额或交易中存在的错报金额和频率。预计总体错报的规模或频率降低，所需的样本规模也降低。相反，预计总体错报的规模或频率增加，所需的样本规模也增加。如果预期错报很高，注册会计师在实施细节测试时对总体进行100％检查或使用较大的样本规模可能较为适当。

注册会计师在运用职业判断确定预计错报金额时，应当考虑被审计单位的经营状况、以前年度对账户余额或交易类型进行测试的结果、初始样本的结果、相关实质性程序的结果以及相关控制测试的结果等因素。

（5）总体规模。总体中的项目数量在细节测试中对样本规模的影响很小。因此，按总体的固定百分比确定样本规模通常缺乏效率。

2. 利用模型确定样本规模

注册会计师在细节测试中可以用来确定样本规模的模型如下：

$$样本规模 = \frac{总体账面金额}{可容忍错报} \times 保证系数$$

本模型只用于说明计划抽样时考虑的各种因素对样本规模的影响，它不能代替职业判断。注册会计师使用本模型时，需要在下列方面运用职业判断：

（1）评估重大错报风险；

（2）确定可容忍错报；

（3）估计预计总体错报；

（4）评估其他实质性程序未能发现重大错报的风险；

（5）剔除百分之百检查的项目后估计总体的账面金额；

（6）调整确定样本规模。

对本模型计算的样本规模进行适当调整后，注册会计师可以确定非统计抽样所需的适当样本规模。注册会计师应考虑到，本模型基于具有高度统计效率和高度分层的抽样方法，因此应根据非统计抽样中分层程度等因素对本模型确定的样本规模进行调整，以体现非统计抽样方法和本模型使用的统计抽样方法的差异。

使用本模型时确定样本规模的步骤如下：

第一步，考虑重大错报风险，将其评估为最高、高、中和低四个等级。

第二步，确定可容忍错报。

第三步，评估用于测试相同认定的其他实质性程序（如分析程序）未能发现该认定中重大错报的风险。

（1）最高——没有实施其他实质性程序测试相同认定。

（2）高——预计用于测试相同认定的其他实质性程序不能有效地发现该认定中的重大错报。

（3）中——预计用于测试相同认定的其他实质性程序发现该认定中重大错报的有效程度适中。

（4）低——预计用于测试相同认定的其他实质性程序能有效地发现该认定中的重大错报。

第四步，剔除百分之百检查的所有项目后估计总体的账面金额。

第五步，从表8－49中选择适当的保证系数，并使用下列公式估计样本规模。

$$样本规模 = \frac{总体账面金额}{可容忍错报} \times 保证系数$$

表8－49　保证系数表

评估的重大错报风险	其他实质性程序未能发现重大错报的风险			
	最高	高	中	低
最高	3.0	2.7	2.3	2.0
高	2.7	2.4	2.0	1.6
中	2.3	2.1	1.6	1.2
低	2.0	1.6	1.2	1.0

第六步，调整估计的样本规模，以反映非统计抽样方法与本模型使用的统计抽样方法在效率上的差异。在实务中，如果样本不是以统计有效的方式选取，注册会计师调整样本规模的幅度通常在10%～50%。

（二）选取样本并对其实施审计程序

在非统计抽样方法中，注册会计师可以使用随机数表或计算机辅助审计技术选样、系统选样，也可以使用随意选样。注册会计师应当仔细选取样本，以使样本能够代表抽样总体的特征。在选取样本之前，注册会计师通常先识别单个重大项目。然后，从剩余项目中选取样本，或者对剩余项目分层，并将样本规模相应分配给各层。注册会计师从每一层中选取样本，但选取的方法应当能使样本具有代表性。注册会计师应对选取的每一个样本实施计划的审计程序。

分层使具有相同特征的个体样本被包含在一个层中，从而降低了层内样本个体的可变性，同时，对于既定的抽样风险，样本规模能够最小化。因此，必须对总体分层进行评估，否则可能会因为样本太小而不能有效控制抽样风险。利用总体金额来评估是否应对总体进行分层的方法通常非常简便。为了进行评估，注册会计师通常应按照金额升序或降序的方式对总体项目进行排序，将总体分为金额大约相等的两个部分。如果各部分中存在明显不成比例的项目数，那么应对其进行分层。

例如，审计抽样的总体为22000000元，含1500个项目，被分为11200000元和10800000元两个大约金额相等的部分。如果两部分分别有300个和1200个项目，则必须对其进行分层。如果一个含有项目数为770个，而另一个为730个，那么不必分层。

如果总体还需要分层，那么注册会计师也可能考虑用三层对总体进行评估。评估的过程仍然相同，只是需要把金额分成大约相同的三部分。如果三个部分中的项目数量明显不成比例，则应使用三层而不是两层。对于大多数审计，没有必要分三层以上。

三、非统计抽样的样本结果评价

（1）考虑错报的性质和原因。除了评价错报的频率和金额之外，注册会计师还要对错报进行定性分析，分析错报的性质和原因，判断其对财务报表重大错报风险的影响。

（2）推断总体错报。当实施细节测试时，注册会计师应当根据样本中发现的错报推断总体错报。在非统计抽样中，根据样本中发现的错报金额推断总体错报金额的方法有多种，注册会计师可以从中选择其一。这里介绍两种常用的方法。

第一种方法是比率法，即用样本中的错报金额除以该样本中包含的账面金额占总体账面总金额的比例。例如，注册会计师选取的样本可能包含了应收账款账户账面金额的10%。如果注册会计师在样本中发现了100元的错报，其对总体错报的最佳估计为100元÷10%＝1000元。这种方法不需要使用总体规模。比率估计法在错报金额与抽样单元金额相关时最为适用，是大多数审计抽样中注册会计师首选的总体推断方法。

第二种方法是差异法，即计算样本中所有项目审定金额和账面金额的平均差异，并推断至总体的全部项目。例如，注册会计师选取的非统计抽样样本为100个项目。如果注册会计师在样本中发现的错报为200元，样本项目审定金额和账面金额的平均差异则为200元÷100＝2元。然后注册会计师可以用总体规模（本例中为5000）乘以样本项目的平均差异2元，以估计总体的错报金额。注册会计师估计的总体错报则为5000×2元＝10000元。差异估计法通常更适用于错报金额与抽样单元本身而不是与其金额相关的情况。

如果注册会计师在设计样本时将进行抽样的项目分为几层，则要在每层分别推断错报，然后将各层推断的金额加总，计算估计总体错报。注册会计师还要将在进行百分之百检查的个别重大项目中发现的所有错报与推断的错报金额汇总。

（3）考虑抽样风险并得出总体结论。注册会计师应当将推断的总体错报额与百分之百检查的项目中所发现的错报加总，并要求被审计单位调整已经发现的错报。依据被审计单位已更正的错报对推断的总体错报额进行调整后，注册会计师要将其与该类交易或账户余额的可容忍错报相比较，并适当考虑抽样风险，以评价样本结果。如果推断的错报总额低于账户余额或交易类型的可容忍错报，注册会计师要考虑即使总体的实际错报金额超过可容忍错报，仍可能出现这一情况的风险。例如，如果1000000元的某账户余额的可容忍错报为50000元，根据适当的样本推断的总体错报为10000元，由于推断的总体错报远远低于可容忍错报，注册会计师可能合理确信，总体实际错报金额超过可容忍错报的抽样风险很低，因而可以接受。另外，如果推断的错报总额接近或超过可容忍错报，注册会计师通常得出总体实际错报超过可容忍错报的结论。

在非统计抽样中，注册会计师运用其经验和职业判断进行这种评价。但是，当推断的错报与可容忍错报的差距既不很小又不很大时，注册会计师应当仔细考虑实际错报超过可容忍错报的风险是否高得无法接受。

如果样本结果不支持总体账面金额，且注册会计师认为账面金额可能存在错报，注册会计师在评价财务报表整体是否存在重大错报时，应当将错报与其他审计证据一起考虑。通常，注册会计师会建议被审计单位对错报进行调查，且在必要时调整账面记录。

四、记录非统计抽样的抽样程序

注册会计师要记录所实施的审计程序，以形成审计工作底稿。在实质性程序中使用审计抽样时，注册会计师通常记录下列内容：①测试目标和对与此目标相关的其他审计程序的描述；②总体和抽样单元的定义，包括注册会计师如何确定总体的完整性；③错报的定义；④误受风险、误拒风险和可容忍错报；⑤使用的审计抽样方法；⑥选样方法；⑦描述抽样程序的实施，以及样本中发现的错报清单；⑧对样本的评价和总体结论摘要。

对样本的评价和总体结论摘要可能包含根据样本中发现的错报推断总体，对注册会计师如何考虑抽样风险的解释，以及关于总体的最终结论。审计工作底稿也可记录注册会计师对错报的性质方面的考虑。

五、非统计抽样在实质性测试中的应用举例

假设平安会计师事务所的注册会计师拟通过函证测试丰盛公司 2008 年 12 月 31 日应收账款余额的存在认定。丰盛公司当年 12 月 31 日应收账款账户剔除贷方余额账户和零余额账户后的借方余额共计 2410000 元，由 1651 个借方账户组成。

注册会计师以此为基础，根据被审计单位特点、风险评估结果和内部控制运行有效性等因素，确定应收账款可容忍错报水平为 140000 元。

注册会计师将总体定义为 2008 年 12 月 31 日剔除贷方余额账户和零余额账户以及剔除单个重大项目和极不重要项目之后的应收账款余额，代表总体的实物是 2008 年 12 月 31 日剔除单个重大项目和极不重要项目之后的应收账款借方余额明细账账户。注册会计师定义的抽样单元是每个应收账款明细账账户。

注册会计师将重大项目定义为账面金额在 140000 元以上的所有应收账款明细账账户，并决定对其进行单独测试；将极不重要项目定义为账面金额在 1000 元以下的所有应收账款明细账账户，并决定对其不实施审计程序。剔除重大项目和极不重要项目后抽样总体变成 2200000 元，包括 1500 个账户，如表 8 - 50 所示。

表 8 – 50　抽样总体

项目分类	项目数量	总金额（元）
重大项目	1	200000
极不重要项目	150	10000
抽样总体	1500	2200000
合计	1651	2410000

注册会计师将错报界定为被审计单位不能合理解释并提供相应依据的、应收账款账面金额与注册会计师实施抽样所获得的审计证据所支持的金额之间的差异（高估）。错报不包括明细账户之间的误记、在途款项以及被审计单位已经修改的差异。

注册会计师将应收账款存在认定的重大错报风险水平评估为"中"，且由于没有对应收账款的存在认定实施与函证目标相同的其他实质性程序而将"其他实质性程序的检查风险"评估为"最高"。根据表 8 – 49 得到的保证系数为 2.3。

注册会计师根据下列公式估计样本规模：

$$2200000 \div 140000 \times 2.3 \approx 36$$

注册会计师将抽样总体分成金额大致相等的两层，发现两层分别包含的项目数量相差很大，因此决定分层。注册会计师将 36 个样本平均分配到这两个账面金额大致相等的层，每层 18 个样本。因此，注册会计师从第一层 300 个账户中选取 18 个，从第二层 1200 个账户中也选取 18 个。样本分层情况如表 8 –51 所示。

表 8 –51　样本分层表

应收账款账户分层	各层账面总额（元）	各层账户数量（个）	各层样本规模
第 1 层	1120000	300	18
第 2 层	1080000	1200	18
合计	2200000	1500	36

注册会计师向 37 个客户寄发了询证函，包括 1 个重大项目和 36 个选出的样本。重大项目中存在的错报为 1034 元。36 个样本中发现的错报如表 8 –52 所示。

表 8 –52　样本错报汇总表

应收账款账户分层	各层样本账面总额（元）	各层样本错报金额（元）	各层样本错报数量（个）	各层错报金额（元）
第 1 层	124900	2400	2	21521
第 2 层	30500	550	1	19475
合计	155400	2950	3	40996

注：各层错报金额 = 各层样本错报额 ÷ 各层样本账面总额 × 各层账面总额。

注册会计师利用比率法推断的总体错报额为40996元，加上重大项目中发现的错报1034元，计算出错报总额为42030元。注册会计师将推断的错报总额42030元与可容忍错报140000元比较，认为应收账款借方账面余额发生的错报超过可容忍错报的风险很小，因此总体可以接受。也就是说，即使在其推断的错报上加上合理的抽样风险允许限度，也不会出现一个超过可容忍错报的总额。注册会计师调查了错报的性质和原因，确定它们是由笔误所导致的，因此不代表额外的审计风险。

注册会计师得出结论，样本结果支持应收账款账面余额。但是，注册会计师还应将根据样本结果推断的错报与其他已知和可能的错报汇总，以评价财务报表整体是否可能存在重大错报。

在非统计抽样中，审计人员无法计算在特定误受险和误拒险估计水平下的抽样风险允许限度。但是，可以将预计误差与可容忍误差之间的差额，看作抽样风险的允许限度。如果可容忍误差比预计误差大得多，那么，审计人员可以合理地保证实际误差超过可容忍误差的抽样风险很低。比如，如果马大公司可容忍误差为80000元，总体实际误差必须超过样本预计误差40000元的两倍，才能超过可容忍误差。如果可容忍误差为42000元，在可容忍误差与预计误差之间就只相差2000元。在这种情况下，审计人员可以得出结论："实际误差超过可容忍误差的抽样风险很高。"

将样本中实际发现的误差与预期误差的数目和金额相比，也有助于审计人员评价抽样风险。在样本经过谨慎设计，且实际发现的错误的数目和金额不超过预期误差时，审计人员一般也可以得出结论："实际误差超过可容忍误差的风险很小。"

在非统计样本的结果不能支持账面价值时，审计人员可以：①审查增加的样本项目，并重新评价；②使用其他替代审计程序，并重新评价；③请求客户调查，并作适当的调整。与统计抽样相同，在形成总结论之前，还必须对误差的性质进行认真的考虑。

复习思考题

1. 什么是统计抽样，什么是非统计抽样？两者各有什么优缺点？
2. 什么是属性抽样，什么是变量抽样？两者有何区别与联系？
3. 审计人员在进行属性抽样时，如何确定样本的规模？
4. 哪些因素影响样本规模的确定，它们对样本规模的影响如何？
5. 在属性抽样中，如何利用样本的特性来判断总体特征？
6. 在变量抽样中，如何利用样本的特性来判断总体特征？
7. 变量抽样有哪些具体方式，每一种方式适用于哪一种情况？
8. 何谓货币单位抽样，该方法主要适用于哪些情况？
9. 假如应收账款的总数扩大为50000笔，对同一个控制点，整批款项的估计差错率还为1%。如果要以95%的概率在随机选取的款项中发现1笔以上的差错，至少需要多少样本量呢？
10. 假设有10000笔应收账款，审计师需要查找是否进行了信用审核这一重要控制，估计整批款项的差错率为1%，那么在置信概率为95%的情况下需要随机选取多少笔应收账款才能发现其中的差错呢？

案例分析

假定你作为注册会计师，正在计划对书珊公司的应收账款实施发函询证。该公司一共有2000个顾客，账面价值总额为5643200元。可容忍错报为175000元，预计错报是40000元。可接受的误受险（详细测试风险）是30%。

要求：

（1）计算抽样间距是多少？

（2）计算最大样本规模是多少？

（3）计算可以作为抽样的随机开端的最大值是多少？

（4）下表列示了总体中的前15个项目，随机开端的数值是25000元，样本间距是100000元，试根据下述要求填写下表。

项目	账面价值（元）	累计金额（元）	样本项目
随机开端的数值	25000		
1	3900		
2	26000		
3	5000		
4	130000		
5	2000		
6	260000		
7	100		
8	25000		
9	19000		
10	10000		
11	9000		
12	2500		
13	65000		
14	110000		
15	6992		

（5）假设样本间距是100000元，选择总体中下列项目的概率是多少？

项目	账面价值（元）	选择该项目的概率
1	3900	
2	26000	
4	130000	
6	360000	

（6）在随机地选择数值作为开端之前，请解释问题（5）中项目 1（其账面价值为 3900 元）是怎样选入样本中的？

（7）为什么最终的样本规模有可能比最大样本规模要小？

第九章 财务报表审计报告

第一节 审计报告概述

一、审计报告的含义

审计报告是指注册会计师根据审计准则的规定，在执行审计工作的基础上，对财务报表发表审计意见的书面文件。

审计报告是注册会计师在完成审计工作后向委托人提交的最终产品，具有以下特征：

（1）注册会计师应当按照审计准则的规定执行审计工作。审计准则是用以规范注册会计师执行审计业务的标准，包括一般原则与责任、风险评估与应对、审计证据、利用其他主体的工作、审计结论与报告以及特殊领域审计六个方面的内容，涵盖了注册会计师执行审计业务的整个过程和各个环节。

（2）注册会计师在实施审计工作的基础上才能出具审计报告。注册会计师应当实施风险评估程序，通过了解被审计单位及其环境，识别和评估由于舞弊或错误导致的重大错报风险，以此作为评估财务报表层次和认定层次重大错报风险的基础。风险评估程序本身并不足以为发表审计意见提供充分、适当的审计证据，注册会计师还应当对评估的风险设计和实施恰当的应对措施。注册会计师通过实施上述审计程序，获取充分、适当的审计证据，得出合理的审计结论，作为形成审计意见的基础。

（3）注册会计师通过对财务报表发表意见履行业务约定书约定的责任。财务报表审计的目标是注册会计师通过执行审计工作，针对财务报表是否在所有重大方面按照财务报告编制基础编制并实现公允反映发表审计意见。因此，在实施审计工作的基础上，注册会计师需要对财务报表形成审计意见，并向委托人提交审计报告。

（4）注册会计师应当以书面形式出具审计报告。审计报告具有特定的要素和格式，注册会计师只有以书面形式出具报告，才能清楚表达对财务报表发表的审计意见。

注册会计师应当根据由审计证据得出的结论，清楚表达对财务报表的意见。财务报表是指对企业财务状况、经营成果和现金流量的结构化表述，至少应当包括资产负债表、利润表、所有者（股东）权益变动表、现金流量表和财务报表附注。无论是出具标准审计报告，还是非标准审计报告，注册会计师一旦在审计报告上签名并盖章，就表明对其出具的审计报告负责。

审计报告是注册会计师对财务报表是否在所有重大方面按照财务报告编制基础编制并实现公允反映发表审计意见的书面文件，因此，注册会计师应当将已审计的财务报表附于审计报告之后，以便于财务报表使用者正确理解和使用审计报告，并防止被审计单位替换、更改已审计的财务报表。

二、审计报告的作用

注册会计师签发的审计报告，主要具有鉴证、保护和证明三方面的作用。

1. 鉴证作用

注册会计师签发的审计报告，不同于政府审计和内部审计的审计报告，是以超然独立的第三者身份，对被审计单位财务报表合规性、公允性发表意见。这种意见具有鉴证作用，得到了政府及其各部门和社会各界的普遍认可。政府有关部门，如财政部门、税务部门等了解、掌握企业的财务状况和经营成果的主要依据是企业提供的财务报表。财务报表是否合规、公允，主要依据注册会计师的审计报告做出判断。股份制企业的股东，主要依据注册会计师的审计报告来判断被投资企业的财务报表是否公允地反映了财务状况和经营成果，以进行投资决策等。

2. 保护作用

注册会计师通过审计，可以对被审计单位财务报表出具不同类型审计意见的审计报告，以提高或降低财务报表使用者对财务报表的信赖程度，能够在一定程度上对被审计单位的财产、债权人和股东的权益及企业利害关系人的利益起到保护作用。如投资者为了减少投资风险，在进行投资之前，需要查阅被投资企业的财务报表和注册会计师的审计报告，了解被投资企业的经营情况和财务状况。投资者根据注册会计师的审计报告做出投资决策，可以降低其投资风险。

3. 证明作用

审计报告是对注册会计师审计任务完成情况及其结果所作的总结，它可以表明审计工作的质量并明确注册会计师的审计责任。因此，审计报告可以对审计工作质量和注册会计师的审计责任起证明作用。通过审计报告，可以证明注册会计师在审计过程中是否实施了必要的审计程序，是否以审计工作底稿为依据发表审计意见，发表的审计意见是否与被审计单位的实际情况相一致，审计工作的质量是否符合要求。通过审计报告，可以证明注册会计师对审计责任的履行情况。

第二节　审计意见的形成和审计报告的类型

一、审计意见的形成

注册会计师应当就财务报表是否在所有重大方面按照适用的财务报告编制基础编制并实现公允反映形成审计意见。为了形成审计意见，针对财务报表整体是否不存在由于舞弊或错误导致的重大错报，注册会计师应当得出结论，确定是否已就此获取合理保证。

在得出结论时，注册会计师应当考虑下列方面：

（1）按照《中国注册会计师审计准则第 1231 号——针对评估的重大错报风险采取的应对措施》的规定，是否已获取充分、适当的审计证据。

在得出总体结论之前，注册会计师应当根据实施的审计程序和获取的审计证据，评价对认定层次重大错报风险的评估是否仍然适当。在形成审计意见时，注册会计师应当考虑所有相关的审计证据，无论该证据与财务报表认定相互印证还是相互矛盾。

如果对重大的财务报表认定没有获取充分、适当的审计证据，注册会计师应当尽可能获取进一步的审计证据。

（2）按照《中国注册会计师审计准则第 1251 号——评价审计过程中识别出的错报》的规定，未更正错报单独或汇总起来是否构成重大错报。

在确定时，注册会计师应当考虑：

1）相对特定类别的交易、账户余额或披露以及财务报表整体而言，错报的金额和性质以及错报发生的特定环境；

2）与以前期间相关的未更正错报对相关类别的交易、账户余额或披露以及财务报表整体的影响。

（3）评价财务报表是否在所有重大方面按照适用的财务报告编制基础编制。注册会计师应当依据适用的财务报告编制基础特别评价下列内容：

1）财务报表是否充分披露了选择和运用的重要会计政策。

2）选择和运用的会计政策是否符合适用的财务报告编制基础，并适合被审计单位的具体情况。会计政策是被审计单位在会计确认、计量和报告中采用的原则、基础和会计处理方法。被审计单位选择和运用的会计政策既应符合适用的财务报告编制基础，也应适合被审计单位的具体情况。在考虑被审计单位选用的会计政策是否适当时，注册会计师还应当关注重要的事项。重要事项包括重要项目的会计政策和行业惯例、重大和异常交易的会计处理方法、在新领域和缺乏权威性标准或共识的领域采用重要会计政策产生的影响、会计政策的变更等。

3）管理层作出的会计估计是否合理。会计估计通常是指被审计单位以最近可利用的信息为基础对结果不确定的交易或事项所作的判断。由于会计估计的主观性、复杂性和不确定性，管理层作出的会计估计发生重大错报的可能性较大。因此，注册会计师应当判断管理层作出的会计估计是否合理，确定会计估计的重大错报风险是否是特别风险，是否采取了有效的措施予以应对。

4）财务报表列报的信息是否具有相关性、可靠性、可比性和可理解性。财务报表反映的信息应当符合信息质量特征，具有相关性、可靠性、可比性和可理解性。注册会计师应当根据《企业会计准则——基本准则》的规定，考虑财务报表反映的信息是否符合信息质量特征。

5）财务报表是否作出充分披露，使财务报表预期使用者能够理解重大交易和事项对财务报表所传递的信息的影响。按照通用目的编制基础编制的财务报表通常反映被审计单位的财务状况、经营成果和现金流量。对于通用目的财务报表，注册会计师需要评价财务报表是否作出充分披露，以使财务报表预期使用者能够理解重大交易和事项对被审计单位财务状况、经营成果和现金流量的影响。

6）财务报表使用的术语（包括每一财务报表的标题）是否适当。

在评价财务报表是否在所有重大方面按照适用的财务报告编制基础编制时，注册会计师还应当考虑被审计单位会计实务的质量，包括表明管理层的判断可能出现偏向的迹象。

管理层需要对财务报表中的金额和披露作出大量判断。在考虑被审计单位会计实务的质量时，注册会计师可能注意到管理层判断中可能存在的偏向。注册会计师可能认为缺乏中立性产生的累积影响，连同未更正错报的影响，导致财务报表整体存在重大错报。管理层缺乏中立性可能影响注册会计师对财务报表整体是否存在重大错报的评价。缺乏中立性的迹象包括下列情形：

1）管理层对注册会计师在审计期间提请其注意的错报进行选择性更正。例如，如果更正某一错报将增加盈利，则对该错报予以更正，反之如果更正某一错报将减少盈利，则对该错报不予更正。

2）管理层在作出会计估计时可能存在偏向。

《中国注册会计师审计准则第 1321 号——审计会计估计（包括公允价值会计估计）和相关披露》涉及管理层在作出会计估计时可能存在的偏向。在得出某项会计估计是否合理的结论时，可能存在管理层偏向的迹象本身并不构成错报。然而，这些迹象可能影响注册会计师对财务报表整体是否不存在重大错报的评价。

（4）评价财务报表是否实现公允反映。在评价财务报表是否实现公允反映时，注册会计师应当考虑下列内容：①财务报表的整体列报、结构和内容是否合理；②财务报表（包括相关附注）是否公允地反映了相关交易和事项。

（5）评价财务报表是否恰当提及或说明适用的财务报告编制基础。管理层和治理层（如适用）编制的财务报表需要恰当说明适用的财务报告编制基础。

由于这种说明向财务报表使用者告知编制财务报表所依据的编制基础，因此非常重要。但只有财务报表符合适用的财务报告编制基础（在财务报表所涵盖的期间内有效）的所有要求，声明财务报表按照该编制基础编制才是恰当的。在对适用的财务报告编制基础的说明中使用不严密的修饰语或限定性的语言（如"财务报表实质上符合国际财务报告准则的要求"）是不恰当的，因为这可能误导财务报表使用者。

在某些情况下，财务报表可能声明按照两个财务报告编制基础（如某一国家或地区的财务报告编制基础和国际财务报告准则）编制。这可能是因为管理层被要求或自愿选择同时按照两个编制基础的规定编制财务报表，在这种情况下，两个财务报告编制基础都是适用的财务报告编制基础。只有当财务报表分别符合每个财务报告编制基础的所有要求时，声明财务报表按照这两个编制基础编制才是恰当的。财务报表需要同时符合两个编制基础的要求并且不需要调节，才能被视为按照两个财务报告编制基础编制。在实务中，同时遵守两个编制基础的可能性很小，除非某一国家或地区采用另一财务报告编制基础（如国际财务报告准则）作为本国或地区的财务报告编制基础，或者已消除遵守另一财务报告编制基础的所有障碍。

二、审计报告的类型

审计报告分为标准审计报告和非标准审计报告。

标准审计报告是指不含有说明段、强调事项段、其他事项段或其他任何修饰性用语的无保留意见的审计报告。其中，无保留意见是指当注册会计师认为财务报表在所有重大方面按照适用的财务报告编制基础编制并实现公允反映时发表的审计意见。包含其他报告责任段，但不含有强调事项段或其他事项段的无保留意见的审计报告也被视为标准审计报告。

非标准审计报告是指带强调事项段或其他事项段的无保留意见的审计报告和非无保留意见的审计报告。非无保留意见的审计报告包括保留意见的审计报告、否定意见的审计报告和无法表示意见的审计报告。

第三节　审计报告的基本内容

审计报告应当包括下列要素：①标题，②收件人，③引言段，④管理层对财务报表的责任段，⑤注册会计师的责任段，⑥审计意见段，⑦注册会计师的签名和盖章，⑧会计师事务所的名称、地址和盖章，⑨报告日期。

一、标题

审计报告应当具有标题，统一规范为"审计报告"。

考虑到这一标题已广为社会公众所接受，因此，我国注册会计师出具的审计报告的标题没有包含"独立"两个字，但注册会计师在执行财务报表审计业务时，应当遵守独立性的要求。

二、收件人

审计报告的收件人是指注册会计师按照业务约定书的要求致送审计报告的对象，一般是指审计业务的委托人。审计报告应当按照审计业务的约定载明收件人的全称。

注册会计师应当与委托人在业务约定书中约定致送审计报告的对象，以防止在此问题上发生分歧或审计报告被委托人滥用。针对整套通用目的财务报表出具的审计报告，审计报告的致送对象通常为被审计单位的股东或治理层。

三、引言段

审计报告的引言段应当包括以下方面：
（1）指出被审计单位的名称；
（2）说明财务报表已经审计；
（3）指出构成整套财务报表的每一财务报表的名称；
（4）提及财务报表附注（包括重要会计政策概要和其他解释性信息）；
（5）指明构成整套财务报表的每一财务报表的日期或涵盖的期间。

将上述方面加以概括，引言段应当说明：注册会计师审计了后附的被审计单位的财务报表，包括"指明适用的财务报告编制基础规定的构成整套财务报表的每一财务报表的名称、日期或涵盖的期间"以及重要会计政策概要和其他解释性信息。

如果知悉已审计财务报表将包括在含有其他信息的文件（如年度报告）中，在列报格式允许的情况下，注册会计师可以考虑指出已审计财务报表在该文件中的页码。这有助于财务报表使用者识别与审计报告相关的财务报表。

此外，审计意见应当涵盖由适用的财务报告编制基础所确定的整套财务报表。在许多通用目的的编制基础中，财务报表包括资产负债表、利润表、所有者权益变动表、现金流量表以及重要会计政策概要和其他解释性信息。补充信息也可能被认为是财务报表的必要组成部分。

四、管理层对财务报表的责任段

审计报告应当包含标题为"管理层对财务报表的责任"的段落，用以描述被审计单位中负责编制财务报表的人员的责任。管理层对财务报表的责任段应当说明编制财务报表是管理层的责任，这种责任包括：
（1）按照适用的财务报告编制基础编制财务报表，并使其实现公允反映；
（2）设计、执行和维护必要的内部控制，以使财务报表不存在由于舞弊或错误导致的重大错报。

注册会计师按照审计准则的规定执行审计工作的前提是管理层和治理层（如适用）认可其按照适用的财务报告编制基础编制财务报表，并使其实现公允反映（如适用）

的责任；管理层也认可其设计、执行和维护内部控制，以使编制的财务报表不存在由于舞弊或错误导致的重大错报的责任。审计报告中对管理层责任的说明包括提及这两种责任，这有助于向财务报表使用者解释执行审计工作的前提。

在某些情况下，根据某一国家或地区的法律法规或被审计单位的性质，管理层需要承担与财务报表编制相关的额外责任，注册会计师可以在上述责任的基础上增加对额外责任的说明。

审计报告提及的管理层责任，与在审计业务约定书或其他适当形式的书面协议中约定的责任在表述形式上保持一致。而且，审计准则允许注册会计师作出以下灵活处理：如果法律法规规定了管理层和治理层（如适用）与财务报告相关的责任，注册会计师根据判断可能确定法律法规规定的责任与《中国注册会计师审计准则第1111号——就审计业务约定条款达成一致意见》的规定在效果上是等同的。对于在效果上等同的责任，注册会计师可以使用法律法规的措辞，在业务约定书或其他适当形式的书面协议中描述管理层的责任。在这种情况下，注册会计师也可以在审计报告中使用这些措辞描述管理层的责任。

一些法律法规可能提及管理层对会计账簿和记录或会计系统的适当性所负的责任。但由于会计账簿和记录或会计系统是内部控制必要的组成部分，所以，无论在审计业务约定书或其他适当形式的书面协议中，还是在审计报告的管理层对财务报表的责任段中，都没有特别提及。

五、注册会计师的责任段

审计报告应当包含标题为"注册会计师的责任"的段落。注册会计师的责任段应当说明下列内容：

（1）注册会计师的责任是在执行审计工作的基础上对财务报表发表审计意见。

（2）注册会计师按照中国注册会计师审计准则的规定执行了审计工作。中国注册会计师审计准则要求注册会计师遵守中国注册会计师职业道德守则，计划和执行审计工作以对财务报表是否不存在重大错报获取合理保证。

（3）审计工作涉及实施审计程序，以获取有关财务报表金额和披露的审计证据。选择的审计程序取决于注册会计师的判断，包括对由于舞弊或错误导致的财务报表重大错报风险的评估。在进行风险评估时，注册会计师考虑与财务报表编制和公允列报相关的内部控制，以设计恰当的审计程序，但目的并非对内部控制的有效性发表意见。审计工作还包括评价管理层选用会计政策的恰当性和作出会计估计的合理性，以及评价财务报表的总体列报。

（4）注册会计师相信获取的审计证据是充分、适当的，为其发表审计意见提供了基础。

如果结合财务报表审计对内部控制的有效性发表意见，注册会计师应当删除上述第（3）项中"但目的并非对内部控制的有效性发表意见"的措辞。

理解注册会计师的责任段时，应当注意以下几点：

（1）审计报告需要指明注册会计师的责任是在执行审计工作的基础上对财务报表发表审计意见，以与管理层编制财务报表的责任相区分。

（2）提及使用的审计准则是为了向审计报告使用者说明注册会计师按照审计准则的规定执行了审计工作。

（3）按照《中国注册会计师审计准则第 1101 号——注册会计师的总体目标和审计工作的基本要求》的规定，除非注册会计师已经遵守该准则以及与审计工作相关的其他所有审计准则，否则不得在审计报告中声称遵守审计准则。

此外，在审计实务中，注册会计师在按照中国注册会计师审计准则执行审计工作时，还可能同时被要求按照其他国家或地区审计准则执行审计工作。在这种情况下，审计报告除了提及中国注册会计师审计准则外，还可能同时提及其他国家或地区的审计准则。只有在同时符合下列条件时，注册会计师才应当同时提及：①其他国家或地区审计准则与中国注册会计师审计准则不存在冲突，既不会导致注册会计师形成不同的审计意见，也不会导致在中国注册会计师审计准则要求增加强调事项段的情形下而其他国家或地区的审计准则不要求增加强调事项段的情况；②如果使用其他国家或地区审计准则规定的结构和措辞，审计报告至少应当包括中国注册会计师审计准则规定的审计报告的所有要素，并且指明其他国家或地区审计准则。

如果审计报告同时提及中国注册会计师审计准则和其他国家或地区审计准则，审计报告应当指明审计准则所属的国家或地区。

六、审计意见段

1. 总体要求

审计报告应当包含标题为"审计意见"的段落。如果对财务报表发表无保留意见，除非法律法规另有规定，审计意见应当使用"财务报表在所有重大方面按照［适用的财务报告编制基础（如企业会计准则等）］编制，公允反映了……"的措辞。

《中国注册会计师审计准则第 1111 号——就审计业务约定条款达成一致意见》指出，在某些情况下，法律法规规定的审计报告的措辞与审计准则要求的明显不一致。在这些情况下，《中国注册会计师审计准则第 1111 号——就审计业务约定条款达成一致意见》要求注册会计师评价：①使用者是否可能误解从财务报表审计中获取的保证；②如果可能存在误解，审计报告中作出的补充解释是否能够减轻这种误解。如果注册会计师认为审计报告中作出的补充解释不能减轻可能的误解，除非法律法规另有规定，注册会计师不得承接该项审计业务。而且，即便按照法律法规的规定执行了审计工作，由于该项审计工作并不符合审计准则的要求，因此，注册会计师不应在审计报告中提及已按照审计准则的规定执行了审计工作。

2. 适用的财务报告编制基础

如果在审计意见中提及的适用的财务报告编制基础不是企业会计准则，而是国际财务报告准则、国际公共部门会计准则或者其他国家或地区的财务报告准则，注册会计师应当在审计意见段中指明国际财务报告准则或国际公共部门会计准则，或者财务报告准则所属的国家或地区。

在审计意见段中指出适用的财务报告编制基础，旨在告知审计报告使用者注册会计师发表审计意见的背景。注册会计师可以使用诸如下列措辞指明适用的财务报告编制基础："……按照国际财务报告准则的规定"或者"……按照企业会计准则的规定……"。

如果适用的财务报告编制基础包括财务报告准则和法律法规的规定，可以使用诸如下列措辞指明适用的财务报告编制基础："……按照国际财务报告准则和［××国家公司法］的要求。"

财务报表可能按照两个财务报告编制基础编制，在这种情况下，这两个编制基础都是适用的财务报告编制基础。在对财务报表形成审计意见时，需要分别考虑每个编制基础，并在审计意见中提及这两个编制基础：

（1）如果财务报表分别符合每个编制基础，注册会计师需要发表两个意见：一是财务报表按照其中一个适用的财务报告编制基础（如××国财务报告编制基础）编制；二是财务报表按照另一个适用的财务报告编制基础（如国际财务报告准则）编制。这两个意见可以分别表述，也可以在一个句子中表述（例如，财务报表在所有重大方面按照××国财务报告编制基础和国际财务报告准则的规定编制，公允反映了……）。

（2）如果财务报表符合其中一个编制基础（如××国财务报告编制基础）而没有符合另一个编制基础（如国际财务报告准则），注册会计师需要对财务报表按照其中一个编制基础（如××国财务报告编制基础）编制发表无保留意见，而对财务报表按照另一个编制基础（如国际财务报告准则）编制发表非无保留意见。

财务报表可能声称符合某一财务报告编制基础的所有要求，并补充披露财务报表符合另一财务报告编制基础的程度。由于这种补充信息不能同财务报表清楚地分开，因此涵盖在审计意见中。如果有关财务报表符合另一财务报告编制基础的程度的披露具有误导性，注册会计师应当发表非无保留意见；如果不具有误导性，但是注册会计师认为该披露对财务报表使用者理解财务报表至关重要，注册会计师应当在审计报告中增加强调事项段，以提醒财务报表使用者关注。

3. 其他报告责任

除审计准则规定的注册会计师对财务报表出具审计报告的责任外，相关法律法规可能对注册会计师设定了其他报告责任。如果注册会计师在对财务报表出具的审计报告中履行其他报告责任，应当在审计报告中将其单独作为一部分，并以"按照相关法律法规的要求报告的事项"为标题。此时，审计报告应当区分为"对财务报表出具的审计报告"和"按照相关法律法规的要求报告的事项"两部分。

注册会计师可能承担报告其他事项的额外责任，这些责任是注册会计师按照审计准则对财务报表出具审计报告的责任的补充。例如，如果注册会计师在财务报表审计中注意到某些事项，可能被要求对这些事项予以报告。此外，注册会计师可能被要求实施额外规定的程序并予以报告，或对特定事项（如会计账簿和记录的适当性）发表意见。

在某些情况下，相关法律法规可能要求或允许注册会计师在对财务报表出具的审计报告中报告这些其他责任。在另外一些情况下，相关法律法规可能要求或允许注册会计师在单独出具的报告中进行报告。如果注册会计师在审计报告中报告这些其他报告责任，这些报告责任需在审计报告中单独作为一部分予以说明，以便将其同注册会计师的财务报表报告责任明确区分。

七、注册会计师的签名和盖章

审计报告应当由注册会计师签名和盖章。注册会计师在审计报告上签名和盖章有利于明确法律责任。《财政部关于注册会计师在审计报告上签名盖章有关问题的通知》（财会〔2001〕1035号）明确规定：

"一、会计师事务所应当建立健全全面质量控制政策与程序以及各审计项目的质量控制程序，严格按照有关规定和本通知的要求在审计报告上签名盖章。

二、审计报告应当由两名具备相关业务资格的注册会计师签名盖章并经会计师事务所盖章方为有效。

（一）合伙会计师事务所出具的审计报告，应当由一名对审计项目负最终复核责任的合伙人和一名负责该项目的注册会计师签名盖章。

（二）有限责任会计师事务所出具的审计报告，应当由会计师事务所主任会计师或其授权的副主任会计师和一名负责该项目的注册会计师签名盖章。"

八、会计师事务所的名称、地址和盖章

审计报告应当载明会计师事务所的名称和地址，并加盖会计师事务所公章。

根据《中华人民共和国注册会计师法》的规定，注册会计师承办业务，由其所在的会计师事务所统一受理并与委托人签订委托合同。因此，审计报告除了应由注册会计师签名和盖章外，还应载明会计师事务所的名称和地址，并加盖会计师事务所公章。

注册会计师在审计报告中载明会计师事务所地址时，标明会计师事务所所在的城市即可。在实务中，审计报告通常载于会计师事务所统一印刷的、标有该所详细通信地址的信笺上，因此，无须在审计报告中注明详细地址。此外，根据国家工商行政管理部门的有关规定，在主管登记机关管辖区内，已登记注册的企业名称不得相同。因此，在同一地区内不会出现重名的会计师事务所。

九、报告日期

审计报告应当注明报告日期。审计报告日不应早于注册会计师获取充分、适当的审计证据（包括管理层认可对财务报表的责任且已批准财务报表的证据），并在此基础上对财务报表形成审计意见的日期。在确定审计报告日时，注册会计师应当确信已获取下列两方面的审计证据：①构成整套财务报表的所有报表（包括相关附注）已编制完成；②被审计单位的董事会、管理层或类似机构已经认可其对财务报表负责。

审计报告的日期向审计报告使用者表明，注册会计师已考虑其知悉的、截至审计报告日发生的事项和交易的影响。注册会计师对审计报告日后发生的事项和交易的责任，在《中国注册会计师审计准则第1332号——期后事项》中作出规定。因此，审计报告的日期非常重要。注册会计师对不同时段的财务报表日后事项有着不同的责任，而审计报告的日期是划分时段的关键时点。由于审计意见是针对财务报表发表的，并且编制财务报表是管理层的责任，所以，只有在注册会计师获取证据证明构成整套财务报表的所有报表（包括相关附注）已经编制完成，并且管理层已认可其对财务报表的责任的情况下，注册会计师才能得出已经获取充分、适当的审计证据的结论。在实务中，注册会计师在正式签署审计报告前，通常把审计报告草稿和已审计财务报表草稿一同提交给管理层。如果管理层批准并签署已审计财务报表，注册会计师即可签署审计报告。注册会计师签署审计报告的日期通常与管理层签署已审计财务报表的日期为同一天，或晚于管理层签署已审计财务报表的日期。

在审计实务中，可能发现被审计单位根据法律法规的要求或出于自愿选择，将适用的财务报告编制基础没有要求的补充信息与已审计财务报表一同列报。例如，被审计单位列报补充信息以增强财务报表使用者对适用的财务报告编制基础的理解，或者对财务报表的特定项目提供进一步解释。这种补充信息通常在补充报表中或作为额外的附注进行列示。注册会计师应当评价被审计单位是否清楚地将这些补充信息与已审计财务报表予以区分。如果被审计单位未能予以清楚区分，注册会计师应当要求管理层改变未审计补充信息的列报方式。如果管理层拒绝改变，注册会计师应当在审计报告中说明补充信息未审计。

对于适用的财务报告编制基础没有要求的补充信息，如果由于其性质和列报方式导致不能使其清楚地与已审计财务报表予以区分，从而构成财务报表必要的组成部分，这些补充信息应当涵盖在审计意见中。例如，财务报表附注中关于该财务报表符合另一财务报告编制基础的程度的解释，属于这种补充信息，审计意见也涵盖与财务报表进行交叉索引的附注或补充报表。

参考格式9-1和参考格式9-2分别列示了对按照企业会计准则编制的财务报表出具的标准审计报告和对按照企业会计准则编制的合并财务报表出具的标准审计报告示例。其中，参考格式9-1的背景信息如下：①对整套财务报表实施审计；②财务报表由被审计单位管理层基于通用目的、按照企业会计准则的规定编制；③审计业务约定条款中说明的管理层对财务报表的责任，与《中国注册会计师审计准则第1111号——就审计业务约定条款达成一致意见》的规定一致；④除对财务报表实施审计外，注册会计师还承担法律法规要求的其他报告责任，且注册会计师决定在审计报告中履行其他报告责任。

参考格式 9-1 对按照企业会计准则编制的财务报表出具的标准审计报告

审计报告

ABC 股份有限公司全体股东：

一、对财务报表出具的审计报告①

我们审计了后附的 ABC 股份有限公司（以下简称 ABC 公司）财务报表，包括 20×1 年 12 月 31 日的资产负债表，20×1 年度的利润表、股东权益变动表和现金流量表以及财务报表附注。

（一）管理层对财务报表的责任

编制和公允列报财务报表是 ABC 公司管理层的责任，这种责任包括：①按照企业会计准则的规定编制财务报表，并使其实现公允反映；②设计、执行和维护必要的内部控制，以使财务报表不存在由于舞弊或错误导致的重大错报。

（二）注册会计师的责任

我们的责任是在执行审计工作的基础上对财务报表发表审计意见。我们按照中国注册会计师审计准则的规定执行了审计工作。中国注册会计师审计准则要求我们遵守中国注册会计师职业道德守则，计划和执行审计工作以对财务报表是否不存在重大错报获取合理保证。

审计工作涉及实施审计程序，以获取有关财务报表金额和披露的审计证据。选择的审计程序取决于注册会计师的判断，包括对由于舞弊或错误导致的财务报表重大错报风险的评估。在进行风险评估时，注册会计师考虑与财务报表编制和公允列报相关的内部控制，以设计恰当的审计程序，但目的并非对内部控制的有效性发表意见。审计工作还包括评价管理层选用会计政策的恰当性和作出会计估计的合理性，以及评价财务报表的总体列报。

我们相信，我们获取的审计证据是充分、适当的，为发表审计意见提供了基础。

（三）审计意见

我们认为，ABC 公司财务报表在所有重大方面按照企业会计准则的规定编制，公允反映了 ABC 公司 20×1 年 12 月 31 日的财务状况以及 20×1 年度的经营成果和现金流量。

二、按照相关法律法规的要求报告的事项

（本部分报告的格式和内容，取决于相关法律法规对其他报告责任的规定。）

××会计师事务所	中国注册会计师：×××
（盖章）	（签名并盖章）
	中国注册会计师：×××
	（签名并盖章）
中国××市	二〇××年×月×日

---

① 如果审计报告中不包含"按照相关法律法规的要求报告的事项"部分，则不需要加入此标题。

参考格式 9-2 对按照企业会计准则编制的合并财务报表出具的标准审计报告

审计报告

ABC 股份有限公司全体股东：

一、对合并财务报表出具的审计报告①

我们审计了后附的 ABC 股份有限公司（以下简称 ABC 公司）合并财务报表，包括 20×1 年 12 月 31 日的合并资产负债表，20×1 年度的合并利润表、合并现金流量表和合并股东权益变动表以及财务报表附注。

（一）管理层对合并财务报表的责任

编制和公允列报合并财务报表是管理层的责任，这种责任包括：①按照企业会计准则的规定编制合并财务报表，并使其实现公允反映；②设计、执行和维护必要的内部控制，以使合并财务报表不存在由于舞弊或错误导致的重大错报。

（二）注册会计师的责任

我们的责任是在执行审计工作的基础上对合并财务报表发表审计意见。我们按照中国注册会计师审计准则的规定执行了审计工作。中国注册会计师审计准则要求我们遵守职业道德守则，计划和执行审计工作以对合并财务报表是否不存在重大错报获取合理保证。

审计工作涉及实施审计程序，以获取有关合并财务报表金额和披露的审计证据。选择的审计程序取决于注册会计师的判断，包括对由于舞弊或错误导致的合并财务报表重大错报风险的评估。在进行风险评估时，注册会计师考虑与合并财务报表编制和公允列报相关的内部控制，以设计恰当的审计程序，但目的并非对内部控制的有效性发表意见。审计工作还包括评价管理层选用会计政策的恰当性和作出会计估计的合理性，以及评价合并财务报表的总体列报。

我们相信，我们获取的审计证据是充分、适当的，为发表审计意见提供了基础。

（三）审计意见

我们认为，合并财务报表在所有重大方面按照企业会计准则的规定编制，公允反映了 ABC 公司 20×1 年 12 月 31 日的合并财务状况以及 20×1 年度的合并经营成果和合并现金流量。

二、按照相关法律法规的要求报告的事项

（本部分报告的格式和内容，取决于相关法律法规对其他报告责任的规定。）

××会计师事务所	中国注册会计师：×××
（盖章）	（签名并盖章）
	中国注册会计师：×××
	（签名并盖章）
中国××市	二O××年××月××日

---

① 如果审计报告中不包含"按照相关法律法规的要求报告的事项"部分，则不需要加入此标题。

第四节　非标准审计报告

一、非无保留意见的审计报告

（一）非无保留意见的含义

非无保留意见是指保留意见、否定意见或无法表示意见。

当存在下列情形之一时，注册会计师应当在审计报告中发表非无保留意见：

（1）根据获取的审计证据，得出财务报表整体存在重大错报的结论。为了形成审计意见，针对财务报表整体是否不存在由于舞弊或错误导致的重大错报，注册会计师应当得出结论，确定是否已就此获取合理保证。在得出结论时，注册会计师需要评价未更正错报对财务报表的影响。

错报是指某一财务报表项目的金额、分类、列报或披露，与按照适用的财务报告编制基础应当列示的金额、分类、列报或披露之间存在的差异。财务报表的重大错报可能源于：

1）选择的会计政策的恰当性。在选择的会计政策的恰当性方面，当出现下列情形时，财务报表可能存在重大错报：①选择的会计政策与适用的财务报告编制基础不一致；②财务报表（包括相关附注）没有按照公允列报的方式反映交易和事项。

财务报告编制基础通常包括对会计处理、披露和会计政策变更的要求。如果被审计单位变更了重大会计政策，且没有遵守这些要求，财务报表可能存在重大错报。

2）对所选择的会计政策的运用。在对所选择的会计政策的运用方面，当出现下列情形时，财务报表可能存在重大错报：①管理层没有按照适用的财务报告编制基础的要求一贯运用所选择的会计政策，包括管理层未在不同会计期间或对相似的交易和事项一贯运用所选择的会计政策（运用的一致性）；②不当运用所选择的会计政策（如运用中的无意错误）。

3）财务报表披露的恰当性或充分性。在财务报表披露的恰当性或充分性方面，当出现下列情形时，财务报表可能存在重大错报：①财务报表没有包括适用的财务报告编制基础要求的所有披露；②财务报表的披露没有按照适用的财务报告编制基础列报；③财务报表没有作出必要的披露以实现公允反映。

（2）无法获取充分、适当的审计证据，不能得出财务报表整体不存在重大错报的结论。如果注册会计师能够通过实施替代程序获取充分、适当的审计证据，则无法实施特定的程序并不构成对审计范围的限制。

下列情形可能导致注册会计师无法获取充分、适当的审计证据（也称为审计范围受到限制）：

1）超出被审计单位控制的情形。超出被审计单位控制的情形例如：①被审计单位的会计记录已被毁坏；②重要组成部分的会计记录已被政府有关机构无限期地查封。

2）与注册会计师工作的性质或时间安排相关的情形。与注册会计师工作的性质或时间安排相关的情形例如：①被审计单位需要使用权益法对联营企业进行核算，注册会计师无法获取有关联营企业财务信息的充分、适当的审计证据以评价是否恰当运用了权益法；②注册会计师接受审计委托的时间安排，使注册会计师无法实施存货监盘；③注册会计师确定仅实施实质性程序是不充分的，但被审计单位的控制是无效的。

3）管理层施加限制的情形。管理层对审计范围施加的限制致使注册会计师无法获取充分、适当的审计证据的情形例如：①管理层阻止注册会计师实施存货监盘；②管理层阻止注册会计师对特定账户余额实施函证。管理层施加的限制可能对审计产生其他影响，如注册会计师对舞弊风险的评估和对业务保持的考虑。

（二）确定非无保留意见的类型

注册会计师确定恰当的非无保留意见类型，取决于下列事项：①导致非无保留意见的事项的性质，是财务报表存在重大错报，还是在无法获取充分、适当的审计证据的情况下，财务报表可能存在重大错报；②注册会计师就导致非无保留意见的事项对财务报表产生或可能产生影响的广泛性作出的判断。

广泛性是描述错报影响的术语，用以说明错报对财务报表的影响，或者由于无法获取充分、适当的审计证据而未发现的错报（如存在）对财务报表可能产生的影响。根据注册会计师的判断，对财务报表的影响具有广泛性的情形包括：①不限于对财务报表的特定要素、账户或项目产生影响；②虽然仅对财务报表的特定要素、账户或项目产生影响，但这些要素、账户或项目是或可能是财务报表的主要组成部分；③当与披露相关时，产生的影响对财务报表使用者理解财务报表至关重要。

表9-1列示了注册会计师对导致发表非无保留意见的事项的性质和这些事项对财务报表产生或可能产生影响的广泛性作出的判断，以及注册会计师的判断对审计意见类型的影响。

表9-1 非标准无保留意见的差异

导致发表非无保留意见的事项的性质	这些事项对财务报表产生或可能产生影响的广泛性	
	重大但不具有广泛性	重大且具有广泛性
财务报表存在重大错报	保留意见	否定意见
无法获取充分、适当的审计证据	保留意见	无法表示意见

1. 发表保留意见

当存在下列情形之一时，注册会计师应当发表保留意见：

（1）在获取充分、适当的审计证据后，注册会计师认为错报单独或汇总起来对财务报表影响重大，但不具有广泛性。

注册会计师在获取充分、适当的审计证据后，只有当认为财务报表就整体而言是公允的，但还存在对财务报表产生重大影响的错报时，才能发表保留意见。如果注册会计师认为错报对财务报表产生的影响极为严重且具有广泛性，则应发表否定意见。因此，保留意见被视为注册会计师在不能发表无保留意见情况下最不严厉的审计意见。

（2）注册会计师无法获取充分、适当的审计证据以作为形成审计意见的基础，但认为未发现的错报（如存在）对财务报表可能产生的影响重大，但不具有广泛性。

注册会计师因审计范围受到限制而发表保留意见还是无法表示意见，取决于无法获取的审计证据对形成审计意见的重要性。注册会计师在判断重要性时，应当考虑有关事项潜在影响的性质和范围以及在财务报表中的重要程度。只有当未发现的错报（如存在）对财务报表可能产生的影响重大但不具有广泛性时，才能发表保留意见。

2. 发表否定意见

在获取充分、适当的审计证据后，如果认为错报单独或汇总起来对财务报表的影响重大且具有广泛性，注册会计师应当发表否定意见。

3. 发表无法表示意见

如果无法获取充分、适当的审计证据以作为形成审计意见的基础，但认为未发现的错报（如存在）对财务报表可能产生的影响重大且具有广泛性，注册会计师应当发表无法表示意见。

在极其特殊的情况下，可能存在多个不确定事项。即使注册会计师对每个单独的不确定事项获取了充分、适当的审计证据，但由于不确定事项之间可能存在相互影响，以及可能对财务报表产生累积影响，注册会计师不可能对财务报表形成审计意见。在这种情况下，注册会计师应当发表无法表示意见。

在确定非无保留意见的类型时还需注意以下两点：

一是在承接审计业务后，如果注意到管理层对审计范围施加了限制，且认为这些限制可能导致对财务报表发表保留意见或无法表示意见，注册会计师应当要求管理层消除这些限制。如果管理层拒绝消除限制，除非治理层全部成员参与管理被审计单位，注册会计师应当就此事项与治理层沟通，并确定能否实施替代程序以获取充分、适当的审计证据。如果无法获取充分、适当的审计证据，注册会计师应当通过下列方式确定其影响：①如果未发现的错报（如存在）可能对财务报表产生的影响重大，但不具有广泛性，应当发表保留意见；②如果未发现的错报（如存在）可能对财务报表产生的影响重大且具有广泛性，以至于发表保留意见不足以反映情况的严重性，应当在可行时解除业务约定（除非法律法规禁止）。当然，注册会计师应当在解除业务约定前，与治理层沟通在审计过程中发现的、将会导致发表非无保留意见的所有错报事项；如果在出具审计报告之前解除业务约定被禁止或不可行，应当发表无法表示意见。

在某些情况下，如果法律法规要求注册会计师继续执行审计业务，则注册会计师可能无法解除审计业务约定。这种情况可能包括：①注册会计师接受委托审计公共部门实体的财务报表；②注册会计师接受委托审计涵盖特定期间的财务报表，或者接受一定期间的委托，在完成财务报表审计前或在受托期间结束前，不允许解除审计业务约定。在这些情况下，注册会计师可能认为需要在审计报告中增加其他事项段。

二是如果认为有必要对财务报表整体发表否定意见或无法表示意见，注册会计师不应在同一审计报告中对按照相同财务报告编制基础编制的单一财务报表或者财务报表特定要素、账户或项目发表无保留意见。在同一审计报告中包含无保留意见，将会与对财务报表整体发表的否定意见或无法表示意见相矛盾。

当然，对经营成果、现金流量（如相关）发表无法表示意见，而对财务状况发表无保留意见，这种情况可能是被允许的。因为在这种情况下，注册会计师并没有对财务报表整体发表无法表示意见。

（三）非无保留意见的审计报告的格式和内容

1. 导致非无保留意见的事项段

（1）审计报告格式和内容的一致性。如果对财务报表发表非无保留意见，除在审计报告中包含《中国注册会计师审计准则第 1501 号——对财务报表形成审计意见和出具审计报告》规定的审计报告要素外，注册会计师还应当直接在审计意见段之前增加一个段落，并使用恰当的标题，如"导致保留意见的事项"、"导致否定意见的事项"或"导致无法表示意见的事项"，说明导致发表非无保留意见的事项。审计报告格式和内容的一致性有助于提高使用者的理解和识别存在的异常情况。因此，尽管不可能统一非无保留意见的措辞和对导致非无保留意见的事项的说明，但仍有必要保持审计报告格式和内容的一致性。

（2）量化财务影响。如果财务报表中存在与具体金额（包括定量披露）相关的重大错报，注册会计师应当在导致非无保留意见的事项段中说明并量化该错报的财务影响。举例来说，如果存货被高估，注册会计师就可以在审计报告的导致非无保留意见的事项段中说明该重大错报的财务影响，即量化其对所得税、税前利润、净利润和股东权益的影响。如果无法量化财务影响，注册会计师应当在导致非无保留意见的事项段中说明这一情况。

（3）存在与叙述性披露相关的重大错报。如果财务报表中存在与叙述性披露相关的重大错报，注册会计师应当在导致非无保留意见的事项段中解释该错报错在何处。

（4）存在与应披露而未披露信息相关的重大错报。如果财务报表中存在与应披露而未披露信息相关的重大错报，注册会计师应当：①与治理层讨论未披露信息的情况；②在导致非无保留意见的事项段中描述未披露信息的性质；③如果可行并且已针对未披露信息获取了充分、适当的审计证据，在导致非无保留意见的事项段中包含对未披露信息的披露，除非法律法规禁止。

如果存在下列情形之一，则在导致非无保留意见的事项段中披露遗漏的信息是不可行的：①管理层还没有作出这些披露，或管理层已作出但注册会计师不易获取这些披露；②根据注册会计师的判断，在审计报告中披露该事项过于庞杂。

（5）无法获取充分、适当的审计证据。如果因无法获取充分、适当的审计证据而导致发表非无保留意见，注册会计师应当在导致非无保留意见的事项段中说明无法获取审计证据的原因。

（6）披露其他事项。即使发表了否定意见或无法表示意见，注册会计师也应当在导致非无保留意见的事项段中说明注意到的，将导致发表非无保留意见的所有其他事项及其影响。这是因为，对注册会计师注意到的其他事项的披露可能与财务报表使用者的信息需求相关。

2. 审计意见段

（1）标题。在发表非无保留意见时，注册会计师应当对审计意见段使用恰当的标题，如"保留意见"、"否定意见"或"无法表示意见"。审计意见段的标题能够使财务报表使用者清楚注册会计师发表了非无保留意见，并能够表明非无保留意见的类型。

（2）发表保留意见。当由于财务报表存在重大错报而发表保留意见时，注册会计师应当根据适用的财务报告编制基础在审计意见段中说明：注册会计师认为，除了导致保留意见的事项段所述事项产生的影响外，财务报表在所有重大方面按照适用的财务报告编制基础编制，并实现公允反映。

当无法获取充分、适当的审计证据而导致发表保留意见时，注册会计师应当在审计意见段中使用"除……可能产生的影响外"等措辞。

当注册会计师发表保留意见时，在审计意见段中使用"由于上述解释"或"受……影响"等措辞是不恰当的，因为这些措辞不够清晰或没有足够的说服力。

（3）发表否定意见。当发表否定意见时，注册会计师应当根据适用的财务报告编制基础在审计意见段中说明：注册会计师认为，由于导致否定意见的事项段所述事项的重要性，财务报表没有在所有重大方面按照适用的财务报告编制基础编制，未能实现公允反映。

（4）发表无法表示意见。当由于无法获取充分、适当的审计证据而发表无法表示意见时，注册会计师应当在审计意见段中说明：由于导致无法表示意见的事项段所述事项的重要性，注册会计师无法获取充分、适当的审计证据以为发表审计意见提供基础。因此，注册会计师不对这些财务报表发表审计意见。

3. 非无保留意见对审计报告要素内容的修改

当发表保留意见或否定意见时，注册会计师应当修改对注册会计师责任的描述，以说明：注册会计师相信，注册会计师已获取的审计证据是充分、适当的，为发表非无保留意见提供了基础。

当由于无法获取充分、适当的审计证据而发表无法表示意见时，注册会计师应当修改审计报告的引言段，说明注册会计师接受委托审计财务报表。注册会计师还应当修改对注册会计师责任和审计范围的描述，并仅能作出如下说明："我们的责任是在按照中国注册会计师审计准则的规定执行审计工作的基础上对财务报表发表审计意见。但由于导致无法表示意见的事项段中所述的事项，我们无法获取充分、适当的审计证据以为发表审计意见提供基础。"

（四）非无保留意见的审计报告的参考格式

（1）参考格式9-3列示了由于财务报表存在重大错报而出具保留意见的审计报告。其背景信息如下：①对被审计单位管理层按照企业会计准则编制的整套通用目的财务报表实施审计；②审计业务约定条款中说明的管理层对财务报表的责任，与《中国注册会计师审计准则第1111号——就审计业务约定条款达成一致意见》的规定一致；③存货存在错报，该错报对财务报表影响重大，但不具有广泛性；④除对财务报表实施审计外，注册会计师还承担法律法规要求的其他报告责任，且注册会计师决定在审计报告中履行其他报告责任。

参考格式9-3 由于财务报表存在重大错报而出具保留意见的审计报告

审计报告

ABC股份有限公司全体股东：

一、对财务报表出具的审计报告

我们审计了后附的ABC股份有限公司（以下简称ABC公司）财务报表，包括20×1年12月31日的资产负债表，20×1年度的利润表、现金流量表和股东权益变动表以及财务报表附注。

（一）管理层对财务报表的责任

编制和公允列报财务报表是ABC公司管理层的责任，这种责任包括：①按照企业会计准则的规定编制财务报表，并使其实现公允反映；②设计、执行和维护必要的内部控制，以使财务报表不存在由于舞弊或错误导致的重大错报。

（二）注册会计师的责任

我们的责任是在执行审计工作的基础上对财务报表发表审计意见。我们按照中国注册会计师审计准则的规定执行了审计工作。中国注册会计师审计准则要求我们遵守职业道德守则，计划和执行审计工作以对财务报表是否不存在重大错报获取合理保证。

审计工作涉及实施审计程序，以获取有关财务报表金额和披露的审计证据。选择的审计程序取决于注册会计师的判断，包括对由于舞弊或错误导致的财务报表重大错报风险的评估。在进行风险评估时，注册会计师考虑与财务报表编制和公允列报相关的内部控制，以设计恰当的审计程序，但目的并非对内部控制的有效性发表意见。审计工作还包括评价管理层选用会计政策的恰当性和作出会计估计的合理性，以及评价财务报表的总体列报。

我们相信，我们获取的审计证据是充分、适当的，为发表保留意见提供了基础。

（三）导致保留意见的事项

ABC公司20×1年12月31日资产负债表中存货的列示金额为×元。管理层根据成本对存货进行计量，而没有根据成本与可变现净值孰低的原则进行计量，这不符合企业会计准则的规定。公司的会计记录显示，如果管理层以成本与可变现净值孰低来计量存货，存货列示金额将减少×元。相应地，资产减值损失将增加×元，所得税、净利润和股东权益将分别减少×元、×元和×元。

（四）保留意见

我们认为，除"（三）导致保留意见的事项"段所述事项产生的影响外，ABC公司财务报表在所有重大方面按照企业会计准则的规定编制，公允反映了ABC公司20×1年12月31日的财务状况以及20×1年度的经营成果和现金流量。

二、按照相关法律法规的要求报告的事项

（本部分报告的格式和内容，取决于相关法律法规对其他报告责任的规定。）

××会计师事务所 中国注册会计师：×××
（盖章） （签名并盖章）

中国注册会计师：×××
（签名并盖章）

中国××市 二〇××年×月×日

(2) 参考格式 9-4 列示了由于财务报表存在重大错报而出具否定意见的审计报告。其背景信息如下：①对被审计单位管理层按照企业会计准则编制的整套通用目的财务报表实施审计；②审计业务约定条款中说明的管理层对财务报表的责任，与《中国注册会计师审计准则第 1111 号——就审计业务约定条款达成一致意见》的规定一致；③财务报表因未合并子公司而存在重大错报，该错报对财务报表影响重大且具有广泛性，但量化该错报对财务报表的影响是不切实际的；④除对合并财务报表实施审计外，注册会计师还承担法律法规要求的其他报告责任，且注册会计师决定在审计报告中履行其他报告责任。

参考格式 9-4　注册会计师出具否定意见的审计报告

审计报告

ABC 股份有限公司全体股东：

一、对合并财务报表出具的审计报告

我们审计了后附的 ABC 股份有限公司（以下简称 ABC 公司）的合并财务报表，包括 20×1 年 12 月 31 日的合并资产负债表，20×1 年度的合并利润表、合并现金流量表和合并股东权益变动表以及财务报表附注。

（一）管理层对合并财务报表的责任

编制和公允列报合并财务报表是 ABC 公司管理层的责任，这种责任包括：①按照企业会计准则的规定编制合并财务报表，并使其实现公允反映；②设计、执行和维护必要的内部控制，以使合并财务报表不存在由于舞弊或错误导致的重大错报。

（二）注册会计师的责任

我们的责任是在执行审计工作的基础上对合并财务报表发表审计意见。我们按照中国注册会计师审计准则的规定执行了审计工作。中国注册会计师审计准则要求我们遵守职业道德守则，计划和执行审计工作以对合并财务报表是否不存在重大错报获取合理保证。

审计工作涉及实施审计程序，以获取有关合并财务报表金额和披露的审计证据。选择的审计程序取决于注册会计师的判断，包括对由于舞弊或错误导致的合并财务报表重大错报风险的评估。在进行风险评估时，注册会计师考虑与合并财务报表编制和公允列报相关的内部控制，以设计恰当的审计程序，但目的并非对内部控制的有效性发表意见。审计工作还包括评价管理层选用会计政策的恰当性和作出会计估计的合理性，以及评价合并财务报表的总体列报。

我们相信，我们获取的审计证据是充分、适当的，为发表否定意见提供了基础。

（三）导致否定意见的事项

如财务报表附注×所述，20×1 年 ABC 公司通过非同一控制下的企业合并获得对 XYZ 公司的控制权，因未能取得购买日 XYZ 公司某些重要资产和负债的公允价值，故未将 XYZ 公司纳入合并财务报表的范围，而是按成本法核算对 XYZ 公司的股权投资。ABC 公司的这项会计处理不符合企业会计准则的规定。如果将 XYZ 公司纳入合并财务报表的范围，ABC公司合并财务报表的多个报表项目将受到重大影响。但我们无法确定未将XYZ公司纳入合并范围对财务报表产生的影响。

（四）否定意见

我们认为，由于"（三）导致否定意见的事项"段所述事项的重要性，ABC公司的合并财务报表没有在所有重大方面按照企业会计准则的规定编制，未能公允反映ABC公司及其子公司20×1年12月31日的财务状况以及20×1年度的经营成果和现金流量。

二、按照相关法律法规的要求报告的事项

（本部分报告的格式和内容，取决于相关法律法规对其他报告责任的规定。）

××会计师事务所	中国注册会计师：×××
（盖章）	（签名并盖章）
	中国注册会计师：×××
	（签名并盖章）
中国××市	二〇××年×月×日

（3）参考格式9-5列示了由于注册会计师无法获取充分、适当的审计证据而出具保留意见的审计报告。其背景信息如下：①对被审计单位管理层按照企业会计准则编制的整套通用目的财务报表实施审计；②审计业务约定条款中说明的管理层对财务报表的责任，与《中国注册会计师审计准则第1111号——就审计业务约定条款达成一致意见》的规定一致；③对于在境外分支机构的投资，注册会计师无法获取充分、适当的审计证据，这一事项对财务报表影响重大但不具有广泛性；④除对财务报表实施审计外，注册会计师还承担法律法规要求的其他报告责任，且注册会计师决定在审计报告中履行其他报告责任。

参考格式9-5 CPA出具保留意见的审计报告

审计报告

ABC股份有限公司全体股东：

一、对财务报表出具的审计报告

我们审计了后附的ABC股份有限公司（以下简称ABC公司）财务报表，包括20×1年12月31日的资产负债表，20×1年度的利润表、现金流量表和股东权益变动表以及财务报表附注。

（一）管理层对财务报表的责任

编制和公允列报财务报表是ABC公司管理层的责任，这种责任包括：①按照企业会计准则的规定编制财务报表，并使其实现公允反映；②设计、执行和维护必要的内部控制，以使财务报表不存在由于舞弊或错误导致的重大错报。

（二）注册会计师的责任

我们的责任是在执行审计工作的基础上对财务报表发表审计意见。我们按照中国注册会计师审计准则的规定执行了审计工作。中国注册会计师审计准则要求我们遵守职业道德守则，计划和执行审计工作以对财务报表是否不存在重大错报获取合理保证。

审计工作涉及实施审计程序，以获取有关财务报表金额和披露的审计证据。选择的审计程序取决于注册会计师的判断，包括对由于舞弊或错误导致的财务报表重大错报风险的评估。在进行风险评估时，注册会计师考虑与财务报表编制和公允列报相关的内部控制，以设计恰当的审计程序，但目的并非对内部控制的有效性发表意见。审计工作还包括评价管理层选用会计政策的恰当性和作出会计估计的合理性，以及评价财务报表的总体列报。

我们相信，我们获取的审计证据是充分、适当的，为发表保留意见提供了基础。

（三）导致保留意见的事项

如财务报表附注×所述，ABC 公司于 20×1 年取得了 XYZ 公司 30% 的股权，因能够对 XYZ 公司施加重大影响，故采用权益法核算该项股权投资，20×1 年度确认对 XYZ 公司的投资收益×元，截至 20×1 年 12 月 31 日该项股权投资的账面价值为×元。由于我们未被允许接触 XYZ 公司的财务信息、管理层和执行 XYZ 公司审计的注册会计师，我们无法就该项股权投资的账面价值以及 ABC 公司确认的 20×1 年度对 XYZ 公司的投资收益获取充分、适当的审计证据，也无法确定是否有必要对这些金额进行调整。

（四）保留意见

我们认为，除"（三）导致保留意见的事项"段所述事项可能产生的影响外，ABC 公司财务报表在所有重大方面按照企业会计准则的规定编制，公允反映了 ABC 公司 20×1 年 12 月 31 日的财务状况以及 20×1 年度的经营成果和现金流量。

二、按照相关法律法规的要求报告的事项

（本部分报告的格式和内容，取决于相关法律法规对其他报告责任的规定。）

××会计师事务所	中国注册会计师：×××
（盖章）	（签名并盖章）
	中国注册会计师：×××
	（签名并盖章）
中国××市	二○×二年×月×日

（4）参考格式 9-6 列示了由于注册会计师无法针对财务报表多个要素获取充分、适当的审计证据而出具无法表示意见的审计报告。其背景信息如下：①对被审计单位管理层按照×国财务报告准则编制的整套通用目的财务报表实施审计。②审计业务约定条款中说明的管理层对财务报表的责任，与《中国注册会计师审计准则第 1111 号——就审计业务约定条款达成一致意见》的规定一致。③对财务报表的多个要素，注册会计师无法获取充分、适当的审计证据。例如，对被审计单位的存货和应收账款，注册会计师无法获取审计证据，这一事项对财务报表可能产生的影响重大且具有广泛

性。④除对财务报表实施审计外，注册会计师还承担法律法规要求的其他报告责任，且注册会计师决定在审计报告中履行其他报告责任。

参考格式9-6 注册会计师出具无法表示意见的审计报告

审计报告

ABC股份有限公司全体股东：

一、对财务报表出具的审计报告

我们接受委托，审计后附的ABC股份有限公司（以下简称ABC公司）财务报表，包括20×1年12月31日的资产负债表，20×1年度的利润表、现金流量表和股东权益变动表以及财务报表附注。

（一）管理层对财务报表的责任

编制和公允列报财务报表是ABC公司管理层的责任，这种责任包括：①按照×国财务报告准则的规定编制财务报表，并使其实现公允反映；②设计、执行和维护必要的内部控制，以使财务报表不存在由于舞弊或错误导致的重大错报。

（二）注册会计师的责任

我们的责任是在按照中国注册会计师审计准则的规定执行审计工作的基础上对财务报表发表审计意见。但由于"（三）导致无法表示意见的事项"段中所述的事项，我们无法获取充分、适当的审计证据以为发表审计意见提供基础。

（三）导致无法表示意见的事项

我们于20×2年1月接受ABC公司的审计委托，因而未能对ABC公司20×1年年初金额为×元的存货和年末金额为×元的存货实施监盘程序。此外，我们也无法实施替代审计程序获取充分、适当的审计证据。并且，ABC公司20×1年9月采用新的应收账款电算化系统，由于存在系统缺陷导致应收账款出现大量错误。截至审计报告日，管理层仍在纠正系统缺陷并更正错误，我们也无法实施替代审计程序，以对截至20×1年12月31日的应收账款总额×元获取充分、适当的审计证据。因此，我们无法确定是否有必要对存货、应收账款以及财务报表的其他项目作出调整，也无法确定应调整的金额。

（四）无法表示意见

由于"（三）导致无法表示意见的事项"段所述事项的重要性，我们无法获取充分、适当的审计证据以为发表审计意见提供基础；因此，我们不对ABC公司财务报表发表审计意见。

二、按照相关法律法规的要求报告的事项

（本部分报告的格式和内容，取决于相关法律法规对其他报告责任的规定。）

××会计师事务所　　　　　　　　　　中国注册会计师：×××

（盖章）　　　　　　　　　　　　　　　　　（签名并盖章）

　　　　　　　　　　　　　　　　　中国注册会计师：×××

　　　　　　　　　　　　　　　　　　　（签名并盖章）

中国××市　　　　　　　　　　　　二〇×二年×月×日

二、审计报告的强调事项段

（一）强调事项段的含义

审计报告的强调事项段是指审计报告中含有的一个段落，该段落提及已在财务报表中恰当列报或披露的事项，根据注册会计师的职业判断，该事项对财务报表使用者理解财务报表至关重要。

（二）增加强调事项段的情形

如果认为有必要提醒财务报表使用者关注已在财务报表中列报或披露，且根据职业判断认为对财务报表使用者理解财务报表至关重要的事项，注册会计师在已获取充分、适当的审计证据证明该事项在财务报表中不存在重大错报的条件下，应当在审计报告中增加强调事项段。

注册会计师可能认为需要增加强调事项段的情形举例如下：

（1）异常诉讼或监管行动的未来结果存在不确定性。

（2）提前应用（在允许的情况下）对财务报表有广泛影响的新会计准则。

（3）存在已经或持续对被审计单位财务状况产生重大影响的特大灾难。

强调事项段的过多使用会降低注册会计师沟通所强调事项的有效性。此外，与财务报表中的列报或披露相比，在强调事项段中包含过多的信息，可能隐含着这些事项未被恰当列报或披露。因此，强调事项段应当仅提及已在财务报表中列报或披露的信息。

（三）在审计报告中增加强调事项段时注册会计师采取的措施

如果在审计报告中增加强调事项段，注册会计师应当采取下列措施：

（1）将强调事项段紧接在审计意见段之后；

（2）使用"强调事项"或其他适当标题；

（3）明确提及被强调事项以及相关披露的位置，以便能够在财务报表中找到对该事项的详细描述；

（4）指出审计意见没有因该强调事项而改变。

由于增加强调事项段是为了提醒财务报表使用者关注某些事项，并不影响注册会计师的审计意见，为了使财务报表使用者明确这一点，注册会计师应当在强调事项段中指明，该段内容仅用于提醒财务报表使用者关注，并不影响已发表的审计意见。具体讲，增加强调事项段不能代替下列情形：

（1）根据审计业务的具体情况，注册会计师需要发表保留意见、否定意见或无法表示意见（参见《中国注册会计师审计准则第 1502 号——在审计报告中发表非无保留意见》）。

（2）适用的财务报告编制基础要求管理层在财务报表中作出的披露。

参考格式 9-7 列示了带强调事项段的保留意见审计报告的示例。其背景信息如下：①对被审计单位管理层按照企业会计准则编制的整套通用目的财务报表执行审计；②审计业务约定条款中说明的管理层对财务报表的责任，与《中国注册会计师审计准则第 1111 号——就审计业务约定条款达成一致意见》的规定一致；③异常的未决诉讼事项存在不确定性；④由于违反企业会计准则的规定导致发表保留意见；⑤除对财务报表执行审计外，注册会计师还承担法律法规要求的其他报告责任，且注册会计师决定在审计报告中履行其他报告责任。

参考格式 9-7 带强调事项段的保留意见的审计报告

审计报告

ABC 股份有限公司全体股东：

一、对财务报表出具的审计报告

我们审计了后附的 ABC 股份有限公司（以下简称 ABC 公司）财务报表，包括 20×1 年 12 月 31 日的资产负债表，20×1 年度的利润表、现金流量表和股东权益变动表以及财务报表附注。

（一）管理层对财务报表的责任

编制和公允列报财务报表是 ABC 公司管理层的责任，这种责任包括：①按照企业会计准则的规定编制财务报表，并使其实现公允反映；②设计、执行和维护必要的内部控制，以使财务报表不存在由于舞弊或错误导致的重大错报。

（二）注册会计师的责任

我们的责任是在执行审计工作的基础上对财务报表发表审计意见。我们按照中国注册会计师审计准则的规定执行了审计工作。中国注册会计师审计准则要求我们遵守中国注册会计师职业道德守则，计划和执行审计工作以对财务报表是否不存在重大错报获取合理保证。

审计工作涉及实施审计程序，以获取有关财务报表金额和披露的审计证据。选择的审计程序取决于注册会计师的判断，包括对由于舞弊或错误导致的财务报表重大错报风险的评估。在进行风险评估时，注册会计师考虑与财务报表编制和公允列报相关的内部控制，以设计恰当的审计程序，但目的并非对内部控制的有效性发表意见。审计工作还包括评价管理层选用会计政策的恰当性和作出会计估计的合理性，以及评价财务报表的总体列报。

我们相信，我们获取的审计证据是充分、适当的，为发表保留意见提供了基础。

（三）导致保留意见的事项

ABC 公司于 20×1 年 12 月 31 日资产负债表中反映的交易性金融资产为×元，ABC 公司管理层对这些交易性金融资产未按照公允价值进行后续计量，而是按照其历史成本进行计量，这不符合企业会计准则的规定。如果按照公允价值进行后续计量，ABC 公司 20×1 年度利润表中公允价值变动损失将增加×元，20×1 年 12 月 31 日资产负债表中交易性金融资产将减少×元，相应地，所得税、净利润和股东权益将分别减少×元、×元和×元。

（四）保留意见

我们认为，除"（三）导致保留意见的事项"段所述事项产生的影响外，ABC 公司财务报表在所有重大方面按照企业会计准则的规定编制，公允反映了 ABC 公司20×1年12月31日的财务状况以及20×1年度的经营成果和现金流量。

（五）强调事项

我们提醒财务报表使用者关注，如财务报表附注×所述，截至财务报表批准日，XYZ 公司对 ABC 公司提出的诉讼尚在审理当中，其结果具有不确定性。本段内容不影响已发表的审计意见。

二、按照相关法律法规的要求报告的事项

（本部分报告的格式和内容，取决于相关法律法规对其他报告责任的规定。）

××会计师事务所　　　　　　　　　　　　　中国注册会计师：×××

（盖章）　　　　　　　　　　　　　　　　　　　（签名并盖章）

　　　　　　　　　　　　　　　　　　　　　　中国注册会计师：×××

　　　　　　　　　　　　　　　　　　　　　　　（签名并盖章）

中国××市　　　　　　　　　　　　　　　　二○×二年×月×日

三、审计报告的其他事项段

（一）其他事项段的含义

其他事项段是指审计报告中含有的一个段落，该段落提及未在财务报表中列报或披露的事项，根据注册会计师的职业判断，该事项与财务报表使用者理解审计工作、注册会计师的责任或审计报告相关。

（二）需要增加其他事项段的情形

对于未在财务报表中列报或披露，但根据职业判断认为与财务报表使用者理解审计工作、注册会计师的责任或审计报告相关且未被法律法规禁止的事项，如果认为有必要沟通，注册会计师应当在审计报告中增加其他事项段，并使用"其他事项"或其他适当标题。注册会计师应当将其他事项段紧接在审计意见段和强调事项段（如有）之后。如果其他事项段的内容与其他报告责任部分相关，这一段落也可以置于审计报告的其他位置。

具体来讲，需要在审计报告中增加其他事项段的情形包括：

（1）与使用者理解审计工作相关的情形。在极其特殊的情况下，即使由于管理层对审计范围施加的限制导致无法获取充分、适当审计证据可能产生的影响具有广泛性，注册会计师也不能解除业务约定。在这种情况下，注册会计师可能认为有必要在审计报告中增加其他事项段，解释为何不能解除业务约定。

（2）与使用者理解注册会计师的责任或审计报告相关的情形。法律法规或得到广泛认可的惯例可能要求或允许注册会计师详细说明某些事项，以进一步解释注册会计师在财务报表审计中的责任或审计报告。在这种情况下，注册会计师可以使用一个或多个子标题来描述其他事项段的内容。

但增加其他事项段不涉及以下两种情形：①除根据审计准则的规定有责任对财务

报表出具审计报告外，注册会计师还有其他报告责任；②注册会计师可能被要求实施额外的规定的程序并予以报告，或对特定事项发表意见。

（3）对两套以上财务报表出具审计报告的情形。被审计单位可能按照通用目的编制基础（如×国财务报告编制基础）编制一套财务报表，且按照另一个通用目的编制基础（如国际财务报告准则）编制另一套财务报表，并委托注册会计师同时对两套财务报表出具审计报告。如果注册会计师已确定两个财务报告编制基础在各自情形下是可接受的，可以在审计报告中增加其他事项段，说明该被审计单位根据另一个通用目的编制基础（如国际财务报告准则）编制了另一套财务报表以及注册会计师对这些财务报表出具了审计报告。

（4）限制审计报告分发和使用的情形。为特定目的编制的财务报表可能按照通用目的编制基础编制，因为财务报表预期使用者已确定这种通用目的的财务报表能够满足他们对财务信息的需求。由于审计报告旨在提供给特定使用者，注册会计师可能认为在这种情况下需要增加其他事项段，说明审计报告只是提供给财务报表预期使用者，不应被分发给其他机构或人员或者被其他机构或人员使用。

需要注意的是，其他事项段的内容明确反映了未被要求在财务报表中列报或披露的其他事项。其他事项段不包括法律法规或其他职业准则（如中国注册会计师职业道德守则中与信息保密相关的规定）禁止注册会计师提供的信息。其他事项段也不包括要求管理层提供的信息。

此外，其他事项段放置的位置取决于拟沟通信息的性质。当增加其他事项段旨在提醒使用者关注与其理解与财务报表审计相关的事项时，该段落需要紧接在审计意见段和强调事项段之后；当增加其他事项段旨在提醒使用者关注与审计报告中提及的其他报告责任相关的事项时，该段落可以置于"按照相关法律法规的要求报告的事项"的部分内；当其他事项段与注册会计师的责任或使用者理解审计报告相关时，可以单独作为一部分，置于"对财务报表出具的审计报告"和"按照相关法律法规的要求报告的事项"之后。

（三）与治理层的沟通

如果拟在审计报告中增加强调事项段或其他事项段，注册会计师应当就该事项和拟使用的措辞与治理层沟通。

与治理层的沟通能使治理层了解注册会计师拟在审计报告中所强调的特定事项的性质，并在必要时为治理层提供向注册会计师作出进一步澄清的机会。当然，当审计报告中针对某一特定事项增加其他事项段在连续审计业务中重复出现时，注册会计师可能认为没有必要在每次审计业务中重复沟通。

第五节 期后发现的事实

期后事项，是指财务报表日至审计报告日之间发生的事项，以及注册会计师在审计报告日后知悉的事实。财务报表日，是指财务报表涵盖的最近期间的截止日期。审计报告日，是指注册会计师在对财务报表出具的审计报告上签署的日期。财务报表报出日，是指审计报告和已审计财务报表提供给第三方的日期。财务报表批准日，是指构成整套财务报表的所有报表（包括相关附注）已编制完成，并且法律法规规定的被审计单位权力机构（董事会或类似机构）已认可其对财务报表负责的日期。

一、财务报表日至审计报告日之间发生的事项

注册会计师应当设计和实施审计程序，获取充分、适当的审计证据，以确定所有在财务报表日至审计报告日之间发生的、需要在财务报表中调整或披露的事项均已得到识别。但是，注册会计师并不需要对之前已实施审计程序并已得出满意结论的事项执行追加的审计程序。

二、在审计报告日后至财务报表报出日前知悉的事实

在审计报告日后，注册会计师没有义务针对财务报表实施任何审计程序。在审计报告日至财务报表报出日期间，管理层有责任告知注册会计师可能影响财务报表的事实。当然，注册会计师还可能从媒体、举报信、证券监管部门告知等途径获悉影响财务报表的事实。

（一）应当实施的审计程序

在审计报告日后至财务报表报出日前，如果知悉了某事实，且若在审计报告日知悉该事实可能导致修改审计报告，注册会计师应当：①与管理层和治理层（如适用）讨论该事项；②确定财务报表是否需要修改；③如果需要修改，询问管理层将如何在财务报表中处理该事项。

如果管理层修改财务报表，注册会计师应当：①根据具体情况对有关修改实施必要的审计程序，并针对修改后的财务报表出具新的审计报告。②新的审计报告日不应早于修改后的财务报表被批准的日期。

如果管理层对财务报表的修改仅限于导致修改的期后事项的影响，被审计单位权力机构也仅对有关修改进行批准，注册会计师可以：①修改审计报告，针对财务报表修改部分增加补充报告日期，从而表明注册会计师对期后事项实施的审计程序仅限于财务报表相关附注所述的修改；②出具新的或经修改的审计报告，在强调事项段或其他事项段中说明注册会计师对期后事项实施的审计程序仅限于财务报表相关附注所述的修改。

由于审计报告日期的变化，注册会计师应当将识别期后事项的审计程序延伸至新的审计报告日，以避免重大遗漏。

（二）对审计报告的影响

如果认为管理层应当修改财务报表而没有修改，注册会计师应当分别以下情况予以处理：①如果审计报告尚未提交给被审计单位，注册会计师应当按照《中国注册会

计师审计准则第 1502 号——在审计报告中发表非无保留意见》的规定发表非无保留意见，然后再提交审计报告；②如果审计报告已经提交给被审计单位，注册会计师应当通知管理层和治理层（除非治理层全部成员参与管理被审计单位）在财务报表作出必要修改前不要向第三方报出。如果财务报表在未经必要修改的情况下仍被报出，注册会计师应当采取适当措施，以设法防止财务报表使用者信赖该审计报告。采取的措施取决于自身的权利和义务以及征询的法律意见，如向对被审计单位有管辖权的管理机构报告，包括财政部门、证券监管机构、证券交易所等。

三、在财务报表报出后知悉的事实

在财务报表报出后，注册会计师没有义务针对财务报表实施任何审计程序。在财务报表报出后，如果知悉了某事实，且若在审计报告日知悉该事实可能导致修改审计报告，注册会计师应当：①与管理层和治理层（如适用）讨论该事项；②确定财务报表是否需要修改；③如果需要修改，询问管理层将如何在财务报表中处理该事项。

（一）管理层修改了财务报表的处理

如果管理层修改了财务报表，注册会计师应当根据具体情况采取必要措施：

（1）对有关修改实施必要的审计程序。如查阅记录相关事实的文件、复核相关会计处理或披露事项等，以验证管理层对财务报表的修改是否恰当。

（2）复核管理层采取的措施能否确保所有收到原财务报表和审计报告的人士了解这一情况。如上市公司是否已在证券类报纸、网站刊登公告，重新公布新的财务报表和审计报告。注册会计师应当复核这些措施，判断其是否能够达到这样的目的。

（3）针对修改后的财务报表出具新的审计报告。新的审计报告应当增加强调事项段，提请财务报表使用者注意财务报表附注中对修改原财务报表原因的详细说明，以及注册会计师出具的原审计报告。新的审计报告日期不应早于董事会或类似机构批准修改后的财务报表的日期。相应地，注册会计师应当将审计程序延伸至新的审计报告日，以避免重大遗漏。

（二）管理层未采取任何行动的处理

如果管理层既没有采取必要措施确保所有收到原财务报表和审计报告的人士了解这一情况，又没有在注册会计师认为需要修改的情况下修改财务报表，注册会计师应当通知管理层和治理层（除非治理层全部成员参与管理被审计单位），其将设法防止财务报表使用者信赖该审计报告。如果注册会计师已经通知管理层或治理层，而管理层或治理层没有采取必要措施，注册会计师应当采取适当措施，以设法防止财务报表使用者信赖该审计报告。

通常，当财务报表使用者数量有限时，可采用电话通知和书面通知；对于使用者数量众多的上市公司客户，则可以考虑在中国证监会指定媒体上刊登公告，指出审计报告日已存在的、对已公布财务报表存在重大影响的事项及其影响，并强调不应再信赖已公布的审计报告。采取的措施取决于自身的权利和义务以及征询的法律意见。

（三）临近公布下一期财务报表

如果临近公布下一期财务报表，且能够在下一期财务报表中进行充分披露，注册会计师应当根据法律法规的规定确定是否仍有必要提请被审计单位修改财务报表，并出具新的审计报告。例如，根据中国证监会的规定，注册会计师应当提请上市公司管理层修改财务报表。

第六节 含有已审计财务报表的文件中的其他信息

一、其他信息

（一）其他信息的含义

根据《中国注册会计师审计准则第 1521 号——注册会计师对含有已审计财务报表的文件中的其他信息的责任》的规定，其他信息是指根据法律法规的规定或惯例，在含有已审计财务报表的文件中包含的除已审计财务报表和审计报告以外的财务信息和非财务信息。含有已审计财务报表的文件可以是被审计单位向股东（或利益相关方）公布的含有已审计财务报表和审计报告的年度报告（或类似文件），也可以是在证券发行中使用的文件，如招股说明书等。其他信息主要包括：①被审计单位管理层或治理层的经营报告；②财务数据摘要；③就业数据；④计划的资本性支出；⑤财务比率；⑥董事和高级管理人员的姓名；⑦择要列示的季度数据。

（二）注册会计师对其他信息的责任

注册会计师应当阅读其他信息，以识别其是否与已审计财务报表存在重大不一致。这是因为，发现由于其他信息与已审计财务报表的不一致，可能为财务报表审计提供新的线索，便于注册会计师实施追加审计程序，或者导致财务报表使用者对财务报表产生怀疑，进而影响已审计财务报表的可信赖程度。因此，注册会计师应当与管理层或治理层作出适当安排，以便在审计报告日前获取其他信息。如果在审计报告日前无法获取所有其他信息，注册会计师应当在审计报告日后尽早阅读其他信息。

二、重大不一致

（一）重大不一致的含义

不一致是指其他信息与已审计财务报表中的信息相矛盾。重大不一致可能导致注册会计师对依据以前获取的审计证据得出的审计结论产生怀疑，甚至对形成审计意见的基础产生怀疑。

审计中常见的不一致事项主要可分为三类：①其他信息中的数据和文字表述与已审计财务报表相关信息不一致；②其他信息中的项目与已审计财务报表相关项目的编制基础不一致；③其他信息中对数据影响的解释与已审计财务报表相关数据不一致。

（二）发现重大不一致的处理

在阅读其他信息时，如果识别出重大不一致，注册会计师应当确定已审计财务报表或其他信息是否需要作出修改。

如果在审计报告日前获取的其他信息中识别出重大不一致，并且需要对已审计财务报表作出修改，但管理层拒绝作出修改，注册会计师应当在审计报告中发表非无保留意见。

如果在审计报告日前获取的其他信息中识别出重大不一致，并且需要对其他信息作出修改，但管理层拒绝作出修改，除非治理层的所有成员参与管理被审计单位，注册会计师应当就该事项与治理层进行沟通。

此外，注册会计师还应当根据具体情况、不一致的性质和重要程度，采取下列措施之一：①按照《中国注册会计师审计准则第1503号——在审计报告中增加强调事项段和其他事项段》的规定，在审计报告中增加其他事项段，说明重大不一致。②拒绝提交审计报告。③解除业务约定。必要时，注册会计师应当征询法律意见。

三、对事实的重大错报

（一）对事实的重大错报的含义

对事实的错报，是指在其他信息中，对与已审计财务报表所反映事项不相关的信息作出的不正确陈述或列报。对事实的重大错报可能损害含有已审计财务报表的文件的可信性。在阅读其他信息以发现重大不一致时，注册会计师可能会注意到明显的对事实的重大错报。它有两个基本特征：一是其他信息所反映的事项与财务报表所反映的事项不相关；二是被审计单位对其他信息作出了不正确的披露。

（二）注意到对事实的重大错报的处理

在阅读其他信息以识别重大不一致时，如果注意到明显的对事实的重大错报，注册会计师应当与管理层讨论该事项。这是因为其他信息是由管理层负责披露的，管理层对其了解和认识通常比较深入、全面。与管理层就此进行讨论，有助于注册会计师分析、判断其他信息是否确实存在对事实的重大错报，以解除或确定注册会计师的疑虑。如果在讨论后仍然认为存在明显的对事实的重大错报，注册会计师应当提请管理层咨询被审计单位的法律顾问等有资格的第三方的意见。注册会计师应当考虑管理层收到的咨询意见。

如果认为在其他信息中存在对事实的重大错报，但管理层拒绝作出修改，除非治理层的所有成员参与管理被审计单位，注册会计师应当将对其他信息的疑虑告知治理层，并采取适当的进一步措施。进一步措施包括向治理层书面说明注册会计师对其他信息的关注，以及征询法律意见。向治理层书面说明，注册会计师对其他信息的关注既是注册会计师提请被审计单位修改含有对事实的重大错报的其他信息所作的再次努力，也是注册会计师恪尽职守的体现。征询法律意见，是了解该事项是否会使注册会计师陷入法律诉讼事件，是否需要采取不出具审计报告或解除审计业务约定等措施。

四、审计报告日后获取的其他信息

当在审计报告日前无法获取所有其他信息时，注册会计师应当在审计报告日后尽早阅读其他信息以识别重大不一致。这有利于保证审计工作质量，维护专业声誉。

如果在阅读其他信息时发现重大不一致或注意到明显的对事实的重大错报，注册会计师应当确定是否需要修改已审计财务报表或其他信息。

当需要修改已审计财务报表时，注册会计师应当按照本章第五节"期后发现的事实"进行相应处理。

当需要修改其他信息时，分别两种情况：①被审计单位同意修改时，注册会计师应当根据具体情况实施必要的审计程序。审计程序可能包括复核管理层采取的措施能否确保所有收到原财务报表、审计报告及其他信息的人士了解所做的修改。②管理层拒绝修改时，注册会计师应当考虑采取适当的进一步措施。进一步措施包括向治理层书面说明注册会计师对其他信息的关注，以及征询法律意见。

第七节　审计报告举例比较

本节以会计师事务所对中国 A 股上市公司 2011 年年报审计为例说明不同类型审计报告的出具原因和格式的区别。

一、不同类型审计报告的实例

（一）德勤华永会计师事务所对中国农业银行出具的标准审计报告

参考格式 9－8　德勤华永会计师事务所出具的标准审计报告

审计报告

德师报（审）字（11）第 P0115 号

中国农业银行股份有限公司全体股东：

我们审计了后附的中国农业银行股份有限公司（以下简称"贵行"）的财务报表，包括 2010 年 12 月 31 日的银行及合并资产负债表、2010 年度的银行及合并利润表、银行及合并股东权益变动表和银行及合并现金流量表以及财务报表附注。

一、管理层对财务报表的责任

编制和公允列报财务报表是贵行管理层的责任，这种责任包括：①按照企业会计准则的规定编制财务报表，并使其实现公允反映；②设计、执行和维护必要的内部控制，以使财务报表不存在由于舞弊或错误而导致的重大错报。

二、注册会计师的责任

我们的责任是在执行审计工作的基础上对财务报表发表审计意见。我们按照中国注册会计师审计准则的规定执行了审计工作。中国注册会计师审计准则要求我们遵守中国注册会计师职业道德守则，计划和执行审计工作以对财务报表是否不存在重大错报获取合理保证。

审计工作涉及实施审计程序，以获取有关财务报表金额和披露的审计证据。选择的审计程序取决于注册会计师的判断，包括对由于舞弊或错误导致的财务报表重大错报风险的评估。在进行风险评估时，注册会计师考虑与财务报表编制和公允列报相关的内部控制，以设计恰当的审计程序，但目的并非对内部控制的有效性发表意见。审计工作还包括评价管理层选用会计政策的恰当性和作出会计估计的合理性，以及评价财务报表的总体列报。

我们相信，我们获取的审计证据是充分、适当的，为发表审计意见提供了基础。

三、审计意见

我们认为，贵行财务报表在所有重大方面按照企业会计准则的规定编制，公允反映了贵行 2010 年 12 月 31 日的银行及合并财务状况以及 2010 年度的银行及合并经营成果和银行及合并现金流量。

德勤华永会计师事务所有限公司

（盖章）

             中国注册会计师：王鹏程

                （签名并盖章）

             中国注册会计师：刘明华

                （签名并盖章）

中国上海   二〇一一年三月二十九日

（二）大信会计师事务所对于江苏琼花股份公司出具的无保留带强调事项段审计报告

参考格式 9-9 大信会计师事务所出具的无保留带强调事项段审计报告

审 计 报 告

大信审字〔2011〕第 2-0125 号

江苏琼花高科技股份有限公司全体股东：

我们审计了后附的江苏琼花高科技股份有限公司（以下简称"贵公司"）财务报表，包括 2010 年 12 月 31 日的资产负债表和合并资产负债表、2010 年度的利润表和合并利润表、股东权益变动表和合并股东权益变动表及现金流量表和合并现金流量表，以及财务报表附注。

一、管理层对财务报表的责任

按照企业会计准则的规定编制财务报表是贵公司管理层的责任。这种责任包括：①设计、实施和维护与财务报表编制相关的内部控制，以使财务报表不存在由于舞弊或错误而导致的重大错报；②选择和运用恰当的会计政策；③作出合理的会计估计。

二、注册会计师的责任

我们的责任是在实施审计工作的基础上对财务报表发表审计意见。我们按照中国注册会计师审计准则的规定执行了审计工作。中国注册会计师审计准则要求我们遵守职业道德规范，计划和实施审计工作以对财务报表是否不存在重大错报获取合理保证。

审计工作涉及实施审计程序，以获取有关财务报表金额和披露的审计证据。选择的审计程序取决于注册会计师的判断，包括对由于舞弊或错误导致的财务报表重大错报风险的评估。在进行风险评估时，我们考虑与财务报表编制相关的内部控制，以设计恰当的审计程序，但目的并非对内部控制的有效性发表意见。审计工作还包括评价管理层选用会计政策的恰当性和作出会计估计的合理性，以及评价财务报表的总体列报。

我们相信，我们获取的审计证据是充分、适当的，为发表审计意见提供了基础。

三、审计意见

我们认为，贵公司财务报表已经按照企业会计准则的规定编制，在所有重大方面公允反映了贵公司 2010 年 12 月 31 日的财务状况以及 2010 年度的经营成果和现金流量。

四、强调事项

我们提醒财务报表使用者关注，如财务报表附注十三所述，截至 2010 年 12 月 31 日，贵公司主营业务连续亏损，且累计亏损数额巨大，大量短期银行借款逾期未能归还，且展期手续尚未办妥。贵公司已在财务报表附注十三充分披露了拟采取的改善措施，但其持续经营能力仍然存在重大不确定性，可能无法在正常的经营过程中变现资产、清偿债务。本段内容不影响已发表的审计意见。

大信会计师事务所有限公司　　　　　　　　中国注册会计师：狄香雨
（盖章）　　　　　　　　　　　　　　　　　　　　（签名并盖章）

　　　　　　　　　　　　　　　　　　　　中国注册会计师：万方全
　　　　　　　　　　　　　　　　　　　　　　　　（签名并盖章）

中国北京　　　　　　　　　　　　　　　　二〇一一年三月十八日

（三）立信大华会计师事务所对海信科龙电器股份公司出具的保留意见审计报告

参考格式 9-10　立信大华会计师事务所出具的保留意见审计报告

审 计 报 告

立信大华审字〔2011〕149 号

海信科龙电器股份有限公司全体股东：

我们审计了后附的海信科龙电器股份有限公司（以下简称海信科龙）财务报表，包括 2009 年 12 月 31 日的资产负债表和合并资产负债表，2009 年度的利润表和合并利润表、现金流量表和合并现金流量表、股东权益变动表和合并股东权益变动表以及财务报表附注。

一、管理层对财务报表的责任

按照企业会计准则的规定编制财务报表是海信科龙管理层的责任。这种责任包括：①设计、实施和维护与财务报表编制相关的内部控制，以使财务报表不存在由于舞弊或错误而导致的重大错报；②选择和运用恰当的会计政策；③作出合理的会计估计。

二、注册会计师的责任

我们的责任是在实施审计工作的基础上对财务报表发表审计意见。我们按照中国注册会计师审计准则的规定执行了审计工作。中国注册会计师审计准则要求我们遵守职业道德规范，计划和实施审计工作以对财务报表是否不存在重大错报获取合理保证。

审计工作涉及实施审计程序，以获取有关财务报表金额和披露的审计证据。选择的审计程序取决于注册会计师的判断，包括对由于舞弊或错误导致的财务报表重大错报风险的评估。在进行风险评估时，我们考虑与财务报表编制相关的内部控制，以设计恰当的审计程序，但目的并非对内部控制的有效性发表意见。审计工作还包括评价管理层选用会计政策的恰当性和作出会计估计的合理性，以及评价财务报表的总体列报。

我们相信，我们获取的审计证据是充分、适当的，为发表保留意见提供了基础。

三、导致保留意见的事项

如财务报表附注五（四）、附注五（六），附注六，附注七所述，海信科龙原大股东广东格林柯尔企业发展有限公司及其关联方（以下简称"格林柯尔系公司"）与海信科龙在2001年10月至2005年7月期间发生了一系列关联交易及不正常现金流入流出。另外，在此期间，格林柯尔系公司还通过天津立信商贸发展有限公司（以下简称"天津立信"）等特定第三方公司与海信科龙发生了一系列不正常现金流入流出。上述交易与资金的不正常流入流出，以及涉嫌资金挪用行为，海信科龙已向法院起诉。该等事项涉及海信科龙与格林柯尔系公司及上述特定第三方公司应收、应付款项。

截至2010年12月31日，海信科龙对格林柯尔系公司和上述特定第三方公司应收款项余额为6.51亿元。海信科龙已对格林柯尔系公司和上述特定第三方公司的应收款项计提坏账准备3.65亿元。如财务报表附注七所述，除佛山中院（2006）佛中法民二初字第178号案件撤诉、佛山中院（2006）佛中法民二初字第183号驳回诉讼请求，上述其他案件均已胜诉并生效，我们仍无法采取适当的审计程序，以获取充分、适当的审计证据，以判断该笔款项所作估计坏账准备是否合理，应收款项的计价认定是否合理。

四、保留意见

我们认为，除了上述事项可能产生的影响外，海信科龙财务报表已经按照企业会计准则的规定编制，在所有重大方面公允反映了海信科龙2010年12月31日的财务状况以及2010年度的经营成果和现金流量。

立信大华会计师事务所有限公司   中国注册会计师：丘运良

（盖章）   （签名并盖章）

                                 中国注册会计师：康跃华

                                      （签名并盖章）

中国北京   二○一一年三月三十日

（四）中准会计师事务所对云南绿大地股份公司出具的无法表示意见审计报告

参考格式9-11   中准会计师事务所出具的无法表示意见审计报告

审 计 报 告

中准审字〔2011〕1362号

云南绿大地生物科技股份有限公司全体股东：

我们审计了后附的云南绿大地生物科技股份有限公司（以下简称绿大地公司）财务报表，包括2010年12月31日的合并及母公司资产负债表，2010年度的合并及母公司利润表、合并及母公司股东权益变动表和合并及母公司现金流量表以及财务报表附注。

一、管理层对财务报表的责任

按照企业会计准则的规定编制财务报表是绿大地公司管理层的责任。这种责任包括：①设计、实施和维护与财务报表编制相关的内部控制，以使财务报表不存在由于舞弊或错误而导致的重大错报；②选择和运用恰当的会计政策；③作出合理的会计估计。

二、导致无法表示意见的事项

（1）我们注意到，2010年12月30日，绿大地公司2001～2009年度财务凭证和董事会会议记录等资料被公安机关调取。截至审计报告日，上述资料仍未退回。

2011年3月17日，绿大地公司控股股东、原董事长何学葵因涉嫌欺诈发行股票罪被公安机关逮捕，目前案件正在侦查中。该等事项对绿大地公司财务信息的真实性、完整性可能产生的影响我们无法判断。

（2）在审计中，我们无法实施满意的审计程序，获取充分适当的审计证据，以识别绿大地公司的全部关联方，由此，我们无法合理保证绿大地公司关联方和关联方交易的相关信息得到恰当的记录和充分的披露。这些交易可能对绿大地公司的财务报告产生重大影响。

（3）2009年度绿大地公司依据中联资产评估有限公司中联评报字（2010）第274号评估报告，对马龙县月望基地土地使用权和文山广南林地使用权计提了无形资产减值准备58300500.00元；依据退回苗木统计表、死亡苗木现场勘验记录，确认2009年苗木销售退回158310200.00元（其中属于2010年退回的2009年苗木销售74528760.00元），确认2008年苗木销售退回23485195.00元（全部为2009年退回的

2008 年苗木销售）；依据死亡苗木现场勘验记录，确认 2009 年发生的苗木损失 155082643.25 元并列入 2009 年度营业外支出。如财务报表附注六.6 及六.12 所述，绿大地公司 2010 年度生物资产盘盈、盘亏净损失 7887807.07 元，生物资产减值损失 21037238.80 元。

我们无法获取充分适当的审计证据，因而无法判断绿大地公司上述事项的交易性质及其影响程度。

（4）在审计中，我们按照绿大地公司账面价值为 43558579.75 元的北京基地温室资产现有用途的收益状况，判断该项资产已出现明显减值迹象；绿大地公司基于对该项资产的产业规划及经营方式转变等原因而认为该项资产不会发生减值。我们无法对此事项对绿大地公司财务报告的影响程度进行准确判断。

（5）2010 年度，绿大地公司的"成都 198 工程项目"确认工程收入 36196305.78 元和工程成本 27239884.30 元，由于绿大地公司不能提供经建设方和监理方确认的完工进度和完整的工程合同预计总成本，且工程部所提供的已完工工程实际成本与财务部的相关记录不一致，财务部记录成本较工程部记录成本多 2769547.79 元。我们无法实施满意的审计程序，以获取充分、适当的审计证据对相关会计认定进行合理确认。

（6）如财务报表附注六所述，绿大地公司之子公司深圳市绿大地园艺科技开发有限公司的银行账户因长期无交易记录被银行冻结，我们无法获取充分适当的审计证据，对该公司银行账户的交易记录及银行存款余额的真实性和完整性发表意见。

三、审计意见

由于前段所述事项可能产生的影响非常重大和广泛，我们无法对绿大地公司财务报表发表意见。

中准会计师事务所有限公司　　　　　　　　中国注册会计师：杨迪航
（盖章）　　　　　　　　　　　　　　　　　　（签名并盖章）

　　　　　　　　　　　　　　　　　　中国注册会计师：李飞鹰
　　　　　　　　　　　　　　　　　　　　（签名并盖章）

中国北京　　　　　　　　　　　　　　　　二〇一一年四月二十八日

二、注册会计师对上述四家公司出具不同审计报告的原因分析

（一）德勤华永会计师事务所对中国农业银行年报出具标准审计报告

根据中国审计准则的规定，公司财务报表符合以下要求可出具无保留意见审计报告：

（1）会计报表符合国家颁布的企业会计准则和相关会计制度。

（2）会计报表在所在重大方面公允地反映了被审计单位的财务状况，经营成果和现金流量情况。

（3）其审计已按照独立审计准则的要求，实施了审计工作，在审计过程中未受阻

碍和限制。

（4）不存在应调整或披露而被审计单位未予调整或披露的重要事项。

中国农业银行股份公司 2010 年的年报在以上方面均符合要求，故被德勤华永会计师事务所出具了标准无保留意见的审计报告。

（二）大信会计师事务所对江苏琼花股份公司年报出具无保留带强调事项段审计报告

根据《中国注册会计师审计准则第 1502 号——非标准审计报告》的规定，带强调事项段的无保留意见的审计报告的出具条件是：

（1）存在可能导致对持续经营能力产生重大疑虑的事项或情况，可能对财务报表产生重大影响，但被审计单位进行了恰当的会计处理，且在财务报表中作出充分披露。

（2）不影响注册会计师发表的审计意见。意见段后只能增加强调事项段，而不能增加说明段，强调事项段只是提醒财务报表使用者关注，增加审计报告的信息含量，提高审计报告的证明作用，并不影响发表的审计意见。

（3）不确定事项。其结果依赖于未来行动或事项，不受被审计单位的直接控制，但可能影响财务报表的事项，如所得税纠纷或未决诉讼、大宗应收账款的变现能力、出现未保险的自然灾害损失等。重大不确定事项是指可能对会计报表产生重大影响的不确定事项。在某些情况下，不确定事项的结果可能对会计报表影响较大，注册会计师认为有必要在意见段之后增加强调事项段，以阐明该重大不确定事项及其对会计报表可能的影响。

江苏琼花股份公司被出具无保留带强调事项段审计意见的具体原因在于：

截至 2010 年 12 月 31 日，江苏琼花主营业务连续亏损，累计亏损 19296.00 万元，大量短期银行借款逾期未能归还，且展期手续尚未办妥。江苏琼花已在财务报表附注十三充分披露了拟采取的改善措施，但其持续经营能力仍然存在重大不确定性，可能无法在正常的经营过程中变现资产、清偿债务。

根据《中国注册会计师审计准则第 1502 号——非标准审计报告》第二章第六条规定："当存在可能导致对持续经营能力产生重大疑虑的事项或情况、但不影响已发表的审计意见时，注册会计师应当在审计意见段之后增加强调事项段对此予以强调。"因此 CPA 对江苏琼花持续经营能力作为强调事项予以说明。

（三）立信大华会计师事务所对海信科龙电器公司年报出具保留审计意见

根据《中国注册会计师审计准则第 1502 号——非标准审计报告》的规定，保留意见的审计报告的出具条件是出具财务报表整体是公允的，但还存在下列情形之一：会计政策的选用、会计估计的作出或财务报表的披露不符合适用的会计准则和相关会计制度的规定，虽影响重大，但不至于出具否定意见的审计报告；因审计范围受到限制，不能获取充分、适当的审计证据，虽影响重大，但不至于出具无法表示意见的审计报告。

立信大华会计师事务所对海信科龙电器股份公司出具保留审计意见的具体原因在于：

海信科龙原大股东广东格林柯尔企业发展有限公司及其关联方（以下简称"格林

柯尔系公司"）与海信科龙在 2001 年 10 月至 2005 年 7 月期间发生了一系列关联交易及不正常现金流入流出。另外，在此期间，格林柯尔系公司还通过天津立信商贸发展有限公司等特定第三方公司与海信科龙发生了一系列不正常的现金流入流出。上述交易与资金的不正常流入流出，以及涉嫌资金挪用行为，海信科龙已向法院起诉。该等事项涉及海信科龙与格林柯尔系公司及上述特定第三方公司应收、应付款项。

截至 2010 年 12 月 31 日，海信科龙对格林柯尔系公司和上述特定第三方公司应收款项余额为 6.51 亿元。海信科龙已对格林柯尔系公司和上述特定第三方公司的应收款项计提坏账准备 3.65 亿元。根据佛山市中级人民法院或广东省高级人民法院的判决，上述案件中大部分案件已经结案并胜诉，但是相关法院尚未执行，海信科龙是否能够参与格林柯尔系公司的财产分配由相关法院确定，海信科龙管理层只能根据所掌握的信息大致估计对上述应收款项可收回的程度，对此计提了坏账准备，无法对 CPA 提供充分的、可靠的资料，以使 CPA 判断其计提的准备是合理的。管理层亦表示，2010 年度上述案件相关法院尚未执行，可收回性的判断程度与 2009 年相比并无实质性的差异。

虽然 CPA 认为，没有证据表明海信科龙对此项应收款的坏账准备账务处理违反了《企业会计准则》的有关规定，但是，根据《中国注册会计师审计准则第 1502 号——非标准审计报告》的规定，尽管现管理层尽了较大的努力，CPA 的审计范围仍受到了客观条件的限制，除了向案件律师了解可能的回收情况，律师给 CPA 的回复无法肯定的判断外，CPA 无法采取其他适当的审计程序，以判断坏账准备的计提是否合理，应收款项计价的认定是否公允。

（四）中准会计师事务所对云南绿大地公司年报出具无法表示审计意见

根据《中国注册会计师审计准则第 1502 号——非标准审计报告》的规定，无法表示意见的审计报告的出具条件是：审计范围受到限制，列出事项可能产生的影响非常重大和广泛，注册会计师无法实施必要的审计程序，以获取充分、适当的审计证据，判断管理层继续按照持续经营假设编制财务报表是否适当，也无法证明公司拟采取或已采取的相关措施能否有效改善公司经营，以至于无法对财务报表发表意见。

云南绿大地股份公司 2010 年年报被出具无法表示审计意见的具体原因在于：

（1）2010 年 12 月 30 日，绿大地公司 2001～2009 年度财务凭证和董事会会议记录等资料被公安机关调取。截至审计报告日，上述资料仍未退回。2011 年 3 月 17 日，绿大地公司控股股东、原董事长何学葵因涉嫌欺诈发行股票罪被公安机关逮捕，目前案件正在侦查中。

（2）在审计中，CPA 无法实施满意的审计程序，以获取充分适当的审计证据识别绿大地公司的全部关联方，由此，无法合理保证绿大地公司关联方和关联方交易的相关信息得到恰当的记录和充分的披露。

（3）2009 年度绿大地公司依据中联资产评估有限公司中联评报字（2010）第 274 号评估报告，对马龙县月望基地土地使用权和文山广南林地使用权计提了无形资产减值准备 58300500.00 元；依据退回苗木统计表、死亡苗木现场勘验记录，确认 2009 年苗木销售退回 158310200.00 元（其中属 2010 年退回的 2009 年苗木销售 74528760.00

元），确认 2008 年苗木销售退回 23485195.00 元（全部为 2009 年退回的 2008 年苗木销售）；依据死亡苗木现场勘验记录，确认 2009 年发生的苗木损失 155082643.25 元并列入营业外支出。如财务报表附注六.6 及六.12 所述，绿大地公司 2010 年度生物资产盘盈、盘亏净损失 7796867.07 元，生物资产减值损失 21037238.80 元。

（4）CPA 按照绿大地公司账面价值为 43558579.75 元的北京基地温室资产现有用途的收益状况，判断该项资产已出现明显减值迹象；绿大地公司基于对该项资产的产业规划及经营方式转变等原因而认为该项资产不会发生减值。

（5）2010 年度，绿大地公司的"成都 198 工程项目"确认工程收入 36196305.78 元和工程成本 27239884.30 元，绿大地公司不能提供经建设方和监理方确认的完工进度和完整的工程合同预计总成本，且工程部所提供的已完工工程实际成本与财务部的相关记录不一致，财务记录成本较工程部记录成本多 2769547.79 元。

（6）绿大地公司之子公司深圳市绿大地园艺科技开发有限公司的银行账户因长期无交易记录被银行冻结。

复习思考题

1. 什么是审计报告？
2. 审计人员出具审计报告时应当遵守哪些审计准则？
3. 审计报告的类型有哪些？
4. 审计报告的标准格式是什么？
5. 有哪些种类的非标准审计报告？
6. 在出具审计报告时，重要性水平究竟有何作用？
7. 持续经营假设对审计报告有何影响？
8. 不确定性对审计报告有何影响？
9. 在什么情况下注册会计师应发表无保留意见审计报告？
10. 哪些报告属于非无保留意见审计报告？哪些报告属于非标准审计报告？
11. 在什么情况下注册会计师应发表保留意见审计报告？
12. 在什么情况下注册会计师应发表否定意见审计报告？
13. 在什么情况下注册会计师应发表无法表示意见审计报告？
14. 在什么情况下注册会计师应出具带强调事项段的审计报告？
15. 在什么情况下注册会计师应出具带其他事项段的审计报告？
16. 在被审计单位的财务报表按照适用的财务报告编制基础列报时，审计报告有哪些格式上的要求？
17. 注册会计师对于期后事项承担哪些责任？
18. 注册会计师对含有已审计财务报表的文件中的其他信息承担哪些责任？

案例分析

Osakis 电气（美国）有限公司是一家日本公司的子公司。假定你作为四大国际会计师事务所中某一家所雇用的一名注册会计师，正在审计该公司，并要出具一份审计报告，你要对该公司 2006 年和 2005 年 12 月 31 日的资产负债表，及近三年的收益表和现金流量表等实施全面审计。公司的普通股在纽约和东京证券交易所上市交易。下面的每种情况都是独立的审计情况。

（1）Osakis 没有披露分部信息，因为日本会计准则不要求披露该信息。美国证券交易委员会不要求外国证券发行者披露该信息。

要求：鉴于你的审计报告将在美国资本市场被广泛使用，请说明以上信息可能对你的审计报告产生的影响。

（2）Osakis 以现行价值为基础报告存货、固定资产、折旧和销售成本。该会计计量违反了日本和美国会计准则的规定。在附注十三中披露了相关事实，包括对关键财务报表金额的影响。

要求：①当你决定是发表保留意见还是否定意见时，应该考虑哪些因素？②如果你准备出具保留意见或否定意见的审计报告，你将如何撰写审计报告的"解释说明段"和"审计意见段"？

（3）Osakis 准备了两套财务报表，其中一套是根据日本会计准则编制的报表且在日本使用，另一套是根据美国公认会计准则编制的报表且在美国使用。日本报表包括了描述所使用的会计原则的附注。

要求：你应该怎样对这两套报表出具审计报告？

附录　中国会计师事务所 2006～2010 年度 100 强排名

附表 1　2006 年度会计师事务所综合评价前 100 家信息

会计师事务所名称	2005 年度总收入（百万元）	注册会计师人数	领军人才后备人选数	处罚、惩戒应减分值	综合得分	综合得分名次
普华永道中天	1803	461	4	4	1834	1
安永华明	972	240	3		1000	2
德勤华永	909	415	1	4	948	3
毕马威华振	915	234	1	8	934	4
上海立信长江	183	308	1		228	5
岳华	164	479	4	4	222	6
信永中和	150	282	1	4	189	7
万隆	138	256	2		180	8
中审	134	317			180	9
中瑞华恒信	131	250	4		173	10
北京天华中兴	106	305	1		152	11
天健华证中洲（北京）	111	289	2	5	150	12
大信	103	273	1	2	144	13
安永大华	112	94	4		140	14
利安达信隆	96	261	1		138	15
中和正信	90	295	1		135	16
天职国际	91	162	1	8	117	17
浙江天健	75	163	3		110	18
北京京都	81	195	1	8	109	19
浙江东方中汇	67	142	2		100	20
北京中天华正	62	192			98	21
上海众华沪银	70	83			97	22
江苏公证	71	119		8	93	23
中喜	57	179			92	24

会计师事务所名称	2005 年度总收入（百万元）	注册会计师人数	领军人才后备人选数	处罚、惩戒应减分值	综合得分	综合得分名次
北京五联方圆	68	136		10	89	25
中磊	52	190			89	26
北京中路华	48	244			88	27
北京亚洲	58	106			86	28
浙江万邦	58	93		1	85	29
广东羊城	56	98	1		84	30
深圳鹏城	53	134			84	31
北京兴华	51	139			83	32
北京永拓	46	179	1		82	33
亚太中汇	48	154			80	34
武汉众环	48	128	1		80	35
江苏苏亚金诚	47	96	3		76	36
深圳南方民和	47	103			75	37
中兴财	40	188		2	74	38
上海东华	53	130		10	74	39
北京红日	43	129			74	40
广东天华华粤	45	82			72	41
深圳大华天诚	41	106			69	42
北京华通鉴	36	145			69	43
中一	31	170			66	44
四川君和	34	126	1		65	45
中勤万信	41	185		12	65	46
广东正中珠江	44	90	1	8	64	47
上海公信中南	36	89			64	48
中兴华	37	117		4	63	49
山东正源和信	34	114			63	50
中天运	31	137			62	51
江苏天衡	36	71	1		62	52
上海上会	37	66			62	53
北京天圆全	33	99			61	54
天津五洲联合	34	85	1		61	55
华寅	41	128	1	11.5	61	56
北京中瑞诚联合	27	142			60	57

续表

会计师事务所 名称	2005 年度总收入 （百万元）	注册会计 师人数	领军人才 后备人选数	处罚、惩戒 应减分值	综合 得分	综合得 分名次
中天银	25	165			59	58
重庆天健	35	90	1	4	59	59
江苏天业	34	66			59	60
广东恒信德律	31	96			59	61
祥浩	31	93			58	62
安徽华普	32	78			58	63
湖南开元	30	86	1		58	64
中准	30	91			58	65
湖南天华	30	85			57	66
青岛振青	28	106			57	67
新疆宏昌	28	102			56	68
北京中兴正信	29	85			56	69
西安希格玛	35	83		6	56	70
广东广信	30	71			56	71
北京中证国华	30	67			55	72
辽宁天健	30	94	1	4	54	73
福建华兴	28	73			54	74
北京高商万达	26	95			54	75
天津中审联	24	116			54	76
广西众益	26	81			53	77
四川华信（集团）	34	78	1	8	53	78
亚太集团	27	80	1		53	79
云南天赢	27	72			53	80
上海信光	32	19			53	81
北京中平建	24	100			53	82
北京华夏天海	26	77			53	83
山东汇德	23	96	1		51	84
东方	26	62			51	85
山东天恒信	22	102			51	86
宁波德威	26	42	1		50	87
上海佳华	28	28	1		50	88
北京兴中海	26	51			50	89
江苏富华	26	41			49	90

续表

会计师事务所名称	2005年度总收入（百万元）	注册会计师人数	领军人才后备人选数	处罚、惩戒应减分值	综合得分	综合得分名次
浙江天平	26	34			49	91
南京永华	23	62	1		49	92
上海上审	23	63	1		49	93
深圳天健信德	25	47			48	94
中建华	24	52			48	95
河北华安	21	74			47	96
上海同诚	28	14			47	97
上海永诚	25	27			47	98
山东新联谊	20	80			47	99
山东天元同泰	18	102			47	100

注：1. 总收入：指事务所2005年度会计报表所反映的总收入。

2. 注册会计师人数：指2005年12月31日事务所拥有的注册会计师人数。

3. 领军人才后备人选数：指截至2006年11月16日事务所已通过中注协测试选拔的领军人才后备人选人数。

4. 处罚和惩戒应减分值：指按照《会计师事务所综合评价办法（试行）》，根据事务所及其注册会计师在2003~2005年度执业中受到行政处罚和行业惩戒的情况计算的应减分值。

5. 本信息中，岳华会计师事务所、信永中和会计师事务所、万隆会计师事务所、中瑞华恒信会计师事务所、北京天华中兴会计师事务所、天健华证中洲（北京）会计师事务所、大信会计师事务所、中和正信会计师事务所、北京五联方圆会计师事务所和中勤万信会计师事务所10家会计师事务所涉及合并事项，其相关指标已进行了相应的合并。

6. 本信息中，中准会计师事务所原名为中鸿信建元会计师事务所。

附表2 2007年度会计师事务所综合评价前100家信息

会计师事务所名称	2006年度总收入（百万元）	注册会计师人数	领军人才后备人选数	处罚、惩戒应减分值	分所数量	从业人员人数	综合得分	综合得分名次
普华永道中天	2038	499	3	4	9	3516	1589	1
安永华明	1598	382	6		6	4231	1255	2
德勤华永	1386	482	2	4	6	3322	1096	3
毕马威华振	1237	308	1		2	3192	975	4
立信	220	361	1		3	847	213	5
岳华	210	440	4	4	13	1115	209	6
信永中和	203	356	1	4	3	940	196	7
中审·	186	324			9	777	184	8
中瑞华恒信	169	338	4		7	827	174	9
万隆	152	303	2		7	911	158	10

会计师事务所名称	2006 年度总收入（百万元）	注册会计师人数	领军人才后备人选数	处罚、惩戒应减分值	分所数量	从业人员人数	综合得分	综合得分名次
大信	143	339			8	653	153	11
北京天华中兴	141	287			2	503	147	12
利安达信隆	116	302	1		5	615	130	13
中和正信	109	316	1		8	514	126	14
天健华证中洲（北京）	111	294	1	5	8	519	121	15
天职国际	115	181	1	6	3	455	114	16
浙江天健	87	184	3		0	393	101	17
安永大华	95	80	4		0	148	100	18
北京京都	93	244	1	16	5	383	92	19
江苏苏亚金诚	79	150	3		6	397	92	20
北京立信	72	204			8	350	90	21
上海众华沪银	83	84			0	220	89	22
中磊	71	224		4	11	473	86	23
北京兴华	70	163			0	288	85	24
中喜	69	168			3	330	84	25
北京亚洲	71	123			7	509	82	26
江苏公证	70	119			4	247	82	27
武汉众环	65	136	1		0	283	80	28
北京永拓	57	194	1		5	351	78	29
北京五联方圆	70	172		10	5	440	76	30
亚太中汇	58	158			3	347	75	31
浙江万邦	64	93			2	309	75	32
立信羊城	58	108	1		2	265	72	33
深圳南方民和	55	137			3	314	72	34
北京中路华	44	238			11	334	71	35
中准	54	133			1	250	71	36
深圳市鹏城	58	125		4	2	289	69	37
北京红日	54	107			6	202	69	38
江苏天衡	53	104	2		4	214	69	39
中天运	47	158			5	286	67	40
四川君和	46	147	1		2	268	66	41
广东天华华粤	47	98			1	221	62	42
北京中证天通	43	124			2	200	62	43

续表

会计师事务所名称	2006年度总收入（百万元）	注册会计师人数	领军人才后备人选数	处罚、惩戒应减分值	分所数量	从业人员人数	综合得分	综合得分名次
上海上会	48	68			1	181	61	44
中兴华	46	141		4	4	279	61	45
深圳大华天诚	43	110			3	339	60	46
北京中兴正信	44	90			1	240	60	47
北京天圆全	43	102			3	221	60	48
浙江中汇	45	72			0	274	59	49
浙江东方	42	90	2		0	208	59	50
上海东华	52	134		10	2	268	59	51
广东正中珠江	42	93	1		0	187	59	52
江苏天华大彭	44	70			2	168	58	53
山东正源和信	40	101			2	265	58	54
中兴财	38	134		2	7	289	57	55
中一	32	166			9	324	57	56
青岛振青	34	141			8	309	56	57
上海公信中南	38	95			0	145	56	58
重庆天健	38	92	1		3	220	56	59
新疆宏昌	36	110			10	251	55	60
中天银	31	159			9	287	55	61
祥浩	34	107			7	246	54	62
湖南天华	36	86			3	164	54	63
广东恒信德律	34	106			3	181	53	64
华建	38	54			1	82	53	65
安徽华普	35	82			3	222	52	66
中勤万信	47	181		17	4	326	52	67
北京中平建	31	111			0	185	52	68
江苏天业	37	57			1	125	52	69
福建华兴	34	73			1	141	51	70
广西众益	32	90			6	180	51	71
中建华	35	66			3	168	51	72
北京五洲联合	32	82	1		1	319	50	73
新联谊	30	104			2	216	50	74
上海信光	39	17			0	38	50	75
天津中审联	26	144			6	293	50	76

续表

会计师事务所名称	2006 年度总收入（百万元）	注册会计师人数	领军人才后备人选数	处罚、惩戒应减分值	分所数量	从业人员人数	综合得分	综合得分名次
北京华通鉴	26	135			1	420	50	77
北京兴中海	33	69			0	183	50	78
云南天嬴	31	80			2	121	49	79
西安希格玛	38	91		6	0	202	49	80
山东天元同泰	26	112			2	201	48	81
湖南开元	36	81	1	6	0	165	48	82
四川华信（集团）	38	85	1	8	3	215	47	83
山东汇德	26	89	1		2	156	47	84
北京中瑞诚联合	23	154	1	2.5	11	272	47	85
北京高商万达	26	92			0	160	47	86
宁波德威	30	43	1		2	131	46	87
江苏富华	30	52			0	108	46	88
辽宁天健	28	100	1	4	1	184	45	89
上海沪港金茂	25	79			0	106	45	90
华寅	42	146	1	18.5	4	278	45	91
浙江天平	28	43			1	150	44	92
湖南友谊联合	30	27		1.5	0	216	43	93
广东广信	23	76			3	198	43	94
山东天恒信	27	85		4	2	213	43	95
上海佳华	31	32	1	4	0	111	42	96
上海申洲大通	24	54			0	104	42	97
云南云审	22	64			0	80	41	98
亚太集团	23	60		1	1	137	41	99
重庆康华	22	55			0	130	41	100

注：1. 总收入：指会计师事务所 2006 年度会计报表所反映的总收入。

2. 注册会计师人数：指 2006 年 12 月 31 日会计师事务所拥有的注册会计师人数。

3. 领军人才后备人选数：指截至 2007 年 4 月 20 日会计师事务所已通过中注协测试选拔的领军人才后备人选人数。

4. 处罚和惩戒应减分值：指根据事务所及其注册会计师在 2004～2006 年中受到行政处罚和行业惩戒的情况（包括 2004 年前因执业原因而在 2004～2006 年间受到的处罚）计算的应减分值。

5. 本信息中，分所数和从业人员人数，作为综合评价的辅助信息披露，不纳入综合评价指标体系。

6. 本信息中，江苏苏亚金诚会计师事务所、大信会计师事务所、上海申洲大通会计师事务所涉及合并事项，其相关指标已进行了相应的合并；浙江东方中汇会计师事务所分立为浙江东方会计师事务所和浙江中汇会计师事务所。

7. 本信息中，立信会计师事务所原名为上海立信长江会计师事务所；北京立信会计师事务所原名为北京中天华正会计师事务所；立信羊城会计师事务所原名为广东羊城会计师事务所；北京中证天通会计师事务所原名为北京中证国华会计师事务所；新联谊会计师事务所原名为山东新联谊会计师事务所；北京五洲联合会计师事务所原名为天津五洲联合会计师事务所。

附表3 2008年度会计师事务所综合评价前100家信息

会计师事务所名称	2007年度总收入（百万元）	注册会计师人数	领军人才后备人选数	处罚、惩戒应减分值	分所数量	从业人员人数	合伙人（股东）人数	综合得分	综合得分名次
普华永道中天	2626	460	3	4	9	3971	2	1605	1
安永华明	2316	564	5		7	5490	4	1434	2
德勤华永	2124	549	2	4	6	4191	2	1314	3
毕马威华振	1945	351	1		3	4367	2	1197	4
中瑞岳华	505	1000	10	8	22	2280	28	384	5
立信	371	417	1		5	1149	40	269	6
信永中和	254	482	1	4		1258	29	200	7
大信	229	328	1		8	1050	20	179	8
万隆	194	371	2		10	764	30	161	9
利安达信隆	188	368			10	932	37	156	10
天华	168	515		8	7	942	8	147	11
中审	185	301		5	10	614	8	145	12
浙江天健	182	201	5		0	264	16	144	13
天职国际	183	296	2	14	5	718	15	136	14
中和正信	147	379	2		13	924	14	134	15
天健华证中洲（北京）	160	269	1		6	646	14	134	16
北京京都	123	242	2	8	5	479	10	102	17
安永大华	120	83	4		0	106	0	99	18
北京兴华	106	197			0	343	10	96	19
中磊	110	268	1	8.5	12	571	20	95	20
上海众华沪银	113	100			0	296	25	94	21
北京亚洲	101	151			6	377	22	90	22
中汇	100	128	2		3	268	6	89	23
浙江万邦	100	140			3	381	7	89	24
江苏苏亚金诚	94	136	3		6	400	32	87	25
新联谊	90	179			6	352	38	86	26
浙江东方	88	147	2		2	365	8	83	27
开元信德	94	187	1	6	1	304	14	83	28
武汉众环	87	144	3		1	332	12	83	29
江苏公证	90	106			4	246	26	81	30
江苏天衡	91	99	2		4	264	27	81	31
北京永拓	73	210	1		8	362	38	78	32
中喜	72	177			3	379	9	75	33

续表

会计师事务所名称	2007 年度总收入（百万元）	注册会计师人数	领军人才后备人选数	处罚、惩戒应减分值	分所数量	从业人员人数	合伙人（股东）人数	综合得分	综合得分名次
中准	72	163			3	402	25	74	34
北京五联方圆	67	189	2		6	439	34	73	35
亚太中汇	67	168	1		3	324	13	72	36
中天运	66	171	2		5	382	8	72	37
深圳大华天诚	74	110			3	341	7	72	38
北京红日	72	128			4	280	8	71	39
深圳市鹏城	82	115		8	3	351	9	68	40
北京中天恒	61	181			3	295	7	68	41
江苏天华大彭	64	123			5	281	18	67	42
立信羊城	76	126	2	9	2	326	26	65	43
上海东华	62	126			2	264	37	65	44
北京中证天通	58	144	1		1	295	17	65	45
上海上会	63	93	1		2	247	29	64	46
北京中路华	43	235			12	452	16	61	47
五洲松德联合	54	122	1		1	322	13	61	48
北京天圆全	51	129			4	263	14	59	49
深圳南方民和	71	136		12.5	3	482	12	59	50
重庆天健	53	98	1		1	221	8	59	51
广东正中珠江	52	96	1		0	113	31	58	52
江苏富华	52	86			4	219	6	57	53
广东恒信德律	47	110	1		3	186	13	56	54
祥浩	52	128		4	7	281	24	55	55
上海公信中南	48	101			0	179	46	55	56
青岛振青	43	140			10	353	37	55	57
安徽华普	46	94	1		2	251	21	54	58
天津中审联	39	162			8	330	9	54	59
中兴华	49	130		4	3	245	6	54	60
中联	41	138			2	270	5	53	61
四川君和	41	117	2		2	264	20	53	62
北京中兴正信	47	106			1	180	6	53	63
新疆宏昌	41	130			11	328	20	53	64
广东天华华粤	44	95			1	210	13	53	65
福建华兴	43	87	1		1	155	35	52	66

会计师事务所名称	2007年度总收入（百万元）	注册会计师人数	领军人才后备人选数	处罚、惩戒应减分值	分所数量	从业人员人数	合伙人（股东）人数	综合得分	综合得分名次
四川华信（集团）	41	95	1		4	360	26	51	67
华寅	56	137	1	12	4	303	9	51	68
浙江德威	41	83	1		2	215	42	51	69
中一	32	173			9	294	17	51	70
山东天元同泰	36	132			2	262	15	50	71
中建华	41	85			4	199	8	50	72
湖南天华	40	88			3	176	16	50	73
均富潘陈张佳华	47	47	1	4	0	205	13	48	74
中众益（北京）	36	95			9	236	17	48	75
山东汇德	32	107	2		2	186	25	47	76
北京兴中海	36	79	1		0	181	6	47	77
中天银	27	158			9	316	14	47	78
中勤万信	55	163		17	5	379	20	47	79
上海沪港金茂	35	82			0	116	5	46	80
湖南友谊联合	42	34		1.5	0	105	2	46	81
北京中平建	32	109			0	150	19	46	82
西安希格玛	41	105		6	1	119	9	46	83
北京中瑞诚联合	32	188	1	7	12	333	12	45	84
上海上审	32	68	1		0	114	28	44	85
北京高商万达	30	93			0	128	7	44	86
北京华通鉴	27	114			2	447	6	44	87
北京公正	30	90			0	140	5	44	88
浙江至诚	35	29			1	215	26	43	89
华建	33	49			1	90	11	43	90
浙江天平	32	49			1	203	6	42	91
广东广信	28	81			3	186	9	42	92
河北光华	25	103			0	184	9	42	93
新疆瑞新	24	111			4	466	39	42	94
辽宁天健	31	97	1	4	2	200	28	42	95
山东天恒信	31	102		4	2	244	17	41	96
中兴财	28	120		2.5	7	262	9	41	97
山东正源和信	40	92		9	2	256	35	41	98
天津中联	24	92			0	181	7	41	99

续表

会计师事务所名称	2007 年度总收入（百万元）	注册会计师人数	领军人才后备人选数	处罚、惩戒应减分值	分所数量	从业人员人数	合伙人（股东）人数	综合得分	综合得分名次
亚太集团	27	108		2.5	4	178	22	41	100

注：1. 总收入：指会计师事务所 2007 年度会计报表所反映的总收入。

2. 注册会计师人数：指 2007 年 12 月 31 日会计师事务所拥有的注册会计师人数。

3. 培训完成率：指会计师事务所 2008 年完成《中国注册会计师继续教育制度》规定学时注册会计师人数占本所注册会计师人数的比率。

4. 领军人才后备人选数：指截至 2008 年 3 月 15 日会计师事务所已通过中注协测试选拔的领军人才后备人选人数。

5. 处罚和惩戒应减分值：指按照《会计师事务所综合评价办法（试行）》，根据事务所及其注册会计师在 2005～2007 年因以往执业中（含本期间）受到行政处罚和行业惩戒的情况计算的应减分值。

6. 本信息中，分所数、从业人员人数、合伙人（股东）人数、注册会计师年龄结构和注册会计师学历结构作为综合评价的辅助信息披露，不纳入综合评价指标体系。

7. 本信息中，中瑞岳华会计师事务所、开元信德会计师事务所、江苏苏亚金诚会计师事务所、均富潘陈张佳华会计师事务所涉及合并事项，其相关指标已进行了相应的合并。

8. 本信息中，五洲松德会计师事务所原名为北京五洲联合会计师事务所；中众益（北京）会计师事务所原名为广西众益会计师事务所；中汇会计师事务所原名为浙江中汇会计师事务所；浙江德威会计师事务所原名为宁波德威会计师事务所；天华会计师事务所原名为北京天华中兴会计师事务所。

9. 本信息中，万隆会计师事务所、山东汇德会计师事务所、河北光华会计师事务所和深圳南方民和会计师事务所及相关注册会计师于 2007 年受到中注协惩戒，但事务所提起申诉，中注协于 2008 年 5 月发出申诉审议决定书，申诉审议决定书自送达之日起发生效力。百家信息中，所受惩戒应扣分值未列入。

10. 北京立信 192 名注册会计师转入立信会计师事务所，2007 年度相关业务收入 13791 万元，相关数据未计入立信会计师事务所百家排行数据中。

附表 4　2009 年会计师事务所综合评价前 100 家信息

会计师事务所名称	2008 年度总收入（百万元）	其中：审计收入（百万元）	注册会计师人数	领军人才数量	处罚、惩戒应减分值	分所数量	从业人员人数	合伙人（股东）人数	综合得分	综合得分名次
普华永道中天	2755	2610	587	6		9	4583	2	1228	1
安永华明	2700	2263	750	10		7	4094	2	1216	2
德勤华永	2499	1704	668	2		6	4371	2	1122	3
毕马威华振	2435	1540	550	1		3	4890	2	1088	4
中瑞岳华	652	554	1013	13	4	18	1825	38	359	5
立信	666	518	679	3		9	1315	37	344	6
万隆亚洲	398	300	556	3	6.5	18	1183	34	217	7
浙江天健东方	315	244	339	9		2	930	27	178	8
大信	314	276	360	2	2	9	946	20	173	9
信永中和	262	223	590	3		6	803	25	167	10

续表

会计师事务所名称	2008年度总收入（百万元）	其中：审计收入（百万元）	注册会计师人数	领军人才数量	处罚、惩戒应减分值	分所数量	从业人员人数	合伙人（股东）人数	综合得分	综合得分名次
利安达	273	247	532	1	8	16	950	32	159	11
天健光华（北京）	239	214	402	5		8	903	37	148	12
天职国际	243	209	332	3		6	654	8	144	13
北京京都天华	260	236	351	7	17	7	706	13	138	14
中和正信	197	149	430	3		15	651	18	130	15
中审亚太	211	183	397	2	4.5	6	546	18	129	16
北京兴华	135	119	255	1		4	353	13	93	17
中准	120	114	326	2		7	660	26	91	18
上海众华沪银	144	131	111			0	209	25	88	19
中磊	130	111	319	2	8.5	12	446	18	86	20
广东大华德律	123	110	202	2		5	376	15	85	21
江苏公证天业	127	113	132	1		4	193	41	82	22
中审国际	120	106	185		0.5	7	253	6	81	23
华普天健高商	105	93	219	6		5	304	21	80	24
中汇	115	64	152	4		4	353	6	80	25
开元信德	119	99	234	2	6	4	374	14	79	26
江苏苏亚金诚	113	89	152	4		7	252	30	79	27
浙江万邦	118	97	146	1		3	275	6	79	28
中天运	102	88	225	3		7	322	8	78	29
中勤万信	117	79	258		8	4	300	20	77	30
北京永拓	93	80	267	2		9	382	33	76	31
江苏天衡	106	88	130	2		4	255	25	74	32
武汉众环	87	67	134	6		2	272	12	68	33
中兴财光华	81	67	315		8	2	538	21	65	34
新联谊	81	63	178			7	156	42	65	35
深圳市鹏城	100	97	157		8	3	301	9	64	36
北京五联方圆	72	66	204	2		8	276	34	64	37
北京中天恒	85	74	190		4	4	364	8	63	38
北京红日	84	63	111			6	418	7	62	39
北京大公天华	73	54	191			2	235	33	62	40
江苏天华大彭	80	67	127			5	236	16	61	41
中喜	73	58	178			3	178	8	61	42
上海上会	81	74	101	1		2	195	28	61	43
华寅	64	49	186	2		4	257	9	59	44
五洲松德联合	60	56	177	1		2	240	14	56	45

续表

会计师事务所名称	2008 年度总收入（百万元）	其中：审计收入（百万元）	注册会计师人数	领军人才数量	处罚、惩戒应减分值	分所数量	从业人员人数	合伙人（股东）人数	综合得分	综合得分名次
中兴华	59	51	191			4	217	9	56	46
北京立信	81	75	136	1	8	6	142	12	55	47
北京中路华	52	42	220			11	214	16	55	48
西安希格玛	56	35	161			4	161	12	53	49
广东正中珠江	62	51	109	1		0	131	27	53	50
中建华	55	51	134			4	115	5	51	51
北京中证天通	58	32	138	1	2	1	153	17	51	52
江苏富华	60	49	86			4	130	6	51	53
北京天圆全	52	50	127	1		4	150	14	50	54
立信羊城	72	58	129	2	9	2	201	25	50	55
天津中审联	42	38	206			9	324	9	50	56
四川华信（集团）	54	53	109	1		4	261	22	50	57
新疆宏昌	50	32	128	1		10	228	19	49	58
四川君和	47	41	95	3		3	245	19	47	59
山东天元同泰	42	38	147			3	150	16	46	60
青岛振青	43	22	140			10	177	38	46	61
北京中兴新世纪	48	48	99			0	52	5	46	62
浙江德威	49	34	82	1		3	214	30	46	63
北京中兴正信	48	35	98			1	240	6	46	64
福建华兴	46	44	97	1		2	90	36	46	65
上海公信中南	57	53	98		4.5	0	213	43	46	66
深圳南方民和	72	58	143		13.5	3	229	15	45	67
祥浩	50	37	135		4	7	280	15	45	68
上海东华	57	52	135		8	2	137	37	44	69
上海宏大东亚	39	33	119			1	92	6	44	70
北京兴中海	42	39	90	1		0	112	6	43	71
上海沪港金茂	43	38	85			0	40	5	43	72
山东正源和信	60	53	99		9	2	245	44	42	73
中一	32	27	146			10	206	18	42	74
北京中平建	36	34	109			0	191	19	42	75
浙江天平	44	36	60			2	246	6	42	76
湖南友谊联合	44	19	41			0	104	2	41	77
中天银	29	24	146			8	157	12	41	78
上海上审	37	35	69	1		0	104	27	40	79
山东天恒信	43	39	95		4	2	209	16	40	80

续表

会计师事务所名称	2008 年度总收入（百万元）	其中：审计收入（百万元）	注册会计师人数	领军人才数量	处罚、惩戒应减分值	分所数量	从业人员人数	合伙人（股东）人数	综合得分	综合得分名次
均富潘陈张佳华	47	35	54	1	4	1	223	13	40	81
浙江至诚	38	23	37	1		1	199	26	39	82
天津中联	29	25	108			0	108	5	39	83
湖南建业	29	19	97			4	69	7	38	84
北京高商万达	30	28	83			0	148	7	38	85
山东大地	27	20	108			1	102	12	38	86
重庆康华	32	22	62			0	162	13	37	87
河北金诚	26	20	103			4	111	8	37	88
广东中天粤	31	26	49	1		0	102	7	36	89
重庆铂码	33	20	42			1	153	17	36	90
北京华通鉴	25	22	95			3	170	6	36	91
广东天华华粤	30	22	60			1	72	10	36	92
亚太（集团）	27	25	116		2.5	6	146	21	36	93
浙江中兴	34	19	22			0	56	17	36	94
重庆金汇	28	20	59			5	96	24	35	95
福建立信闽都	21	20	100			1	121	37	35	96
新疆瑞新	18	12	124			5	226	43	35	97
上海申洲大通	28	22	50			0	42	15	35	98
江苏华星	27	18	37	2		2	72	6	35	99
东莞市华联	28	11	42			0	120	6	34	100

注：1. 总收入：指会计师事务所 2008 年度会计报表所反映的总收入。

2. 注册会计师人数：指 2008 年 12 月 31 日会计师事务所拥有的注册会计师人数。

3. 培训完成率：指会计师事务所 2008 年完成《中国注册会计师继续教育制度》规定学时注册会计师人数占本所注册会计师人数的比率。

4. 领军人才数量：指截至 2008 年 12 月 31 日会计师事务所内注册会计师行业领军人才数量。

5. 处罚和惩戒应减分值：指按照《会计师事务所综合评价办法（试行）》，根据事务所及其注册会计师在 2006 ~2008 年因以往执业中（含本期间）受到行政处罚和行业惩戒的情况计算的应减分值。

6. 本信息中，审计收入、分所数、从业人员人数、合伙人（股东）人数、注册会计师年龄结构和注册会计师学历结构作为综合评价的辅助信息披露，不纳入综合评价指标体系。

7. 本信息中，安永华明会计师事务所、万隆亚洲会计师事务所、浙江天健东方会计师事务所、天健光华会计师事务所、北京京都天华会计师事务所、中准会计师事务所、广东大华德律会计师事务所、江苏公证天业会计师事务所务所、华普天健高商会计师事务所、中勤万信会计师事务所、中兴财光华会计师事务所涉及合并事项，其相关指标已进行了相应的合并。

8. 本信息中，利安达会计师事务所原名为利安达信隆会计师事务所、北京大公天华会计师事务所原名为湖南天华会计师事务所。

9. 本信息中，原中审会计师事务所部分与亚太中汇会计师事务所合并，变更名称为中审亚太会计师事务所；原中审会计师事务所部分变更中审会计师事务所为中审国际会计师事务所。相关指标相应调整。

10. 本信息中，普华永道中天会计师事务所、安永华明会计师事务所、德勤华永会计师事务所和毕马威华振会计师事务所为中外事务所合作体制，无个人合伙人（股东）。

附表 5　2010 年会计师事务所综合评价前 100 家信息

会计师事务所名称	2009 年度总收入（百万元）	其中：审计收入（百万元）	注册会计师人数	领军人才数量	处罚、惩戒应减分值	分所数量	从业人员人数	合伙人（股东）人数	境外设立分支机构数量	综合得分名次
普华永道中天	2578	2439	678	6		9	4300	2		1
德勤华永	2370	1656	715	3		6	4116	2		2
毕马威华振	2221	1507	648	1		3	3706	2		3
安永华明	1961	1861	866	10		7	3569	2		4
中瑞岳华	872	725	1228	14	4	21	1806	42	2	5
立信	663	491	674	4		10	1393	37	1	6
信永中和	519	439	1016	8		13	1419	30	4	7
天健	503	385	705	12		12	994	39	2	8
国富浩华	532	434	864	6	18.5	27	1176	33		9
大信	517	394	527	3	2	14	1311	23	1	10
立信大华	511	397	644	6	16	12	1002	39	2	11
天职国际	413	346	620	5		13	868	17	1	12
天健正信	388	336	702	9	10	20	1061	20	1	13
中审亚太	401	352	529	2	4.5	10	867	24	1	14
利安达	347	304	723	2	21	16	851	32	1	15
京都天华	311	264	464	8		8	762	22		16
中磊	206	196	372	2	4.5	14	498	18	1	17
北京兴华	192	170	362	1		8	533	15	1	18
中审国际	198	187	356		4.5	10	588	18		19
中准	153	146	400	3		8	422	30		20
中兴华富华	140	120	271			7	304	10		21
中天运	123	101	260	4		7	275	8		22
中勤万信	145	127	339		10	4	402	20		23
江苏苏亚金诚	133	112	172	5		8	287	30		24
中汇	124	68	192	6		5	432	9		25
华普天健	116	110	220	7		5	283	20		26
北京永拓	107	87	292	2		9	215	28	1	27
上海众华沪银	133	124	116	1		1	211	21		28
江苏天衡	124	107	145	2		4	259	25		29
江苏公证天业	117	111	132	1		4	173	40	1	30
武汉众环	110	89	141	5		4	269	12		31
新联谊	105	89	174			6	215	34		32
中兴财光华	90	72	351		6.5	14	332	20		33

续表

会计师事务所名称	2009年度总收入（百万元）	其中：审计收入（百万元）	注册会计师人数	领军人才数量	处罚、惩戒应减分值	分所数量	从业人员人数	合伙人（股东）人数	境外设立分支机构数量	综合得分名次
北京中天恒	103	95	208		4	6	418	12		34
五洲松德联合	91	73	191	2		2	226	14		35
华寅	76	60	244	2		7	225	9		36
江苏天华大彭	94	86	127	1		5	243	16		37
北京红日	91	70	107			6	610	9		38
上海上会	85	79	120	1		2	187	28		39
北京中证天通	74	53	208	2	2	4	244	20		40
福建华兴	73	63	158	1		2	135	35		41
中喜	69	65	182			4	193	7		42
西安希格玛	71	66	146			4	191	11		43
深圳市鹏城	116	110	208		20	5	303	9		44
北京天圆全	64	60	162	1		5	150	14		45
北京中路华	49	36	231	1		11	248	16		46
广东正中珠江	63	56	117	2		1	246	24		47
浙江德威	67	54	87	2		4	143	30		48
四川华信（集团）	63	63	110	2		4	250	21		49
青岛振青	59	26	158			12	191	37		50
中建华	53	35	125			5	274	5		51
北京中兴新世纪	53	50	109			0	52	5		52
亚太（集团）	48	36	186		2.5	8	145	17		53
天津中审联	43	37	174			8	158	9		54
山东天元同泰	51	48	117			3	161	14		55
浙江天平	53	43	71			2	189	7		56
北京中平建华浩	43	39	132			1	115	23		57
北京华审	51	48	73			2	59	6		58
山东天恒信	45	44	102	1		2	122	16		59
立信羊城	62	54	147	2	9	2	190	25		60
上海东华	53	50	129		4	2	140	25		61
北京兴中海	48	44	86			0	123	6		62
中一	35	30	161			11	146	18		63
广东中诚安泰	45	36	84			0	182	16		64
立信中联闽都	51	50	192		8	1	181	8		65
上海宏大东亚	38	31	119			1	110	6		66

续表

会计师事务所名称	2009 年度总收入（百万元）	其中：审计收入（百万元）	注册会计师人数	领军人才数量	处罚、惩戒应减分值	分所数量	从业人员人数	合伙人（股东）人数	境外设立分支机构数量	综合得分名次
祥浩	49	35	118		4	9	155	5		67
北京中瑞诚联合	40	26	150	1	3	12	126	3		68
浙江至诚	42	28	67	1		2	202	25		69
重庆康华	42	29	77			3	91	16		70
南京立信永华	38	36	97			2	78	31		71
上海公信中南	50	46	99		4.5	0	126	44		72
天津国信倚天	36	23	104			3	79	7		73
上海沪港金茂	44	41	78		2	0	52	5		74
北京华通鉴	29	26	135			6	209	8		75
中天银	27	21	141			8	170	12		76
北京公正	33	32	100			0	50	5		77
上海上审	36	34	71			0	41	23		78
广东中天粤	36	23	62	1		0	100	7		79
湖南建业	31	19	97			4	115	7		80
北京高商万达	30	29	102			0	31	7		81
华建	38	36	45			1	46	10		82
山东大地	28	26	107			1	99	12		83
东莞市德正	37	10	42			0	110	16		84
上海迈伊兹	36	31	27			0	75	5		85
湖南安信联合	28	20	84			0	22	2		86
江苏华星	29	19	41	2		2	74	5		87
浙江中兴	35	18	19			0	57	16		88
重庆谛威	32	19	37			5	73	5		89
湖南天平正大	25	20	73			2	41	14		90
河北天勤	22	21	92			3	59	10		91
山东汇德	37	35	111	2	7.5	4	50	25		92
上海申洲大通	27	23	47			0	41	15		93
北京中润达	27	25	42			0	20	5		94
广东中恒信	26	17	46			0	67	5		95
上海琳方	23	10	47			0	49	5		96
上海永诚	25	18	27			0	34	19		97
上海仁德	27	25	9			0	30	2		98
湖南恒基	23	17	30			0	57	10		99

续表

会计师事务所名称	2009 年度总收入（百万元）	其中：审计收入（百万元）	注册会计师人数	领军人才数量	处罚、惩戒应减分值	分所数量	从业人员人数	合伙人（股东）人数	境外设立分支机构数量	综合得分名次
江苏兴光	23	17	31		0		58	11		100

注：1. 总收入：指会计师事务所 2009 年度会计报表所反映的总收入。

2. 注册会计师人数：指 2009 年 12 月 31 日会计师事务所拥有的注册会计师人数。

3. 培训完成率：指会计师事务所 2009 年完成《中国注册会计师继续教育制度》规定学时注册会计师人数占本所注册会计师人数的比率。

4. 领军人才数量：指截至 2009 年 12 月 31 日，会计师事务所内注册会计师行业领军人才数量。

5. 处罚和惩戒应减分值：指按照《会计师事务所综合评价办法（试行）》，根据事务所及其注册会计师在 2007~2009 年因以往执业中（含本期间）受到行政处罚和行业惩戒的情况计算的应减分值。事务所实施合并的，合并各方的应减分值合并计算。

6. 本信息中，审计收入、分所数、从业人员人数、人均业务收入、合伙人（股东）人数、境外设立分支机构数量、注册会计师年龄结构和注册会计师学历结构作为综合评价的辅助信息披露，不纳入综合评价指标体系。

7. 本信息中，信永中和会计师事务所、天健会计师事务所、国富浩华会计师事务所、大信会计师事务所、立信大华会计师事务所、天职国际会计师事务所、天健正信会计师事务所、中审亚太会计师事务所、利安达会计师事务所、京都天华会计师事务所、中磊会计师事务所、中审国际会计师事务所、中兴华富华会计师事务所、立信中联闽都会计师事务所涉及合并事项，其相关指标已进行了相应的合并。

8. 本信息中，天健会计师事务所原名为浙江天健东方会计师事务所、国富浩华会计师事务所原名为北京五联方圆会计师事务所、立信大华会计师事务所原名为北京立信会计师事务所、天健正信会计师事务所原名为中和正信会计师事务所、京都天华会计师事务所原名为北京京都天华会计师事务所、中兴华富华会计师事务所原名为中兴华会计师事务所、华普天健会计师事务所原名为华普天健高商会计师事务所、希格玛会计师事务所原名为西安希格玛会计师事务所、立信中联闽都会计师事务所原名为福建立信闽都会计师事务所、中平建华浩会计师事务所原名为中平建华会计师事务所。

9. 本信息中，普华永道中天会计师事务所、安永华明会计师事务所、德勤华永会计师事务所和毕马威华振会计师事务所为中外事务所合作体制，无个人合伙人（股东）。

附表 6　2011 年事务所综合排名情况

事务所名称	2010 年业务收入金额（百万元）	注册会计师人数	处罚和惩戒指标应减分值	综合评价得分	综合评价排名
普华永道中天	2961	845		54.67	1
德勤华永	2600	801		52.40	2
安永华明	2094	926		48.92	3
毕马威华振	1862	768		53.15	4
中瑞岳华	1039	1311	−2.5	49.05	5
立信	817	832		56.65	6
国富浩华	702	993		50.04	7
天健	650	884		49.71	8
信永中和	564	1040		54.64	9

续表

事务所名称	2010 年业务收入金额（百万元）	注册会计师人数	处罚和惩戒指标应减分值	综合评价得分	综合评价排名
大信	640	727		49.39	10
立信大华	560	662	−1	50.02	11
天职国际	517	660		50.32	12
中审亚太	487	589		45.57	13
天健正信	442	795	−6	43.25	14
利安达	351	768		46.77	15
京都天华	347	482		41.11	16
中磊	238	447		44.89	17
中审国际	226	386		38.61	18
北京兴华	178	488		42.02	19
五洲松德联合	196	263		44.99	20
中汇	204	203		44.46	21
中准	158	441	−2	41.81	22
中勤万信	171	328		41.52	23
中天运	145	285		48.44	24
北京永拓	136	306	−2	47.47	25
中兴华富华	167	208		41.05	26
江苏公证天业	182	136		38.43	27
江苏天衡	172	157		39.75	28
众环	151	161		44.37	29
华普天健	147	240		40.5	30
江苏苏亚金诚	153	174		41.74	31
上海众华沪银	134	137		42.99	32
中兴财光华	105	378	−4	41.3	33
深圳市鹏城	143	233	−6.5	41.18	34
北京中天恒	127	233		36.31	35
新联谊	103	171		43.05	36
立信中联闽都	97	151		41.51	37
西安希格玛	85	174		42.34	38
广东正中珠江	92	120		42.6	39
华寅	90	291		34.59	40
四川华信（集团）	83	125		42.85	41
北京天圆全	83	168		40.72	42
江苏天华大彭	101	120		38.75	43

事务所名称	2010 年业务收入金额（百万元）	注册会计师人数	处罚和惩戒指标应减分值	综合评价得分	综合评价排名
福建华兴	79	123		42.87	44
立信羊城	91	161	−2	38.1	45
中喜	73	196		38.24	46
北京中路华	64	243		37.7	47
北京中证天通	78	211		34.58	48
重庆康华	61	89		42.57	49
青岛振青	70	166		35.51	50
浙江德威	60	94		40.67	51
北京红日	108	113		27.71	52
亚太（集团）	58	204	−1	36.58	53
浙江天平	71	83		35.86	54
上海公信中南	58	100		37.71	55
天津国信倚天	43	113		40.36	56
中建华	69	125		33.06	57
广东中诚安泰	53	96		38.1	58
湖南建业	35	107		41.71	59
祥浩	50	117		37.55	60
山东天元同泰	55	114		36.39	61
山东汇德	51	115		37.26	62
天津中审联	58	185		31.72	63
上海上会	88	122	−4	31.03	64
北京中瑞诚联合	42	149		36.59	65
浙江至诚	47	74		38.57	66
北京中平建华浩	46	121		36.04	67
广东中天粤	51	80		36.48	68
山东正源和信	53	98	−4	39.26	69
浙江中兴	38	21		41.82	70
四川中砝	30	78		40.09	71
上海沪港金茂	51	80		34.73	72
中众益（广西）	30	112		38.12	73
沈阳公信	37	53		38.96	74
上海东华	50	124		32.98	75
山东天恒信	51	106		33.23	76
山东大地	31	103		37.97	77

续表

事务所名称	2010 年业务收入金额（百万元）	注册会计师人数	处罚和惩戒指标应减分值	综合评价得分	综合评价排名
重庆凯弘	45	23		36.7	78
上海仁德	40	8		38.11	79
新疆宏昌天圆	21	113	.	37.99	80
中一	39	165		31.44	81
南京立信永华	50	92	−10	41.48	82
宁夏天华	24	28		40.36	83
四川中衡安信	28	108		35.44	84
广州健明	27	41		38.5	85
重庆谛威	38	39		35.9	86
上海琳方	30	58		37.11	87
东莞市德正	40	41		35.07	88
江苏华星	31	36		37.46	89
湖南安信联合	34	84		34.44	90
湖南天平正大	27	54		36.92	91
上海迈伊兹	39	33		33.87	92
河北中兴	14	44		39.22	93
北京中咨新世纪	18	62		37.07	94
杭州萧然	30	34		35.38	95
山西国元	15	45		38.34	96
天津广信	19	77		35.36	97
上海沪中	21	43		36.43	98
江苏经纬	21	18		37.45	99
广西正德	21	39		36.33	100

注：1. 业务收入指标：指事务所上报注协的、经过审计的 2010 年度会计报表数据。

2. 注册会计师人数指标：指截至 2010 年 12 月 31 日，事务所在中注协认定的管理系统中登记的数据。

3. 综合评价质量指标：指创先争优综合评价指标体系大型事务所评价表中除了业务收入指标、注册会计师人数指标、处罚和惩戒指标以外的指标。

4. 处罚和惩戒指标：指 2010 年度，事务所及其注册会计师在执业中受到刑事处罚、行政处罚和行业惩戒的情况。

以上关于中国会计师事务所各年排名信息均根据中国财政部或中国注册会计师协会对外发布的信息收集整理而得。

主要参考资料

1. 保罗·萨缪尔森和威廉·诺德豪斯著. 经济学（第 16 版）［M］. 萧琛等译. 华夏出版社，2002.

2. 青木昌彦著. 比较制度分析［M］. 周黎安译. 上海远东出版社，2001.

3. 斯密著. 国富论（上下）［M］. 杨敬年译. 陕西人民出版社，2001.

4. Larry E. Rittenberg，Bradley J. Schwieger，Auditing：Concepts for a Changing Environment，5/e，Thomson/South – Western，2005，程新生主译，叶陈刚审校. 清华大学出版社，2007.

5. Vincent O'Reilly，Barry N. Winograd，James S. Gerson，Henry R. Jaenicke，Montgomery's Auditing，12th Ed，New York：John Wiley & Sons，Inc. 1999，刘霄仑，陈关亭译. 中信出版社，2007.

6. 陈汉文主编. 审计［M］. 厦门大学出版社，2006.

7. 道格拉斯·R. 爱默瑞和约翰·D. 芬尼特著. 公司财务管理［M］. 王化成，李焰等译. 中国人民大学出版社，1999.

8. 刘明辉，史德刚主编. 审计［M］. 东北财经大学出版社，2011.

9. 刘明辉，高级审计理论与实务［M］. 东北财经大学出版社，2010.

10. 汪丁丁著，制度分析基础讲义［M］. 世纪出版集团和上海人民出版社联合出版，2005 年 6 月第 1 版.

11. 王光远，严晖. 内部审计准则的国际比较［J］. 审计与经济研究，2010（03）.

12. 谢荣主编. 高级审计理论与实务［M］. 经济科学出版社，2011.

13. 张继勋主编. 审计学［M］. 清华大学出版社，2008.

14. 张龙平编著. 审计［M］. 经济科学出版社，1995.

15. 中国基督教两会. 圣经——中英对照，上海市九江路 219 号，2010 年 11 月第 7 次印刷.

16. 中国注册会计师协会. 审计［M］. 经济科学出版社，2011.

17. 中华人民共和国财政部. 中国注册会计师执业准则，2010.

18. Hart，O. and B. Holmstrom（2002）. A Theory of Firm Scope，unpublished manuscript.

19. Hayek，F.（1945）. The Use of Knowledge in Society，American Economic Review，35（September）：519 – 530.

20. Laffont，J. and D. Martimort（2002）. The Theory of Incentives：The Principal-

Agent Model. Princeton, NJ: Princeton University Press.

21. Williamson, O. (1979). Transaction-Cost Economics: The Governance of Contractual Relations, Journal of Law and Economics, 22 (October): 233 – 261.

22. Williamson, O. (2002). The Theory of the Firm as Governance Structure: From Choice to Contract, Journal of Economic Perspectives, 16 (Summer): 171 – 195.

23. Williamson, O. (1996). The Mechanisms of Governance. New York: Oxford University Press.

24. Demsetz, H. (1983). The Structure of Ownership and the Theory of the Firm, Journal of Law & Economics, 26 (June): 375 – 390.

25. Hart, O. (1995). Firms, Contracts, and Financial Structure. New York: Oxford University Press.

26. Jean-jjacquer Laffont and David Martimort (2002). The Theory of Incentives-jthe principal-agent model, Princeton University Press.

27. Oliver E. Williamson: Corporate Finance and Corporate Governance, Journal of Finance, July 1988 (43): 567 – 591.

28. Randal J. Elder, Mark S. Beasley and Alvin A. Arens, Auditing and assurance services: An integrated approach (Tenth Edition), published by Pearson education Asia LTD and tsinghua university press, 2006.

29. http: //www. ifac. org/auditing-assurance.

30. http: //www. coso. org/.

31. http: //www. theiia. org/.

32. http: //www. intosai. org/.

33. www. audit. gov. cn/.

34. www. cicpa. org. cn.

35. www. ciia. com. cn.

36. www. cnki. net/.

37. www. e521. com/.

38. www. IFAC. org.

39. cpa. esnai. com/.

40. www. AICPA. org.

后 记

本书的出版合同是 2007 年与经济管理出版社的张艳编辑签订的，由于种种事情的牵绊，迟迟未能将书稿交付张编辑。一晃五年过去了，笔者感到非常对不起张编辑，这里要特别感谢张编辑对我的宽容和忍耐。之所以一再的拖延，除了因事务繁忙和时间紧张外，还有一个重要原因，就是不希望这本审计学教材带有较多的"水分"或"毒素"，不希望让读者倒胃口。

在这五年中，国内外的审计市场发生了翻天覆地的变化，如 2007 年美国的次贷危机导致全球经济衰退，2008 年中国政府为了应对金融危机的冲击推出四万亿元的投资计划、投资数千亿元资金的 2008 年北京奥运会和 2010 年上海世博会、2008 年汶川大地震灾后重建资金巨大投入、投资数千亿元的京沪高铁建设等一系列重大事件都带来对审计行业的巨大需求。

2007 年上证综指连破 3000、4000、5000、6000 点四道大关，一度创下 6124 点的历史高点，再到如今的 2000 多点的徘徊局面。其间，国内外上市公司不断出现财务舞弊的重大事件、证券公司和基金公司不断爆出黑幕和腐败丑闻。我们还经历了深圳创业板的推出和各地新三板的实施，并且自 2011 年开始，上市公司除了进行财务报表的审计外，还将分批实施内部控制审计。这些市场环境的变化，导致各类审计人才严重的供不应求，并对原有审计人才的知识结构和素质提出了更高的要求。

中国诸多关系国计民生的大企业如中国石油、中国石化、中国电信、中国移动、中国联通，乃至工、农、中、建四大国有银行，均由四大国际会计师事务所实施审计，国家层面的经济信息安全令人担忧。这就要求中国政府应该扶持本土事务所尽快做大做强，以便打破四大国际会计师事务所在中国审计市场的垄断格局。

正是这一系列重大事件的发生和深刻的市场环境的突变使本书写作过程中经历的种种牵绊变成一种"祝福"，使本书作者明白了中国的审计市场需要怎样的审计师，中国的审计人才需要怎样的素质，资本市场的审计师承担怎样的职责。

这里要向为本书反复校稿的刘佳、王沈、陈佳佳、韩丹和朱慧芬等研究生表示感谢，祝愿她们学业有成，工作如意，人生美满！

还要向上海大学美术学院艺术设计专业的张佳琪同学表示感谢，本书第一章关于苹果树的图画就是她根据我提出的审计理念创作的作品。并祝愿她的人生之路越来越宽广，创作出更多更美的作品！

同时，还要为本书写作提供宽松、自由的学术环境和良好办公条件的上海大学表示感恩，并感谢笔者所在的管理学院及会计系各位领导及同事给予我的各种关心和帮助！

　　还要感谢上海大学审计处处长张佳春教授给予笔者的各种关心和帮助，张处长对审计工作的严谨认真和对审计学术研究的不懈探索始终感染着我。

　　此外，本书在写作中参考了国内外众多审计学教材及相关专家学者的研究成果，在此一并致谢！

　　最后，如果您对本书有任何意见或建议，欢迎您通过 albertlee@ shu. edu. cn 与作者联系，凡来信者，均可获得参考资料一份。

李寿喜

2012 年 5 月 14 日于上海大学管理学院